破局論

飯島洋一

青土社

破局論　目次

破局論

1 運命と陰謀

1　未完の書物

アレクシス・ド・トクヴィルは『旧体制と大革命』において、大革命についてはあまり多く触れず、旧体制、つまり一七八九年の大革命以前のアンシャン・レジームの時代の分析に、ほとんどの紙数を割いている。本を出版する二年前、一八五四年の兄への書簡には次のような記載がある。[1]

僕は、この一年を、いままでだれもやったことがなかった仕事にそっくり捧げました。旧制度を研究し、旧制度と時代をともにした人びとでさえ知らなかった事柄を知り、この時代には物ごとがどのような状態にあったのか、政治習慣や規則はどのようなものであったのかを知ることがそれです。[…]僕は、この研究から多くの事実や新しい発想をひきだしてきたと確信しています。これらのものは、たんにこの偉大な革命がなぜフランスに起こったのか、なぜ僕たちが見てきたような性格をそれがもつようになったのか、を説明するだけではありません。そのご生じた多くの事件がなぜ起こったのか、僕たちが新しいものだと思っているが、実はその根は旧制度の統治にあるような一群の習慣・意見・傾向がどこからやってきたのか、をも説明しています。僕がこの地を離れるときには、くりかえしになりますが、この第一部は終わっていることでしょう。事態がそうだとすれば、僕の時間をここで空費してしまうわけにはいきません。というのも、ほとんどいつも手探りでおこなわれる、膨大な準備作業に身を委ねる必要があったからです。僕の心づもりでは、本は二巻を越えることはありません。僕は、容易なことから手をつけたのではないか、と心配しています。大革命の初期については、必要とする資料を手にすることはいまでもなおかなり簡単なことでしょう。しかし、いずれ僕が第一帝政にいたるとき、僕のもとへ光を届けてくれる、いっさいの陽光を政府の卑小な情念が閉ざしてしまうことを僕は恐れています。

書簡からも察することができるように、彼は当初から、この書物の後に、続篇ともいえる二巻目を書くつもりでいた。第二巻の焦点は当初は「第一帝政」にあった。その目的は「一七八九年の熱狂ののちに、どうしてフランス人が「大革命によってくつがえった権力よりも強い、もっと絶対的な権力」に甘んじて屈従するようになってしまったのか、その理由をあきらかにすること」だった(2)。

ただし、そのような大革命と第一帝政について言及するのが第二巻のもくろみだとしても、革命史をただ革命家たちの思想からのみ分析するつもりは、彼には毛頭なかった。トクヴィル自身がひとまずのところは「偉大な革命」と認める大革命の起こした最大の問題点を抽出し、だがこの革命は本当に必要だったのか、またそれによってフランスが一体何を失ってしまったのか、つまり「偉大な革命」によって、むしろ喪失してしまったものを明らかにすることこそが彼の真の狙いだったからである。

同時に、その過程での発見が、トクヴィル自身の内面に新たな光を強く反射してくるのを彼は期待していた。彼がそれを書かなければならなかったのは、彼の人生そのものが、この革命によってその誕生から著しく規定付けられていたからである。この革命はトクヴィルにとっては決定的なものであった。『アメリカのデモクラシー』の考察も、『フランス二月革命の日々』も、確かにともにアレクシス・ド・トクヴィルの重要な業績である。けれどもそれらの本でさえ、突き詰めて言えば『旧体制と大革命』の第一巻と第二巻の構想によって、フランス大革命について何かを明らかにするためのプロセスに過ぎない。しかし残念なことに、彼は実際には第二巻目をかたちにすることはできなかった。死が、それを阻んだからである。

いま少し、第二巻がどのような内容になるはずだったのか、詳しい資料を交えて考えてみよう。アンドレ・ジャルダンは『トクヴィル伝』において、第二巻の構想をより精密に私たちに報告している。それによると、トクヴィルの関心は次第に「執政政府と第一帝政についてコメントする、という当初の計画を放棄して、厳密な意味での大革命に没頭した」という。つまり、「公刊したばかりの『旧制度と大革命』と、未完のままにしてあるブリュメール一八日の原因にかんする一八五二年の第二章とを、いわばどのように架橋するかが問題だった」のである。ただ、作業は予想通りに難航した。一八五六年九月の書簡では、構想の進捗具合について彼は次のように書いている。

現在企てている仕事のむずかしさは、[…]僕がいままでにめぐりあってきたものとくらべると、比較にならないほどの規模をもっています。革命期における国民の思想と感情の動き(厳密に言いますと、これが僕の主題なのですが)だけをとりだそうとして、諸事実の詳細から離れすぎると、わけがわからなくなり、対象を捕捉できなくなります。そうかといって、ディテールにあまりにも近寄りすぎると、広漠たる大海原にはまりこみます。大海原とはいえ、そこはすでにあらゆる方面から探査されていて、よく知られた海になっています。この海原を見ただけでめまいがします。［…］国を少しでものぞきみることができ、その国の住民に道を尋ねることができるような、あの薄明りの状態に、いまだにたどりついてすらいません。

トクヴィルの中で第二巻の焦点は、それでも少しずつではあるが絞られつつあった。同じ五六年の別の書簡には、こう書かれているからだ。

小生の目的は、大革命の諸事件を物語ることよりはむしろ、それらの事件を次々とうみだしてきた感情と思想の動きを描くことです。小生が必要としているのは、歴史資料というよりはむしろ、それぞれの時期に公共精神を表現している文書、たとえば新聞や小冊子や個人の手紙や行政書簡なのです。

しかし、実際には一年後の一八五七年になっても、第二巻はやはり進捗しない様子だった。

新しいやり方で［僕の主題を］取り扱うことは、妄想に近いことです。そのような主題にかんして、この世に生を受けて以来、聞かされてきた常套句をただくりかえすだけというようなことは、僕にはできません。僕は、読者を退屈させる前に、自分の方が退屈でしかたがなくて死んでしまうことでしょう。おまけに、思想の意図に事実の糸をからませなければなりません。前者を理解してもらうために、後者について十分語らなければなりません。読者には思想の意義と重要性を感じとってもらうようにしなければなりません。とはいえ、本来の意味での歴史を書くわけにもいきません。［…］描きたいと思っている対象が少しばかりみえてきたような気がします。ですが、それを照らす光がゆらめいていて、その姿かたちを十分にとらえることがまだ僕には許されていません。ですから僕にはそれを再現することができないのです。

2　死の病

第二巻がうまく書き進められない理由は、ただその構想の難しさだけにあるのではなかった。それ以前に彼自身の健康状態が、かなり悪化していたのである。トクヴィルは、一八五〇年三月に最初の喀血をしていた。肺結核だった。療養生活を続けながら、五一年に、まず第一巻目の構想を本格的に練り始めた。『旧体制と大革命』の第一巻目を書いている時、トクヴィルの病はすでにかなり進行していた。五六年に第一巻目は無事に出版されたが、五八年六月に二度目の喀血があり、彼は一八五九年に亡くなっている。まだ五四歳の若さだった。したがって『旧体制と大革命』の第一巻は、その死の三年前に刊行されたものである。死の病との格闘の中で、第一巻はようやく仕上げられた。だから第一巻を仕上げた時点で、そもそもトクヴィルには第二巻をまとめあげる余力はもう残されてはいなかったのである。

死の三年前に出版された『旧体制と大革命』に漂う異様な冷静さと透徹さは、彼の過酷な闘病生活と深く関係している。私が言うのは、これを書きながら、彼はすでに自身の死をはっきりと予感していたのではないか、ということである。ジャルダンも伝記の中で意味深長な言い方をしている。「生命の限界がいっそうはっきりとみえてきたし、それがまぢかに迫ってきている以上、急ぐにこしたことはないのである」と。

『トクヴィル伝』に引用された書簡を読むと、『旧体制と大革命』を書き上げたばかりの彼が、どんなに自信に満ちていたのかがわかる。そしてそれが死の病との関係の中で執筆されていたことも、それとなく彼自身の口から吐露されている。

私が公刊したばかりの書物とその続編は、一五年以上も前から私の頭のなかを動きまわっていたものです。構想が熟し、一八五〇年に患った大病のなかで形が決められました。それ以来、私はこの本のことを絶えず考えてきた、と言いきることができます。

ジャルダンは、トクヴィルが「大革命にかんする著作を書こうと考えだしたのは、一八四一年頃のことだと思われる」としている。しかし一八三六年にはすでに、彼は『一七八九年以前と以後におけるフランスの社会的・政治的状態』を発表していた。これはそのタイトルの通り、一七八九年以前と以後におけるフランスについての本である。だから『旧体制と大革命』の構想の発端は、早くも一八三六年の時点にまで遡れるのかもしれない。しかもジャルダンによると、トクヴィルは一八三六年の一冊目の次に、「革命以後のフランスにあてられたこの本の姉妹編を企画していた」という。

ただし、『旧体制と大革命』に関してだけ言えば、その構想を確実なものにしたのは、やはり一八五〇年である。「彼がどの時期に大革命にかんする著作の計画を実行に移そうと決心したかは、正確に推定することができる」とジャルダンは自信満々に言うのだが、それは一八五〇年に三人の友人たちにあてたトクヴィルの手紙が確実な証拠品として残っているからである。しかしこの構想の決定は、最悪のタイミングだった。なぜなら「この年の三月に彼の胸の病は生命に危険が迫るほど重くなった」からだ。『旧体制と大革命』の第一巻目の当初のプランは、今日私たちが手にしているものとかなり異なっていた。

ずいぶんと前から僕は、一七八九年から僕らの時代にいたる大変長い期間――僕はこれをフランス革命と呼びつづけているのですが――のなかから第一帝政の一〇年間をえらびだすという考えをもっていました……。考察を深めれば深めるほど、描かれるべき時代はただしくえらびだされているとの確信が強くなりました。この時代は、それ自体として偉大な時代であるばかりでなく、特異な時代であり、ユニークな時代でさえあります。……さらにそれは、先行した時代に生き生きとした光をあてています。また、後続する時代にたいしても同じことがいえます。

先に書いたように、『旧体制と大革命』の第二巻は第一帝政に焦点をあてながら、やがて大革命そのものを論じる予定であった。だがその前に構想された第一巻までもが、当初はナポレオンの第一帝政時代に焦点を当てる予定だったのは驚きである。ジャルダンが言うには、「トクヴィルの興味をひいた事柄は、語の厳密な意味での革命期が新秩序に到達したことであり、さらには、トクヴィルの時代のフランスに第一帝政が残した諸構造である」という。「いったいなぜ、この総裁体制にたいする嫌悪は、フランス人が旧制度（アンシアン・レジーム）の復活を望む方向に働かなかったのだろうか?」という疑問からそれは来ている。どうして、当時の人々は、ナポレオンの独裁へと傾いたのか、と。この主題が、はじめは第一巻までにも波及していたのである。その要因は次のように説明される。

総裁政府の無政府状態に幻滅を感じていた農民たちは、共和暦第八年ブリュメール［一七九九年一一月九日、ナポレオンのクーデタ」には、旧秩序へもどることよりもあらたな独裁を望んだが、その理由のひとつには、封建的諸権利についての記憶があった。それゆえ、この時期の農民たちがもっていた心性を理解しようと思えば、旧制度（アンシアン・レジーム）にまでさかのぼらなければならなかった。

トクヴィルが第一巻を本格的に書き始めたのは、フランソワ・フュレとモナ・オズーフの『フランス革命事典7』によると一八五二年のことだという。[3] だがジャルダンはあくまでも一八五三年説であって、まずは「構想がまとまっていた序章をざっと書いてみようとした」と言っている。一八五四年の書簡にはこう書いてある。

> 僕は本の第一章をつくりました。というよりも、ざっと書きあげました。この章の目的は、大革命の本当の目的とはなにか、人びとの大きな動揺がいくつかあるなかで、この大革命の性格を決める特徴とはなにか、を示すことです。僕はすでに第二章を書きはじめました。ここでは、ほかでもなくフランスにおいて、なにが原因でこの全般的な革命が始まったのか、なにが原因で、われわれの国において生じたすべての革命からこの革命を区別する特徴が与えられることになったのか、を追求しようと思います。

こうして、一八五六年に本は無事に出版されたが、トクヴィルが『旧体制と大革命』をなぜ書いたのか、その理由は、彼の著述家としての野心だけによるのではない。トクヴィルがこの本を執筆していたのは一九世紀半ばのフランスであり、まさにそれは革命とルイ＝ナポレオンの独裁のさなかであった。この政治的な動乱が本の執筆の大きな動機としてまずある。だが、何よりもトクヴィルがこの本を書いた決定的な動機は、彼の「運命」にこそあった。その生い立ちを知るならば、それは明らかなことだからである。

3　暗い過去

アレクシス・ド・トクヴィルは一八〇五年に、ノルマンディー地方の貴族の家に生まれた。彼の両親は大革命のさなかに逮捕され牢獄に入れられたが、実にきわどいところで命拾いをし、そのためにトクヴィルが生まれたのである。アンドレ・ジャルダンによると、トクヴィルの祖父のクレティアン・ギヨーム・ド・ラモワニョン・ド・マルゼルブは旧体制の貴族であり、ルイ一六世の元で一七四四年にパリ高等法院評定官、五〇年に租税法院長、図書監督局長を歴任したという。彼は革命後に国王の弁護人にもなった。その娘のルイーズ・ル・ペルティエ・ド・ロザンボと結婚したエルヴェ・ド・トクヴィルも、「国王を守る立場に立っていた」。ルイ十六世が処刑されたのは一七九三年一月二一日である。したがって、反革命派の貴族のマルゼルブやトクヴィルの父や母にも、新しい政権からの厳しい処分が言い渡されるのはもはや時間の問題であった。ジャルダンは伝記の中で、そのあたりのことを次のように書いている。

幻想は荒々しく中断させられた。一七九三年一二月一七日、マルゼルブ家のうわべだけの平和が破れた。エルヴェ・ド・トクヴィルは物語る。「私たちが食卓についていたとき、城の門番が動転した表情ではいってきて、使い慣れぬ言葉でこう言った。『市民ロザンボ、パリの市民たちがやってきて、あなたに面会を求めています』。私たちはみんな真っ青になった。ド・ロザンボ氏はすぐに出かけた。私たちの不安は頂点に達した。しばらくしても彼が戻ってくる気配がなかったからだ。私たちは即座に悟った。パリの市民たちというのはボンディー地区（セクション）の革命委員会委員に成りあがった二人の労働者のことで、彼らは、一家の父親を子供たちからもぎとって、牢屋にぶち込むためにやってきたのだ、と。彼らは、国民公会［恐怖時代の議会］の保安委員会［革命防衛の治安警察］が公布した逮捕状を持っていた。

革命委員会はマルゼルブの自宅を捜査して、高等法院の秘密文書や、亡命した貴族からの手紙などを押収した。マルゼルブの長女と結婚したジャン＝バティスト・ド・シャトーブリアンも「亡命貴族（エミグレ）と疑われた」。彼は作家のフランソワ＝ルネ・ド・シャトーブリアンの兄で、旧体制下で司法官や外交官をしていた。ジャルダンは次のように書いている。

> 旧貴族の一家を断頭台にのぼらせるには十分すぎるほどの事実または推定が一式揃っていた。ボンディー地区（セクション）の革命家たちは、執念深い憎悪で国王および国王一家の擁護者に攻撃をしかけたように思われる。［…］逮捕された一家は、パリに連行され、いくつかの牢獄に分散留置されたのち、ポール＝リーブルに集められ、即決裁判で軒並死刑となった。すなわち、一七九四年四月二〇日、ド・ロザンボ夫人とシャトーブリアン家の一族の場合は「裁判記録所へ呼び出されて」いた。エルヴェ・ド・トクヴィルとその妻、それにルイ・ド・ロザンボとル・ベルティエ・ドネー一家はテルミドール九日［一七九四年七月二七日。ロベスピエール派の没落］まで生きのび、三カ月後に釈放された。

マルゼルブや兄のシャトーブリアンは、ロベスピエールによって一七九四年に処刑された。トクヴィルの父と母は奇跡的に助かった。ラリー・シーデントップはその著書『トクヴィル』の中で、次のように書いている。

彼のほとんど全ての親戚縁者――祖父母、小母たち、従弟たち――は「恐怖政治」の期間に断頭台の露と消えた。両親であるトクヴィル伯爵ならびに伯爵夫人は、同じ運命を持ちながら数カ月を牢獄で過ごした。[…]（彼らが生き延びたのは死刑執行の予定日のほんの数日前にロベスピエールが失脚したからに過ぎない）。

シーデントップの記述で注目したいのは、トクヴィルの両親は、彼の家族や親族たちと同じようにロベスピエールに殺される「運命」にあったことである。断頭台での死を、彼らは牢獄の中ですでに覚悟していた。だが、運命のちょっとしたいたずらが、トクヴィルの両親をわずかなところで救うことになる。というのも、いま書いたように「彼らが生き延びたのは死刑執行の予定日のほんの数日前にロベスピエールが失脚したからに過ぎない」からである。(4)「運命」の歯車がほんの少しだけ「生」の方角へと偶然に転んで、そのためトクヴィルの両親は辛うじて生き延びることができた。仮にロベスピエールの失脚があと数日だけ遅れていたら、彼らの未来はかなり違ったものになっていたはずである。そうなればトクヴィルが生まれることもなかっただろう。

ただ生き残ったものの、断頭台と牢獄の恐怖は、その後もこの家族に深い影を落としていく。そしてそれがトクヴィルの精神をひどく蝕むことになった。ジャルダンは、トクヴィル家への恐怖政治の余波を次のように記している。

革命の余波は深刻な爪痕をのちのちまで残した。まず人間にたいしてである。ある朝のこと、牢獄でエルヴェ・ド・トクヴィルが目ざめたとき、彼の頭は真っ白になっていた。一方、彼の妻は健康をおびやかされていることに気づいた。そして彼女の精神の安定は、ついに回復しなかった。

ジャルダンはエルヴェ・ド・トクヴィルの妻はただの神経衰弱ではなく、「慢性的な憂うつ症に悩んでいたことなどがうすうすとわかる」としているのだが、しかし「この種の憂うつ症は、恐怖政治の生存者には例外でもなんでもなかった」。何しろ暗い牢獄で、死の順番をじっと待っていたのである。憂うつ症にならないほうがむしろおかしい。ただ問題だったのは、その一家の悪い記憶がその後もずっとトクヴィル家を支配し、それがアレクシス・ド・トクヴィルの「気質と性格を形づくった」ことだった。シーデントップによれば「トクヴィルは一八〇五年に極めて異常な状況の下に生まれ落ちた」のである。そのため「トクヴィル少年は非常に神経質で衝動的であると同時に警戒心が強かった」。また狭い牢獄の恐怖を連想させるように、彼には「閉所恐怖症の気もあった」。青年時代には「内乱という幽霊が彼の想像世界につきまとっていた」。そしてトクヴィルの精神は「何年ものあいだ投獄や亡命という考えに占められていた」。

投獄される可能性についてよく考えていたことを思い出す。最近の四〇年ほどの動きを見ると、前もってその準備をしておくのも滑稽ではないように思えた。その甲斐あって、かの恐るべき場所をほとんど快いものと思い描けるようになった。

「かの恐るべき場所」とは、彼が生きた一九世紀の牢獄ではない。それは彼の両親が断頭台で死の順番を待っていたあの暗い「牢獄」である。それだけ、トクヴィル家の忌まわしい記憶――すなわち暗い場所でただじっと、死の順番を待つという恐怖――が、息子の代まで強烈な心の傷としてこびりついていた。トクヴィルが高校の時、ロレーヌ地方の都市のメースで知事をしていた父親の図書室でたまたまある思想書を見つけたことがある。彼はそれを「私の人生に深い傷痕を残した青年時代の一事件」としている。ジャルダンによると、その時、彼は次のような恐怖に突如として襲われた。

私は、地震に遭遇した人が語るような異常な感動に見舞われました。地震がおこると、足元では大地が揺れ、まわりの壁が揺れ、頭の上では天井が揺れ、手にした家具が揺れ、目の前の自然全体が揺れます。そのような感動に襲われたのです。私は陰うつきわまりない憂愁にとらわれました。それから、人生などなにも知ってはいないのに、人生にたいする極端な嫌悪感にとらわれました。[…]青年期のはじめに味わったこれらの印象は(その頃私は一六歳でした)、その後、ときどき私の心をとらえにくることがあるのです。そのとき、私は、転倒した知的世界をふたたびみます。そして、私は、私の信念と行動を支えてきた真理のことごとくをひっくり返し、ゆさぶるような例の全般的運動のなかで、相変わらず迷い、狂い乱れるのです。

シーデントップは、同じことをもう少し別の表現でこう書いている。

それまで私の人生は信仰に満ちた内面の中で過ぎて行きました。懐疑は私の魂をかすめることさえありませんでした。やがて懐疑が訪れました。否むしろ、信じられないほどの暴力で飛び込んできたのです。それはあれやこれやの懐疑だけでなく、普遍的な懐疑でした。あたかも地震に出くわした人々が、足下から地面が震え、周りの壁や、頭の上の天井や、周りの家具や、そして目の前の一切が震える最中に感ずるような衝撃に、私は突如襲われたのです。私はこの上なく陰鬱なメランコリーに囚われました。

富永茂樹はその著書『トクヴィル』で、この箇所を引きつつ、そこに一七五五年に起きたリスボンの大震災との関連性を見ている。富永は、父親の図書室でトクヴィルが手にしたのは、書名は不明だが、ヴォルテールとルソーの全集だったのは書簡の記述から明らかだとしている。さらに富永はその時のトクヴィルの心情を「一八世紀の啓蒙哲学に出会った彼は、それまで確信をもって生活していた世界にたいする「普遍的な疑い」に突然にとらわれてしまいます」と説明し、そしてこう続けている。

トクヴィルが地震という言葉を使っているのも無視できません。アルプスよりも北のフランスでは地震は起きません。ただ、一七五五年にはイベリア半島の西端のリスボンで大地震がありました。一説によると死亡者が二万人にものぼったとされ、このときに倒壊した教会が二五〇年を経た現在もなお廃墟のままに残っているほどの地震について、それから五〇年後に生まれたトクヴィルは周囲から多くのことを聞かされていたのではないでしょうか。[…] 地震は当時支配的になりつつあった啓蒙哲学にも大きな影響をおよぼしました。たとえばアレクシスが父の図書室で読んだヴォルテールは、地震に衝撃を受けてそれまでの調和的な世界観に疑いをいだくにいたり、衝撃と疑念を詩でもって表現し、さらには小説『カンディード』(一七五九年)のなかで主人公にこのときの地震を経験させています。[5]

ヴォルテールの『カンディードまたは最善説（オプティミスム）』での「リスボンの町の四分の三を破壊した地震」の場面は、次のようなものだった。

> 恩人の死を嘆きながら二人が町に足を踏み入れると、たちまち足元で大地が揺れるのを感じた。港の海水は泡立って高く盛り上がり、停泊中の船を吐くのだった。炎と灰の渦が町の通りや広場を覆いつくし、家々は崩れ落ち、屋根は建物の土台のところにまで倒壊し、土台は散乱し、三万人の老若男女の住民が廃墟の下敷きになって押しつぶされる。(6)

またヴォルテールはこのリスボン大地震について、一七五五年一一月二四日付のジャン＝ロベール・トロンシャンへの書簡の中でこう書いている。

> 実に残酷な物理です。運動の法則が「可能な最上の世界」にいかにしてかくも恐ろしい災害を惹き起こすかを推定することはたいへんな困惑でしょう。わが隣人たる一〇万の蟻が突如として蟻塚の下に圧しつぶされ、おそらくは半数が瓦礫の下から救い出されず、言いようのない苦痛で死んでいるのでしょう。ヨーロッパの果てで幾多の家族が破産し、あなたの国の一〇〇人の商人の財産がリスボンの廃墟の中に落ち込んだのです。人生という賭けは、なんと悲惨な偶然の賭けなんでしょう。(7)

イギリスの保守主義者のエドマンド・バークは、リスボンの大震災の二年後の一七五七年に『崇高と美の観念の起原』を出版した。バークがそれを書いたのは、自然に対する彼の価値観が大地震による心的影響で大きく揺らいだからだと言われる。リスボン大震災は他にもルソーやカントなど当時のヨーロッパの多くの哲学者に多大な影響を残すことになった。たとえばルソーは「ヴォルテール氏への手紙——一七五五年のリスボン大震災をめぐる摂理論争」の中で、「したがって私の不満はすべて、あなたのお書きになったリスボン大震災に関する詩篇に対してあるのです」とヴォルテールを厳しく批判している。[8] またカントの『地震の原因 他五編』の「解説」によれば、リスボン地震が発生した時、カントはケーニヒスベルク大学の哲学科で講義をしていた。カントはこの地震を受けて、「地震の原因」、「地震の報告」、「続、地震の考察」などを書いた。[9] 一方、バークはこのリスボン大地震から三五年後の一七九〇年に、今度は『フランス革命の省察』を書き、フランスの破壊行為を恐れている。

まず革命協会の行動の方から始めますが、それだけに限る積りもありません。したくともそんなことができるでしょうか。私の目からすれば、さながら私自身が一大危機に陥っているかのように見え、しかもその危機は、フランスの問題だけに止まらず全ヨーロッパの、いやひょっとするとヨーロッパ以上の問題についての危機かもしれないのです。あらゆる事情を勘案してみると、これまで世界で起きた事件の中で、フランス革命程に驚愕すべきものはかつてありませんでした。最も驚異的な事柄が、最も不条理かつ滑稽な方法で、しかも最も笑うべき有様で実現するというのは間々あることです。それも一見して愚直極まる道具を使っての上なのです。軽率と残忍、有りとあらゆる犯罪に有りとあらゆる愚行をつき交ぜたこの得も言われぬ混沌の中で、まともなものは何一つ見当りません。この奇怪な悲喜劇の情景を見ていると、完全に相反する情念がどうしようもなく次から次へと湧き起って来て、時に心中にそれらが互いに入り混ることもあります。軽蔑と憤懣、哄笑と涙、冷笑と恐怖が交錯するのです。[10]

バークはなぜ、対岸の革命にこれほどまでに強く反応したのか。それはリスボンの地震とフランスの革命との間に、何かしら通じ合うものが潜んでいたからではないかと思われる。

4 地震と陰謀

ジャン＝ピエール・デュピュイは『ツナミの小形而上学』において、リスボン大震災に言及している。

その日、二〇〇四年一二月のアジアの地震をマグニチュードでわずかに下回っただけの大地震が勃発し、さらに大規模な火災が追い打ちをかけ、さらにとどめを刺したのが、波の高さが一五メートルに及び、モロッコの沿岸まで達したという大ツナミだった。こうしてポルトガルの首都は壊滅状態となった。

デュピュイは続けてこう書いている。

この出来事を受けて、悪をめぐる二つの哲学的立場が生じることになった。便宜的にそれぞれヴォルテールとルソーの名に結び付けておこう。ヴォルテールは一七五六年に『リスボンの災害にまつわる詩』という哲学的な詩作品を刊行する。するとルソーは、一七五六年八月一八日付けの『ヴォルテール氏への手紙』を記し、論争を仕掛ける。ヴォルテールはルソーに対して、少なくとも直接には、正面切って応えることはしなかった。その回答を、ルソーは『カンディード』に見出すことになる。

その上でデュピュイは、ヴォルテールの『リスボンの災害にまつわる詩』の一部を次のように引用している。

ライプニッツは教えてくれない。目に見えないいかなる結び目によって
最も秩序立った可能世界のうちに、
永劫の無秩序が、不幸の混沌が、
私たちの虚しい喜びに現実の苦痛を混ぜこんでくるのか、
また、なぜ無垢なる者も、罪人も等しくこの避けがたい悪を被るのかを。
〔…〕
最も寛容なる精神の持ち主には、では何ができるのか?
何もできはしないのだ。運命の書は私たちの眼の前で閉じられる。
〔…〕
動じない傍観者、不敵なる精神よ
死にゆく兄弟たちの難破を想うとき
あなたたちは平然と嵐の原因を探ろうとする。
だが、敵なる運命の一瞬の一撃をあなたたちが感じるとき、
あなたたちはより人間的になり、私たちのように泣くだろう。

デュピュイが注目しているのは、詩の中の「運命」という言葉である。「「運命の書は私たちの眼の前で閉じられる」とはすなわち、ヴォルテールが人間の有限性を受け入れ、その無知を認め、運命の残酷な偶然性をその目で見据えるのは、形而上学への配慮のゆえではないということだ。別の選択をしたところで、憐憫を押し殺してしまうだけだから、なのである」[11]と。

トクヴィルの内部では革命の揺れが地震のように止まらないで、彼を終生にわたり揺さぶり続けた。革命も地震も、一人の人間には抗することができない超越的な出来事である。それはこの世の「破局」である。だから、私はいま、先の富永の指摘は一部で大きな誤りがある、と明確に言うことができる。トクヴィルがヴォルテールらの本を読み、地震の比喩を使ったのは、「一八世紀の啓蒙哲学に出会った彼は、それまで確信をもって生活していた世界にたいする「普遍的な疑い」に突然にとらわれてしまいます」というような前向きな理由からではない。ヴォルテールらがトクヴィルに良い意味で大きな影響を与えたのではない。その全く逆である。革命が自分の人生を狂わせたといった思いが、フィロゾーフの「陰謀」というかたちで、メースでの一件よりもずっと前から、彼の心の中にある種の憎しみとしてあり続けていたのだ。それを指し示すように、『旧体制と大革命』では、トクヴィルは啓蒙思想家たちが一体、大革命にどのような悪い影響を与えたのか、次のように明晰に説明している。

著述家たちは、革命を起こした国民に思想を提供したばかりでなく、著述家気質までも分け与えた。全国民は著述家たちの長い訓育を受け、彼らを唯一の指導者とした。そして、実践的経験が皆無の状態で理論に耽溺し、ついにその性癖、思考法、嗜好、固有の奇癖までも身につけるにいたった。その結果国民は、いざ行動を起こすときにいたって、文学のあらゆる習性を政治にもちこんだのである。[…]

わが国の革命史を通観すれば、フランス革命とは、政治に関する抽象的な著書を多く書かせた精神とまさに同一の精神によって先導されたものであることが知られよう。その精神を示せばこうである。すなわち、一般的理論・完全な法体系・法律の厳密な規則性への愛好、既成の事実の侮蔑と理論への信頼、独創的で創意工夫に富んだ新しい制度への愛着、部分的な改善ではなく論理の規則と単一の計画とに基づいて制度全体を同時に改造しようとする欲求、これである。ぞっとするような光景だ！　なぜなら、著述家としての長所は時に政治家としての欠点であり、また、すぐれた著書を数多く生み出したという事実が、同様に大きな革命へと帰結することがありうるからである。［…］当時の政治用語は、著述家たちの語る用語から借用されたものばかりである。政治用語は、一般的表現、抽象的表現、大仰な文言、文学的表現で満ちあふれている。この言葉遣いは、発話の政治的情熱に煽られるかのように全階級に浸透し、奇妙にも容易に最下層の階級にまで降りていった。

トクヴィルは、大革命が自分たち一家の人生を大きく狂わせたと、心底から考えていた。だから彼にとって啓蒙思想家とは、両親を幽閉した牢獄のごときものであった。それを糾弾するのが彼の人生の目的になっていた。だからメースの父親の書斎からフィロゾーフの書物が登場した時、彼が地震の比喩を使用したのは、富永の見解とは違って、その書物がトクヴィル自身の内面に潜む恐怖政治の記憶を激しく思い起こさせたからである。

トクヴィルは啓蒙思想家たちによる「陰謀」を強く意識していた。反革命派のバークも『フランス革命の省察』の中で、「ともあれ私としては、その説教を、国の内外を問わず、文筆家の徒党、陰謀好きの哲学者、政治屋神学者、神学的政治家等々と大いに手を握った一人物の公開宣言だと思いました」と書いているが、重要なのはバークが、フランス革命の要因として哲学者の「陰謀」を仄めかしている部分である。ウィリアム・ドイルは『アンシャン・レジーム』の中でこのバークを引き合いに出して、次のように書いている。

彼が出した答えは、現代にいたるまでアンシャン・レジームの歴史叙述にその反響を残すものとなる。すなわち、陰謀があったのだ、という説である。「すでに数年も前からキリスト教破壊計画ともいうべきものが形づくっていた」「文筆上の策動」があって、それらの文書によって、フランス人の心は腐敗させられていたのである。

ドイルは「フランス革命陰謀説はさまざまなかたちで、一七九〇年代をとおしてフランス、ドイツ、スコットランドほかのところでしきりに唱えられた」とし、「トクヴィルの先駆的な分析は、奇妙にも、革命が啓蒙思想家による陰謀の結果だとするバーク的な考え方に近づいて終わる」と指摘している。(12)

事実、フランス革命期において「陰謀」は多方面で唱えられていた。革命派にとっては反革命派が、ブルジョワにとっては貴族階級が、民衆にとっては野盗が、というように、革命のさなかにあっては恐怖と陰謀がまるで合わせ鏡のようになっていたのである。「陰謀説」とは恐怖下の人間に対し、幻影としての敵を仮構することによって、自らの抑圧を解放するための一つの出口である。たとえばフランソワ・フュレは『フランス革命を考える』の中で、この革命期の絶え間ない「陰謀説」を次のように分析している。

もし、革命イデオロギーのなかに陰謀の観念の用法と意味をさぐりだし、それらを列挙しようと思えばきりがないことになろう。この観念は文字どおり千姿万態の中心概念である。行動は、この観念との比較で組織され考えられる。当時の人びとに特有の確信・信念の総体を力強くつき動かすのがこの観念である。

フュレはさらに、この「陰謀説」に踏み込んでこう書いている。

また、起こった事件の解釈＝正当化を一挙に可能にするのもこれである。大革命初期のさまざまな出来事以来一貫して、貴族の陰謀という観念が、このような二つの方向において機能しているのが見られるし、それらを統合しつつ、文化のあらゆるレベルに浸入しているのが認められる。大恐怖の農民は野盗の陰謀にたいして武装する。パリの住民は、宮廷の陰謀に対抗してバスティーユとヴェルサイユの城を次々と占拠する。議員は陰謀を引き合いに出して暴動を正当化する。陰謀の機先を制するための暴動だったというのである。宗教的素地をもち、悪を隠れた力の産物と見なすのに慣れてきた道徳的感受性には、あらがいがたい魅力をもつこの観念は、同時に新しい民主主義的確信をも魅了する。というのも、この確信からすれば、一般意志または民族意志は公的な対立物としては個別利害しかもつことはできないからである。とくに革命的意識の輪郭にはこの観念が驚くほどよく似合っている。それは因果公式の周知のような頽廃を引き起こす。この頽廃のせいで、あらゆる歴史事象が主観的な意図や意志に還元できるようになる。犯罪は白状されることがないので、この観念は超弩級の犯罪を保証するし、それを除去する保安機能をも確保する。陰謀観念の隠れた当事者たちのなかでも、その抽象的な目的のなかでも、この観念は漠然としたものなので、その作者を特定したり、その計画をはっきりさせたりする必要はない。要するに、陰謀は大革命の線にそって切り取られるので、大革命のためにちょうど背格好の合う敵のみを登場させるということである。大革命と同じように、陰謀は抽象的で、いたるところに姿を現わし、おまけに原型の役をつとめる。けれども、大革命が公開的なものであるのにたいしてそれは隠されている。大革命が善であるのにたいし陰謀は邪悪である。前者が社会の幸福をもたらすのにたいし後者は忌まわしい。すなわち大革命の否定形、その裏返し、その反原理である。(13)

5 回転と運命

ところで「革命」という言葉は、そもそも「運命」とかなり近い関係にある。レイモンド・ウィリアムズは、『完訳 キーワード辞典』で、「革命 revolution」という言葉を丁寧に定義している。

revolution は、今ではとくに政治的な意味で用いられることがほとんどだが、この意味が歴史的にどのように発達してきたのかは重要である。この語の前形は、ラテン語 revolvere（回転する）を語源とする古フランス語の revolacion およびラテン語の revolutioem で、英語では一四世紀から使われている。初期の用例はどれも空間や時間における「回転」運動をさしていた。たとえば「そこでは、他の惑星も太陽と同じように、真の時間に従って回転と工程を終える」（一五五九）、「この日付の日から、それに続く丸七年の期間の一巡りまで」（一五八九）、「それらは再びはね返り、渦を巻きながら戻ってきて、いつまでも回転を続ける」（一六六四）などの例が挙げられる。

革命という言葉は、もともと天文学での天体の周期運動のことを指していた。ここからウィリアムズの説明は、本来の政治的な意味での革命の分析に少しずつ移行していく。

政治的な意味の出現のいきさつは、とにかくややこしい。まずは、現体制への反抗を表す行動に対して、それ以前にはどのような語が用いられていたのかをみておかなければならない。「反逆（treason）」（法の認めた権力に対する「裏切り」というのが根本的な語義）という語ももちろんあったが、最も一般的なのは、「反乱（rebellion）」だった。この語は、英語では一四世紀からごくふつうに用いられていた。この語の語義はラテン語の段階で、「戦争の再開」という文字通りの意味から、「武装蜂起や反抗」という一般的な意味となり、そこからさらに「権力に対する公然たる抵抗」を表すようになっていた。当時、「反乱」と「反逆の、反逆する、反逆者」（rebelという語は、このように形容詞、動詞、名詞として用いられる）という語は、今の世であれば一般に（ただし、いつもそうとは限らないところがなかなか意義深いのだが）revolutionやrevolutionaryと呼ばれると思われるものをさす、中心的な語だった。また一六世紀からは、ラテン語revolutare（転がる、回転する）とフランス語のrévolyerを前形とする「反抗」（revolt）という語が発達していたのも見逃すべきではないが、この語は英語では最初から政治的な意味で用いられていた。revoltとrevolutionという二語の意味がいずれも、「円運動」から「政治的蜂起」を表すものへと発展していったのは、単なる偶然というには出来すぎている。

さらにウィリアムズは「円運動」がどうして、今日の私たちが革命という言葉から自然に連想する「蜂起」という概念へと移行したのかを説明する。

revolutionが政治的な意味を発達させていくにあたっては、この語がrevolt（反乱）と近い関係にあることがおそらく影響したのだろうが、英語においては、revolutionの「円運動」という意味はrevoltの場合よりも少なくとも一世紀は長く続いた。revoltにせよrevolutionにせよ、「円運動」から「蜂起」へと意味が移っていったのには、たぶん二つの基本的原因があったと考えられる。ひとつには、力というのは通常「高」所から「低」所へと配分されるという、単純に物理的な意味である。すでに現権力をもっている立場からみると、revoltとは、通常の政治秩序をひっくり返し、さかさまにし、混乱させようとすることである。つまり「低」所が「高」所に逆らって、その上に立とうとするのだ。

一つ目の要因をこのように書いたあと、ウィリアムズは、もう一つの要因を、いま述べた要因の延長として続けてこう記している。

つまるところはこれと同じことを強調することになるのだが、もう片方には、「運命の車」という重要なイメージがあって、これによって人生の有為転変のきわめて多くが、なかでも最も公的な動きをめぐる栄華盛衰が解釈されたのである。ごく簡単に言ってしまえば、人間というのは「運命の車」に乗って回転している、というよりもっと厳密に言うと、回転させられており、上へ下へと翻弄させられているというわけだった。じっさいは、たいていの用例において強調されていたのは、下向きの動き、「下降」だった。だがいずれにせよ、このイメージの主眼は上と下との「逆転」にあった。つまり、車輪の規則的でたえまのない動きというよりも、当然ながら必ず互いに位置をとりかえていく頂点と底辺の部分だけをとくに切り離して念頭においていたのである。このことは、revolution の用例のきわめて重要な変化に、部分的かもしれないが、影響を及ぼした。

こうして革命と運命とが少しずつ接近していく。両者は一五世紀から一七世紀半ばにかけてその結びつきを明確にした。ウイリアムズの説明はやがて革命の神髄へと向かっていく。

revolt においてすでにしっかりと定着していた政治的な意味は、一七世紀初頭からは revolution にも出てくるようになったが、変化に対する旧来の見方と重なり合う部分が多いため、初期の用例を見てもはっきりとどちらとも言い切れないものがほとんどである。クロムウェルは革命を起こしたが、「神の革命（revolution）」を単に人間の考え出したものと考えるべきではないと言ったとき（アボット、『クロムウェル著作演説集』、第三巻、五九〇―九二頁）、クロムウェルはおそらくこの言葉を、外部にある、決定する動き（「運命」と同じように。ただし現代なら神の「摂理によって」という意味になるだろう）という昔ながらの意味で用いていたことだろう。じっさい、一七世紀にみられるこうした語の複雑な集まりで最も興味をそそられる側面は、クロムウェルの革命が敵方から「偉大な反乱」と呼ばれていた一方で、一六八八年のわりあい小さな一連の出来事のほうは、その支持者たちから「大いなる」（Great）、そして最終的には「名誉革命（Glorious Revolution）」と呼ばれたということである。前述したように、一般的な有為転変や、「運命」や神の「摂理」の動向と重なり合う部分も依然としてあったとはいえ、revolution が一七世紀のあいだに政治的な意味を獲得しつつあったことはいくつかの用例からわかる。

一七世紀のイギリス革命は先駆的なものであったが、神の摂理や運命というイメージから完全には抜け切ってはいなかった。それが自立するのはフランス革命以後になってからである。

だが一七世紀末にはあまり重要ではない出来事が Revolution と表現されていたことが多く、より重要な出来事は相変わらず Rebellion と呼ばれていたことは、じつに意義深い。すなわち、この時点でもまだ revolution のほうが全般的にいって好ましい語であり、rebellion と revolution がはっきりと区別される用例がみつかるのは、ようやく一七九六年になってのことである。「反乱（Rebellion）とは法を転覆させることであり、革命（Revolution）とは圧制者を転覆させることである」というものだ［…］。やがて反乱が、革命と区分けされるようになっていく。それは次のようなプロセスを踏んで、である。

一七世紀末期以降は、英語で revolution といえば、なんといっても一六八八年の一連の出来事をさすことが多くなった。ふつうは the Revolution（スティール、一七一〇、バーク、一七九〇）というように、定冠詞、大文字で記す用法が使われ、revolution の関与者や支持者をさす最初の名詞 revolutiner は、おおむねこの特定の文脈で用いられていた。けれども、新しい一般的な語義も徐々に浸透しはじめており、アメリカ諸州の蜂起や独立宣言にさいしては、立場によって rebellion と revolution とをはっきりと区別すべき理由が再び出てきた。今度は、限定された意味でも全般的な意味でも、revolution が勝ちを収めたのである。新しい政治思潮においては、特定の君主に対する忠誠よりも政治体制の妥当性のほうが真の問題点であるとの認識が深まっていき、「自立した」変革を支持する者であれば誰でも、

rebellion よりも revolution の使用を好むようになった。これは、今の時代においてもやはり重要性をもっている。独自の「自立した」大義と忠誠心をもって現在起こっている出来事について述べる場合、支配勢力とその支持者たちは、今でもまず rebellion を使うのがふつうで、どうしても認めざるをえなくなってから（あるいはそうなったあとで）はじめて、考えていたよりも規模が大きかったものというニュアンスを同時につけ加えながら、それが revolution であると認めるのである。「陛下、……これは反抗ではございません。革命なのです」（カーライル、『フランス革命』第五巻第七章、一八三七）というのがよい例である。

ハンナ・アレントは『革命について』の中で、「古い天文学的用語が新しい政治的意味を獲得した日」を、次のように書いている。

> この日とは、一七八九年七月十四日の夜のことであった。この日の夜、ルイ十六世は、パリでラ・シュフコー＝リアンクール公爵からバスティーユが陥落し囚人が何人か解放されたこと、民衆の攻撃の前に国王軍が敗北を喫したことなどを聞いたのである。この王と使者のあいだにとりかわされた有名な対話は非常に簡単なものであったが、非常に示唆的である。王は「これは反乱だ（セ・テュヌ・レヴォルト）」と叫んだという。するとリアンクールは王の誤りを訂正した。「いいえ陛下、これは革命です（セ・テュヌ・レヴォリュシオン）」。[14]

これはただの revolt ではなくて、まさに revolution です、と公爵は王に告げたのだ。こうして「フランス革命という特定の出来事の影響を受けて revolution の現代的な語義が決定的なものになった」[15]。

こうして革命という言葉の意味を考えてみると、それは決して政権の「転覆」といった政治的な意味だけではなく、そもそも天体の軌道であって、回転や復古を意味したり、人間の外部、神の摂理、その運命のありようまでをも含んでいるのがよくわかる。そう考えるとこの言葉に、さらにある大きな広がりを与えることができる。実際、一七八九年の革命が到来すると予言できた人はほとんどいなかった。当時の人たちは、革命派も反革命派も、みないつの間にか、革命と言うより、何か抑えようのない暴力の濁流に呑み込まれて、気が付いたらそれが「革命」だとようやく認識し得たのである。革命後も、その行方は誰にも予測不可能であった。柴田三千雄は『フランス革命』の中で次のように書いている。

重要なことは、つぎつぎと予期しない事態へとすすむ展開のなかで、人々が手探りで進んでいったということです。恐怖政治のさなかの九四年、その中枢の公安委員会の一員であったサン゠ジェストは、「事物の力は、かつて考えてもみなかった帰結にまで、われわれを導いてゆく」と述べています。[16]

またハンナ・アレントは『革命について』の中で次のように書いている。

近代的な革命概念は、歴史過程は突如新しくはじまるものであり、以前には全然知られていないか、語られることはなかったまったく新しい歴史が展開しようとしているという観念と解きがたく結びついている。これは十八世紀末の二つの大革命以前には未知の観念であった。あとで革命だとわかった事件に参加するまで、俳優たちは新しいドラマの筋書きがどう展開するのか少しの予感ももちあわせていなかった。

仮にレイモンド・ウィリアムズやハンナ・アレントの言うように、フランス革命がはじめての自立した革命なのだとしても、断頭台に上った人からすれば、この突然の出来事はやはり何か悪い夢か、それとも「運命」の仕業なのだと諦めないことには、とても死に切れたものではない。革命の本来の意味がそうであるように、人の生死も運命に大きく左右されている。トクヴィルの両親が助かったのも運命であるし、またトクヴィルの早すぎる死も、やはりこれと同じ運命の仕業である。

トクヴィルは『旧体制と大革命』の中で、「大革命が成し遂げたことはすべて、すでに革命によらずとも成し遂げられていた、と私は信じている。革命はただただ急激で暴力的な方法によって、政治状況を社会状況に、事実を理念に、法律を習俗に適合させたのである」と言い切っているが、これは彼のこの『旧体制と大革命』の核心部分にあたるものであり、トクヴィルの思想全般に連なる通奏低音である。彼にしてみれば、仮に大革命が起きなくても、フランスは王政のもとで大革命のなし得たことを時間をかけてやってのけたのである。言い換えると大革命が起こしたのは、ただ近代への移行を無理やりに早めただけだ、ということである。

6 アンシャン・レジーム

ウィリアム・ドイルは『アンシャン・レジーム』の中で、この「アンシャン・レジーム」という言葉を実に丁寧に定義している。その流れに従うと、この言葉は「フランス革命によって創出された」ものだった。つまりそれは、革命派による極めて恣意的な造語なのである。「それは、革命家が一七八九年とそれにつづく何年かに、粉砕しようと考えた対象のこと」であった。したがって「フランス革命が起こった重大な年よりもまえには誰も、自分たちがなにかアンシャン・レジームと呼ばれる体制下に生きているなどとは考えもしなかった」。ドイルはこうも書いている。

アンシャンとは、「古い（old）」というよりもむしろ「以前の（former）」という意味である。したがって、新しい体制が存在するようにならなければ、以前の体制は存在しえないのである。

革命家たちは、ルイ一六世までの統治の「古さ」と同時に、自分たちの「新しさ」を表明して、革命はアンシャン・レジームとの決定的な「断絶線」を有している、と宣言しようとした。そのためには、どうしても、革命の「以前」と「以後」という対立的な概念が生み落とされる必要性があった。ドイルによると、アンシャン・レジームの創出は次のような流れとなる。

アンシャン・レジームという言葉は、一七八八年、貴族身分の一パンフレット作者によって用いられたのが初出と思われる。かれは、全国三部会を中心に樹立されるべき新体制の栄誉を先取りしていたことになる。そして、この全国三部会にむけておこなわれた一七八九年春の選挙は、新たな夜明けがほんとうにはじまった確実な証拠であるように思われたので、聖職者身分の選挙人のうちには、それまでかれらが生きてきた諸条件について「以前の体制」として言及するものも現われた。[…]ひとたび全国三部会が開催され、憲法制定国民議会へと変質し、それが一七八九年七月と一〇月に生じた最初の危機［七月のバスチーユ陥落前後、および一〇月のヴェルサイユ行進前夜の混乱状況をさしている］を乗り越えると、議員たちはその演説や政令のなかできまって、「先立つ」体制とか、あるいは単純に「古い（vieux）」体制とかに言及しはじめた。そして一七九〇年初頭には、アンシャン・レジームという表現は、革命以前に存在していたものを示す標準的な用語となっていた。この用語は、一七九二年をむかえるころには、英語でも正確な訳というより直訳の形で「エンシェント・レジーム（ancient regime）」として、おなじことをいうために用いられるようになった。

フュレとオズーフの『フランス革命事典5』では、アンシャン・レジームの創出時がドイルよりも幾分か緻密に記述されている。それによるとこの用語は「すでに多くの陳述書のうちに見出されるが、それは、たとえば「身別投票という古い体制（アンシャン・レジーム）は、したがってもっとも有益である」（カルカッソンヌ・セネクショセ管区の僧族の陳述書）というように、ある種の用法にかぎられている」し、また「これらのテクストの一つは、当時の気運であった全体的変化の理念を表現しようとして、新しい「事物の秩序」を古いそれに対置している（アミアンの第三身分の陳述書。パリ市内の貴族の陳述書）」という。

したがって、「レジーム」という言葉はまずある行政部門に限定された意味をもっている。一七八九年三月一七日、『予約租税』と題された著作の出版趣意書が『ジュルナル・ド・パリ』の付録として公刊されたが、そのなかで、「アンシャン・レジームの諸弊害」を新租税制度の提案に対立するものとして語っている。八月四日の夜からはじまった有名な討論ののち、一一日に国民議会は「封建制度（レジーム）を完全に破壊する」ことを採択する。法令全体が明白に示しているように、国民議会がこの採択によって指示したのは、封建的所有権と封土契約との名残だけでなく、十分の一税、売官制、個人と社団の諸特権、要するに社会の社団的構造の総体である。八月四日、一人の発言者が諸改革の広がりを示すために「新制度」について語るが、まだ誰も、過去の総体を示すために「アンシャン・レジーム」という言葉を用いていない。そのことは、おそらく、国制についてはまだなにも決定されていないということなのである。［…］とはいえ、この表現は、八月末に、公的諸権力の組織、一院制化か二院制か、国王の拒否権、主権などの議論で広がっていく。しかし日常用語にはなっていない。それまで、議員たちは「封建制度」とか「古い国制」といっていた。それ以降、彼らは、「レジーム」に「アンシャン」を付けて、権力とその正統性を論じるようになり、レジームという名詞の意味を社会的なものから政治的なものへ移すようになる。

一七九〇年頃、シャントローは一冊の辞典を出版した。その意図は、「革命以降われわれの言語のなかに新たに入ってきた言葉を理解し、また若干の古い言葉がもつようになった新しい意味を知るのに役立つ」ことにあった。彼は「レジーム」をめぐって次のように記している。

> 政治用語では、それは行政や統治と同義である。アンシャン・レジームとは古い行政、すなわち、革命前に行なわれた行政である、ヌーヴォー・レジームとはこの時期以降採択された行政であり、真の愛国者が予期している幸福の源泉であるが、アンシャン・レジームが許してきた悪弊から利益を得ていただけの害虫に絶望感をあたえるものである。

フュレとオズーフは、「したがって、この時期にすでに、革命とアンシャン・レジームの二極対立ができ上がっていたようである」と結論づけている。(17) このアンシャン・レジームという言葉は、革命以前には実在していた実体的生活なりを確かに指してはいるが、概念としては一つの「仮構」に過ぎないし、それが革命期早々の人々に共有されていたり、公共的なものとなっていたり、ましてや歴史化されていたわけではない。ただ革命派が一方的にそう命名していただけの話である。革命が延々と右往左往する経緯をざっと概観してみただけでも、ヌーヴォー・レジームがすぐに頓挫して、逆にアンシャン・レジームが復活するというシナリオは展開としては当時十分にあり得た。アンシャン・レジームを発明した革命派の政権自体も不安定なままの状態がほぼ一〇年間も続いたのであり、革命は何時それが瓦解してもおかしくない緊迫した状況に常にあった。革命が頓挫してアンシャン・レジームの時代へと戻ってしまう、つまり王政が復古する可能性は一七八九年以降に多分にあったし、ルイ一六世や反革命派も実際にそれを狙っていた。ハプスブルク家など、フランス周辺の他のヨーロッパの王家の心情も穏やかであるはずがなく、この革命の行方をかなり気にしていた。彼らにとっても最も良いシナリオは、ブルボン家がまた復活することである。そうでないと、次は自分たちが危くなる。彼らにとってフランスでの出来事は決して他人事ではなかった。ドイルによると、ルイ一六世が海外に逃亡しようとし、また海外でも革命に懸念を感じていることが明らかになるにつれて、事実「アンシャン・レジームは外国からの策動によってまだまだ復古する可能性がある」と当時のフランス人たちは強く感じていた。

そもそもアンシャン・レジームという時代などなかった、と言うことすら可能である。それは何度も言うが革命派の恣意的造語であるに過ぎず、また、その定義そのものも実に曖昧であり、アンシャン・レジームの規定をめぐって、いまだに多様な解釈がなされているのは、その事実を別の角度から物語っている。これは革命派によるかなり発作的な言葉であり、こう形容してよければ、当時のある種の「暗い雰囲気」を巧みにとらえていたものに過ぎない。言い換えると、革命が起きなければ、今日、私たちはアンシャン・レジームという呼び方をいまだ知らないままでいたはずである。

フュレとオズーフの『フランス革命事典7』で実に興味深いのは、彼らがトクヴィルについて考察する文章の中で、「アンシャン・レジームはみずからの手でみずからを突いてその行程を終了する。その死亡証明書にはフランス革命が署名するよりも以前に」とか、「大規模な革命が近づいていたことではなく、大規模な革命がすでに終焉していた」といった記述があることだ。さらにそれを補強する次のような証言が、トクヴィルの言葉を引用したフュレとオズーフの本にはこう書いてある。

> 一七八八年以前の作家が、このような事態はフランス革命の以前に起きたという書き方をしているのに出会うことがよくある。われわれはこれに驚く。一七八九年よりも以前に革命が語られるのに慣れていないからである［…］。それは実際上きわめて大規模な革命であった。しかしこの革命はこれにつづいた革命の巨大さのなかに紛れこみ、歴史の眼差しからは消滅しなければならなかった。

要するにフュレとオズーフの考えでは、アンシャン・レジームと呼ばれる時期に、すでに革命は終焉していたのである。そうなると事態はかなり混乱してくる。いくつかのことがそこから演繹的に考えられる。つまりアンシャン・レジームは殺されたのではなくて自殺したということ、もう一つはアンシャン・レジームの内部ですでに革命は終焉していたのだから、絶対王制時代に革命とアンシャン・レジームの二つは相互に貫入しており、互いに模倣し合い、そのためこの二つは極めて「同質」な存在になっていたと言えることである。そしてそうした両者の同質性は、トクヴィルも言うように、実はアンシャン・レジーム時代からの官僚的で中央集権的な政策の必然的な結末なのである。
実際に、アンシャン・レジーム期には、国民そのものもかなり同質化していた。トクヴィルは『旧体制と大革命』の中で、そのことを次のように言っている。

フランス全体は、実は、すでに唯一の魂しかもっていなかった。同じ思想が王国の隅々まで流布していた。いたるところで同じ慣習が行きわたり、同じ意見が述べたてられていた。どこでも同じ鋳型にはめられた人間精神は、どこでも同一の方向に導かれていた。

さらにそこから派生した革命という付随物も、論理的にアンシャン・レジームの特性である同質性に感染していた。その証拠に、一七八九年以降のヌーヴォー・レジームの時代にあっても、すでに同質化していた人々は相互に信頼し合ってはいなかった。だからこそ、革命期には「陰謀説」が絶えなかったのだ。アンシャン・レジームとヌーヴォー・レジームとは相互にどこかよく似ている二つの政体であり、その二つの間の距離は実は意外に短く、二つは思ったよりも互いに隣接している。二つの隔たりは、実はみなが考えているほどには遠くない。二つはとてもよく似ているのだ。だが、だから二つは衝突しないというのではない。事態は全くその逆であり、二つは同質性を備えているからこそ激しく衝突する。
加えて国民の間でも、従来のような世襲制度なら安定していたポストを、同じような実力を持つ人々が互いに激しく奪い合う過酷な競争社会が、旧体制下ですでに少しずつ始まっていた。トクヴィルは『旧体制と大革命』の中でこう書いている。

何の安定も得られないこの種の社会では、各人は下降への恐怖と上昇への熱望に駆り立てられている。そこで金銭は、人間を分類し区別する主要な表徴となるばかりでなく、極度の流動性をもたらす。その結果、富む者と貧しい者は次々に入れ代わり、個人の地位も変動し、家族も繁栄・零落を繰り返すので、ほとんどだれもが蓄財や金儲けにたえず必死の努力をしなければならなくなる。したがって、強烈な金銭欲、事業欲、貪欲、物質的幸福と物質的享楽の追求が最も一般的な欲望となる。

こうした同質であるが故の個々人の衝突は、周知のように「起源」や「はじまり」に深く関係するものである。このようによく似た者同士が同じ一個の対象物を互いに命をかけて欲望しあうと、事態は必ずや暴力へと至る。ハンナ・アレントは『革命について』の中で、この「はじまり」について次のように書いている。

> 革命現象に、はじまりの問題がどのような意味をもつか明白である。このようなはじまりが暴力と密接に結びついているにちがいないということは、聖書と古典が明らかにしているように、人間の歴史の伝説的なはじまりによって裏づけられているように思われる。すなわちカインはアベルを殺し、ロムルスはレムスを殺した。暴力ははじまりであった。暴力を犯さないでは、はじまりはありえなかった。

ここでアレントのいうカインとアベル、ロムルスとレムスはそのまま旧体制と新体制との関係にあてはまる。仮に旧体制が自らを鏡に映せば、そこには新体制が映し出されるだろう。オスカー・ワイルドの『ドリアン・グレイの肖像』をここで思い浮かべてみるとわかりやすいかもしれない。この場合、旧体制はドリアンである。彼は自分の肖像画にナイフを突き刺して、自分自身で死んでしまう。ドリアンはこう言っていた。

ナイフはきらりと輝いていた。画家を殺したときと同じように、その画家が描いた絵を、その絵が持つすべての意味と共に殺すのだ。過去を殺してしまえ。過去が死ねば彼は自由だ。このいまわしい魂が死ねば、おそろしい警告がなくなれば、平和を取り戻せる。彼はナイフをつかむと、肖像に突き刺した。(18)

過去を殺すとは、伝統を殺すということである。しかも伝統が、自らの手によって自らを刺し殺す。旧体制が自ら滅ぶ。つまり内破する。そう考えると、フュレとオズーフが『フランス革命事典7』で、トクヴィルの考察を援用しつつ、次のように言うのは実に示唆的である。

アンシャン・レジームは中央集権国家をとおして権威の全面的な転覆のための手段を準備するとともに、社会体を観念のなかに疎外することをとおしてこの転覆の教育を行った。こうした燃えやすい材料に経済的繁栄という火の粉がつくと、個別の利益、世論の期待そして政府の活動が活性化して動き出し、しかもこれと同時に、硬直し信用を落としていた社会組織、憎悪それに身代わりの山羊とされてもまったく当然であった社会組織の崩壊が同時に加速されてゆく。あとはルイ一六世の大臣たちの不手際と過ちがあるのみである。とどめの一撃は一七八九年にきた。行政改革が実施され、地方総監は選挙で選ばれた州議会に従属することになるのだ。アンシャン・レジームはみずからの手でみずからを突いてその行程を終了する。その死亡証明書にフランス革命が署名するよりも以前に。

註

（1）アレクシス・ド・トクヴィル『旧体制と大革命』、小山勉訳、ちくま学芸文庫、一九九八年。以下、本稿において『旧体制と大革命』という場合は全てこの本による。

（2）アンドレ・ジャルダン『トクヴィル伝』、大津真作訳、晶文社、一九九四年。以下、本稿においてジャルダンの発言は全てこの本による。

（3）フランソワ・フュレ、モナ・オズーフ『フランス革命事典7』、河野健二他監訳、みすず書房、二〇〇〇年。以下、本稿において『フランス革命事典7』とした場合は全てこの本による。

（4）ラリー・シーデントップ『トクヴィル』、野田裕久訳、晃洋書房、二〇〇七年。以下、本稿においてシーデントップの発言は全てこの本による。

（5）富永茂樹『トクヴィル』、岩波新書、二〇一〇年。

（6）ヴォルテール『カンディード他五篇』、植田祐次訳、岩波文庫、二〇〇五年。

（7）『ヴォルテール書簡集 1704―1778』、高橋安光編訳、法政大学出版局、二〇〇八年。

（8）ジャン＝ジャック・ルソー「ヴォルテール氏への手紙　一七五五年のリスボン大震災をめぐる摂理論争」、浜名優美訳、『文明』、白水社、二〇一二年に所収。

（9）カント『地震の原因 他五編』、田中豊助他訳、内田老鶴圃、二〇〇〇年に所収の『解説』による。

（10）エドマンド・バーク『フランス革命の省察』、半澤孝麿訳、みすず書房、一九七八年。以下、本稿において『フランス革命の省察』という場合は全てこの本による。

（11）ジャン‐ピエール・デュピュイ『ツナミの小形而上学』、嶋崎正樹訳、岩波書店、二〇一一年。

（12）ウィリアム・ドイル『アンシャン・レジーム』、福井憲彦訳、岩波書店、二〇〇四年。以下、本稿において『アンシャン・レジーム』という場合は全てこの本による。

(13)　フランソワ・フュレ『フランス革命を考える』、大津真作訳、岩波書店、二〇〇〇年。
(14)　ハンナ・アレント『革命について』、志水速雄訳、ちくま学芸文庫、一九九五年。以下、本稿において『革命について』という場合は全てこの本による。
(15)　このパラグラフの革命についての記述はレイモンド・ウィリアムズ『完訳 キーワード辞典』、椎名美智他訳、平凡社、二〇〇二年による。
(16)　柴田三千雄『フランス革命』、岩波現代文庫、二〇〇七年。
(17)　フランソワ・フュレ、モナ・オズーフ『フランス革命事典5』、河野健二他監訳、みすず書房、二〇〇〇年。
(18)　オスカー・ワイルド『ドリアン・グレイの肖像』、仁木めぐみ訳、光文社古典新訳文庫、二〇〇六年。

2 地震と革命

1　断絶という神話

ディヴィッド・ハーヴェイは『パリ　モダニティの首都』の中で、モダニティを例に挙げ、「歴史の断絶線」について次のように述べている。

> モダニティをめぐる神話のひとつに、それが過去との根本的断絶を構成するものであるという神話がある。この断絶はおそらく、過去に準拠せず、あるいはもし過去が障碍となるならそれを抹消することで、新たなものを刻印できるタブラ・ラサ（白紙状態）として世界を見ることを可能にするある秩序に由来する。したがって、たとえ紳士的かつ民主主義的であったとしても、あるいは革命的、傷痕的（トラウマ）、独裁主義的であったとしても、モダニティとは常に「創造的破壊」に近い。［…］私はモダニティのこうした考え方を神話と呼ぶ。なぜなら、根本的断絶という観念は、それがおそらく起こらない、そして起こり得ないという豊富な証拠があるにもかかわらず、人々に浸透しそれを納得させる力を備えているからである。(1)

歴史に革命的な断絶線は果たしてあるのか、それともないのか、という議論について、ハーヴェイは断絶線はあくまでも「神話」としての範疇のものであるとする。なぜならモダニティは、伝統からそこへと紆余曲折を経ながらも、急激にではなく緩やかに変化して、段階的に達成したのであって、ある日、唐突に私たちの眼の前に現れたわけではないと彼は考えているからである。

それに対してフランス革命のように、一七八九年以降において、突然に「新しさの創出」がうたわれ、また「人権宣言」などがなされた事件が現実にある。フランス革命では旧体制という過去の一切を抹消し、いったん旧体制の全てが白紙還元された上で、これからは全く新しい世界が創出すると宣言された。あたかもハーヴェイの言う「根本的断絶」としての出来事が、あるいは「創造的破壊」が、革命派の言説では、現実のものとして確かに発生したのである。ハーヴェイはモダニティについて定義しているけれども、歴史的見地からすると、まさにそのフランス革命によってモダニティは発生したのだから、彼の議論はフランス革命に重ねて考察すべきである。

ハーヴェイの言うように「根本的断絶」が神話に過ぎないのは、このフランス革命による断絶が、それを唱える革命派の極めて恣意的な創作物だからである。彼はこれを覆すに足りる豊富な証拠もあるとするのだが、そのような証拠など別になくても、論理的に言って過去が一七八九年をもって唐突に白紙になることなどはないし、過去を全く引き継がない未来などもあり得ない。

しかしそれでも、ハーヴェイにはモダニティの「根本的断絶」を問題化しなければならない事情がある。それは論理や証拠とは全く別の非合理な理由による。というのもなぜか多くの人々は、劇的な転換が眼の前で発生して、いまここから新たな世界が始まろうとしている、という事態が実際に起こり得るとどこかで信じているからである。それはすでに一種の宗教のようなものである。だから論理でそれを否定することはできない。そしてその限りにおいて、宗教が人民に正しく認められているように、「根本的断絶」へのそうした欲望も、それが「神話」だという注釈つきで認められるのである。冒頭のハーヴェイの文章から類推を混ぜて噛み砕いた論点は、おおよそこのような事柄である。結局、私に言わせれば、ハーヴェイ自身は「根本的断絶」などは全くあり得ない、と言いたいだけなのである。

ところでこの論点を参照するならば、アレクシス・ド・トクヴィルの大革命についての議論は、ハーヴェイの歴史的な解釈にほぼ寄り添うものに思える。トクヴィルは『旧体制と大革命』の中で、フランス革命について次のように書いているからである。

おそらくフランス革命ほど強力で急激な、破壊的で創造的な革命は、かつてなかっただろう。にもかかわらず、フランス革命からまったく新しいフランス国民が生まれ、それ以前にまったく存在しなかった基礎の上に大建造物を築いた、と信じることは大変な思い違いとなろう。フランス大革命は多数の副次的・二義的な事柄を生み出したが、主要な事柄の萌芽を発育させただけである。こうした事柄は大革命以前に存在していた。大革命が大きな原因となって事が始まったというよりも、大革命はその原因がもたらした諸結果を整理し、体系化し、合法化したのである。［…］大革命が成し遂げたことはすべて、すでに革命によらずとも成し遂げられていた、と私は信じている。大革命はただただ急激で暴力的な方法によって、政治状況を社会状況に、事実を理念に、法律を習俗に適合させたのである。

さらに同じ本には、この革命の「以前」と「以後」との断絶とその溝をめぐるより明断な論点が、次のように書かれている。

一七八九年に、フランス人たちが他のいかなる国民よりも多大の努力を払ったのは、いわば自己の運命を二つに分断して、革命以前の状態と以後の理想状態とを越えがたい溝で断絶することだった。そのために、彼らは注意に注意を重ねて、新しい世界に過去のいかなるものをももちこまないようにした。あらゆる種類の制約を自己に課して、先祖とは一線を画したフランス人を形成しようとした。とにかく彼らは、見違えるほど変貌するために何ものをも厭わなかった。［…］私がつねに考えてきたのは、フランス人はこの特異な企てにおいて、他の国々で一般的に考えられたほど、また、自分自身が当初信じていたほど大した成功をおさめなかった、ということである。フランス人は、気づかぬうちに、旧体制から大部分の感情、習慣、思想まで引き継ぐことによって旧体制を破壊する革命を導いたし、また、不本意ながらもその廃墟を利用して新しい社会体制を構築した、と私は確信している。(2)

ここでは「破壊的で創造的な革命」とあるように、ハーヴェイの言語を使うならば、「創造的破壊」によって「根本的断絶」を生み出し、世界をいったん「タブラ・ラサ（白紙状態）」にしようとする革命派の主張が、トクヴィルによって強く批判されている。革命派からすれば、少しでも早く旧体制との間に「越えがたい溝」を創り出し、革命の「以前」と「以後」という「根本的断絶」を構築しなければならなかった。けれどもトクヴィルからすると、革命以後に見られる改革は旧体制に存在していたものばかりであり、それは旧体制の中ですでに完了していて、革命はただ終了証明印を押すだけでよかったのである。「大革命が成し遂げたことはすべて、すでに革命によらずとも成し遂げられていた」とトクヴィルが言う部分に、彼の主張の全てが込められている。

2　トクヴィルの発見

ジャック・クーネン＝ウッターはその著書『トクヴィル』の中で、トクヴィルが「社会学的思考の創始者のひとりに加えられたのは、比較的新しいこと」であると書いている。[3] 今日では、彼の著作や関連書籍がかなり豊富に出版されていて、私たちはトクヴィルについてあまりにもよく知ることができる環境にいる。そのためになかなか気が付かないのだが、歴史的な事実を振り返ると、少なくとも彼の母国のフランスでは、トクヴィルの名前は長く忘却されていた。そのトクヴィルを再発掘し、歴史に再浮上させたのは、一九〇五年にパリに生まれた社会学者のレーモン・アロンである。彼はまず、一九五五年にソルボンヌ大学の講義でトクヴィルについての再発掘を学生に向けて開始し、さらに一九六五年の『社会学的思考の流れ』という書物でそれを公のものにした。西永良成は「民主主義の逆説」において、そのことを次のように書いている。

フランスにおいてアレクシス・ド・トクヴィル（一八〇五―五九）の思想が死後ほぼ百年近い無視、忘却の期間を経て少しずつ甦り、再評価されるようになったのはやっと一九六〇年代以後に過ぎないが、その先駆的かつ強力な推進者がレーモン・アロンだったと言ってほぼ間違いないだろう。こんにち比較的著作が手に入りやすいどのトクヴィル論者たちも、参考文献の真先にかならずアロンの著作『社会学的思考の諸段階』（六七）や論文「自由のリベラルな定義――アレクシス・ド・トクヴィルとカール・マルクス」（六四）などを掲げるのを不可欠の礼儀としている。

西永はアメリカやイギリスなどではトクヴィルが研究されていたのに、どうしてフランスで彼は歴史から抹消されたのか、それについては「フランスにはトクヴィルがその危険性を強く説いていた社会主義の強固な伝統があり、また久しいあいだ共産主義と革命思想、もっと端的にはマルクス主義が思想の「越えがたい地平」（サルトル）だったことを思い起こしておこう」とその事情を説明している。さらに「マルクスよりもトクヴィルを、と言って憚らなかったアロンは反マルクス主義的保守の代表的論客だったから、ベトナム戦争がつづくなど冷戦時代の直中にあり、またやがて「アロンとともに正しくあるよりも、サルトルとともに間違ったほうがいい」と思っていた者たちが主導した六八年〈五月〉の出来事を迎えることになる六〇年代フランスの「時代精神」のなかでは、アロンがごく限られた知的影響しか発揮しえなかったのも無理はない」と書いている。しかし「六八年〈五月〉とその後の極左運動が挫折して過去のものとなり、また七四年のソルジェニーツィン・ショックのあと革命思想、マルクス主義の知的ヘゲモニーが次第に色褪せてきた七八年に」、アロンの後継者のフランソワ・フュレが登場してきた。彼は一九七八年に『フランス革命を考える』を発表するだけでなく、八三年にアロンが亡くなった後、ガリマール社の『トクヴィル全集』の全三〇巻を編集する責任者にもなる。(4)

すでに書いたように、レーモン・アロンは一九五五年にソルボンヌ大学で教えることになり、そこで社会学の講義を持った。アロンが初めてトクヴィルについて語ったのは、その講義においてである。『レーモン・アロン回想録I』には、このあたりの経緯が彼自身によって語られている。

モンテスキューにもまして私が学生や同僚の注意を喚起した人物はトクヴィルで、彼が私たちとおなじ領域に属し、『アメリカのデモクラシー』の著者トクヴィルは社会学的思想の先駆者ではなく、開拓者であることを強調した。トクヴィルはこのころまで、大作家ではないとして、哲学者にも文学史家にも無視されていたが、以後は、社会学者、アメリカ学者、そして歴史学者の領域に属することになった。フランソワ・フュレはトクヴィルの『アンシャン・レジームとフランス革命』を称えて、この大著をフランス革命の正史に入れている。もちろん、フランスの社会学者がこのような豊かな歴史意識をもつようになったのが私の力であるなどという気持ちはいっさいない。それはばかげているだけではなく、社会学的な思考にまったく合わない。戦前、マックス・ウェーバーの偉大さの理解を助けて学界に貢献したが、今度もおなじような種類の貢献だった。[5]

レーモン・アロンは『社会学的思考の流れI』においても、「トックヴィルは、社会学創始者の一人には普通数えられていない。といって、かれの社会学的著作を無視するのは正しくないと私は思う」と書いている。アロンに言わせれば、トクヴィルによるフランス革命の論点を使うと、二〇世紀のロシア革命ですら十分に説明できるのである。事実、フランス革命からロシア革命へのトクヴィルの論法の適応性の正しさを、彼はまず次のように解説している。

旧制度の終り頃には、全ヨーロッパ社会のなかでフランスが最も民主主義的だった。かれの言葉を使うなら、条件が同じになり、個人と集団が平等化する傾向は最も著しかった。そして同時にまた、政治的自由あるいは政治討議の自由は最も制限され、およそ現実には即応しない伝統的な制度によって、社会が成り立っていたのもフランスであった。[…]いいかえるなら、トックヴィル流の考えは、革命を元来、政治的なものとみる。どんな国でも、爆発をひき起す危険のある近代の民主主義運動には、必ず過去の政治制度が抵抗する。かれはまた、事態が比較的悪化している時より、むしろ割合にうまく進展している場合に、このような革命は勃発するだろうと述べた。まさにルイ一六世時代のような旧制度の下では事態が決してよくなかった、とかれは指摘した。その点は、『旧制度とフランス革命』においてみることができる。

このように書いてから、アロンはさらにロシア革命へとこの論点を発展させる。

さてロシア革命は、マルクス主義者より、トックヴィル自身の革命に関する政治的図式の方に合うと、かれが信じて疑わなかっただろうことをいう必要はあるまい。ロシアでは、一八八〇年代から一つの経済的な成長の周期がみられた。ちょうど一八八〇年から一九一四年の間、ロシアの経済成長率は、おそらく、ヨーロッパでも最高の一つだった。さらに、ロシア革命は、旧制度下の政治制度に反対する暴動で始まった。それはちょうど、フランス革命における旧制度に対して前述した意味と同じであった。ロシアで権力を掌握した党が、自分とは全く異なるイデオロギーをも代表すると主張したなら、トックヴィルは、それらの現象を、自らの理論体系へとり入れやすかったろう。かれの目には、民主主義革命の特徴こそ、自由の名のもとに行動が生れ、さらに政治的・行政的に中央集権化されやすいものに映った。全体としては経済管理をしようとしている国家の可能性を、かれはしばしば述べた。[…]そこで、かれの理論にたてば、ロシア革命は、近代化の一般的な時代における、旧政治制度の崩壊といえる。民主主義の理念をかかげると主張するが、結局、行政権の集中化と全体的な経済の国家管理の考えにたつ政府によって革命は遂行された。この革命こそ戦争拡大に伴う爆発といえよう。(6)

西永によると、レーモン・アロンを引き継いだフランソワ・フュレは「『フランス革命を考える』を公刊し、身分平等に基づく社会の民主化の流れは神の「摂理」のように数世紀をかけて旧体制下でも準備されていたものであり、かならずしも革命という非人間的な暴力を必要としなかった、それどころかフランス革命の決算と革命家たちの意図とのあいだには底知れぬ深淵が開いているではないかと論じて、フランス革命という対象を「解体」してみせたトクヴィルの『旧体制と革命』(一八五六)を、「唯一無二」の「決定的な書物」として復権させ、当時かなり激しい論争をひきおこしたものだった」と書いている。

フュレが一九七八年に『フランス革命を考える』を出版した頃には、旧ソビエト連邦の実験の失敗は誰の眼にも明らかになっていた。アメリカのリベラル・デモクラシーが冷戦の勝利者と認定されるのはもはや時間の問題だった。ラリー・シーデントップは「未来像をめぐる最強のライヴァルは、カール・マルクスとアレクシ・ドゥ・トクヴィルだとよく言われている。そうとすれば、トクヴィルの未来像が勝利を収めたようだ」としている。(7)実際、フュレの本から約一〇年後の一九八八年末には冷戦はベルリンの壁の崩壊を待たずして完全に終了していた。マイケル・L・ドックリルとマイケル・F・ホプキンズは、『冷戦1945—1991』において冷戦終了は何時のことか、それを次のように書いている。

冷戦はいつ終結したのか。この問題についてはさまざまな主張がある。ミハイル・ゴルバチョフも、マーガレット・サッチャーも、そしてジョージ・シュルツも、冷戦の終結は一九八八年末までに達成されていたと感じていた。彼らはその理由として、東西間の緊張が一九八八年末までに大幅に減少されていたこと、ソ連政府が人権を尊重するようになっていたこと、そして核兵器の配備に関しても安定と大幅削減が達成されていたことを列挙する。(8)

フュレはもともとマルクス主義者であり共産党員でもあったが、フルシチョフ時代に党員から離脱した。今村仁司はその経緯を次のようにうまく説明している。

十九世紀後半から二十世紀の後半までフランス革命史学は、マルクスその人の思想よりも、古くはドイツ社会民主党系のマルクス主義から影響を受けて、二〇世紀に入ると圧倒的にロシア革命とレーニン(＝スターリン)主義の影響下にあった。ソルボンヌ革命史講座は、ロシア・マルクス主義によって制圧された歴史学講座であった。その代表者は、二十世紀ではアルベール・ソブールである。フュレもある時期まではフランス共産党員であったから、ロシア・マルクス主義の信奉者であったが、ハンガリー事件の後で離党し、ロシア・マルクス主義に対して批判的になる。彼はソブールが樹立したロシア・マルクス主義的フランス革命の解釈図式から完全に決別する。(9)

フュレはその後、アナール学派の歴史学者となり、一九五七年以降は逆にマルクス主義を批判する立場となる。たとえば『フランス革命を考える』の中で、彼は「一七八九年は平等にもとづく新しい世界の誕生であり、紀元元年である」という「革命的断絶」の言説があると書いた上で、だがそうした「「マルクス主義的」合理化は、結局のところ、紀元の物語という性格を変革していない。それどころか反対に、それに概念的洗練化の見せかけを与えることによって、到来というその役回りから引き出される原初的な力をかえって強めている」と批判している。フュレがこの時点で論敵としていたのは、一九七〇年代になってもまだ進歩主義的なマルクス思想を抱く人たちである。彼らは古いマルクス主義的歴史観を全く変更しようとしない。しかもこのマルクス主義的歴史観はそもそもマルクス自身の考えではない。あくまでもフランス革命を起点とするマルクス主義者の修正案なのだとフュレは主張する。彼はこう書いている。

マルクス主義によるこの合理化は、マルクスの著作のなかには存在していないのだ。マルクスの著作にはフランス革命にかんする系統的な解釈が含まれてない。合理化は、ボリシェヴィキ主義とジャコバン主義との曖昧模糊とした遭遇の産物である。[…] さらに、一七八九年の神格化の根拠をも、マルクス主義は資本主義の前進のなかに求めようとしている。こういうふうにして、それは革命的切断の神話を経済生活にも社会的なものの全体にも同時に拡張する。切断前は封建主義であり切断後は資本主義というわけだ。以前は貴族、以後はブルジョワジー。だが、これらの命題は論証可能なものではないし、おまけに本当らしくもない。それに、いずれにせよ神聖不可侵の年代学的制約をふきとばしてしまっている。そういうわけで、マルクス主義は、経済＝社会様式にもとづいてなされた原因分析と政治＝イデオロギー様式にもとづいて書かれた事件の物語とを併置して、万事を済ませているのである。

フランス革命にマルクス主義的過程を見るのは、ブルジョワ革命から社会主義革命へと一歩ずつ段階的に発展していくのだと主張する単線的な進歩主義者の、あまりに単純で、かつ古びた解釈に過ぎない。フランス革命を断絶の起点として、その後も反復し続ける革命を、マルクス主義者は自分たちに実に都合よく解釈しているだけである。フュレはそう正しく指摘して、次のように続ける。

母なる大革命という自然発生的イデオロギーを強化したのは、第三共和制開始時の闘争であり、それだけではなくとくに社会主義運動の発展である。というのも、社会主義運動は第二の革命の潜在的な担い手だからである。この第二の革命は、第一の革命が樹立した事態を否定するとともに、弁証法的に第一の革命の約束を結局は実現するとされている。こうして、あの奇妙な配置と素朴なイデオロギーが生まれる。それは単線的図式である。この図式によれば、母なる革命の当事者たちが当時与えた創始にかかわる意味をこの革命自身が二〇世紀にふたたび見いだす、というのである。(10)

フュレが一九八六年に出版した『マルクスとフランス革命』では、「マルクスは、フランス革命に関する著作をいっさい書かなかった。その代わり、フランス革命について数多くの注釈やさまざまな示唆をおこなっており、それらは、彼の作品全般にわたって、また彼の人生や研究のあらゆる部分に見いだされる」とか、あるいは「フランス革命に関するすべてのマルクス主義的解釈は、マルクス以降のものである。このパラドックスは、マルクス主義が、あらゆる偉大な教義と同様、その創始者のものではないということを証言している」として、あらためて『フランス革命を考える』での自説を強調している。(11)

3 断絶線

こうしてフュレはトクヴィルを大々的に登場させながら、マルクス主義の陣営を論破しようと企むのだが、この大革命は歴史的な断絶線だ、いや、大革命は断絶などではない、といったマルクス主義とアナール学派との対立的な議論は、それから時間を経た今日あらためて考えると、マルクス主義批判者としてのフランソワ・フュレに軍配が上がったようである。トクヴィルの『旧体制と大革命』の次の部分をいまあらためてよく読むとそう思わされる。

大革命がどんなに徹底したものであっても、それが革新したものは一般に考えられているよりもはるかに少ない。この点は、のちに指摘しよう。革命について確言できることはこうである。革命が完全に破壊し去ったか、破壊しつつある(革命はまだ続いているのだから)ものは、旧社会で貴族的・封建的な諸制度が生み出したもの、何らかのかたちで旧社会と関連の深いもの、どんなにわずかであっても旧社会の痕跡を残しているもの、これらのすべてである。革命が旧世界のなかで存続を許したものは、そうした諸制度と一貫して無縁か独自に存在しえたものだけである。大革命の勃発は、決して偶発的な出来事ではない。確かに大革命は突如として世界を襲ったけれども、長い産みの苦しみの当然の帰結、一〇世代もが努力を傾注してきた活動の突然で激烈な結末にほかならなかった。大革命が起こらなかったにしても、古い社会体制はやはりいたるところで崩壊しただろう。ただ、ところにより時間の前後があるだけだ。その場合には、突然にではなく少しずつ倒壊していったことだろう。大革命は、長期にわたり少しずつおのずと終結に向かう事態を、急激に終結にいたらしめたのである。それも、混乱と苦しみのうちに一挙に、何の顧慮も払わず何の配慮もせずに、そうしたのである。これが大革命の成し遂げたことである。

旧体制は外側からの攻撃によってではなく、旧体制の内側で自ら壊れていった。そのように書くトクヴィルのこの文章には、人に注意を向けさせたくなる指摘がそのほかにも数多くある。一つは「革命はまだ続いているのだから」というところで、つまり、これを書いているトクヴィルは一八五〇年代前半に生きていて、彼は当時、一八一四年の王政復古と一八三〇年の七月革命、一八四八年の二月と六月の革命を肌身で体験しており、とりわけ一八四八年の出来事では、トクヴィルはまさにその渦中にいて、政治家としてこの問題に激しく直面した。彼は一八五一年のルイ＝ナポレオンのクーデターによって政界を引退し、それからは『フランス二月革命の日々』と『旧体制と大革命』の執筆に没頭していた。確かに政界は引退したものの、いまだ自分のいる一九世紀は一八世紀末の大革命の「延長戦」のさなかにあって、その前提の上で自分は大革命について言及しているとの強い自負心が、彼の執筆スタンスなのであった。ジャルダンの伝記にも、「私は、自分自身という大変住み心地の悪かった場所から、このようにしてようやく抜け出ました。しかし、私の仕事の現場においてさえ、現在生じている事件の鈍い響きを聞かないでおこうとしても無駄ですし、また、どうしてもそれが耳にはいってくるのを妨げるわけにはいきません。私は静かな環境に到達しましたが、ちっとも楽しくありません(12)」といった率直な思いを綴った書簡が紹介されている。大革命は過去の事柄ではなく、一九世紀に生きる自分の時代の問題であり、眼の前のルイ＝ナポレオンによる政局の悪い事態も、結局は大革命に深く関係しているということである。

トクヴィルは、旧体制時代に国の中核にいた祖父のマルゼブを含む親族を断頭台で失い、その精神的な傷を深く受けていた。そのフランス革命の結末がナポレオンの軍事クーデターとそれに続く第一帝政の独裁政治である。貴族としての過去を持ちながらも、アメリカのデモクラシーにも傾注するトクヴィルに、ナポレオン没後の一九世紀のフランスは専制への回帰か、それとも社会主義かなど、どれも判断の難しい選択を強引に迫っていた。一九世紀の第一帝政以後の時代は、帝政からブルボン家、ルイ＝フィリップから共和政、そしてまたルイ＝ナポレオンの第二帝政へ、というように、政局が極めてぐらぐらとしており実に不安定だった。新しく社会主義が台頭するとともに、自由主義の陣営にもまだかなりの根強さがあり、この二つの間隙に滑り込むようにしてルイ＝ナポレオンが独裁主義を狙う不穏な動きが進行していた。ティエリー・ランツの『ナポレオン三世』によれば、ルイ＝ナポレオンは一八三六年に「ストラスブール事件」を、一八四〇年には「ブーローニュ事件」を企て、そして一八四八年の二月革命が勃発するや否や、幽閉されていた要塞から逃亡し、政権を奪うためパリに帰還する。一八四八年には職業革命家に扇動された民衆の反乱が起きていたが、まさにその間隙を縫ってルイ＝ナポレオンは政権を奪い取る。(13)大革命の暴力が専制や独裁と直結しているとするトクヴィルの主張は、自身が体験したルイ＝ナポレオンによるクーデターによって決定的なものになった。『旧体制と大革命』のプランが最初から第一帝政批判にあったのは、ナポレオンの第一帝政への批判だけでなく、一八五〇年代にトクヴィル自身のおかれていた第二帝政のルイ＝ナポレオンによるクーデターと専制政治への批判を強く反映していたのだ。

ところで先に引用したトクヴィルの文章で最も気になるのが、「古い社会体制はやはりいたるところで崩壊しただろう。ただ、ところにより時間の前後があるだけだ」という部分である。むろんこの後に「その場合には、突然にではなく少しずつ倒壊していったことだろう。大革命は、長期にわたり少しずつおのずと終結に向かう事態を、急激に終結にいたらしめたのである」とあるので一概には言えないのだが、「ところにより時間の前後があるだけだ」という箇所が注意を引くのである。すなわち、革命が一七八九年に劇的に旧体制を終結させたのではなく、改革そのものは旧体制の中ですでに起きており、大革命がなくても改革は同じようになされた、あのようなあまりにも激しい暴力は無用だった、そう主張するトクヴィルの論旨はすでに十分に了解済みなのだが、旧体制の中で革命に似た事態が少しずつ進展していたとするならば、（地域によって時間差は出てきたかもしれないが、それでも）旧体制の「どこか」にトクヴィルの言う改革の「断絶線」が何かしらのかたちで刻印されているはずなのである。仮に大革命がなかったとしても、旧体制の改革は地域差以外、全てが直線的に、あるいは平面的に、一つの「断絶線」のかけらもなく、モダニティへときれいに着地していたと言うわけでもないだろう。

フュレとオズーフが『フランス革命事典7』の中で、トクヴィルの発言から「これは大規模な革命が近づいていたことではなく、大規模な革命がすでに終焉していたことの証拠である」とか、「一七八八年以前の作家が、このような事態はフランス革命の前に起きたという書き方をしているのに出会うことがよくある」という言葉を引いていたのを思い起こすと、トクヴィル自身も、一七八九年以前の旧体制の内部に改革の何かしらの「断絶線」が刻印されていたと考えていたのではないかと思うのである。それにフュレとオズーフが「アンシャン・レジームはみずからの手でみずからを突いてその行程を終了する。その死亡証明書にフランス革命が署名するよりも以前に」と主張するのならなおさらである。(14) 旧体制が自からの手で自からを突いて内破し、その行程を終了したのなら、突いたのは一体何時のことなのか、行程が終了したのは何時なのか、と嫌でも問いたくなる。トクヴィルやフュレ、オブーフの主張する通りならば、論理的に言ってその刻印が、フランス革命が死亡証明書を発行する以前の旧体制の「どこか」に存在しなければならない。革命派も刻印のないものに証明書は発行できないからである。さらに注意すべき点は、トクヴィルが『旧体制と大革命』の中で次のように述べている部分である。

フランスには、王政以前にさかのぼる古い州がいくつかある。驚くべきは、憲法制定議会がこの諸州をことごとく、一挙に、いとも簡単に解体し、まるで新世界の処女地でするように、フランス王国を八三地区に整然と区分することができたということである。ヨーロッパの他の国々をこれほど驚嘆させ、恐怖に陥れたものはほかにない。彼らは、このような壮挙を予想だにしていなかったからである。バークは、「これほど野蛮なやり方で祖国が引き裂かれるのを見たのは初めてだ」と述べている。彼には生体を引き裂いたようにみえたかもしれないが、実は死体をばらばらにしたにすぎなかったのである。

この場合、バークが『フランス革命の省察』で憤りつつ言っているのは、次の箇所のことである。

> フランスの建築師達は、目に入るものすべて、単なるがらくたとして一掃してしまい、そして、彼らの国の装飾庭園師にも似て、すべてをまったく同じ水準にした上で、地方と中央の全立法組織を一つは幾何学的、一つは算術的、一つは財政的という別々な三種の基礎に立脚させるように提案しました。彼らはその第一のものを地域の基礎、第二のものを人口の基礎、第三のものを租税負担の基礎と呼んでいます。これらの諸目的のうち第一のものを達成するために彼らは、国土を縦横一八リーグずつ八三の、通常は正方形の地域に分割します。これら大区分は県（デパルトマン）と称されていますが、彼らは、引き続き正方形原理を適用してそれを自治体（コンミュン）という名の一、七二〇の地域に区分けします。そしてこの町を、またしても正方形原理によって区（カントン）という一層の小地域に細分化し、その数は全部で六、四〇〇となります。

こう書いた後でバークは、「自らの国を破壊して個々ばらばらの共和国にしてしまおうというこの決意こそ、彼らに対して、最大限の困難や矛盾の数々をもたらしているものなのです」と結論づけている。[15] トクヴィルの指摘も、憲法制定会議へのバークのこの怒りに反応して書いたものである。だがトクヴィルは、「［バークには］生体を引き裂いたようにみえたかもしれないが、実は死体をばらばらにしたにすぎなかった」としている。ここで重要なのは、フランス革命によって国がバラバラにされたことは、バークには「生体を引き裂いた、つまり生きた人間を幾何学的に分割するようなものだ」と見えていたのに対し、トクヴィルは、革命政府が引き裂いたのは生体ではなくて「死体をばらばらにしたにすぎなかった」と応答している点である。だとすれば、古いフランス、封建制は大革命の前にすでに旧体制の中で死体になっていた（つまり旧体制内で改革が完了していた）ということになる。トクヴィルは、それは生きている人間のように旧体制の中でゆっくりと少しずつ死んでいった（少しずつ改革されていった）としたいのだろうが、仮にそうだとしても彼の『旧体制と大革命』の主張からすれば、やはり「どこか」の時点に古いフランスの「死亡した瞬間」が存在しているはずである。だからこそ何度も言うが、フュレとオズーフが言うように一七八九年に革命政府が「死亡証明書」を発行可能なのである。

だとすれば、絶対王制の中で旧体制が「息を引き取った瞬間」とは、一体何時のことか。これは大変に重要な点である。なぜならばこの「死亡した瞬間」こそが、ハーヴェイが「神話」に過ぎないから「おそらく起こらない、そして起こり得ない」と言った、まさに「根本的断絶点」のことだからである。このように考えていけば、フランスでモダニティが始まった根本的な「断絶線」は、一七八九年の大革命前の一八世紀の「どこか」に存在している。ハーヴェイは、「根本的断絶という観念は、それがおそらく起こらない、そして起こり得ないという豊富な証拠があるにもかかわらず、人々に浸透し納得させる力を備えている」と書いていた。だがそれは実は「神話」などではなく、本当に断絶線というものが存在するからこそ、「人々に浸透しそれを納得させる力を備えている」のである。

これに関連することを、つまり旧体制のどこかでそのような改革の「断絶線」があることを、富永茂樹は『トクヴィル』の中で次のように興味深く指摘している。

革命が終焉を宣言した封建制はたしかに再びこの社会に戻ってはきませんでした。このことはトクヴィルも認めます。ただ、封建制は革命によって崩壊したのではなく、その以前から崩壊ははじまっていた。その意味でアンシャン・レジームと革命は連続しているのです。だから時代は遡るが、どこかに切断点は存在します。また第一帝政、さらにいくつかの政体の変更を経て今にいたっているわけですから、いいかえればアンシャン・レジームのどこかで生じた切断がトクヴィルの時代まで連続しているのだということにもなります(16)。

つまり富永も、フランスの旧体制の中に「改革の切断点がある」と言っているのである。そうなると、ハーヴェイが「神話」とした「根本的断絶」は現に存在することになるし、トクヴィルやフュレ、オズーフの主張では、この断絶線はマルクス主義者の言う一七八九年ではなく、その少し前の旧体制の「どこか」にあることになる。富永はこの指摘の後で旧体制の中央集権化などの問題について細かく分析していくのだが、その切断点がでは「どこ」にあるのかについては答えを全く出していない。

4　一八三〇年七月革命

トクヴィルらの論点で言えば、断絶線はおそらく一八世紀半ばくらいに存在することになる。だが、それについて論証するために、私たちはいったんトクヴィルの生きた一九世紀に戻らなければならない。一九世紀に起きた出来事を検証し、その核心にあるものを選び出して分析することによって、トクヴィルらが主張するアンシャン・レジーム期における大革命の本当の「断絶線」、あるいは大革命の「発火点」が自ずと見えてくるはずだからである。

トクヴィルが生まれたのは一八〇五年であり、ナポレオンの第一帝政の翌年であった。一八一四年にナポレオンが退位するとウィーンで同盟国の会議が開かれ、ブルボン家の復古が検討された。ジョン・プラムナッツの『フランスの革命運動 1815—71』[17]によると、一八一四年と一八一五年のフランスでは、フランスの人たちからブルボン家は「ほとんど忘れ去られていた」という。すでに第一共和政や恐怖政治の時代から数えて二〇年以上の歳月が流れていた。「フランスを破った外国の王国でさえも、ブルボン家について覚えている国はなかった。1792年以後、事件があまりにも目まぐるしく起こったため、ヨーロッパでは、22年があっという間に過ぎてしまった感がしたのである」。しかしこのことは、「ブルボン家にひとつの大きな利点をもたらした」。なぜかというと、「ブルボン家に対して脅威を懐く者がいなくなった」からである。ブルボン家によって「20年以上も前に起こった様々な事件が、今また、再発するようには思えなかったのである」。

王政、共和制、恐怖政治、第一帝政の中で、最もフランス人にとって遠い記憶が、ブルボン王朝であった。これらの最悪の選択肢の中から、フランス人はその最も遠い記憶——少なくともこの段階で最も危険の少なそうに思えた記憶——を選んだ。こうしてルイ一八世のブルボン家が再びフランスに迎え入れられる。一八二四年にルイ一八世が亡くなると、シャルル一〇世が即位した。だが実に奇妙なことに、ブルボン家が忘れられていたまさにその事実が、今度は人々を不安にさせる要因になる。シャルル一〇世がフランス人たちに「1世紀も前の、遠い過去からよみがえってきた、自分たちとは無縁の侵入者ではないかと思われた」からである。シャルル一〇世は「人間のような形をしているが、何か事を起こしそうな亡霊ではないか」と人々は考えはじめたのだ。すなわちブルボン家があまりに遠い記憶の遺物であるがゆえに、それはまるで亡霊のような不気味な存在に思えてきたのである。あるいはこの頃になって断頭台の忌わしい記憶が、フランス人の心の中に蘇ってきたのかもしれない。最も遠く、最も危険の少なそうな記憶だったはずが、首を切断されて殺された国王の亡霊が、人々の心にいつの間にか回帰してきた。これは不安定な社会にしばしばありがちなことであるが、一九世紀の革命期の人々の中にもこうした被害妄想が増大し、やがてその妄想が大きな力として現実社会にはね返って、遂には一八三〇年の七月革命となって現れる。

革命の数年前の一八二七年、トクヴィルはヴェルサイユ裁判所の判事修習生になっていた。その頃、彼の内面にも、フランス人たちがシャルル一〇世に対して感じたのとはまた別種の「亡霊」が現れていた。シーデントップによると「一八二九年から三〇年の危機は、トクヴィルの少年時代を苦しめた内乱の亡霊を再び呼び出した」という。アンドレ・ジャルダンも『トクヴィル伝』で、一八二七年のトクヴィルの精神的な危機を次のように引いている。

［…］投獄の機会があると思う。なぜなら、過去四〇年の経験は、投獄にあらかじめ備えることはおかしなことではなかったことを立証してしまったからだ。

トクヴィルが投獄を想起したのは、現実に七月革命が近づいていたからなのか？　ジャルダンは「現在が不安定であるとの感触をトクヴィルの心中につくりだしたのは、一八三〇年の革命ではまったくない」とする。そうではなく、この「不安は「メースの危機」以来、潜伏しつづけてきたものである。一八三〇年は、ただ傷口を広げるだけである」と、ジャルダンは本当の要因を探っている。

「メースの危機」は、トクヴィルの父が知事をしていたロレーヌ地方の都市のメースの図書室で、ヴォルテールやルソーの書物に触れた時に受けた不安であった。彼はその際に「私は、地震に遭遇した人が語るような異常な感動に見舞われました」と告白していた。この不安の原因については、富永茂樹の指摘を参照して、一七五五年のリスボン大震災の話を周囲の誰かから聞いたのではないかと考えたのだが、その時にトクヴィルが手にしたヴォルテールの書物の中には、ヴォルテールがリスボン大震災に影響を受けて書いた『カンディード』や『リスボンの災害にまつわる詩』が含まれていた可能性がかなり大きい。だとすればリスボン大震災とトクヴィルのメースでの内的な地震体験の二つは、それぞれが全く別々の出来事ではなく、深いところで一つに結ばれているはずである。

一方、ヴォルテールやルソーは、トクヴィルの祖父のマルゼルブと奇妙な繋がりがあった。木崎喜代治の著書『マルゼルブ　フランス一八世紀の一貴族の肖像』によると、マルゼルブは旧体制下では出版統制局で働いていた。しかし、彼は啓蒙書の内容を検閲する部署の責任者の立場にあったのに、啓蒙思想家たちと個人的なつき合いをしていたのである。本来ならば検閲する立場の人が、検閲される啓蒙思想家と接触するなど考えられないことである。だが、マルゼルブはディドロとダランベールの『百科全書』が刊行されるのを助け、ルソーとも実際に親密な交際をしていた。ヴォルテールとの書簡も残されている。『ヴォルテール書簡集　1704—1778』[18]には、一七五五年のリスボン大震災についての記載が数通にわたって書かれているが、それと同時にマルゼルブへの手紙も何通か載っている。マルゼルブへの書簡は儀礼的なものであり、彼への感謝の意を記した内容がそのほとんどである。だがそうだとしても、これらが彼の周囲に知れたとしたら、その発覚の仕方によってはマルゼルブは大変なことになっていただろう。実際に、木崎の本を読むと、ルソーとの場合などは書簡のやりとりが外部に漏れるのをマルゼルブがかなり恐れた局面があった(19)。たとえば一七六二年一月二八日付のルソーからマルゼルブへの手紙には、明らかに体制批判と受け取れる箇所がある。

私は他の身分を支配している身分の人たちに激しい反感を抱いていることを、あなたに隠すことはできません。隠すことができない、というのも間違っているくらいです。まったくのところ、名門のお生まれであり、フランス大法官のご子息であり、高等法院の一つの院長でいらっしゃるあなたに、そのことを打ち明けるのに、私はなんのこだわりも感じないのです(20)。

どうしてマルゼルブはこのような危険を冒したのか。彼がフランス革命期にルイ一六世の弁護人になった事実も含めて、マルゼルブという人物にはいろいろと謎が多い。ジャック・ゴデショは『反革命』の中で、マルゼルブについてこう書いている。

マルゼルブは、十八世紀の哲学的政治家の傾向のなかで、私がアリストクラート的潮流と呼んだものを代表した。彼は、貴族が政府を支配する必要があるというフェヌロンおよびモンテスキューの観念に満たされていた。さらにマルゼルブはルソーを読んだばかりでなく、個人的にも彼を知っていた。彼はルソーを賞賛したが、無条件にではない。こうしてマルゼルブは、ルソーが諸著作のなかで広めた自然

の自覚を大いに尊重したが、社会契約の観念や、また一般的にルソーの民主主義的な考え方に反対であった。(21)

この祖父がトクヴィルに大きな影響を与えたのは間違いない。ジャルダンによると、「アレクシ・ド・トクヴィルは、みずからが誇りとしていた先祖の生涯を書くという計画をもっていた」という。実際にトクヴィルは「私は、ド・マルゼルブ氏の孫であるからこそ……これらの事柄を書いてきたのである」と言っていた。トクヴィルはそのような心情の中で、反革命派の貴族の子孫として、一九世紀を生きていた。そして一八三〇年に、トクヴィルが最も懸念していた革命が起きる。ルイ゠フィリップによる七月革命である。この革命に、トクヴィルはかなり困惑した。だがジョン・プラムナッツによると、多くのフランス人にとってこの革命は、冷静な傍観者゠芝居の観客でいられるものであったようだ。

七月革命は、役者とほんのわずかな観客が関心を寄せた芝居でしかなかったのである。じつに観客の多くは、それに対して興味を示さなかった。そのため、だれが主役を演じているのかもわからなかった。国王は逃亡し、王党派は力を失ってただおし黙っているだけであった。自由派が勝利をえたことが、かろうじて人々の意識に上ったにすぎない。共和派が何をしたのか。また、パリの学生や労働者が何を行ったのかについては、だれも気にとめなかったのである。

トクヴィルには、もちろん事情は彼らと大きく違っていた。ナポレオン失墜後の王政復古は、彼のような貴族にとってとても重要な出来事であった。だがマルゼルブが考えていたような貴族が政治を動かすという夢は、この七月の革命で完全に断ち切られたのである。シーデントップは次のように書いている。

一八三〇年七月の革命は、彼の最も恐れていた事態となった。フランスにおいて貴族の特権を再び打ち立てようとの試みは挫折し、それとともに代議政体をほとんど破壊してしまった。トクヴィルとボーモンは国王［シャルル一〇世］のクーデターに抵抗する道を選んだ。パリで自由主義者たちがルイ・フィリップを新国王だと宣言していた頃、ヴェルサイユで国民軍に加わっていたトクヴィルは亡命の途につくシャルル一〇世を乗せた馬車を見送っていた。フランスの新旧のエリートが一体となる日をかくも遅らせたその無分別さに、彼は暗然たる思いであった。

貴族としての立場からすれば、トクヴィルはシャルル一〇世を守るべきだった。しかし彼はそうはしなかった。ジャルダンの本によればトクヴィルは次のように言っていたという。

シャルル一〇世にたいしては最後まで、祖先から受け継いできた敬愛の念が私の心の中に残っているのを感じていたが、しかし、この国王は私が貴重だと考える諸権利を侵害したために打ち倒されたのである。

トクヴィルは七月革命後の新しい政権に宣誓する。彼の親戚たちは当然のごとくにその行動に憤激した。シーデントップによると「新体制に求められて忠誠の宣誓を行った時は、彼らは正統主義者の親戚からの非難をも目の当たりに受けた。トクヴィルにはもはや前途が見えなかった」。またジャルダンの本によると、トクヴィルは書簡で次のように告白している。

とうとう宣誓をしました。僕の良心はひとことも抗議していません。しかし、僕はやはり深く傷つけられてしまいましたし、この日を人生のなかでももっとも不幸な日に数えいれました。……僕は僕自身と交戦状態にはいっています。これは僕にとって新しい恐ろしい事態です。僕があの三語を口にした瞬間には、僕の声は変わったので、僕は、心臓の高なる鼓動で胸が張りさけそうな思いがしました。

この革命のせいで、彼の父親は上院議員から排除され、叔父らは貴族院議員を辞職した。過激な王党派の親戚はトクヴィルに脅迫状を送りつけてきた。事実、貴族たちはみな緊張していた。ジャルダンはこう書いている。「七月三〇日と三一日にヴェルサイユでは、国民軍が民衆のいかなる攻撃からも貴族を守るという状況がみられた」と。実際のところ、この宣誓はトクヴィルの矛盾する行動である。確かにシャルル一〇世に失望していたにせよ、それがすぐにルイ＝フィリップの新政府への宣誓となるのはやはりどう考えてみても飛躍し過ぎである。この宣誓は彼の本心からのものではなかったはずだ。トクヴィルの中で貴族としての誇りを捨てられない自分と、そうではないもう一人の他者とが、分裂して存在していたと思うほかない。「僕は僕自身と交戦状態にはいっています」と言う文面に、彼の自己撞着を垣間見ることができる。『フランス二月革命の日々』の中には、これらの経緯を、時間を経て思い起こしている実に暗い描写がある。

一七八九年から一八三〇年までのわれわれの歴史を、離れたところから全体としてみてみたとき、私にはそれが、この四十一年間にわたってアンシャン・レジームおよびその伝統、その想い出、その希望、またアリストクラシーを象徴する人物たちなどと、中産階級によって導かれた新しいフランスとの間で、激しく展開された闘争を描いた絵画のようにみえる。一八三〇年はわれわれの諸革命、というよりわれわれの一つの革命の、最初の段階の幕を閉じるものだったように思える。ここで何故にわれわれの一つの革命という表現をとったかといえば、われわれの革命は多くの運命やさまざまな激情の発現にもかかわらず、それを貫いて一つの流れをなしているからであり、われわれの父たちがその勃発を目撃したのだが、われわれの世代がこの革命の終局を目撃することにはならないことが、ほぼ確実だからであって、われわれの革命はそうしたただ一つのもの以外ではありえないからである。アンシャン・レジームから生きのびてきたすべてのものは、永久に破壊された。一八三〇年に、中産階級の勝利は決定的になったのである。(22)

貴族の敗北と中産階級の勝利——そのような諦念の全てから逃亡するために、トクヴィルは親友のボーモンと一緒にアメリカ合衆国への旅に出る計画を立てる。その言い訳としてアメリカの刑務所の調査をすると申し開きをした。しかしこのアメリカへの旅の決断には、もっと深い記憶に喚起されているところがある。ジャルダンによると「マルゼルブは若い共和国に興味をもっていた」という。「また、この老人は、シャトーブリアンが二つの大海を横断する北方経路を求めてアメリカへ渡ろうと考えたときにも、なにくれとなく彼に助言を与えた」。シャトーブリアンの兄のジャン＝バチスト・ド・シャトーブリアンがマルゼルブの娘と結婚していたため、その弟のルネ＝フランソワ・ド・シャトーブリアンとマルゼルブの二人はよく会話をする機会があった。ゴデショも同じような事実を『反革命』の中でこう書いている。

シャトーブリアンが、初めてアメリカに出発しようと考えたのは、マルゼルブとの会話の結果であった。疑いもなく、彼が居住したサン＝マロおよびブレストでは、アメリカについての話が絶えずおこなわれていた。［…］すでに一七八八年から、シャトーブリアンはマルゼルブに、アメリカに行き、探検家になり、十六世紀から探求されていた有名な「北西航路」を発見したいという望みを表明していた。

5 一八四八年二月革命

一八四八年の二月二二日、学生や労働者の行進が始まり、街にはバリケードがつくられた。国民兵に召集がかけられたが、多くの者が集まらなかった。すでに国民兵の下層の者の中にも、不平等からの反逆の精神が宿っていたからである。ルイ＝フィリップは、二三日にギゾーを更迭し、モレをその代わりに据えた。それで暴動が治まるのを祈った。けれどもそうはならなかった。偶発的な事件が、この暴動をさらに過熱させることになったからである。ジョン・プラムナッツの『フランスの革命運動 1815—71』[23]によれば、二月二三日の遅くに「ギゾーの退陣を祝う人々の群れが、カピュシーヌ通りを行進していた時、軍隊と衝突したのである。その衝突自体はたいしたことはなかったが、突然だれかが、恐らくその意志はなかったのであろうが、銃を発射したのである。この銃声によって、「裏切り者」とのさけび声が上がり、パニック状態となった。そして最後は、定石通りの乱射戦となり、36人が死亡し、約70人が負傷したのである」。プラムナッツはこの暴動と事態収拾にあたる政府の心理について、次のように分析している。

無秩序状態に陥ると、穏健な人々は一般に、二つの恐れを懐くものである。すなわち、反動の恐怖と革命の恐怖である。暴動が起こると、穏健派の多くの人々は、最初は暴徒に同情する。だがその同情は、政府が譲歩をしても暴徒がまだ満足せず、さらに暴力に訴えようとすると、今度は怒りに変わる。もし暴徒が、この怒りが強くなる前におとなしくなれば、同情が復活する。しかし、それとともに今度は、反動の恐怖が強くなる。これが、カピュシーヌ通り事件以後に起こる出来事のあらましである。

国王のルイ＝フィリップは今度はモレを更迭し、ティエールとバロに内閣をつくらせた。だが、もはやルイ＝フィリップ自身が退陣するしか暴徒を鎮圧する手立てがなくなっていた。国王は退位し、二四日に臨時政府が成立して、その発表が行われた。こうして立憲君主制が終わり、政府は国民が望むように四月二七日に共和国の宣言をしたのである。

ところが一八四八年一二月一〇日の大統領選挙の結果は、トクヴィルの支持するカヴェニャック将軍がルイ＝ナポレオンに大差で負けた。ルイ＝ナポレオンは一二月二〇日にオディロン・バロに内閣をつくらせ、一八四九年六月二日にトクヴィルを外務大臣に任命した。トクヴィルは友人のアルチュール・ド・ゴビノーを官房長に登用する。このゴビノーは後に『人種不平等論』（一八五三年）を書く人物である。ゴビノーによれば「現代においても最も純粋な人種とは、アーリア人であった」[24]。

一八四九年五月一三日に立法議会選挙があり、トクヴィルは当選し、保守派が勝利した。その要因は次のように明らかなものであった。

多くのフランス人は、「赤」を恐れたのである。彼らは、「赤」に規律を守らせるには、何百人の手によるよりも、一人の男にやらせた方が良いと考えたのである。

ルイ＝ナポレオンは一八四九年一〇月三一日にバロ内閣を解散し、新内閣をつくる。トクヴィルはわずか数カ月で大臣を辞任することになった。一八五一年一二月二日、ルイ＝ナポレオンのクーデターが起き、トクヴィルらはケ・ドルセーの兵舎に拘束され、結局、彼の政治家としての時代はこれで終わる。引退後にこの革命のありさまを、一人の目撃者として克明に記録したのが『フランス二月革命の日々』である。ジャルダンによると、トクヴィルはこの回想録の執筆の動機について次のように考えていた。

私は孤独のなかで自分自身のことを少し考えてみるように追い込まれた。あるいはむしろ、私がその渦中にあって行動し見聞した同時代の諸事件を、自分中心にながめてみること以外にやることがなくなった、と言う方がよいのかもしれない。

当初は未発表を前提として書かれたが、晩年に関係者がいなくなってから、という条件付きでの出版をトクヴィルは承諾した。一八五九年の彼の死後から三四年後の一八九三年になって、この本はようやく出版されることになる。トクヴィルを再発掘したレーモン・アロンは『社会学的思考の流れⅠ』の中で、「これらの諸事件にたいするトックヴィルの反応は『アレクシス・ド・トックヴィルの回想録』と名付けられた一冊のまったく血湧き肉躍る本に見出されるであろう。それはトックヴィルが筆の赴くままに書いた唯一の本である」として、その内容を次のように分析している。

トックヴィルは、その革命の原因の説明を試みた。そのもっとも特徴的な一節は、かれのいつもの流儀を示している。すなわちその二月革命はその種のあらゆる偉大な諸事件と同じように、一般的原因から生れ、いわば偶然によって完成されるのである。

レーモン・アロンの言う通り、確かにトクヴィルは一般的原因と偶発事を区分けしながら、『フランス二月革命の日々』の中でこの革命を次のように分析している。

二月革命は、こうした種類の他のすべての大事件と同じように、もしこういってさしつかえなければ、偶発事によって豊かになった一般的原因から生み出されたものである。二月革命を第一原因だけに由来するものとすることも、単に副次的要因にのみ帰着させることも、共に表面的な見方だといえよう。

「一般的原因」がまずあり、第二義としての「偶発事」が加わると革命の火ぶたは完全に切って落とされる。それをさらに詳しく書いたのが同じ本の次の一節である。

産業革命は、三十年このかた、パリをフランスで第一の工業都市にしたのであり、その市壁の内部に、労働者という全く新しい民衆を吸引した。それに加え城壁建設の工事があって、さしあたって仕事のない農民がパリに集まってきた。物質的な享楽への熱望が、政府の刺戟のもとで、次第にこれらの大衆をかり立てるようになり、ねたみに由来する民主主義的な不満が、いつのまにかこれら大衆に浸透していった。[…]中央集権化は、すべての革命行動をパリを制覇するということに、また政府のよく整った機構を掌握するということに追い込んでしまった。そしてすべての事物が変動しやすくなっていて、変動する社会のなかでの諸制度や諸理念、習俗や人びとは、副次的な多数の小変動は別としても、少なくともここ六十年の間に起った七つの大きな革命で、揺れ動いたのである。こうしたことどもが、それらのことがなければ二月革命はありえなかったような、この革命の一般的原因なのである。

アロンの指摘する「一般的原因」が、こうしてまず規定される。次は王朝的反対派の失策、動揺、ためらい、という「副次的な偶発事」がこの一般的原因にとどめの追い打ちをかけた。

革命を導き出すことになった主要な偶発事は、王朝的反対派の不手際な激情であり、彼らは選挙改革を実現しようとして、反乱を育ててしまったのである。この反乱をまずはじめに過剰に抑圧し、ついで放置してしまう。[…] 大臣たちの失策と精神の動揺、将軍たちのためらい、人望あり精力に満ちた王族がいなかったこと、だが何よりも国王ルイ - フィリップの老いの愚かさとでもいうべきもの、たぶん何をもってしても予想できなかったと思われるその気弱さ、この点は事件によって誰の目にも明らかになってからは、ほとんど信じ難いものとして、人びとの印象に残ったことである。

6　地震によって夜の眠りは覚まされる

アロンによるトクヴィルの『フランス二月革命の日々』の分析はいま述べた通りなのだが、私は一八四八年の革命に、アロンとはまた異なった観点を見出している。まずトクヴィルが一八四八年一月二九日に、つまり二月革命勃発の約一カ月前の段階で、今まさに革命が起ころうとしていることを、次のように議員たちに向けて予言した有名な演説の場面がある。

さて、議員諸氏よ、もしいつの時代にも祖国のことに頭をいためることが正しいことだとすると、現在そうすることはきわめて正当なことではないでしょうか。ヨーロッパにおいて新たに大地が揺れ動いていると感じられないでしょうか。それはある種の本能的直観によって感じられることで、この直観はどういうものかと自己解剖してみせることはできないものなのだが、確かなものであります。［…］世間の気風が荒れすさんできており、こうした気風の荒廃は、皆さんを短時間のうちに、たぶんすぐ後に、新たな革命へと引きずって行くでしょう。

トクヴィルはこれを自身で「暗い予言」と呼んでいるが、私が注意を引き付けられたのは、この演説が約一カ月後の「革命」の到来を見事に言い当てていたからではない。そうではなく、私はこの中のある表現がとても気になったのである。それは、彼が「ヨーロッパにおいて新たに大地が揺れ動いていると感じられないでしょうか」と述べている箇所である。すなわち、彼が「革命」と「地震」とを対置して捉えている点である。さらに二月二四日に、トクヴィルが見た革命のパリは、次のような光景であった。

その道すがら通ったブールヴァール（環状並木通り）は異様な光景を呈していた。朝九時頃だというのにほとんど人影がなかった。人の声は全くしていなかった。しかし、この広々とした大通りに沿って並んでいる日除けつきの小さな椅子は揺れ動いているように見え、土台のところからぐらつき、そのいくつかは大きな音をたてて時々倒れるのだった。他方では、道路わきの舗装していないところに植えられていた大きな樹木が、自然に倒れたかのように路上に横たわっていた。

実際には、これは「バリケードを構築するための材料を準備したものだった」とトクヴィルも書いている。だが、これが革命によるものだという注釈なしにこの文章を読むとどうだろうか？「小さな椅子は揺れ動いているように見え、土台のところからぐらつき、そのいくつかは大きな音をたてて時々倒れるのだった。他方では、道路わきの舗装していないところに植えられていた大きな樹木が、自然に倒れたかのように路上に横たわっていた」というこの文章は、まるで地震の後の破壊の描写に見えはしないか？これらに関連して、決定的なのが次の箇所である。回想録の第二部の冒頭で、国王のルイ＝フィリップについて、トクヴィルが言及している場面であるが、そこで彼は次のように書いている。

ルイ‐フィリップはその生涯を革命のただ中で過ごしたのだから、経験がなかったわけでも、勇気や気力に欠けていたわけでもなかった。しかしあの日だけは、これらのことが完全に欠けていたのである。私は彼の弱体ぶりは、彼の驚愕があまりにひどかったことに由来すると考える。彼は起こったことが何かを知る前に仰天してしまったのだ。二月革命はすべての人にとって予知しえなかったことであるが、誰よりもまずルイ‐フィリップにとってそうだったのだ。［…］彼はこの理念にたてこもり、そこで生きていた。そして突然この理念が誤っていることに気づいた時、彼はあたかも地震によって夜の眠りをさまされ、暗がりの中で家が崩れ、大地そのものが足もとで沈んでいくように感じて茫然となり、この予想もしなかった全面的な崩壊のなかで何もわからなくなってしまった男のようだった。

この文章で重要なのはたったの数行である。それは「彼はあたかも地震によって夜の眠りをさまされ、暗がりの中で家が崩れ、大地そのものが足もとで沈んでいくように感じて茫然となり、この予想もしなかった全面的な崩壊のなかで何もわからなくなってしまった」という部分だ。もっと突き詰めると、本当に重要なのはその中の「地震」の二文字である。トクヴィルは、ここで「革命」に対して「地震」という比喩をまたしても使用している。「メースの危機」では地震は彼の不安の説明要因であったが、この回想録では完全に革命の比喩になっている。「メースの危機」の地震でさえリスボン大震災に繋げて説明ができた。しかし今度はそのまま地震と革命とがほとんど同一視されている。つまりトクヴィルにおいて「地震と革命」がほぼ一つのものとなっている。

いや、より正確に言えば、トクヴィルの中では、「地震」が「革命」を喚起する起爆剤となっているのである。そしてこのトクヴィルの視点は、私にはウルリヒ・イム・ホーフの次のような発言をすぐに思い出させる。ウルリヒ・イム・ホーフは『啓蒙のヨーロッパ』の中で次のように書いている。

とかくするうちにポルトガルの都リスボンが地震で破壊され、七年戦争が過ぎてゆき、また皇帝フランツ一世が没し、イエズス会は廃止された。さらにポーランドが分割され、帝妃マリーア・テレージアも没し、シュトウルエンゼーが処刑され、アメリカは解放されたが、フランスとスペインの連合軍はジブラルタルを征服することができなかった。トルコ軍はシュタイン元帥をハンガリーのヴェテラニ洞穴に監禁し、皇帝ヨーゼフも死んだ。スウェーデン王グスタフはロシア領フィンランドを征服し、それからフランス革命と長い戦争が始まり、皇帝レオポルト二世もまた墓にはいった。ナポレオンがプロイセンを征服し、イングランド軍はコペンハーゲンに砲撃を加えた……。

こう書いてから、ウルリヒ・イム・ホーフは次のように続けている。

この物語は、アンシャン・レジームの死の舞踏といった感じを与える。その始まりをなすのがリスボンの地震であり、この出来事は未来を信ずる楽観的な世紀の生命中枢に打撃を与えた。(25)

ウルリヒ・イム・ホーフは一七五〇年代からフランス革命までを概観し、その「発火点」を一七五五年のリスボン大地震に見ている。この考え方を援用するならば、アレクシス・ド・トクヴィルの考えるアンシャン・レジームの「断絶線」も、実はこの一七五五年のリスボン大地震に思えてくる。つまりこの大地震が発生したことによりヨーロッパ全体が震撼とし、フランスではヴォルテールやルソーがこの地震をきっかけにして、革命の導火線に火をつけたのである。リスボンの地震は本震だったが、一七八九年のフランス革命はその巨大な「余震」であった。確かにリスボン大震災がフランス革命の重要な「発火点」の役割を担っていた。その余震はトクヴィルが生きた一九世紀にも何回もぐらぐらと揺れ続け、やがてフランスの旧体制を粉々にしたのだ。それだけではない。ウルリヒ・イム・ホーフが言うように、リスボン大地震の余震はやがてヨーロッパ全体の旧体制もことごとく破壊し尽くす。それがいわば「アンシャン・レジームの死の舞踏」なのである。

註

(1) デイヴィッド・ハーヴェイ『パリ』、大城直樹他訳、青土社、二〇〇六年。
(2) この二つの引用はアレクシス・ド・トクヴィル『旧体制と大革命』、小山勉訳、ちくま学芸文庫、一九九八年。以下、本稿において『旧体制と大革命』とした場合、全てこの本による。
(3) ジャック・クーネン＝ウッター『トクヴィル』、三保元訳、白水社、二〇〇〇年。
(4) 西永良成「民主主義の逆説」、三浦信孝編『来たるべき〈民主主義〉』所収、藤原書店、二〇〇三年。以下、本稿において西永良成の発言は全てこの本による。
(5) レーモン・アロン『レーモン・アロン回想録1』、三保元訳、みすず書房、一九九九年。
(6) レイモン・アロン『社会学的思考の流れI』、北川隆吉他訳、法政大学出版局、一九七四年。以下、本稿において『社会学的思考の流れI』という場合、全てこの本による。
(7) ラリー・シーデントップ『トクヴィル』、野田裕人訳、晃洋書房、二〇〇七年。以下、本稿においてシーデントップの発言は全てこの本による。
(8) マイケル・L・ドックリル、マイケル・F・ホプキンズ『冷戦 1945―1991』、伊藤裕子訳、岩波書店、二〇〇九年。
(9) 今村仁司「訳者あとがき」、フランソワ・フュレ『マルクスとフランス革命』、今村仁司他訳、法政大学出版局、二〇〇八年に所収。
(10) フランソワ・フュレ『フランス革命を考える』、大津真作訳、岩波書店、二〇〇〇年。
(11) 前掲書のフランソワ・フュレ『マルクスとフランス革命』による。
(12) アンドレ・ジャルダン『トクヴィル伝』、大津真作訳、晶文社、一九九四年。以下、本稿においてジャルダンの発言と引用は全てこの本による。
(13) ティエリー・ランツ『ナポレオン三世』、幸田礼雅訳、白水社、二〇一〇年。
(14) フランソワ・フュレ／モナ・オズーフ『フランス革命事典7』、河野健二他訳、みすず書房、二〇〇〇年。
(15) エドマンド・バーク『フランス革命の省察』、半澤孝麿訳、みすず書房、一九七八年。

(16) 富永茂樹『トクヴィル　現代へのまなざし』、岩波新書、二〇一〇年。以下、本稿において富永茂樹の発言や記述は全てこの本による。
(17) このパラグラフにおいて、特に断りのない場合は、括弧内の引用は全てジョン・プラムナッツ『フランスの革命運動 1815—71』、高村忠成訳、北樹出版、二〇〇四年による。
(18)『ヴォルテール書簡集　1704—1778』、高橋安光編訳、法政大学出版局、二〇〇八年。
(19) マルゼルブに関する記述は、木崎喜代治『マルゼルブ』、岩波書店、一九八六年を参照した。
(20) ジャン・ジャック・ルソー「マルゼルブ租税法院院長への四つの手紙」、佐々木康之訳、『孤独』、白水社、二〇一二年に所収。
(21) ジャック・ゴデショ『反革命』、平山栄一訳、みすず書房、一九八六年。以下、本稿においてゴデショの発言はこの本による。
(22) アレクシ・ド・トクヴィル『フランス二月革命の日々』、喜安朗訳、岩波文庫、一九八八年。以下、本稿において『フランス二月革命の日々』と書いた場合、全てこの本による。
(23) このパラグラフにおいて、特に断りのない場合は、括弧内の引用は全て前掲書のジョン・プラムナッツ『フランスの革命運動 1815—71』による。
(24) ジョージ・L・モッセ『フェルキッシュ革命』、植村和秀他訳、柏書房、一九九八年。
(25) ウルリヒ・イム・ホーフ『啓蒙のヨーロッパ』、成瀬治訳、平凡社、一九九八年。

3 無の肖像

1 トクヴィルの肖像

アンドレ・ジャルダンの『トクヴィル伝』には、トクヴィルの「肖像」を語った三人の証言が載っている。[1] 彼の容貌やそこから窺える雰囲気、あるいはそれとなく垣間見えた彼の性格などの描写である。一人目のジャン・レクリヴァンは、これがいつ頃の証言なのか不明なのだが、次のように述べている。

彼の顔色は青白かった。眼は黒で、彼のエネルギッシュで高貴な魂を示していた。彼は大変よく通る声をしていて、その言葉にはいつも最高級の理性が刻まれていた。美しい漆黒の髪は絹のようにつややかな巻き毛となってたれさがり、首のまわりをふちどっていた。普通は軟らかいフェルト帽が頭にのっていた。毛は小さくやせていた。長い指の先に長い爪がはえていた。

ジャルダンは、レクリヴァンによるこの描写はいささか「凝りすぎた」ものである、と書いている。ただそれでもトクヴィルを知る上で「貴重な証言」の一つに変わりなく、トクヴィル家の故郷であるコタンタンの人たちもレクリヴァンの言うように「虚弱なこの人物からほとばしり出るエネルギー」を強く感じていたそうである。

二人目のアデライド・キュスティーヌは、一八四一年にトクヴィルの印象を次のように描いた。ジャルダンによるとキュスティーヌの描写の場合は、まるで「見知らぬ人物を前にしたときの居心地の悪さを感じながら、彼は描いていて、その窮屈な思いを悪く解釈している」ようであり、「トクヴィルの相貌の少しばかり病的な小児病気質を浮きぼりにしている」という。したがって、これはかなり悪意と、一種の嫉妬心に満ちた肖像描写である。

私は『アメリカの民主主義』の作者ド・トクヴィル氏と知りあいになりました。彼は、ひよわな、痩せた、小さな、そしてまだ若い男です。彼には老成したところと子供っぽいところとがあります。彼は、野心家のなかでももっともナイーブな人物の部類にはいります。彼の眼差は魅力的ですが、率直さに欠けています。口元は年寄りっぽくて、形がひんまがっています。顔色は黄ばんでいます。表情ゆたかな顔つきは、もしそれが私に不安をいだかせるものでなかったら、私をとらえて離さなかったでしょうに。彼が同時にいろいろな意味をこめて話していることや彼の意見が目標到達のための武器であることを察知する人もいるでしょう。これが、私の目に映じたままの、わが政界の地平線にあらわれた新星なのです。

一八三九年にトクヴィルは下院議員に当選しており、一八四〇年に『アメリカのデモクラシー』の後篇を出版していた。キュスティーヌがトクヴィルについて語った一八四一年の暮れには、彼はアカデミー・

フランセーズの会員に選ばれている。キュスティーヌの悪評とは正反対に、現実のトクヴィルの一八四一年は実に輝かしいものであった。ジャルダンは特に気に留めていないようだが、キュスティーヌの描写にはその悪評とは裏腹に、かなりトクヴィルの本質を突いた部分がある。それは、「彼には老成したところと子供っぽいところとがあります」と指摘した箇所である。つまりトクヴィルには、「老成」と「子供」といった対立する両義的、二重的な部分が共存していた。

ジャック・クーネン＝ウッターはその著書『トクヴィル』の中で、トクヴィルにおけるこの奇妙な両義性と二重性についてこう述べている。「トクヴィルは、知人たちの証言によれば、病身で顔色もすぐれず動作もにぶかった。ときによって年よりふけて見えたり、驚くほど若々しく見えたりして、若年寄りか老人のような子供だった。トクヴィルの同時代に対する根深い両義性が容色や身のこなしにまでにじみ出ていたのだ」と。(2)

三人目はリベラル派に属する政治家であり、七月革命後に下院議員となったフランソワ＝マリー＝シャルル・ド・レミュザである。彼はトクヴィルよりやや年長者であった。彼も一八四一年のトクヴィルの肖像を『回想録』で語っているが、ジャルダンは「キュスティーヌのように、それは、悪意をもって描かれているのではなく、もっと明敏さと共感をもって描かれている」としている。

それは痩せた小男だった。気持ちのよい整った顔をしていたけれども、病的な顔でもあった。そこには大量の茶色の巻き毛がふりかかっていて、若やいだ雰囲気を保っていた。活気に乏しい悲しげな顔つきは、彼がしゃべっているときにはもっと表現力をもつようになった。顔つきの蒼白さは、早いうちから臓器に病根があることを告げていたし、悪意をもつ人びとには、彼が苦労性でねたみぶかく、そうしたことから帰結されるすべての事柄をもつ人物ではないか、との疑いをもたせていた。そんなところは少しもなかった。彼は少しばかり用心ぶかく、だいたいにおいて身体の具合は不調であり、しばしば自分で落胆しているにすぎなかった。

レクリヴァン、キュスティーヌ、レミュザの三名に共通するのは、「彼の顔色は青白かった」、「顔色は黄ばんでいます」、「病的な顔でもあった」、「顔つきの蒼白さは、早いうちから臓器に病根があることを告げていた」とするように、トクヴィルがまだ三六歳の若さでありながら老人のような体調の弱々しさを持っていたのを、揃ってその「顔」から察している点である。これは、彼らにだけ偶然、病弱そうに見えたのではなく、事実、本当にそうなのであった。実際、トクヴィルの体調不良は、彼と会った誰の眼にもとてもわかりやすいほどひどかった。ジャルダンによると「トクヴィルは青年時代から健康がすぐれなかった」し、「頭痛、我慢できないくらいの神経痛、消化不良、一週間以上もつづく胃痙れんは、彼の現役生活を陰うつなものにした」。そして「一八五〇年まで、彼は身体の弱い人間で、気分がすぐれないという理由でかなりひんぱんに部屋にとじこもっていた」。一八五〇年にトクヴィルは肺結核を発症し、同じ年に最初の喀血をしている。しかし問題はそれだけではなかった。ジャルダンによれば、トクヴィルにはこの身体の不調に加えて、精神の不調もあったからである。このトクヴィルの精神的な不安定さについては、ジャルダンははっきりと彼の病名に及んで事実を書き記している。

とはいえ、家庭生活における彼の神経過敏さは、少々病理学的な趣きをもっていた。たとえば、彼は病的なまで時間に正確であり、ほとんどいつも緊張し、いらいらしていたので、妻の英国風の冷静さに突如として激しい怒りを爆発させたこともあった。なかでも、健康状態につれて変化する気分の起伏は日々のリズムに即してあらわれた。トクヴィルは、躁状態からうつ状態へと経過する躁うつ病だった。

トクヴィルをめぐる証言者たちの描写と並んで、彼の様子を端的に示すのがその「肖像画」である。ジャルダンは「アレクシス・ド・トクヴィルには専属の画家がいた」と書いている。それはテオドール・シャセリオという画家で、トクヴィルよりも一回り以下の年少者であった。彼の肖像画の中で「現在残っているもっともよい肖像画は、一八四四年にシャセリオが描いたものである。大画面に描かれたこの肖像画は一八五〇年のサロンに出品された」という。トクヴィルは一八四二年には下院議員に再選されており、肖像画が描かれた一八四四年は、彼の政治家としての立場がかなり安定していた時期である。トクヴィルはこの画家テオドール・シャセリオの兄、国家評議員の調査官をしていたフレデリック・シャセリオと親密な間柄にあった。フレデリック・シャセリオとテオドール・シャセリオの父親は、プレ・ロマン派の作家であり、王政復古時に外務大臣だったフランソワ＝ルネ・ド・シャトーブリアンが大事にしていた人物だった。このシャトーブリアンの兄で、恐怖政治の時代の一七九四年に断頭台で処刑されたのが、司法官であり外交官であったジャン＝バティスト・オーギュスト・ド・シャトーブリアンである。彼はやはり同じ頃に処刑されたトクヴィルの祖父のクレティアン・ギヨーム・ド・ラモワニョン・ド・マルゼルブの長女の夫であり、したがって作家のシャトーブリアンは、トクヴィルの親戚だった。

トクヴィルは、弟のテオドール・シャセリオがパリの記念建造物の壁面の仕事を当局に拒否された際に、それがうまくゆくように、下院議員でアカデミー会員のルイ・ヴィテを通じて当時の内務大臣のシャルル・デュシャテル公爵に働きかけたことがあった。そうした経緯から、弟のテオドール・シャセリオは、トクヴィルの肖像画を描くようになったのである。兄のフレデリックは、後の一八五一年のルイ＝ナポレオンのクーデターの際に、拘留されたトクヴィルが早急に解放されるように働いた一人だと、ジャルダンは伝記に記している。

ところで先の三人が言っていたトクヴィルの「美しい漆黒の髪は絹のようにつややかな巻き毛」、「ひよわな、痩せた、小さな、そしてまだ若い男」、そして「気持ちのよい整った顔をしていたけれども、病的な顔でもあった。そこには大量の茶色の巻き毛がふりかかっていて、若やいだ雰囲気を保っていた。活気に乏しい悲しげな顔つき」などは、テオドール・シャセリオの描いたこの一枚の肖像画から、全て見事なほどに読み取れる。肖像画の中で、トクヴィルは彼から見て右側に置いてある椅子に右手を置いている。黒いコート風の上着の襟もとには、白いシャツの襟が立てられてわずかに見えている。確かに顔色は少し疲れているように見えるが、決して不健康なものではない。その眼差しは決して強くない。むしろ悲しげである。年齢は三九歳であるが、老成しているようにも思えるし、逆に実年齢よりもかなり若い青年のようにも見えなくはない。顔立ちは端正であり、目鼻立ちもくっきりとしている。濃い眉毛も印象に残る。顎にヒゲを生やしており、唇は薄く赤い。

写真と違って肖像画は、画家の想像力も交えたものだから、現実のその人を正しく描いているとは限らない。それなのに、肖像画は、逆説的なようだが画家の想像が含まれる分、描かれたその人の人となりを露わにする媒体である。それ故にたとえ表情がどのように悲しげであったとしても、トクヴィルの肖像画において印象を放つのはその「顔」である。なるほど、これが貴族の「顔」なのかと、テオドール・シャセリオが描いたトクヴィルの肖像画はそう思わせる。むろん、一九世紀も半ばになると、さすがにかつてのような貴族の正しい威厳はすでに消えかけていた。むしろトクヴィルは一九世紀というあらゆるものが流動する時代にあって、近代的なフランス市民の中にすっかりと埋もれてしまっていた。だが、それでもシャセリオの肖像画には、その貴族のかすかな面影だけは、まだ残っていたのではないかと思われる。

2 「顔」の意味

ところで貴族を描いた肖像画とは何か、あるいは逆にそうでないものとは何か。これについて、できるだけわかりやすく説明しているテクストとして私がすぐに思い出すのは、ロラン・バルトの「事物(オブジェ)としての世界」である。(3) バルトはこのエッセイで、一七世紀のオランダの絵画の特性について、次のように書いている。

ある事物を*使用すること*は、もっぱらその主要な形態を消し去り、逆にその属性をきわだたせる手助けになる。他のさまざまな芸術、他のさまざまな時代は、様式の名のもとに、物の本質的な貧しさを追求することができた。だがここではそのようなことはまったくなく、それぞれの事物は形容詞の数々にともなわれ、実質は何千、何万もの性質の下に埋もれている。人間はけっして事物に直面することはなく、事物は、まさに人間に提供することを求められていることとすべてによって、注意深く人間に従属させられているのである。

バルトは商業の盛んだった一七世紀のオランダ絵画の中に見られる人間に従属された事物に着目して、その事物と人間とを注意深く区分けする。そしてこの事物への距離は、ただ商品などの物だけに止まらず、当時の貴族に従属するだけの農民階級の人たちにも等しく向けられている。たとえば次のような記述がそれに該当する。

　オランダの絵画の場面は、漸進的で、余すところのない読解を要求する。一つの端から初めてもう一つの端で終わらねばならない、一つの勘定書を読むようにタブローを隅から隅まで眺めねばならない、これこれの片隅、余白、遠い場所を忘れてはならない。そこにはなお、しっかり仕上げられたある新しい事物が書きこまれており、それは、所有物や商品についておこなわれるあの辛抱強い計量に、それじたいのまとまりをつけ加えるのである。［…］物を数えあげるこの力は、（当時の目で見て）最下層の社会的グループに適用されるとき、ある種の人間たちを事物として構成することになる。ファン・オスターデの農民たちやアーフェルカンプのスケート遊びをする人々は、数として存在する権利しか持たず、彼らを一つに集めた場面は、まったき人間の身ぶりの総体としてではなく、むしろ、人間以前的な要素の数々を、変化をつけつつ細分化し並べたてた逸話の目録として読まれるべきである。判じ物を読むようにそれを解読しなければならないのだ。なぜなら、オランダ絵画には、リンネの動物学的分類、つまり綱（クラス）と同じようにはっきり区別された二つの人間の見方があるからである。「クラス」という言葉が二つの概念に使われるのは故なきことではなく、貴族階級（ホモ・パトリキウス）と農民階級（ホモ・パガニクス）があるのだが、それぞれの階級が一つに集める人間たちは、同じ社会的条件を共有するのみならず、同じ外観をもってもいる。

バルトによると、ファン・オスターデの農民たちやアーフェルカンプのスケート遊びをする人々は、単なる「事物」や「オブジェ」であり、数として数えられるものでしかない。それは「人間以前的な要素の数々を、変化をつけつつ細分化し並べたてた逸話」の「目録」である。そしてその場合、事物かそうではないかの決定的な違いは、まずその人の「顔」に端的に現れる。

ファン・オスターデの農民は、中途で放棄されて、半ばしか完成しておらず、形もはっきりしない顔をもつ。いわば未完成の生き物、人間の下書きといったところで、人間が生成する初期の段階に固着しているかのようだ。子どもでさえ年齢も性別もなく、ただ背丈によってそう呼ばれているにすぎない。猿が人間の究極的な諸性格、つまり個人としての諸特徴を奪われている、まさにそのかぎりにおいてそうなのだ。農民というこの人間の下位区分つまり亜綱は、正面から捉えられることはけっしてない。そのためには、農民が少なくともまなざしを意のままにすることが前提となるのだろうが、そのような特権をもつのは貴族もしくは牛、つまりオランダという国を養い、国家的に崇拝されている動物にかぎられるのである。これらの農民たちの身体の上にあるのは顔らしきものにすぎず、顔面はほとんど形をなしていない。顔の下の部分はつねにひどくうつむいていたり、あるいは逆にあらぬ方向を向いていたりする。はっきりと定めがたい人間以前の存在たちが空間に満ちあふれ、それらはまるで酔ったり笑ったりする能力を補足的に与えられた事物のようである。

バルトは農民階級（ホモ・パガニクス）をこのように述べてから、次に事物とは異なるもの、つまり貴族階級（ホモ・パトリキウス）について言及している。事物ではない人の「顔」とはどのようなものか。バルトはそれにこう答えている。

今度は若い貴族を正面から眺めていただきたい、彼は活動していない神といった姿勢のまましゃっちょこばっている（とりわけフェルスプロンクの描く貴族たちがそうだ）。これは人間であることを示す極端な記号の数々を備えた超‐人だ。農民の顔が創造の手前の状態に放っておかれるのと同じように、貴族の顔は自己同一性の究極の段階にまで到達している。オランダの大ブルジョワというこの動物学的綱にはそれ固有の身体的特質がある。栗色の髪、茶色の、というよりむしろプラム色の目、サーモンピンクの肌の色、かなり張りだした鼻、少し赤身を帯びた柔らかい唇、顔のところどころに生じる不安定な影の部分。女性の肖像はない、というかほとんどない、例外は救貧院の女院長と会計をつかさどる女性の場合だが、官能をつかさどる女性のものはない。女性は慈愛の管理者もしくは家計の守護者として、その道具的役割のなかで示されるのみである。人間であるのは男、もっぱら男だけだ。そんなわけで、こうしたオランダ絵画のすべて、あの静物画、海景画、農村の情景、救貧院の女院長の頂点には、ある純粋に男性的な図像学（イコノグラフィー）が君臨している。そしてその強迫観念的な表現こそがあの〈同業組合のタブロー〉なのである。

農民階級（ホモ・パガニクス）に対し、貴族階級（ホモ・パトリキウス）には曖昧でない顔がある、とバルトは言う。それはトクヴィルの顔で表現し得たような、髪の色、目の色、肌の色、鼻の形、唇の色という細かく描出できる顔のありようである。肖像の性別は男性だけである。女性のものはほとんどない。バルトは「オランダの絵画のすべて、あの静物画、海景画、農村の情景、救貧院の女院長の頂点には、ある純粋に男性的な図像学が君臨している。そしてその強迫観念的な表現こそがあの、〈同業組合のタブロー〉

なのである」と書いている。そしてこう続ける。

〈同業組合〉の顔はすべて同形である。ここにあるのは、またしても、次のようなことの証拠だ。つまり、顔とは一つの社会的記号であって、顔の歴史というものを考えることができる。そしてまた自然のもっとも直接的な生産物ですら、このうえなく社会化された制度とまったく同じように生成と意味作用に従属しているということなのだ。

農民階級とは異なって、貴族階級は自己同一性も明らかな、そのくっきりとした顔によって理解できる、とバルトは指摘している。それは社会的な記号であるから、貴族階級であれば次のように類型化されているはずである。

> 同業組合のタブローでは、ある一つのことが人を驚かせる。頭の大きさ、照度、過剰な顔面の真実だ。顔はいわば、巧みな促成栽培によって完成まで導かれた、一種の栄養過多の花のようになる。これらの顔はすべて、ある同じ種類の植物を構成する統一体のように取り扱われ、総体的な類似性と、個としての自己同一性をかね備える。それは肉付きのよい大きな花であったり（ハルスの場合のように）、鹿毛色の混沌とした集積であったりするが（レンブラントの場合のように）、この普遍性は、プリミティブ派の顔のつるりとした特徴のなさとほとんどなんの関係もなく、完全に開かれていて、魂の諸記号を受け入れるのはやぶさかではないが、人格的な記号は受け入れない。すなわち苦悩、喜び、敬虔、慈悲など、具体性を伴わないさまざまな情熱の画像（イコノグラフィー）のすべてである。中世の顔の類似は存在論的なもので、〈同

業組合〉の顔のそれは、遺伝的なものである。

さらにバルトは事物と、そうではないものとの相違を、一七世紀オランダから一挙に二〇世紀前半へと時間を跳躍させて、こう続けて書いている。

その経済活動によって曖昧さの余地なく定義づけられるある一つの社会階級が――というのはこれらの同業組合のタブローを正当化しているのは、まさしく商業的機能という単位なのだから――、ここではその人間学的側面において提示されており、そうした側面は、容貌の副次的特徴に関係づけられるものではない。これらの顔は、その真面目さや合理精神によって似ているわけではなく、たとえば社会主義リアリズムの肖像画は、男らしさや緊張感という、ある同じ徴（しるし）のもとに労働者たちの表象を統一化するが（それはまさにプリミティブ派の芸術の技法だ）、それとまるで異なっている。人間の顔の母型はここでは倫理的次元のものではなく、肉体的次元のもので、さまざまな意図の共通性からではなく、血と食べ物の同一性からなる。それは、社会的独自性のありとあらゆる特徴をある階級の内部に積み重ねてきた、長い沈澱の果てに形成される。年齢、肩幅、体形、皺、同一の小静脈、そうしたものが形づくる生物学的な秩序そのものが、貴族という特権階級を日常的な素材（物、農民、風景）から引き剝がし、それじたいの権威のなかに閉じこめるのだ。

オランダの貴族階級の顔が全て似ているのは、それがその社会的記号として似ているのである。つまり彼らは遺伝的に似ているのだとバルトは言っている。それが貴族階級というクラスであり、言ってみればそれこそが「伝統」である。この貴族を主体とする絵画の背景の事物として、農民階級が存在している。農民階級はあくまでも客体(オブジェ)であり、主体ではない。彼らは数で数えられる目録に過ぎない。

念のために言うと、バルトはここでオランダの一七世紀における階級問題を取り上げているが、彼はいまさら当時の階級間の格差をあらためて明示するつもりでこのように書いているわけではない。封建社会の残存する一七世紀のオランダ社会において、そのような階級間における著しい差異の存在は歴史的に自明である。バルトがまず事物とそうではないものとを規定したかったのは、そこから彼が論旨を一挙に社会主義リアリズムへと時間を横滑りさせるためのいわば伏線である。このエッセイでは絶対にこの点を見落としてはならない。バルトはオランダの貴族の〈同業組合〉の人たちが互いに似ているのは「真面目さや合理精神によって似ているのではなく」と書いている。これは重要な指摘である。というのもバルトは、この論理展開の後で、いまも述べたように話題を二〇世紀前半の社会主義リアリズムへと横滑りさせるのだが、それはわざとある露骨さを避けるために、あえて社会主義リアリズムの時代にしたのである。本音のところでは、バルトは社会主義リアリズムではなく、彼の論点をよりわかりやすくするために、一七八九年のフランス革命に時間を横滑りさせたかったからである。

3　アウラの喪失

フランス革命の場合は、オランダの貴族とは違った意味で、全ての市民が初めて「真面目さや合理精神によってみんなが似てくる」時代だった。それこそが、フランス革命の創出した「平等」の理念である。平等と書いたが、言い換えるとそれは合理主義のことであり、抽象的概念のことである。そこでは人間は、フランス革命の支配下において、全員が貴族になるのではむろんなく、全員が匿名の群集の一人になる。この群集は、やがて「労働者」という名前で呼ばれる新しいクラスである。彼らは革命によって何か特別な権利をもらったわけではなく、ただ平等な「事物」、「オブジェ」、「数」にあらためて指名されただけである。つまり彼らは総じてフランス国民という「目録」になった。平等になるというのは、そういうことなのだ。王も貴族も、ブルジョワも手工業者も貧しい農民も全員が革命ですっかり地ならしをされてしまい、その全てがいったんは差異のない関係になる。こうして彼らは表面になり、平板になる。商品だけでなく人もまた再生産される交換可能な客体（オブジェ）になるのである。仮にフランス革命という絵画があるとして、そこには「主題が消えており」、ただ描き込まれるのは「数で数えられる背景としての匿名の市民」だけである。二〇世紀初頭にロシアなどで台頭してくる抽象絵画はこれを端的に物語っている。言ってみれば、それが革命の本質であり、誰にでも平等に機会だけは与えたふりをしているのだ。これらについては、トクヴィルが『旧体制と大革命』の中で、次のように言う部分と大きく折り重なるだろう。(4)

　すなわち、大革命は結果的に、何世紀もの間ヨーロッパの大多数の民族を完全に支配してきた、一般に封建制と呼ばれる政治制度を廃止して、諸条件の平等を基礎とする、より画一的で単一の社会的・政治的秩序を樹立した、これである。[…]大きな革命を引き起こすためには、封建制があれば充分だった。なぜなら、古い封建的諸制度は、まだヨーロッパの宗教・政治関係の法律のほとんどすべてと混ざり合い、いわば絡み合っていたばかりでなく、それとすっかり密着した多数の思想、感情、習慣、習俗までをも想起させたからである。こうした社会全体のあらゆる付属物の一部を一挙に除去し破壊するためには、恐るべき激動が必要だった。だからこそ大革命は、実際以上に大きなものに見えたのである。

大革命が全体を破壊したように見えたのは、破壊されたものが全体と関連性をもち、いわば一体化していたからである。

社会主義リアリズムにおいても事態はこれと全く同様である。「社会主義リアリズムの肖像画は、男らしさや緊張感という、ある同じ徴(しるし)のもとに労働者たちの表象を統一化する」が、それは貴族階級のような「倫理的次元のものではなく」、ただ「肉体的次元のもので」しかない。つまり、そこでの労働者も相変わらずに、ただ事物としてしか見做されていない。それに対して「年齢、肩幅、体形、皺、同一の小静脈、そうしたものが形づくる生物学的な秩序そのもの」は、「貴族という特権階級を日常的な素材（物、農民、風景）から引き剝がし、それじたいの権威のなかに閉じこめる」効果がある。フランス革命にせよ、社会主義リアリズムにせよ、そこで作動しているのは、いわばこの閉じこめられた権威の破壊である。ヴァルター・ベンヤミンの言葉を借りると、それこそがアウラの破壊である(5)。革命の暴力とは、閉じこめられたこの権威、貴族という伝統から、その権力の核心部分を全て根こそぎ引き剝がし、〈同業者組合〉の貴族たちの類似した顔というアウラをきれいさっぱりと掃除して消毒してしまうことである。

バルトの言う「事物」とは、ベンヤミンの言う「複製技術の時代における芸術作品」での写真などによる複製品であり、繰り返すが、物だけでなくて、人間も含めて再生産可能な事物のパノラマ的な世界のことである。それは一回性の取り去られた状態である。だから人間も含めて何もかもが、そこでは数で数えられる商品の目録に変貌する。こうしてバルトのエッセイのタイトル通りに、一九世紀後半から二〇世紀前半までにはまさしく全てが「事物(オブジェ)としての世界」になった。バルトの「事物(オブジェ)としての世界」は一九五三年に書かれた作品であり、ロシア革命とフランス革命といった二つのレンズを透かし見て、さらにその遠くにある一七世紀のオランダを回顧的に眺めている。バルトには、このとても重要な過程で失われたものが一体何なのかがよくわかっている。またこの状態がすでに不可逆であるのも彼はよく理解している。しかしそれでもなお、バルトはその失われたものを懐かしく思い出す。というよりも、彼はそれをなおも溺愛する。[6]

どうしてか？　この時のバルトは、すでにフランス革命とロシア革命の失敗を十分に検証できる地点に立っていて、そこから「事物(オブジェ)としての世界」を描いているからである。このエッセイを発表した一九五三年が、スターリンの死去した年であるのを忘れてはいけない。そして一九六〇年代には、ソ連邦の実験は論理的に言えばすでに失敗していることは、誰の眼にも明らかだった。レーモン・アロンによってトクヴィルが再評価されたのもちょうどこの時期であり、トクヴィルの再評価はマルクス主義への批判とワンセットになって、いま述べたことと大きく関連している。[7] フランス革命によって、何もかもがただの事物の世界になってしまった悲劇的な事実に、人々がようやく気がつきはじめたのがこの頃のことである。トクヴィルのフランスでの再評価と、同じフランスのバルトの「事物(オブジェ)としての世界」が折り重なるようにして一九五〇年代に登場したのは決して偶然ではない。

バルトはやはり一九五三年に『零度のエクリチュール』を出版している。彼はその「序」において、「「零度のエクリチュール」とよばれているあの中性のエクリチュールのなかには、否定の動きそのものと、それに持続的に実現することの不可能性とが容易にみとめられる」とし、「いっさいの記号の不在にしか純粋さを見出せなくなって」いる状況について考察している。それは簡単に言えば、古典主義的なエクリチュールが砕けたために、全てが記号になってしまった事態を意味している。[8]

ヴァルター・ベンヤミンは、一九二九年から一九三二年まで、小さな子供たちのためにラジオで講演をしていた。それは後に『子どものための文化史』と題された一冊にまとめられて、ベンヤミンはその項目の一つに「リスボン大震災」を選択している。「けれども、一七五五年一〇月一日にリスボンを壊滅させた地震は、ほかの災害と似たひとつの災害、というものにはとどまらない。それは多くの点で無類な、注目すべきものだった。そういう諸点をこそ、ぼくはきみたちに語りたい」と彼はそう言って、多くの地震の中からこの一八世紀半ばのリスボン大震災を一九三〇年代というタイミングでわざわざ取り上げた[9]。

この放送と同じ頃、ロシアでは大きな革命が勃発して、その地殻変動が、地震とはまた別のありようで世界を震撼とさせていた。当然、ベンヤミンの中ではその二つ、つまり何度も余震をもたらす地震と、何回も反復する革命の二つを、あたかも同じ出来事のように見ていたはずである。どちらも繰り返すという点で、地震にも革命にも等しくアウラが消えている。当たり前の話だが、一回性に繰り返しはない。たとえ地震が自然現象であっても、繰り返すというその執拗なイメージにおいては、やはり地震は革命や複製にどこか似ている。そしてそれを指し示すように、これと全く同じ時期の、一九三六年に、ベンヤミンは「複製技術の時代における芸術作品」を発表している。その論において彼は「アウラ」について詳しく述べているが、これはちょうどソ連が一九二八年のスターリンの台頭によって社会主義リアリズムへと転換していく頃のものである。ベンヤミンはもちろんフランス革命も射程に入れた上でこれを書いている。ただし当然のことながら、バルトよりも二十年以上も早く生まれたベンヤミンには、まだフランス革命とロシア革命の失敗がこの時点ではよく見えていない。そのために彼は複製技術の時代になるために、伝統を粉々に壊して、アウラの掃除をしてくれたフランス革命とロシア革命に対し、素朴なまでに大きな期待をかけている。ベンヤミンはそのアウラの喪失についてこう書いている。

ここで失われてゆくものをアウラという概念でとらえ、複製技術のすすんだ時代のなかでほろびていくものは作品のもつアウラである、といいかえてもよい。このプロセスこそ、まさしく現代の特徴なのだ。このプロセスの重要性は、単なる芸術の分野をはるかにこえている。一般的にいいあらわせば、複製技術は、複製の対象を伝統の領域からひきはなしてしまうのである。複製技術は、これまでの一回かぎりの作品のかわりに、同一の作品を大量に出現させるし、こうしてつくられた複製品をそれぞれ特殊な状況のもとにある受け手のほうに近づけることによって、一種のアクチュアリティを生みだしている。このふたつのプロセスは、これまでに伝承されてきた芸術の性格そのものをはげしくゆさぶらずにはおかない。——これはあきらかに伝統の震撼であり、現代の危機と人間性の革新と表裏一体をなすものである。こんにちのはげしい大衆運動もこれと無縁ではない。

このアウラの喪失と呼ばれるものが、フランス革命に強く関係しているのは、繰り返すがフランス革命が最初に「平等」という概念を強く打ち出したからである。平等とは、ちょうどアウラの裏返しのような抽象的理念である。一九世紀の前半に写真が現れることによって、私たちは、それをようやく明瞭なものとして認識できるようになった。

アウラの消滅は、現今の社会生活において大衆の役割が増大しつつあることと切りはなしえないふたつの事情に基づいている。すなわち一方では、事物を空間的にも人間的にも近くへ引きよせようとする現代の大衆の切実な要望があり、他方でまた、大衆がすべて既存の物の複製をうけいれることによってその一回かぎりの性格を克服する傾向が存在する。[…] 事物をおおっているヴェールを剝ぎとり、アウラを崩壊させることこそ、現代の知覚の特徴であり、現代の世界では、「平等に対する感覚」が非常に発達していて、ひとびとは一回かぎりのものからでさえ、複製によって同質のものを引きだそうとする。

「事物を空間的にも人間的にも近くへ引きよせようとする現代の大衆の切実な要望」こそ、かつては互いに遠く隔っていた諸階級の近接化であり、平等化である。革命派はそれが一七八九年に為し得たと言うのだが、トクヴィルは『旧体制と大革命』の中で、旧体制の内側にあって、すでにそれは進行していたのだと主張する。

王国のほとんどの全域で、かつての州の独自性がどのようにして消滅していったのか。この点についてはすでに説明した。これが実は、すべてのフランス人の相互の類似性を促進するのに、大きな役割を果たしたのである。多様性はまだ存在しているにもかかわらず、国民の統一性はすでに明白なものとなった。

バルトの「貴族という特権階級を日常的な素材（物、農民、風景）から引き剝がし」という箇所は、そのままベンヤミンの「複製技術は、複製の対象を伝統の領域からひきはなしてしまうのである」という意見をちょうど裏返しにした表現である。「伝統の震撼」とは「貴族階級の震撼」のことであり、「こんにちのはげしい大衆運動」とは、一九一七年のロシア革命であり、遡れば一七八九年のフランス革命や一八四八年のパリ二月革命などを指している。

4 ロラン・ジェラール・バルトとは？

ロラン・バルトについて、ここで少し説明しておこう。彼は一九一五年に生まれている。ルイ＝ジャン・カルヴェの著書『ロラン・バルト伝』[10]には次のように書いてある。

一九一五年十一月十二日、シェルブール市のビュカーユ街一〇七番地で、アルザス地方出身の母とガスコーニュ地方出身の父とのあいだに、ロラン・ジェラール・バルトは生まれる。母アンリエット・バルト、旧姓バンジェは、当時、二十二歳。父ルイ・バルトは、海軍中尉で、十歳年上だった。彼は出生届の証人として軍人仲間を選んだ。《砲手長》モーリス・ゴエランドと、《水兵》ピエール・デュヴァルが、彼とともに市役所に赴き、出生証書に署名する。というわけで、バルトは海軍の庇護のもとに、海辺の都市で生まれたのである。そして家庭は、経済的にあまり裕福ではなかった。父は船乗り、母は専業主婦だったから……。

伝記作者はそう書いて、しばらくすると、この文章をまるで反復するかのように、こう書き続けている。

さて、この結婚によって、一九一五年十一月十二日、シェルブール市のビュカーユ街一〇七番地で、アルザス地方出身の父から、ロラン・ジェラール・バルトが生まれる。そして小さなロランがまだ一歳にもならない一九一六年十月二十六日、北海で哨戒艇モンテーニュ号を指揮していた父は、ある海戦で戦死してしまう。

これにより「アンリエットは戦争未亡人となり、ロランは国の保護を受ける戦争遺児ないしはそれに近い状態になる」。こうしてバルトの人生の舞台から早くも父が消える。しかし「バルトは、父の死に稀にしか触れず、それについて語るときにも、まるで、ついでに話しているかのようである」。

バルトとその母については誰もが積極的に語りたがるが、バルトと父とのことになると、あまり話を聞かない。確かに『明るい部屋』が、バルトの亡くなった母親のために書かれた本だという事実が端的に指し示すように、誰もがバルトと母親との親密な関係に注目するのは、至極、当然のことなのかもしれない。『喪の日記』の重苦しいメモ書きなどを読むと、バルトにとっての母の喪失の大きさに、繰り返し出合うことになり、余計にその問題は大きく感じられる[11]。それに較べて、父への記述はどの本にもほとんど書かれていない。まるでバルトにとっては父など、最初から存在しなかったかのようである。だが、そんなことなど本当にあるのか。むしろ、その逆なのではないのか。母の死よりも、実はバルトにとっては、無意識に深く潜在化していっこうに浮上しないでいる父の早すぎる死の方が、より深刻な重大事だったのではないかと、私はふと考えてみるのである。

というのも、私はここでフロイトの「否定」という一九二五年の論を思い浮かべているからである。フロイトは「「この夢の人物は誰かとお尋ねですが、母ではありません」。われわれは「それは他ならぬ母である」と訂正する。[…]つまり、抑圧された表象の内容や思考の内容は、それが否定されるという条件のもとでのみ、意識にまで到達することができるのである。否定は、抑圧されたものを認識するための一種の方法である」と書いている[12]。バルトは父を否定している。それはちょうど、フランス革命が、国王という父を殺害して、父を否定し、父のいない子供たちだけのフランス国を一七八九年に新しく建国したのをどこかで連想させる。これはハンナ・アレントが『革命について』で言うように、アメリカ独立革命の場合は「革命の人びとを「建国の父」の名で呼んでいる」ことと見事なまでに対をなす事態である。[13] リン・ハントは『フランス革命と家族ロマンス』の中で、「フロイトによれば、「家族ロマンス」とは、「自分がいま好ましくないと思っている両親から解放され、そして一般的には、社会的地位のより高い他の人物が両親にとって代わる」という空想をめぐらす神経症的な現象を意味している」と述べている。またリン・ハントは「フランス人は家族関係の物語によって構造化された一種の集合的、政治的無意識をもっている」と指摘する。[14] トクヴィルが言及しようとしているのは、実はこのフランス革命における父の「否定」についてなのかもしれない。

一九三四年、バルトに最初の危機が訪れる。彼はトクヴィルと同じ肺結核を患ったからである。カルヴェの『ロラン・バルト伝』では、そのあたりはこう綴られている。

> 実際、バルトのつぎの十年間に重苦しくのしかかることになる破局が、優秀な学業成績のこの見事な連鎖を断ち切ってやって来る。一九三四年五月十日、彼は左肺の病変のため喀血に見舞われるのである。最初に彼を診察したのは、高等中学校の友人ジャン・ブリソーの父親にあたる医者である。肺結核の徴候であるこうした喀血は、当時、非常に重大なものとされていたので、彼はただちにバイヨンヌへ静養しに行かされる。

彼が静養している間に、ドイツはポーランドを侵略した。フランス軍はドイツ軍に敗れ、一九四〇年六月一四日にドイツがパリに侵入する。フランスは戦闘か休戦かの二択を迫られるが、生き残るためには「敗北の休戦条約に署名しなければならなかった」。その際に、ペタン政権はフランス中西部のヴィシーに拠点を移動してナチスの傀儡政権をつくる。川上勉は『ヴィシー政府と「国民革命」』の中で、「フランスの歴史上、ヴィシー政府は、一九四〇年七月一一日から一九四四年八月二五日までのおよそ四年間存続した短命な政府だった。このヴィシー政府の最大の特徴は、それ以前に七〇年続いた第三共和制を否定して、「国民革命」を唱え、フランス革命以来広く受け入れられてきた国民理念である「自由、平等、友愛」に代えて、「労働、家庭、祖国」を新たに国民的スローガンとしたことにある」と書いている。[15] バルトは「ジェラール・ミレール『ペタン元帥の悦楽扇動装置』への序文」において、次のようにこの頃の印象を記している。

ペタン治下のフランスは、言語の多様性が強制的に消滅して希薄になった環境であり、そこで発せられる唯一の言語は〈権力〉の言語であった。〈権力〉〈言語〉〈悦楽〉は、もはや単調で勝ち誇った発話しか形成しなかった。しかし元帥の悦楽は、まさにわれわれにとって悦楽の欠如そのものであった。一老人が味わう悦楽のもとで、われわれは息を詰まらせていた。[16]

一九四一年にバルトの肺結核が再発し、一九四二年にサン＝ティレール＝トゥーヴェのサナトリウムでの療養生活に入る。バルトがこのサナトリウムから「解放される」のは、一九四六年二月のことである。カルヴェは「バルトが最終的にサナトリウムを去って、彼のいわゆる「生産的な人生」、エクリチュールの人生を始めるのは、一九四六年のことである」と書いている。それから七年後、ここでいま問題にしているエッセイ「事物（オブジェ）としての世界」が発表された。そこでは、すでに述べてきた貴族階級と農民階級との差異の問題から、話が社会主義リアリズムへと一挙に飛び火して、さらに労働者や画家のギュターヴ・クールベへと踏み込んで言及していくのだが、その前にバルトは、「ドゥーレン Doelen（「同業組合」）」の絵画に見られるような、「支配の頂点にあるこれらの人間たちを意味づけるのは何か？ ヌーメンである」と言ってから、こう続けている。

> 人も知るように古代のヌーメンは、神がそれによってみずからの決定を申し渡したあの単純な身ぶりであり、神は、ある純粋な呈示からなる一種の下位言語を通して、人間の運命を自由にあやつったのだった。全能の存在は言葉を喋らない（たぶん考えるということをしないから）、身ぶり、それも半分だけの身ぶり、身ぶりの意図だけにとどめるのであって、その意図はあっという間に〈支配者〉の怠惰な落ちつきのなかに飲みこまれてしまう。

こうしたヌーメンを持つのは、たとえば「ドゥーレン Doelen（「同業組合」）」の絵画の中の貴族階級たちである。「〈支配者〉の階級が表象されるときはいつでも、それは必ずみずからのヌーメンをあらわに示さねばならない。それがなければ、絵は理解不能になってしまうだろう」とバルトは書いている。そしてこの支配者階級と対比するように、バルトは一九世紀になってようやく登場する新しい階級をヌーメンの対応物としてもう一度取り上げる。ここで話が一七世紀から一九世紀へと横滑りして、バルトは、ベンヤミンの指摘した一九世紀以来の大衆運動の担い手としての「労働者」についてあらためて語り始める。「それは労働者、ホモ・ファーベルの身ぶりではない。労働者の動きはまったく日常的なもので、それじたいの効果を得るべく、自分のすべてを使い切っているのだから」と。バルトのこのエッセイにおける意図が実ははじめから一七世紀のオランダ絵画の分析などにないことは、これでもう明らかである。

ここから理解できるのは、バルトの言うヌーメンとは、つまりはベンヤミンの言うアウラと同じだ、ということである。無数に再生産される匿名の労働者には、もちろんヌーメンなどはないし、アウラもない。バルトはヌーメンに関心を寄せているようでいて、実はそれがすでに無くなっている世界について考えている。「事物(オブジェ)としての世界」の本当の狙いはこれである。

5 主体と客体

ベンヤミンは「複製技術の時代における芸術作品」において、「最初の真に革命的な複製手段である写真技術」と言っている。それに対して「芸術作品の一回性とは、芸術作品が伝統とのふかいかかわりのなかから抜けきれないということである」と彼は書く。そしてベンヤミンはこう続けている。

伝統そのものは、もちろんどこまでも生きたものであり、きわめて変転しやすい。たとえば古代のヴィーナス像は、それが礼拝の対象であったギリシャ人のばあいと、災いにみちた偶像であった中世カトリックの僧侶たちのばあいとでは、それぞれ異なった伝統にかかわっていたのである。しかし、両方のばあいに共通していることは、ヴィーナス像のもつ一回性であり、換言すれば、そのアウラであった。芸術作品がいかに根源的に伝統へのふかいつながりのなかにおかれていたかは、その礼拝的側面をみれば明らかである。最古の芸術作品が発生したのは、周知のとおり、最初は魔法の儀式に、つぎは宗教的儀式にそれを供するためであった。

伝統の根源は、礼拝的な価値に委ねられていた。それがアウラである。しかしいったんアウラが消えると、礼拝的価値は展示的価値へとたちまち下落する。これは貴族階級が労働者階級へと下落するのと同じである。たとえば「「いま」「ここに」しかないという性格」が、すっかりと「骨ぬき」にされたような、全ての人々に平等に公開される美術館の展示的価値とは、そういうものである。そして「写真の世界では、展示的価値が礼拝的価値を全面的におしのけはじめている」とベンヤミンは言う。

それによってのみわれわれは、芸術作品の技術的複製の可能性が芸術作品を世界史上はじめて儀式への寄生から解放する、という決定的な認識を用意することになるからである。芸術作品の複製がひとたび生じると、こんどは、あらかじめ複製されることをねらった作品がさかんにつくられるようになる。たとえば写真の原板からは多数の焼付が可能である。どれがほんとうの焼付かを問うのは無意味であろう。こうして芸術作品の制作にさいして真贋の基準がなくなってしまう瞬間から、芸術の機能は、すべて大きな変化を受けざるをえない。

ありていに言えば、複製化によって消えるアウラとは「オリジナル」のことである。しかし写真には、オリジナルがそもそも初めから存在しない。そこにはコピーしかない。一枚の絵画は少なくとも一九世紀に写真が台頭するまでは常にオリジナルであった。オリジナルは手仕事によって遂行されるから、それは長い修業期間を必要とする。また制作にも根気と時間をかなり費やす。誰もが簡単に、トクヴィルの大きな肖像画を描けるわけではない。それにはそれなりの技術と蓄積が必要なのだ。だからそれは、オリジナルとしての権利を持つし、まだ写真が出来たばかりで、それが普及していない頃に描かれたテオドール・シャセリオによるトクヴィルの肖像画は、この世にたった一つしか存在しない。

けれども、写真の場合はそれとは全く事情が違う。写真は、誰もが簡単に撮影できる。撮影のための技術の取得は不要である。ただカメラのシャッターのボタンを押せばいいからだ。手仕事の時代の苦労はこれでなくなり、誰もが写真機を使って簡単に何枚でも同じ画像を作り出せる。同様に、一九世紀からの労働者階級は、工場で機械を稼働させて、同じ商品をいくらでも簡単に作り出すことができる。それまでは、そうはいかなかった。たとえば椅子一つをつくるにしても、それなりの修業がいるし、何しろ制作に手間がかかった。しかし工場でつくる椅子は、何の技術的な経験がなくても、誰でもそれを簡単に、しかも短時間でつくることができる。こうして写真機であろうが、工場の機械であろうが、それらの機械を扱うことは構造としては全く同一の事態なのである。ここから、工場の機械を提供しているのが、新しい産業資本家というブルジョワであり、実はこの資本家と労働者という二つの階級が、かつての貴族階級を押しのけて、機械に頼る複製品を大量に生産するためにこそフランス革命を行使した、と考えることができるのである。よく言われるように、写真機もまた、同じ産業資本家としてのブルジョワや大衆の欲望からつくられた。バルトの「事物（オブジェ）としての世界」は、最後にギュスターヴ・クールべの記述で終わっているが、それは決して偶然ではない。クールべこそが、はじめからまるで複製品のような絵画を描いていたからである。バルトはこう書いている。

これらのオランダの〈ドゥーレン〉には、リアリズム芸術とまさに正反対のものがある。クールべの

《画家のアトリエ》をよく眺めていただきたい。これはまさに一つのアレゴリーの全体だ。画家はある部屋に閉じこもってじっさいは日の当たりにしていないある風景を描いており、その（裸の）モデルに背を向けているが、モデルのほうは彼が描くさまを眺めている。すなわち画家は、彼自身のまなざし以外のまなざしを慎重に排除したある空間に身を落ちつけているわけである。ところで、二つの次元、つまり作品の次元と観客の次元しかもたないあらゆる芸術は、ある種の平面性しか創造することはできない、なぜならそれは画家‐窃視者によるスペクタクル‐ショーウィンドウの把握でしかないのだから。

一八五五年の《画家のアトリエ》は、実際に複数のイメージを組み合わせた作品である。画家とモデルの裸婦の他には、ボードレール、プルードン、司祭、葬儀人夫、大道芸人、娼婦、失業中の労働者などが描き込まれている。これらは「事物と客体」だけの集合体である。それらの事物の間には、差異は全く存在しない。この画面では、クールベもモデルもボードレールもプルードンも大道芸人も全てが等価であり、みな平等である。だからここでは写真のように、「ある種の平面性しか創造することはできない」。ジェームズ・H・ルービンが著書『クールベ』で言うように、クールベは「労働者＝画家」であり、《画家のアトリエ》は次のような手順で製作されている。(17)

《画家のアトリエ》のためのクールベの準備は、時間が少なかったので、基本的に自分が含めたかった人物の肖像を寄せ集めることで成り立っていた。クールベはブリュイヤスに、モンペリエで描いたブリュイヤスの肖像1点とそれと対になる《縞の襟の自画像》——これをもとにクールベはすでに《出会い》で自分の横顔を描いていた——を送るよう依頼した。裸婦の写真もまた頼んだが、それは疑いなくヴィルヌーヴによる別の1枚である。描いたばかりのシャンフルーリの肖像のように、クールべはたぶんアトリエや手近な場所に多くの肖像画をもっていた。作品には画家を含めて全部で30人の人物が描かれた。

クールべはシャンフルーリへの手紙の中で、次のように書いている。「この絵には題名がない［つまり物語も明白な主題もない］ことにお気づきでしょう。ありのままに記述することによって、より正確な考えをあなたに伝えるよう試みています」と。もしもバルトが取り上げたオランダの一七世紀の絵画から、貴族を消し去り事物のみで画面を構成したら、それは即座にクールべの《画家のアトリエ》になるだろう。事物ばかりの絵画には物語も主題も存在しない。しかしそれこそが、すべてが平等だ、というフランス革命以後の絵画の本質なのである。すべてが—僧侶も、貴族も、ブルジョワも、手工業者も、農民も—写真の客体化と同様に等価な事物になってしまった。全て客体化してしまった。ジェームズ・H・ルービンは、「実際クールべの絵具の物質性は絵画の物質的な表面をつねにわれわれに思い起こさせる。他の多くの絵において、平面化する効果はより明白でさえある」と書いている。バルトの言うような平面性が、労働者の写真機でいまやいくらでも簡単に複製化されるのである。

《画家のアトリエ》において、クールべは写真家がスタジオにこもり、すでにある事物を組み合わせることで作品をつくる一種の「モンタージュ」のようなことをしていた。また別の言い方をすると、クールべは写真家のように暗室にこもって現像でもするように、この絵画を制作していたとも言える。こうした姿勢はトクヴィルの専属画家だった同時代のテオドール・シャセリオにはまるでない感覚であった。シャセリオが実体からイメージを生成しようとしたのなら、クールべはイメージからイメージを生成したことになる。クールベは最初から、作品からアウラを消毒しよう、あるいは複製のような絵画を意図的につくろうと企んでいたのである。

それはまさに、ベンヤミンが「芸術作品の複製がひとたび生じると、こんどは、あらかじめ複製されることをねらった作品がさかんにつくられるようになる」と言っていた事態である。そこではオリジナルはすでに存在しないから、全てがコピーとイメージだけになり、画面の中から主体は消えて客体のみとなる。バルトは『明るい部屋』の中で、肖像写真について考えながら、「「写真」は主体を客体（オブジェ）に変えた。それも、いわば博物館にあるようなもの（オブジェ）に変えた」と言っている。まさにその通りなのである。さらに彼はこう書く。(18)

写真のなかに自分を見出すとき、私にわかることは、自分が「完全なイメージ」になってしまったということ、つまり、「死」の化身となってしまったということである。他人が――「他者」が、私を私自身の手から奪い取り、無慈悲にも私を客体（オブジェ）に変え、自分たちの意のままに、いつでも使えるように、カード箱のなかに並べ、どんな巧妙なトリックにも利用できるように保管しているのだ。

これは「事物（オブジェ）としての世界」において、オランダの絵画の中では、物として数に数えられるものは目録となる、という指摘と同じである。オランダの家では屋根裏が倉庫になっているが、「人間の住まいのすべては、保管という、動物や子どもが代々受けついできた偉大な身ぶりが上昇していく、道筋にすぎないかのようだ」とバルトは書いている。さらにバルトは『明るい部屋』の中で、肖像写真について次のように述べている。

言いかえれば、これは奇妙な行動であるが、私は自分自身を模倣してやまないのである。だからこそ、写真を撮らせる（または撮られる）たびに、必ずそれが本当の自分ではないという感じ、ときには騙されたという感じが心をかすめるのだ（それはちょうど、ある種の悪夢が与えるのと同じ感じである）。想像の世界においては、「写真」は（私が志向する「写真」は）、非常に微妙な瞬間を表わしている。実際、その瞬間には、私はもはや主体でも客体でもなく、むしろ、自分が客体になりつつあることを感じている主体である。その瞬間、私は小さな死（括弧入れ）を経験し、本当に幽霊になるのだ。

バルトは写真の中において自分で「自分」を追いかけている。おそらくこうなるだろうという「自分」、もっと言うと、自分も知らない「自分」をそこに探し出す。すると自分がいくつにも分裂していく。写真は何人もの「自分」をつくり出すからだ。自分はこうして写真の中で複数化する。ここでトクヴィルの肖像がやはり二重化していたのを思い出そう。キュスティーヌの描写にはトクヴィルの本質を突いた部分があった。それは、「彼には老成したところと子供っぽいところとがあります」という指摘だった。トクヴィルには「老成」と「子供」といった両義的な部分の共存があった。ジャック・クーネン＝ウッターもトクヴィルを観察した人たちにおける彼の両義性、二重性について「トクヴィルは、知人たちの証言によれば、病身で顔色もすぐれず動作もにぶかった。ときによって年よりふけて見えたり、驚くほど若々しく見えたりして若年寄りか老人のような子供だった。トクヴィルの同時代に対する根深い両義性が容色や身のこなしにまでにじみ出ていたのだ」と述べていた。

トクヴィルの場合は第三者による証言であり、写真ではない。だが、一九世紀のような写真と複製の時代には、それが写真であろうがなかろうが、何らかのかたちで人は嫌でももう一人の知らない「自分」、いや、何人もの知らない「自分」と出合うのである。なぜなら、すでにベンヤミンの「たとえば写真の原板からは多数の焼付が可能である。どれがほんとうの焼付かを問うのは無意味であろう」という指摘に明かなように、複製化と大衆化の時代では、仕組みとしては写真によらなくても、あらゆるものが幾重にも焼付可能であり、無尽蔵に再生産可能な構造になっていたからである。

6 無からの創造

『明るい部屋』の中で、バルトは「「視線の歴史」といったものを提唱したい。というのも、「写真」は、自分自身が他者として出現すること、自己同一性の意識がよじれた形で分裂することを意味するからである」と書いていた。しかもバルトの指摘が興味深いのは、その自分が写真の中では「幽霊」になると言っている点である。これは一体どういうことなのか?

撮影された人物や事物というのは、標的であり、指向対象であり、一種の小さな模像であり、対象から発した一種の分身＝生霊（エイドロン）である。私はそれを、すすんで「写真」の「幻像」（Spectrum）と呼ぶことにしたい。というのも、spectrum というラテン語は、その語根によって spectacle（見世物）という語と関連を保ち続け、しかもそのうえ、あらゆる写真に含まれているあの少しばかり恐ろしげなもの、つまり死者の再来＝幽霊をも指すからである。

この写真の生み出す「幽霊」という言葉にもう少し踏み込んでみよう。ジャン＝リュック・ナンシーとフェデリコ・フェラーリは『作者の図像学』の中の「作者の幽霊（スペクトル）」で、「写真」と「幽霊」との興味深い関係について語っている(19)。

一八四二年。バルザックは、ダゲール、ニエプス、バイヤールの発明に恐れおののいたようだ。というのも彼の考えでは、身体（コール）は、無限に並んださまざまな系列の霊（スペクトル）からなっており、銀板写真に撮られて印画されるたびごとに、一つの霊が失われるのだった。けれども、どうやってその悪魔のような誘惑に屈服せずにいられようか。ただたんにナルシシズムの問題ではなかった。作者の肖像は、無カラノ創造［création ex nihilo］という可能性を検証するための一種の実験的試みとして形作られた。たぶん最初にナダールが『私が写真家だった頃』の中で指摘したことだが、「霊（スペクトル）の理論」というバルザックの思想（イデー）は、人間が創造すること、「すなわち幻や触知不可能なものをもとにして確固としたものを凝固させること、つまり虚無からものを作り出すこと」が一見して不可能だということに関わっていた。［撮影者である］ビッソンの前で、バルザックは、「写真の像（イメージ）はどこからやって来るのか」と自問したにちがいない。それからそのすぐあとで、さらに次のようなあらゆる問いをみずからに提起したにちがいない。小説の中で具体化［物質化］される作中人物や物語（イストワール）や言葉（モ）は、どこから出現するのかと。彼の答えは、単純かつ直截なものだった。霊（スペクトル）たちから。しかし霊は、何ものでもない。それはまさに無（リヤン）から作られ、無から来て、無へと向かう身体、虚無（ネアン）による被造物ではなかろうか。もし被造物が虚無であるならば、そしてもし身体がただたんに霊の集合であるのなら、その場合には、身体もまた虚無になる。この確固たる虚無、その触知可能で疑う余地のない現前（プレザンス）＝存在を感じるために、バルザックの手は、その虚無にそっと触れる。虚無から作られ、虚無をもとにして創造された存在、それにもかかわらず存在する存在の無限の驚異と不安。霊たちが、自分の姿を見ている。［写真の］イメージがそれを立証している。つまり、作者は、一つの身体と一つの顔を持っている――虚無が素材（マチエール）＝物質なのだ。

実は先のバルトの文章と、このナンシーとフェラーリの文章は、フランス革命を考える上で、興味深い指摘なのである。まず両者ともに、「写真」と「幽霊」を結びつけている。次にバルトは、「「視線の歴史」といったものを提唱したい。というのも、「写真」は、自分自身が他者として出現すること、自己同一性の意識がよじれた形で分裂することを意味するからである」と書いていた。つまり、写真においては、自己は一つの身体の中で二つに分裂する。またナンシーとフェラーリは、「作者の肖像は、無カラノ創造［création ex nihilo］という可能性を検証するための一種の実験的試みとして形作られた」と言っているが、これらの指摘はともにトクヴィルの『旧体制と大革命』での大革命の解釈と重ねると、実に面白いのである。

この事件はまさしく、きわめて新しい、かつてのそれとはまったく相反する面をもっているうえ、非常に広範囲で異常な、人知を超えたものだった。だからこそ、人々はこの事件の正体を知ったとき、精神錯乱に陥ったのである。この未知の力を、だれも維持することができないし、また打倒することもできない。だれも止めることができないし、おのずと止まることも不可能である。となれば革命は、最終的に人間社会を完全な崩壊にまでいたらしめる。こう、考える者もいた。一部には、この力を地上に降り立った悪魔の仕業とみなす者もいた。一七九七年に、ド・メーストルは「フランス革命は悪魔的性格をもっている」と言っている。

霊と悪魔という違いこそあるが、革命の尋常でない雰囲気に人間ではないものを見て取ったことと、写真に霊を見て取ったことの間には、どこかで通じる何かがある。さらにもう一つ注意すべきは次の箇所である。

一七八九年に、フランス人たちが他のいかなる国民よりも多大の努力を払ったのは、いわば自己の運命を二つに分断して、革命以前の状態と以後の理想状態とを越えがたい溝で断絶することだった。そのために、彼らは注意に注意を重ねて、新しい世界に過去のいかなるものをももちこまないようにした。あらゆる種類の制約を自己に課して、先祖とは一線を画したフランス人を形成しようとした。とにかく彼らは、見違えるほど変貌するために何ものをも厭わなかった。〔…〕私がつねに考えてきたのは、フランス人はこの特異な企てにおいて、他の国々で一般に考えられたほど大した成功をおさめなかった、ということである。フランス人は、気づかぬうちに、旧体制から大部分の感情、習慣、思想まで引き継ぐことによって旧体制を破壊する革命を導いたし、また、不本意ながらもその廃墟を利用して新しい社会体制を構築した、と私は確信している（傍点引用者）。

フランス革命は、革命派からすれば、写真における「無カラノ創造［création ex nihilo］という可能性を検証するための一種の実験的試み」だった。何しろ革命派は、「注意に注意を重ねて、新しい世界に過去のいかなるものをももちこまないようにした。あらゆる種類の制約を自己に課して、先祖とは一線を画したフランス人を形成しようとした。とにかく彼らは、見違えるほど変貌するために何ものをも厭わなかった」からである。そうなると、大革命とはタブラ・ラサ、あるいは無からの創造を行使したものだと言うしかあるまい。

だがトクヴィルの視点からすれば、「フランス人は、気づかぬうちに、旧体制から大部分の感情、習慣、思想まで引き継ぐことによって旧体制を破壊する革命を導いたし、また、不本意ながらもその廃墟を利用して新しい社会体制を構築した、と私は確信している」ということになる。すると、革命は旧体制のものを再利用して新しい体制をつくり上げたわけであって、そこからフランスには、一八世紀末に「旧体制」と「新体制」といった二つに分裂した自己を持っていたという結論になる。これはバルトの言い方を借りれば、「「写真」は、自分自身が他者として出現すること、自己同一性の意識がよじれた形で分裂する」ことであり、この論法で言い換えると、すなわちフランスの自己同一性の意識がよじれたのがフランス革命だったのではないか、と指摘するのが可能となるのだ。

註

（1）　このパラグラフでの三人の証言ならびに、フレドリックとテオドール・シャセリオについての記述は、アンドレ・ジャルダン『トクヴィル伝』、大津真作訳、晶文社、一九九四年による。なお本稿においてアンドレ・ジャルダンの発言や引用は全てこの本による。
（2）　ジャック・クーネン＝ウッター『トクヴィル』、三保元訳、白水社、二〇〇〇年。
（3）　本稿においてロラン・バルトの「事物(オブジェ)としての世界」からの引用と記述は、全て『ロラン・バルト著作集5　批評をめぐる試み』、吉村和明訳、みすず書房、二〇〇五年に所収のものによる。なおバルトの「事物（オブジェ）としての世界」についての検討として、桑田光平『ロラン・バルト　偶発事へのまなざし』、水声社、二〇一一年を参照した。

(4) アレクシス・ド・トクヴィル『旧体制と大革命』、小山勉訳、ちくま学芸文庫、一九九八年。以下、本稿において『旧体制と大革命』という場合、全てこの本による。

(5) ヴァルター・ベンヤミン『複製技術時代の芸術』、佐々木基一編集解説、晶文社、一九九九年に所収の「複製技術の時代における芸術作品」、高木久雄他訳による。以下、本稿で特に断り書きのない場合は、ベンヤミンの発言は全てこの論による。

(6) アントワーヌ・コンパニョン『アンチモダン　反近代の精神史』、松澤和宏監訳、名古屋大学出版会、二〇一二年を参照した。

(7) レーモン・アロン『レーモン・アロン回想録1』、三保元訳、みすず書房、一九九九年。

(8) ロラン・バルト『零度のエクリチュール』、石川美子訳、みすず書房、二〇〇八年。

(9) ヴァルター・ベンヤミン『子どものための文化史』、小寺昭次郎他訳、平凡社ライブラリー、二〇〇八年。

(10) 本稿においてバルトの伝記的記述や引用は全てルイ＝ジャン・カルヴェ『ロラン・バルト伝』、花輪光訳、みすず書房、一九九三年による。

(11) ロラン・バルト『喪の日記』、石川美子訳、みすず書房、二〇〇九年。

(12) ジークムント・フロイト「否定」、『自我論集』、中山元訳、ちくま学芸文庫、一九九六年に所収。

(13) ハンナ・アレント『革命について』、志水速雄訳、ちくま学芸文庫、一九九五年。

(14) リン・ハント『フランス革命と家族ロマンス』、西川長夫他訳、平凡社、一九九九年。

(15) 川上勉『ヴィシー政府と「国民革命」』、藤原書店、二〇〇一年。

(16) ロラン・バルト「ジェラール・ミレール『ペタン元帥の快楽扇動装置』への序文」。『ロラン・バルト著作集9　ロマネスクの誘惑』、中地義和訳、みすず書房、二〇〇六年に所収。

(17) このパラグラフのジェームズ・H・ルービンの発言は全て彼の『クールベ』、三浦篤訳、岩波書店、二〇〇四年による。

(18) ロラン・バルト『明るい部屋』、花輪光訳、みすず書房、二〇一〇年。本稿で特に断り書きのない場合、

『明るい部屋』のバルトの発言は全てこの本による。
(19) このパラグラフでジャン＝リュック・ナンシー／フェデリコ・フェラーリの発言は全て『作者の図像学』、林好雄訳、ちくま学芸文庫、二〇〇八年による。

4

カフカと「カフカ」

1　二人の皇帝

スティーヴン・ベラーはその著書『フランツ・ヨーゼフとハプスブルク帝国』で「フランツ・ヨーゼフとはどんな人物だったのか。これについて私たちの想念を支配する二つのイメージがある」と書いている。(1)一つ目のイメージは郷愁を誘う親しみに満ちたもの、絵はがきに登場する皇帝である。

一般化しているのは、ウィーンその他旧ハプスブルク帝国諸地域の中心都市で、観光客や郷愁にひたる人びと相手に売られている絵はがきなどに見られるフランツ・ヨーゼフ像である。絵はがきの右半分には、かつて帝国の構成部分だったその土地その土地の言葉で、あるいはしばしば複数の言葉で、かの皇帝讃歌の最初の数行が書かれている。「神、わが皇帝を守り、わが国を安泰ならしめたまえ」。左側が皇帝の肖像である。より正確には「古き良き皇帝」というべきであろうか、軍服を着て、善意に満ちてその国人たちに微笑みかけている老家長である。それは善政と安寧のイメージを伝えており、皇帝はいわゆる古き良き時代の象徴、そしてそれを保障する存在でもある。オーストリアがまだなにものかであり、中央ヨーロッパが平和と安寧と繁栄と、比較的よい統治と、そして比較的自由で寛容な政治的・文化的雰囲気を楽しむことができたあの時代、光が消える前の、あの古き良き時代の象徴である。

皇帝は軍服を愛用していて彼の軍隊を信頼している。彼は伝統的な雰囲気を守っている清潔な皇帝だ。王朝と国民を守ることが彼の責務である。それはドイツ人、マジャール人、ポーランド人、クロアチア人、セルビア人、ルーマニア人、ウクライナ人、チェコ人、スロヴェニア人、スロヴァキア人、ユダヤ人など、多くの民族が混成したハプスブルク家の老家長の姿である。彼は国民を愛し、国民を守ろうとしている。息子たちには威厳と慈愛を忘れないように心掛けている。こうした家長のイメージは、クラウディオ・マグリスが『オーストリア文学とハプスブルク神話』の中で、「理想とされた超民族主義は、皇帝フランツ・ヨーゼフが発した声明、「余の国の諸々の民に告ぐ」の冒頭における、家長のような毅然とした語りかけのなかにも表現されている」と言う点と符合する。ハプスブルク帝国は、フランスのように革命では滅びない。事実、一八四八年の革命も切り抜けたではないか。あたかもそう主張するかのように、マグリスは、ハプスブルク帝国の特質とは「多くの民族からなる家族主義的共同体の神話が確かめられる点である。これは、フランス革命のなかから出現した人民(ナツィオーン)の思想に対置される神話であった」と言うのである。(2)

ところが、この良き家父長という皇帝像だけが、フランツ・ヨーゼフの全てではない。ベラーの提示するもう一つの皇帝のイメージは、一つ目の良き皇帝のイメージを大きく裏切るものだからである。それは残虐な家父長、裁判官、犯罪者、あるいは処刑人としての「血まみれの老皇帝」の姿だ。

もう一つの像は、いまはひと頃ほど流行らなくなっているが、いわば「観念的君主」としてのフランツ・ヨーゼフ像である。皇帝はここでも年老いている。しかしおよそ情というものが欠落した老皇帝である。フランツ・ヨーゼフはここでは、自分の国を何十年にもわたって冷たい心で、几帳面に、しかし機械的に動かしてきた最高位の官吏という姿で現れる。しかもその間に彼と彼の帝国は近代に置いてきぼりにされたのだ。それは常に書類に取り囲まれ、一般社会との接点もほとんどもたず、国務と外交を、彼の若い時にすでに十分に時代遅れで、いまや完全に時代錯誤になってしまっている原則に従って動かそうとしている、という人物の姿である。こういうフランツ・ヨーゼフ像の象徴的頂点が一九一四年の宣戦布告文書への彼の署名で、これによってこの家父長は息子たちに死刑の宣告を下したのである。

ここでは帝国の息子たちに死刑宣告をする処刑人としての皇帝の姿が指摘されている。彼は冷たい機械のような官僚的人間である。そこには慈愛の欠片すらない。彼は自分以外の人間には何の興味も抱いていない。ただ自分自身と王朝の体面だけを守ろうとしている。それだけが唯一守るべき宝物だからである。そのための国民の犠牲など、全く取るに足らない。裏切り者は絶対に許さない。彼は法のみを遵守する裁判官であり、同時に残忍な犯罪者である。その彼にとって最も苦痛なのは、屈辱と恥辱を他国から受けることである。

ベラーの描写から窺えるのは、この皇帝の二面性である。むろん多くの人が何らかの意味で二面性を持っている。だがフランツ・ヨーゼフの場合、それは白と黒ほど明確に二つに分裂した人格、としたほうが適切なものである。彼は慈愛に満ちた皇帝と残虐な皇帝との間を行ったり来たりする。つまり、この帝国には二人の皇帝がいるのである。それは皇帝の著しい自己同一性の崩壊を示すとともに、彼の統治するハプスブルク帝国の自己同一性の崩壊も不気味に暗示している。マグリスは「要するに、相反する価値を並列させる矛盾にみちた二重性こそ、帝国のあり方全体の特徴なのだ。オーストリアでは、進歩を求める激しい動きは、時代遅れとなった封建的な構造につねに接ぎ木されるようにして展開した」と書いているが、「二重性」、「接ぎ木＝切り貼り」は、多民族の寄せ集めのハプスブルク帝国と二重化したフランツ・ヨーゼフ皇帝の深層構造を暴く極めて鋭い批評である。

フランツ・ヨーゼフは、一八四八年に皇帝となった。彼は皇帝になった時から残酷でなければならない運命にあった。一八四八年は革命がヨーロッパを席巻した年だったからである。ウィーンも例外ではなかった。パリの二月革命は、三月にはウィーンで、それからプラハやハンガリーで連鎖的に勃発し、ヨーロッパ全土を震撼させた。けれどもこの革命の要因は「革命の強さというよりはむしろ旧体制の崩壊だった」とベラーは指摘する。自由主義の激しい到来によるのではなく、それはむしろ滅びゆくものから生まれた革命であった。ある意味で言えば、彼は皇帝になったその時から、死を義務付けられていたのである。つまり彼ははじめから、ハプスブルク帝国の余命（一八四八年から一九一九年）の中に生きていた。劇的に人や物が流動化する一九世紀半ばから二〇世紀のはじめにかけて、近代化に著しく遅れたハプスブルク帝国は、すでに立会人もないままに処刑を宣告されているような場所だった。その意味で、彼を「最後の皇帝」とする月並みな言い方は、ここでは実に正しい評価である。

革命勃発の翌年の一八四九年になっても、ハンガリーの革命を全て鎮圧できなかったため、ロシア皇帝のニコライ一世が援軍を送るとフランツ・ヨーゼフに言ってきたことがあった。ロマノフ家に助けられるなど、本来なら名門のハプスブルク家には耐えがたい「恥辱」である。だが、彼は甘んじてそれを受けた。しかし受けた分、その恥辱を別の何かで清算しないと、彼の精神はとても耐え切れない。その思いは、そもそもの原因である自国の反逆者の息子たちに向けられる。否応なく彼の残虐な父性の人格が目覚める。

フランツ・ヨーゼフは、かつてないような報復を露骨なかたちで実行することになる。

皇帝は革命鎮圧後に、ハンガリーの反逆者に「司法手続き付きの大虐殺」を行った。これはロシアとの協定を無視するもので、「アラドの血の法廷」として知られている。「司法手続き付き」と言っても名ばかりである。反逆者たちへの決議は皇帝の胸の内ですでに大虐殺と決められている。最終審理の決定権は皇帝にあるからだ。皇帝こそが「裁判官」であり、帝国の「法律」なのである。皇帝は反逆者たちを自宅から石切り場へと連れ出して、国民の見えないところで彼らを処刑するだろう。一〇名以上の王朝に仕えていた将軍と、一〇〇名以上の反逆者が、射殺されたり、首をはねられたりして殺された。ベラーによると、「ウィーンとハンガリーの革命家の処刑を許可するという彼の行為は、多くの人にとって、王朝の名声と、とりわけフランツ・ヨーゼフについての彼らの見方に傷をつけるものだった」。また江村洋は『フランツ・ヨーゼフ』の中で、「処罰は、後々までもハンガリー人に皇帝に対する憤懣を植えつけた」し、「即位まもなくのフランツ・ヨーゼフが「血に染まった若き皇帝」(der blut-junge Kaisar)と呼ばれ、恐れられたのはこのためである」としている。

血に染まった皇帝は、否応なしに暗殺事件に遭遇することになる。息子たちによる復讐である。一八五三年二月一八日、皇帝は副官を伴って散歩をしていた。そこに暗殺者ヤーノシュ・リーベニが現れる。彼はナイフを所持していた。そしてそれを使って皇帝の首から胸へと深く刺した。江村洋はこれを次のように描写している。

> 王宮からケルントナーの稜堡へさしかかったあたりで、フランツ・ヨーゼフは訓練中のある部隊を観察しようとして、しばし立ち止まった。その隙をついて一人の若者が皇帝に突進する。手には切っ先鋭

いナイフを握っている。それを君主の首から胸にぐいと突き刺す。数秒後に皇帝は血みどろになってその場にくずおれる。(3)

だがゲオルク・マルクスによれば、「ナイフは制服の襟、ワイシャツ、ネクタイを引き裂いたものの、首には二、三センチくいこんだだけだった」(4)という。

2 家族小説

一八五三年の暗殺未遂事件の後、皇帝はますます猜疑心の塊となっていく。ベラーによると、「もし教会が忠誠心をもって行動するよう人民の心に影響を与えようとしたら、拡大していた官僚層は人民が実際にそうなったかを確かめようとし、情報提供者の大ネットワークをもつさらに大きな警察組織は、役人たちが確かに確かめたかを二重に確かめようとした。そしてフランツ・ヨーゼフは、司教や外国の大使と同様に自分自身の大臣たちまで監視するほど管理することに余念がなかった」。彼は自分以外の人間をこの時、すでに全く信じていなかった。そして全ての人々を帝国の中に閉じ込めた。教会、役所、警察というように、帝国の人間が同じ帝国の人間を相互に監視し始めるようになる。

その一方で、皇帝は次々と外交政策に失敗し、「イタリアから追い出され、事実上ドイツからも追い出され、国内的には一八六七年のハンガリー人との「アウスグライヒ」によって二分された」。このため「オーストリア＝ハンガリー二重帝国は、フランツ・ヨーゼフがそれを受け継いだ統一的帝国、あるいは平和と反革命の保証人などというものとは全く異なる、(より健全だったかもしれないが) あまり威圧感のない国家体」になってしまう。それでも帝国はなお余命を生きねばならなかった。そして「もし帝国がハプスブルク家の威信が要求するような「大国」であり続けようとするなら、「近東」、すなわちバルカン地域だけが帝国の唯一の利益圏として残されていた」。しかしそれは失敗すれば自らの死期を早める禁断の果実である。焦燥感は得てして最悪のシナリオへと人を導くものだ。これがボスニア＝ヘルツェゴヴィナの占領と併合となり、世界大戦への致命的な導火線となった。

皇帝の家族たちは帝国の滅亡を見ることなく、次々と人生の舞台から消え去っていく。フランツ・ヨーゼフの弟のマクシミリアンは一八六七年にメキシコで処刑された。皇太子のルードルフは一八八九年に自殺した。一八九八年には妻のエリザベート皇后がイタリアの無政府主義者に暗殺された。「この世のあらゆる災いが余につきまとう」と、皇帝はこの悲劇の連鎖にたまらずそうこぼしたという。やがて「彼は一九一四年にはもうほとんど完全に惰性の力になってしまっていた。すでに宮廷なるものの性質と政府の構造によって促進されていた現実世界からの彼の孤絶状態は、老いの衰えとともにますます甚だしくなっていた」。全く恐ろしいことに、皇帝は苦境の果てに、現実と著しく乖離した感覚の中に生き始めたのである。外部との回路を断って、だがパラノイア的な人格だけは異様なまでに肥大化させ、彼は躊躇なく、一九一四年に息子殺しの「死刑宣告書」に、あるいは「王朝的帝国の死亡証明書」に最終審理の裁判官として署名することになるだろう。

またこの皇帝は自分の甥に好意を抱いていなかった。そのため「フランツ・フェルディナントを責任ある地位から遠ざけ、この後継ぎが一九〇六年以来自己主張を始めると、不承不承いくつかの権力を手離したが、実質的なものは何も譲渡しなかった」。皇帝は甥が自分の後を継ぐのを極度に嫌がった。フェルディナントは、ハプスブルク家とは身分違いの高級貴族の娘ソフィー・ホテクと結婚して、フランツ・

ヨーゼフの体面を汚し、彼を激昂させたからである。彼らの子供には王位継承権はないという条件つきで、フェルディナントは皇太子にようやくなった。むろん、それで皇帝が万事を納得するはずがない。「ラディカルな保守派という彼の定評も、歳をとってすっかり伝統主義者になった皇帝の意に沿うものとは言えなかった。それゆえ皇帝はその後継者を実質的な権力の座から遠ざけたのである」。

こうした思いから、皇帝が「フェルディナントがいなくなったらいいのに」という「家族小説（ファミリー・ロマンス）」をその心のどこかで欲望していたとしても全く不思議ではない。端的に言うと、この場合の家族小説とは、「この出来の悪い甥が何かの拍子で死んでくれるといいのだが」という空想である。そしてその欲望は現実に果たされることになった。というのも、一九一四年六月二八日に、フランツ・フェルディナント皇太子夫妻がボスニア＝ヘルツェゴヴィナのサライェヴォで、セルビア系ボスニア人学生に暗殺されたからである。そしてその知らせを聞いた時、皇帝はこう言ったのである。

恐ろしいことだ。全能の神に逆らって報いなしには済まない。［…］余が不幸にも支えられなかった古い秩序を、より高い力が立て直して下さった。

スティーヴン・ベラーは、「この言葉は、まずは神の加護を受けた彼の王朝の体面に思いを馳せ、皇位継承者の暗殺を、単なる貴族の娘と結婚して彼の王朝の義務に反抗したフランツ・フェルディナントに対する天罰と見なすという、この皇帝の本性を露にしている」と言っている。「皇帝は―人が何を言おうと―安堵の感情を抑えることができなかった」。そのため「皇帝の最初の反応は、激怒して即刻セルビアに対する戦争を叫ぶ、といった反応とはほど遠いものであった」。

「家族小説」とは、フロイトの一九〇九年の「神経症者の家族小説（ファミリー・ロマンス）」の中の言葉である。(5) 要するに現在の両親に不満を持つ子供は、他の高位の親を欲望する。

両親との関係が疎遠になり始めたこの段階がさらに進むと、「神経症者の家族小説」とでも呼べる事態が生まれる。通常はこれが意識的に記憶されていることは稀であるが、精神分析によってほとんどつねに証明できる事実である。この空想は神経症に本質的な特徴の一つであるが、同時に才能のあるすべての人にもみとめられるものである。この特別な空想は、子供の遊びのうちに姿を示し、前思春期の頃に始まり、家族関係をテーマとする。

フロイトによると「この空想活動の特徴的な実例は白日夢であり、これは思春期を越えてずっと続くこともある。この白日夢を詳しく観察してみると、これが願望の充足であり、人生を自分の好きなように手直しするのに役立つ。これは、主としてエロス的な目標と、名誉心に関わる目標という二つの目標をそなえていたものであることがわかる（この名誉心に関わる目標の背後には、エロス的な目標が隠れていることが多い）」という。そしてフロイトは次のように書く。

上記の時期の頃に、子供の空想は、価値が低下した両親を追い払い、原則として社会的に高い位置の両親を、自分の両親とする役割を果たす。空想する際には、現実の経験にともなう偶然的な関係が活用される（土地の城主や領主、都市の貴族を知っているなど）。偶然的な経験によって子供は羨望を抱くようになり、これが空想に表現され、実際の両親を身分の高い両親に置き換えるのである。

フロイトはこのようにファミリー・ロマンスについて説明しているが、家族小説はただ子供の欲望だけでなく、たとえば親が子供の消失を願ったり、または早く生まれた兄が、後から生まれた弟たちが消えてくれるのを望むような場合にも当てはまる。さらに大きく見据えれば、家族小説は現実の親と子の間だけではなく、社会的関係としての皇帝＝父親と国民＝息子との間にも成立する。国民は「この皇帝＝父親がいなくなったら、そしていまより、もっと素晴らしい人が皇帝＝父親になってくれたらいいのに」と欲望する。また皇帝のほうも「この国民＝息子たちが消えてくれたら、帝国はさらに豊かになるのに」と思っているかもしれない。たとえばベラーによると、皇帝はこう考えていた。「二重帝国(エンパイヤ)を中央ヨーロッパの弱小民族の安らぎの場所と思い描いた時、彼の心にあったのは、だからこそ彼の帝国に住めることに彼らは感謝すべきなのであり、彼の王朝に統治されることを幸福と思うべきであり、だから彼の言いつけどおりにすべきである」と。一九一四年のずっと前から皇帝は、どうしても自分に満足しない困り者の息子たちに、いよいよ大きな不満感を抱き始めた。第一次世界大戦で、息子たちを戦地に送りつけることによって、フランツ・ヨーゼフはファミリー・ロマンスの欲望を実行に移したのである。そして家族主義国家の中では同じこの構造が、帝国内の小さな家族の間でも反復されるだろう。マグリスはこう書いている。

つまり、家族というものは、一面においてハプスブルク文化の中核を形成していたものであり、その伝統墨守の姿勢や権威主義的教育の、さらには、家庭的な平安の砦だったのである。しかしその反面、家族とは現実の政治参加からは完全に除外された存在でもあった。従来、フロイトのいう父親概念（殺され、その後宗教的儀式の起源として崇拝される父親、または、子供たちにとって抑圧の根源である威圧的な父親の権力、この場合すぐにカフカが思い出される）には、広範にわたって影響を及ぼした心理学的意味が認められてきた。だが、最近になって、父親の威圧的人間像を基礎にしたオーストリア独特の社会および家庭構造の影響もそこに見出されると考えられるようになった。この家父長的家族構造は、ハプスブルク体制の位階的秩序の反映だったのである。

まさにその通りである。マグリスも指摘するように、ハプスブルク帝国内の家族もまた、帝国の父権構造を反復していた。その典型がカフカ家である。エルンスト・パーヴェルは『フランツ・カフカの生涯』の中で、カフカが「「僕は幼い子供だった頃に父に打ち負かされたのだという考え、そしてその後何年たっても繰り返し負け続けているにも拘わらず、今も野心ゆえにこの戦場を立ち去ることができずにいるという思い」（『日記』）に苦しめられている」と指摘し、さらに「ここで描かれているのは、ほとんど図式的といっていいようなエディプス・コンプレックスの構図といえるかもしれない」と言っている。そしてカフカ家の場合、「基本にある三角関係はその後間もなく、二年毎の間隔を置いてフランツの二人の弟が生まれた時、より複雑な形へと発展した」。というのも「ゲオルクは一八八五年九月に生まれ、一八八七年春に麻疹で死亡した。同年の九月、ユーリェは三人目の男児を出産した。この児ハインリヒは一八八八年四月、中耳炎で死亡した」からである。この事実を受けてパーヴェルは、「二人の競争相手が、母親の関心を奪い合う戦場に現われたのは、カフカにとっては腹立たしいことだったに違いない。当然ながらカフカは天使ではなかったし、異常に強烈な感情の持主だったから、彼は弟たちが再び消え去ることを願い、子供っぽい空想の世界で、彼らを片付けたこともあっただろう」と興味深い指摘をする。(6)

これはすでに述べたフロイトの神経症者による「家族小説」そのものである。ライバルに消えてほしいという欲望は、まさにファミリー・ロマンスだからである。そればかりでなく、実の父と折り合いの悪いカフカは、これとはまた別種の家族小説も空想した。つまり、自分の名前が「フランツ」であるから、本当は、自分は「皇帝の息子ではないか」と。すなわち「ヘルマン（カフカの実父）でなくて、フランツ皇帝が本当の父だったらいいのに」と。これはカフカ家の親子関係からすると十分にあり得る空想である。だが、この空想はカフカ家だけに限ったことではない。当時、「フランツ」という名前はかなり流行していた。池内紀の『カフカの生涯』によると、「毎日のように新しいフランツが誕生する」ありさまだったのである。理由はこの頃に「ハプスブルクのフランツ・ヨーゼフ皇帝は統治三十五年目に入っていた。六百年に及ぶ君主制は「不壊（ふえ）の城」と称されており、同じことなら、その城主にあやかった名前がいい」と帝国内に暮らす多くの親たちが考えていたからである(7)。つまり皇帝と同じ名前を持ち、皇帝を父として欲望するファミリー・ロマンスの雰囲気は、カフカの時代に帝国内にかなり充満していたのだ。

3　誰かがヨーゼフ・皇帝を中傷したにちがいなかった

ところでいま述べてきたような、ヨーゼフ・フランツの統治の時代のハプスブルク帝国を十分に踏まえた上で、フランツ・カフカについて考えてみるとどうなるか。特に『訴訟』（『審判』）と名づけられた作品を読み解いてみるとどうだろうか(8)。後に詳しく述べることになるが、この『訴訟』はそもそも一個の完成した小説としてではなく、「誰かがヨーゼフ・Kを中傷したにちがいなかった」や「終わり」など、全部で一六の草稿による未完成の作品としてカフカが残したものである。カフカの死後に、マックス・ブロートが独断で編集し、これをあたかも完成した小説のようにして世に出してしまった。だがその後、ブロートの編集を批判する「批判版」と、さらに「史的批判版」が世に出ることによって、今日ではカフカが残した状態に限りなく近いものを読むことができるようになった。「史的批判版」などは「章」という概念やその配列の順番も捨て、ただカフカの書いた一六の草稿を読者にそのまま提示している。

小説の主人公は「ヨーゼフ・K」という名前であるが、一般的にこの名前が誰を指すのか自明のように語られることが多い。つまりカフカ自身のイニシャルのKを意味しているという見解がそれである。たとえば池内紀は『審判』の末尾の「『審判』の読者のために」の中で、次のように書いている。

カフカは「ヨーゼフ・K」と書くとき、つねにjosef K. と書いた。KではなくK. である。右につけてあるピリオドをドイツ語では「プンクト」というが、このような使い方の場合は省略を意味している。Kではじまる人名を略したしるし。とすると、そのKなる人物がkafkaであってもかまわない。少なくともこのK. は色濃くカフカ自身の分身という性格をおびている。(9)

池内のこの意見は、ごく一般的に流通しているものである。おそらく多くの読者は、このKをカフカだと直ちに解釈するだろう。ただしKがカフカかどうかは池内の説明では説得力がほとんどない。Kafkaでなくても頭文字がKではじまる名前なら、全てKになるからである。それに対してジョルジョ・アガンベンは『裸性』の中で、「K」という章をわざわざ独立して設け、これをいま述べたような通説とは全く別の角度から巧みに説明している。彼によるとこのKはカフカではなく、ダヴィデ・スティミッリの見解を援用して、カフカがプラハ大学の法学部を出て、弁護士事務所や裁判所で実習の経験がある点に注目し、「Kとは、誣告者［kalumniator］の頭文字である」とする。(10)

検察官の職種が限定的であった古代ローマの裁判において、中傷＝誣告〔虚偽の事実を言い立てられて、他人を罪に陥れる犯罪〕は司法機関にとってきわめて重大な脅威であり、偽証をした告発者は額にKの文字の焼印を捺され罰せられたほどであった（Kとは、誣告者〔kalumniator〕の頭文字である）。カフカの『訴訟』を解釈するうえで、この事実は重要であるということは、ダヴィデ・スティミッリによって明らかにされた。『訴訟』は冒頭から、何の留保もなしに、中傷的な訴訟の場面ではじまるのである。（「誰かがヨーゼフ・Kを中傷したにちがいなかった。悪いこともしていないのに、ある朝、逮捕されたのだ」）。Kという文字は、マックス・ブロートに端を発する一般的な見解によれば、カフカの頭文字である。しかしスティミッリが示すところによるならば、Kとはカフカが司法関係の職につく準備をしているあいだにローマ法の勉強をしていたことを思い起こさせる文字であり、中傷＝誣告者を指すのである。

アガンベンは、カフカがここで企んでいるのは、自分で自分を告発して訴えること、つまりKの行為は「自己訴訟である」という独自の見解である。その場合のKとはカフカでなく、繰り返すが「誣告者〔kalumniator〕の頭文字」となる。

Kの文字はたんに中傷＝誣告〔kalumania〕を指すだけでなく、誣告者〔kalumniator〕、すなわち偽りの告発者のことも指している。したがって、このことはもっぱら、偽りの告発者とは小説の主人公自身であるということを意味しており、いってみれば、この主人公は自分自身に向けて中傷的な訴訟を提訴したのである。こうした点を踏まえるならば、誣告が『訴訟』の鍵であり、またおそらくは、法の神話的な力の痕跡がたいへんはっきりと認められる、カフカの世界全体の鍵でもあるということが、よりいっそう明らかとなる。誣告によって訴訟を引き起こす「誰か（jermand）」とは、ヨーゼフ・Kその人にほかならない。

主人公による「自己訴訟」が、この『訴訟』の核心にあるものだと、アガンベンは鋭く指摘する。アガンベンのこの指摘それ自体は実に面白い。だが『訴訟』の主人公は単にKではなくて「ヨーゼフ・K」である、という単純な点をアガンベンはなぜか見落としている。アガンベンの意見の場合、それでは「ヨーゼフ」の方はどうなるのか。パーヴェルは、ヘルマンとユーリェの夫婦は、生まれたばかりの長男に「皇帝フランツ・ヨーゼフにあやかってフランツと名付け」たとしている。何度も言うがフランツは「皇帝」の名前である。すると『訴訟』の作中の「ヨーゼフ」もまた、フランツ・ヨーゼフの「ヨーゼフ」からとったものではないか、といった推測がすぐに思い浮かぶはずである。ハンス・ツィシュラーによる『カフカ、映画に行く』では、「皇帝の名前」という章があり、彼はそこで次のように書いている。

比喩的な意味においては、循環するように構成されたカイザーパノラマは、カフカのイタリア旅行における一枚の絵でもある。「イルストリアテ・ヴェルト」の頁をめくる「老紳士」を皇帝の変身した姿だと想像してみても、別に問題はないだろう。皇帝（カイザー）とは、カフカ自身と彼の小説の主人公の一人のファーストネーム、つまりフランツとヨーゼフを一緒にした名前の例の皇帝のことだ。彼はその皇帝にどんなふうに話しかけることができただろうか。

ツィシュラーは、ここでカフカ自身の名前である「フランツ」と、彼の小説の主人公のファーストネームの「ヨーゼフ」を組み合わせると、皇帝の名前「ヨーゼフ・フランツ」になると指摘している。[11]これは実に面白い指摘である。だが、この説明でも十分とは言えない。というのもツィシュラーの説を『訴訟』に当てはめてみたとしても、今度は「ヨーゼフ・K」の「K」とは誰なのか、という疑問がまだ残るからである（アンソニー・ノーシーは『カフカ家の人々』の中で、このヨーゼフをカフカの叔父のヨーゼフをカフカの叔父のヨーゼフ・レーヴィと関連づけているが、この視点はあまり興味をひかない[12]）。

そこで私の見解を言うと、『訴訟』に出てくる主人公「ヨーゼフ・K」は、カフカのKではない。またKはアガンベンの言うような中傷者＝誣告者［kalumniator］の頭文字でもない。ツィシュラーの意見も半分は正しいが、残りの半分を十分に説明していない。「K」は実は人の名前ではなくて「皇帝 kaiser」の略称なのである。すると、「ヨーゼフ・K」とは、ハプスブルク家の「ヨーゼフ・皇帝」のことになる。つまり「ヨーゼフ・K（-aiser）」ということである。冒頭の「誰かがヨーゼフ・Kを中傷したにちがいなかった」は、したがって「誰かがヨーゼフ皇帝を中傷したにちがいなかった」という意味になるのである。「悪いことをしていないのに、ある朝、皇帝K（-aiser）は逮捕されたのだ」。こうして皇帝K（-aiser）はカフカの虚構の中で逮捕される。なぜなら、彼は多くの帝国の息子たちの「処刑人＝犯罪者」だからである。彼は一八四八年の革命後にハンガリー人の革命家の大虐殺を行い、第一次世界大戦では「一九一四年の宣戦布告文書への彼の署名」で、「息子たちに死刑の宣告を下した」。

しかしまだ厄介なことがある。いまの話だとKが皇帝K（-aiser）となるから、では「終わり」の草稿で「どうしてKが処刑されるのか」という疑問がすぐに出てくるからである。仮にカフカの虚構の範囲だとしても、このケースでは皇帝はさすがに処刑まではされないのではないか、と。ならばKの処刑は何かの暗示だと考えてみたらどうだろうか。たとえばジル・ドゥルーズとフェリックス・ガタリが『カフカ』の中で言うように、この処刑のシーンは「夢」なのだとする意見がそれである。[13]

あるいは「ヨーゼフ・K」や「K」など、一六の草稿の中でのKは、全てが同じ人格のKとは限らない、という見方もあり得る。「ヨーゼフ・K」の「K」がK-aiser、つまり皇帝のことだと設定しても、小説の一六の草稿の全てを通して「K」が常に同じ「K」のままだとは限らない。事実、『訴訟』では途中から例外は除いて、「ヨーゼフ」が消えてただKとしてのみ主人公の名前が呼ばれるようになる。それは相変わらず主人公の「ヨーゼフ・K」なのか、それとも別の人格の「K」なのか、それは判然としないのである。さらに先に触れた「終わり」と題された草稿の部分の「K」の場合、もっと厄介な問題が私たちをより複雑な「読み」へと追い詰める。しかしそれについて考える前に、『訴訟』の「終わり」の内容について簡単に触れておこう。

午後の九時頃に、フロックコートを着て、シルクハットをかぶった青白い太った二人の男が、いきなりKの家に現れた。彼らはつるつるとした顔をしている。なんとも吐き気がする。あるいはテノール歌手かもしれない。この同一人物が反復するような二人の処刑人たちは、さっそくKの腕を自分たちに絡ませながら、小さな石切り場まで連れていく。一人の男がベルトのさやから「長くて薄い両刃の肉切り包丁をとりだし」、包丁がKの前を行ったり来たりする吐き気をもよおす儀式につき合わせて、最後には肉切り包丁でKの胸を刺し、刺したまま二度包丁を回す。ここでも丁寧に二回の反復である。

カフカの『訴訟』はこの「終わり」の部分だけでなく、全てにおいて「反復」というテーマが徹底して貫かれている。フロイトは第一次世界大戦の終わった一九一九年に「不気味なもの」という論を書き、「反復は、必ず不気味なものという感情を呼びおこす」と言っているが、[14]『訴訟』はそのフロイト的な意味での実に「不気味な草稿」なのである。ペーター・ウッツはその著書『別の言葉で言えば』で、この『訴訟』を取り上げている。ウッツは「弁護士の家で、Kはある裁判官の肖像画を発見する」とまず指摘する。その後に「Kは裁判所の画家の部屋で裁判官の絵を見つけるが、それは「弁護士の仕事部屋にあった絵と奇妙なほどに似ている」ように見える」という部分を指摘している。さらに「Kが画家から帰りぎわに提供される、グロテスクなまでに多重化してゆく「荒野の風景画」についても、同じことが言える」とウッツは言及する。

　Kがこれを買うことに同意すると、画家はすぐに二枚目の絵を取りだすが、それは一枚目の絵と「ほんの少しも違うところがない」、さらにとりだした三枚目の絵も同様に、一枚目とまったく同一物に見える。画家はKに向かって、この三枚の絵を「似ている」と言って賞賛する。しかしながら、語りの声はそれを正して明確にこう述べる。「しかし、それは似ているのではなくて、むしろまったく同一の荒野の風景だった[15]」。

こうして『訴訟』は絶え間ない反復によって構成されているのだが、この「終わり」のKの処刑の場面でも、Kの胸は二度も反復して切り裂かれたために、彼が助かる望みは全くない。その上で二人の処刑人は頬をぴったりと突き合わせている。

ところで、この小説は、もっと厄介で複雑な「読み」を読者に求めてくると先に言ったのは、「終わり」のKは「ヨーゼフ・皇帝 K-aiser」とも読めるし、そうではない他のKとしても読めるからである。たとえばやや踏み込んで、これを皇帝 K-aiser ではなく、「皇太子 kronoprinnz」、つまり「フランツ・

フェルディナント・皇太子K-ronoprinnz」のKと解釈したら、どうだろうか。仮に「終わり」でのKがもしもフランツ・ヨーゼフ皇帝であるのなら、Kの処刑の場面は一八五三年二月一八日のハンガリー人の仕立て屋による皇帝暗殺未遂事件を読者に想起させる。すると、カフカの『訴訟』は一八四八年の革命に折り重なる作品だということになる。だがもしも「終わり」で処刑されるKが、皇帝ではなく「皇太子K-ronoprinnz」のKだとするならば、Kの処刑はフランツ・フェルディナント皇太子kronoprinnz夫妻が、一九一四年六月二八日にボスニア＝ヘルツェゴヴィナの首都サライェヴォで、セルビア系ボスニア人学生ガブリロ・プリンツィプに暗殺された事件を嫌でも思わさずにはおかない。仮に後者の場合なら、『訴訟』の最後のシーンは、どこかでサライェヴォでの、皇太子kronoprinnzの暗殺と折り重なっていく。そうなると『訴訟』は第一次世界大戦の勃発と関係するテクストだということになる。

4　パラノイア

すでに触れたが、『訴訟』は一六の草稿の束で成り立っている未完の作品である。その場合、この小説におけるKとは一貫して、たった一人の人物だけを指し示しているのだろうか?　すでに触れたように、この小説には、近年、「ブロート版」を修正した「批判版」と、さらには「史的批判版」が出ているのだが、史的批判版の『訴訟』を翻訳した丘沢静也は、カフカの『訴訟』は完成した作品ではなくて、未完成の「草稿」なのだと言っている。「『訴訟』は、作者のエンドマークのない草稿にすぎない」と。また彼は、カフカの友人のマックス・ブロートが、カフカの死後に出した「ブロート版」と、それを専門家たちが改定した「批判版」は、「テキスト（本文）を確定し、章を配列して、『訴訟』を「線型の作品」として編集して、1冊の本にしている」が、それに対して「史的批判版は、カフカが残した16束の草稿を、そのまま16冊にして、ひとつの箱に収めている。16冊には順番をしめす番号がなく、配列の指示もない」と書いている。つまり史的批判版の『訴訟』は、何度も言うが一六の未完の草稿の束なのである。『訴訟』は、カフカが「誰かがヨーゼフ・Kを中傷したにちがいなかった」から書き出したとしても、そこから読み始めなければならないテクストだとは限らない。

明星聖子の『新しいカフカ』も、これらのことをより興味深く書いている。[16] それによると「批判版」で『審判』の編者をしたマルコム・ペィスリーは、「カフカは『審判』という長篇小説を、ヨーゼフ・Kが逮捕される最初の章と、処刑される最後の章をまず書いて、それからその間をつなぐ章を非線的に、しかも「ときにはいくつかの章を同時に」書いていった」としている。彼の言うところでは『審判』では「個々のテクスト部分が成立した時間的順序は、その内容的な経過とは一致しない」。これに対して丘沢静也によると「1917年11月14日、カフカはブロートに宛てた手紙で、「終わり」の章の「『恥ずかしさだけが生き残るような気がした』が、たとえば訴訟小説の最後の言葉だ」と書いている」というが、丘沢は先の彼自身の発言の通り、「しかし『訴訟』は、作者のエンドマークのない草稿にすぎない」としてこのブロートの見解を退けている。[17]

私もこの丘沢静也の見解に同意する。「誰かがヨーゼフ・Kを中傷したにちがいなかった」といった部分があるとしても、あくまでもまだ草稿の段階なのだから、最終的にそれが作者によって第一章だと確定されているわけではない。『訴訟』は「最初の審理」や「大聖堂で」から読み始めてもいいし、「終わり」から読んでも何の問題もない。ここでは全てが等価値の一六の草稿に過ぎないのであって、相互に順番やヒエラルキーなどはなく、ただ断片化したテクストが一六個、ぽつんと置かれているだけである。そのどの草稿から始まるのか、作者自身にもおそらくは不明であろう。だとするならば、ここには最低でも一六人のKと名乗る主人公がいると言ってみても全くおかしくはない。一六ではなく、もっと数多くのKがいるかもしれないし、もっと少ないかもしれない。名前がただKである以上、小説内のKの自己同一性の決定を見分けるのはもはや誰にも不可能である。

この仮説を通して、先の厄介な問題にまた戻ろう。仮に「終わり」のKを「フランツ・ヨーゼフ皇帝」だとすると、繰り返すが処刑の場面は一八四八年の皇帝暗殺未遂事件となる。しかしKが皇太子kronoprinnzの頭文字のKなら、サライェヴォでの皇太子暗殺と第一次世界大戦の勃発が主題となるのだが、少し角度を変えて、Kは皇帝kaiserの頭文字と皇太子kronoprinnzの頭文字の、その二つのKを折り重ねた「ダブル・ミーニングである」と考えることも、実は十分に可能である。『訴訟』の中でのKは複数化している。それならば、もっと踏み込んでこの「終わり」の中ではKの人格が重層化していると考えてみても、全く不自然ではない。こうしたことから『訴訟』は後に詳しく説明するように、第一次世界大戦の勃発直後に執筆が本格的に開始されていることからみても、第一次世界大戦とハプスブルク帝国の崩壊全体を隠喩的に描いた草稿である、と考えるのがごく自然だと思うのである。

言い換えると、これはロシア革命も孕んだ旧体制の崩壊を描いたテクストである。もっと言えばこれはフランス革命から第一次世界大戦までの期間を俯瞰した革命と戦争のテクストである。フランス革命に始まった封建制度の崩壊は、第一次世界大戦のハプスブルク帝国の瓦解によって事実上、その大きな物語を終焉する。それ以降に現れる歴史とは、もはや確固たる父権的な作者の描いた単線的な「大文字の歴史」ではなく、カフカの草稿のように確定的な判読が不明な断片の束（破片）になってしまっている。

第一次世界大戦が勃発したのが一九一四年七月二八日である。エルンスト・パーヴェルの『フランツ・

カフカの生涯』によると、その日のカフカについて次のように書かれている。「七月二八日、オーストリアはセルビア宣戦布告。妹のエリの夫カール・ヘルマンはただちに出征することになり、例の呪われたアスベスト工場は、無能でやる気のない義兄（カフカのこと）に任さざるをえなくなった。八月二日のカフカの日記、「ドイツがロシアに宣戦布告した――午後、水泳学校に行った」」と。だがパーヴェルは「とはいえ、世界大戦がカフカに何の影響も与えなかったというのは、彼自身が創り出した神話にすぎない。彼は人間実存の謎を、つまり彼が実際に慣れ親しんでいる唯一の実存、彼の内部の「途方もない」生の謎を、以前よりも鋭い目で凝視していた」と指摘する。

丘沢静也は「『訴訟』は1914年8月11日に書きはじめて、1915年1月20日にペンを置いたとされている」と書いている。第一次世界大戦の最初の半年間、カフカは『訴訟』を断続的に執筆していた。また池内紀は『審判』の末尾の「『審判』の読者のために」の中で「カフカが『審判』を書きはじめたのは、一九一四年八月十一日。こまかい日付までわかっているのは、ノートが日記帳を兼ねていたからである。書き出したのは八月だが、ひと月ほど前から、あれこれストーリーを考えていた。カフカの誕生日は一八八三年七月三日であって、とすると小説を思い立ったのは、ほぼ「三十一歳の誕生日の前夜」にあたる」としている。

パーヴェルは「八月一五日の日記。「二、三日このかた書いている。これが長く続くといいのだが」」という箇所を引いているが、丘沢静也、池内紀、それにエルンスト・パーヴェルの三人の指摘に共通するのは、『訴訟』が第一次世界大戦のすぐ直後に、この戦争に触発されるようにして書き始められている点である。執筆は一度中断して、「八月二一日には再び書きかけの長編に戻る。この作品の題名は、この日の日付の日記で初めて『審判』（Der prozeß）として言及されている」。そして「一週間もたたぬうちに第一章が完成した」。一九一五年一月一七日に、「カフカは『審判』執筆を中断し、二度とこの作品に戻ることはない」。これがパーヴェルの記載だ。こうしてカフカが執筆を中断した時期についても、複数の論者の意見がほぼ一致している。

パーヴェルは、カフカが「第一次世界大戦勃発後の最初の数日間の間にこの作品を書き始めた」とした上で、「ヨーゼフ・Kは絶望的な蛮勇をふるって、彼の犯罪の種類を、彼を裁く裁判官たちの正体を解明しようと試みる。理性を武器として、合理的には説明のつかない判決の不可解な論理に対抗しようとする」と書いているのだが、同時に、この「非合理の仮借のない論理」がカフカの「パラノイアの論理」であったと指摘する。

毎日が最後の審判の日になったこの新しい世紀に、何百万もの人々を待ちうけていた運命の幻視。しかし予言するのはカフカの本領ではない。預言者なら、どこのカフェにも掃いて捨てるほどいた。カフカの強味は未来を洞察することではなく、内部の洞察、あの憑かれたような自己探求である。この探求は彼自身を、もはや理性の及びえぬ深淵へと、理性が多義性の集合へと解体し、非合理性が独自の仮借ない論理——パラノイアの論理——を貫徹する、あの深淵へと彼を駆り立てるのである。

そもそも戻ってくる答えなど初めからない問いが、カフカの場合は自らに向けて情け容赦なく繰り返し発せられる。アガンベンは、「いってみれば、この主人公は自分自身に向けて中傷的な訴訟を提訴したのである」と言っていた。「罪は存在していない。あるいはむしろ、唯一の罪とは自己誣告であり、存在しない罪をみずから告白することによって、この罪は成立している」と。しかしそれはフランツ・カフカだけの問題だろうか。というよりも、この非合理さ、パラノイアの病理は、むしろカフカよりハプスブルク帝国の皇帝の「ヨーゼフ K-aiser」の方に、見事なまでに通じるものなのではないか。カフカの『訴訟』の企ても、実は自らの心情の告白などではなく、皇帝に対する矛盾するカフカの感情——皇帝が父であって欲しいが、同時にこの戦争を開始する父親の非合理さへの強い反感もある——に折り重なっているように思われる。だから、カフカはそれが皇帝 kaisar であろうと、皇太子 kronoprinnz であろうと、あるいはその両者であろうと、この「K」の非合理さを観念の中で処刑しなければならなかった。

ベラーによると、フランツ・ヨーゼフは一九一四年七月末に、「もし帝国が滅亡しなければならないなら、少なくとも品位をもって滅亡すべきである」と言っていた。「恥辱」をもって生き残るのなら「滅亡」を望むと、フランツ・ヨーゼフは、確かにそう言っていたのだ。これほどまでに、合理的判断を欠いた指導者の言葉を私はついぞ聞いたことがない。パーヴェルの言い方を借りるならば、「ヨーゼフ・皇帝 K-aiser」もまた、カフカとは別種の意味で、もはや理性の及びえぬ深淵へ、理性が多義性の集合へ解体し、非合理性が独自の仮借ない論理——パラノイアの論理——を貫徹するあの深淵へと、一九一四年の時点で激しく駆り立てられていた。皇帝＝「K」はそれゆえにカフカの虚構の中で現実よりもわずかだけ早くに滅亡する。現実にこの皇帝が死んだのは、一九一六年一一月二一日のことである。

5　カフカ／ブロート

フランツ・カフカには何人かの友人がいたが、その中でも特筆すべきなのはマックス・ブロートである。河中正彦が『カフカと二十世紀ドイツ文学』への寄稿文「カフカとブロート」の中で、このブロートという人物を丁寧に解説している。[18] それによると、ブロートは一八八四年にプラハにユダヤ人として生まれている。カフカは一八八三年に生まれているので、彼はカフカの一歳年下であった。二人が知り合うのは一九〇二年、場所はプラハの「ドイツ学生会館」である。「ショーペンハウアー」の講演会で二人は出会ったのだが、カフカはゲーテも好んでいたので、ゲーテの「自伝」には、リスボン大震災の記載があるのを彼らはよく知っていたはずである。ゲーテは「自伝」で、この地震について次のように記している。

一七五五年十一月一日、リサボンに地震が起こって、長らく平和と安泰になれていた世界に恐るべき衝撃をあたえた。大きな商業都市、港湾都市である壮麗な首都が、なんの予告もなくもっとも恐るべき不幸に見舞われたのであった。大地はふるえ、ゆらぎ、海はわきたち、船はくだかれた。家々はくずれ、さらにそのうえに教会や塔が倒れおちた。宮殿の一部は海にのまれ、裂けた大地は炎を吐くかとみえた。廃墟のいたるところに煙がたちのぼり、火炎があがっていた。ついいましがたまで平和に安らかに暮らしていた六万の人間が、一瞬のうちに死んだ。[19]

一九〇九年に、カフカが何も書けなくなったと言うと、ブロートはカフカに対して「観察したものはすべてただちに書き留めて、論説に纏めるように要求した」。そのおかげで完成したのがドキュメント「ブレッシャの飛行機」である。カフカが死んでからも、ブロートはカフカのために尽力した。焼却処分にして欲しいという生前のカフカの遺言を無視して、カフカを著名な作家にするために、ブロートは多くの出版社とかけあって彼の名を世に出した。ブロートはそれを全て無償でやり遂げたのである。そればかりではない。一九三〇年代にはカフカの原稿を命がけで国外に亡命させた。そのためブロートは自分の貴重な日記をプラハに放棄しなければならなかった。カフカの原稿を何よりも優先してトランクに詰めて運び出し、それをしかるべき場所にずっと厳重に保管した。まるで自分の命よりも大事なものを守るように、世間では全く無名のカフカの原稿を彼はそう扱ったのである。

こうしてカフカは、ブロートの尽力で著名な作家になったと言い切ることができる。たとえブロートが、完成など決してないカフカの草稿を完成させてしまったとしても、それを理由にブロートを批判することは誰にもできない。カフカのために行ったブロートの好意は、あまりにも大きいものだからである。仮にカフカがもっと長生きしたとして、果たして彼は自分だけの力でいまのような著名な「カフカ」になっていただろうか。たぶん、カフカは、「カフカ」になれなかったのではないかと思う。彼は草稿を作品にすること、つまりそれを妥協して読みやすい「商品」にすることが、できなかったはずだからである。草稿を完成させることができるブロートの手で発表されたからこそ、はじめてカフカは著名な「カフカ」になった。その意味で言うなら、「カフカ」はブロートがあっての「カフカ」であり、ブロートは「カフカ」があってのブロートだった。まるで、カフカは死んでもなおマックス・ブロートとなって、ずっと生き延びていたかのようである。ブロートも「カフカ」に変身することで生き延びていたように思える。

しかし私はこれらのことを、単に二人のチェコのユダヤ人の友情の物語として言っているのではない。この二人は本当の意味において二人で一人のような人間なのであった。もう少し踏み込んで言うと、カフカという名前は確かにフランツ・カフカその人だけであり、それが固有名である。それに間違いはない。しかしそれがいざ、「カフカ」という作家名になると、それはマックス・ブロートのペンネームでもあったのである。むろんペンネームだとブロートが言ったわけではない。しかし私が指摘したいのは、「カフカ」という名前の書き手は、一人ではなく二人いる、ということである。

普通は一つの作品には作者はたった一人しか存在し得ない。当たり前のことである。その作者がすなわち作品の「起源」である。けれどもこれから詳しく述べるように、「カフカ」という作家の場合、その「場所」には同時に「二人の作者」が存在し得たのである。つまりフランツ・カフカは確かに一人だけだが、「カフカ」という作家にはたった一つの起源はどこにも見当たらない。三谷研爾はその著書『世紀転換期のプラハ』で少し違う角度から、カフカとブロートの関係を次のように興味深く書いている。

ドイツ学生読書談話ホールでの出会いにはじまったカフカとブロートの交遊は、一九〇七年以降いっそう親密の度を加えていった。毎日のようにカフェ・アルコで顔をあわせ、手紙を交わしていた彼らの関係を斟酌すると、カフカをとらえていた〈交通〉への関心が、ブロートとのあいだでなにがしか共有されていたと推定するのは、けっして不自然ではない。彼らの文学創作じたい、字義どおりの意味での交通と結びついていたことは、ブロート自身が証言している。たとえば一九〇九年九月、ふたりは北イタリアのブレッシアでの航空ショーを見学した。ブロートが督励した結果うまれたカフカの短文『ブレッシアの飛行機』は、この乗り物についてドイツ語で書かれた最初期の文学的テクストのひとつとなった。また一九一一年夏のパリ旅行にさいしては、彼らは旅行小説『リヒャルトとザームエル』の共同執筆を計画した。これは、鉄道旅行中のふたりの人物が同一の旅の経験をそれぞれの視点から語るという、斬新かつ野心的な企画だった。ブロートは、カフカの創作ノートを兼ねた日記は、彼らがふたりして書いた旅行メモ帳の延長線上にあるとさえ述べている。[20]

この文面で重要なのはたった二点だけである。一つ目は一九一一年の夏のパリ旅行で、カフカとブロートは旅行小説『リヒャルトとザームエル』の共同執筆を計画したこと、そしてそれは、「鉄道旅行中のふたりの人物が同一の旅の経験をそれぞれの視点から語る」という企画だった点である。さらに二つ目は、ブロートが「カフカの創作ノートを兼ねた日記は、彼らがふたりして書いた旅行メモ帳の延長線上にある」と主張していることである。これらの指摘は、さきほどから私が述べている観点からすると、とても重要な事実を孕んでいる。それはカフカの死後にも、ブロートはカフカとの共同執筆を実際に行使しているからであり、カフカの視点を自分の視点に置き換えて、カフカの草稿をカフカ自身も全く考えもしなかった「完成品」へと「作り直している」からである。

その死後に、と書いたが、正確に言うと、これはカフカの生前からそうなのであった。明星聖子の『新しいカフカ』によると、一九一九年にカフカに向けてブロートは、『審判』の草稿がそれほどまでにまとめられないのなら、「だったら、僕がこの手で君の『審判』を切り貼りしてやろう！」と言ったという。つまり、これは『訴訟』の言い回しで言うと、「だったら、僕がこの手で君のテクストを「長くて薄い両刃の肉切り包丁」で切り刻んで処刑してやろう！」ということである。二人の人物が同一の旅の経験をそれぞれの視点から描くように、また創作日記が二人の思考の延長にあるように、ブロートはカフカの草稿を自分流にパラフレーズしてしまうのは全く平気であったし、それを聞いたカフカが立腹してブロートと絶交してしまうようなこともなかった。

これは裏返してみれば、マックス・ブロートの草稿を、フランツ・カフカが同じように切り貼りしても構わない、ということを暗黙の裡に示唆している。彼ら二人は相互に入れ換えが可能なのである。カフカは生前に、ブロートに次のような手紙を送っていた。

親愛なるマックス、［…］僕たちの手紙のやり取りは実に単純なものになりうる。僕は僕のを書いて、君は君のを書けば、それだけでもう返事だし、意見だし、それが慰めか、慰めのなさかということもお望み次第。同じ一つのナイフが、鋭い刃先で僕たちの喉を、哀れな鳩の喉を、一羽はこちら、一羽はこちらと切り裂く。しかも実にゆっくりと、実に挑発的に、血を惜しみながら、心臓を、二つの心臓を傷めつけながら。(21)

明星は、「まさしくブロートは遺稿編集で自身の言葉を実現したのであり、実際にカフカの断片的な草稿を自らの手で「切り貼り」してしまったのである」と言っているが、確かにカフカの死後、ブロートは『訴訟』（『審判』）の切れ切れの草稿を彼独自の視点で勝手にパラフレーズし、それを「カフカ」という作家の名前で発表している。まるで『訴訟』の処刑人のように、ブロートはカフカのテクストを切り刻んだのであった。

6　二つの起源

事実、マックス・ブロートがカフカの草稿をパラフレーズしたブロート版では、ブロートが、カフカの原テクスト（〔史的批判版〕）を大きく改変している。丘沢静也は『変身／掟の前で 他2編』の「解説」において、「ブロートがプレゼントしてくれたカフカは、ブロートの編集したカフカだ。編集が介入している」として、次のように書いている。「たとえば未完の小説『失踪者』を、ブロートは勝手に『アメリカ』という題名にして、主人公が救われる結末にした。また、カフカの『日記』——日記は創作ノートでもあった――を編集したとき、性的な記述をカットした。などなど、数えあげればきりがない」と。[22] 明星聖子は、カフカの遺稿は「未完結の草稿」であり「清書」でなく「下書き稿」、「もう少し詳しくいえば、無数の削除、書き直し、書き加え、改作の跡を含む断片的なテクストである」とする。そして「カフカが書いたものの大半は「作品」という「確定的」なものではなく、「過程的」な「書かれたもの」にとどまっていた」としている。また明星によれば、フリッツ・マルティーニが「草稿とブロート版テクストを比較し、ブロートの手入れを、主に以下の事柄について確認している」が、それによると「句読法の変更、段落づけ、省略記号の書き直し、明らかな書き損じの訂正、正書法の訂正、文法の訂正、語句の入れ替え、語句の削除、語句の書き加え、削除された箇所の書きおこし」などが行なわれていた。ただし、ブロート自身も、テクストのパラフレーズを行った事実を正直に告白している。

そもそも編者たちは、この編集の仕事はいわゆる文献学的、批判的編集という方法ではできないし、してはならない、ということをよく知っていた。なぜなら、われわれが手がけたのは、すでに一度活字になったもの、あるいは公表を予定されていた原稿ではなく、ほとんど例外なしに作者が最終的な仕上げをまだ全然していない草稿であったからである。だから例えば、一つの文章ないし節全体に二通りの稿があるようなことがしばしばであって、編者たちは、どちらの稿をよりすぐれたもの、作者の意図によりかなったものかを、自分たちの感触で決定しなければならなかった。あるいはまた、作者がみずから削除した箇所をよく検討してみると、全体の脈略からして不可欠であったり、不可欠ではないまでも非常に重要であることがわかって、これを起こして本文に加えたこともあった。たしかに、将来「決定版」を出すことになれば、選別、異文の照合や解読をやりなおす必要があるだろう。しかし、いまの場合はカフカの意図を推測し、全体をできるだけそれに近づけ、とにかく読めるかたちにすることが、われわれの精一杯の目標であった。その際、あくまでもオリジナル・テクストを最新の注意を払って尊重し（句読点をいくつか付け、必要な改行をほどこし、明らかなミスを訂正したほかは）何一つ手を加えなかったことは、あらためてことわるまでもない。ところで、このテクストは、霊感にまかせて書くというカフカの執筆方法からくる当然の結果として、非常に長い範囲にわたってほとんど訂正もなくまったくわかりやすい筆跡で書かれているので、こういうところは編者たちの責任も軽くてすむ。むろん、そうでない部分もあって、解読に手こずり、ばらばらの断片をつなぎ合わせ、それらの断片そのものも別のテーマに関わるたくさんの書き込みのなかから選別して取り出さなければならなかった。

『訴訟』（『審判』）は、何度も言うように一六の草稿の束であるが、ブロートはその未刊の草稿を彼の思うところによって完成させるために恣意的な配列を行った。一六の束から一〇個だけを選定し、一〇章にして並べてしまい、残りの六つを付録にしたのである。当初、『訴訟』の草稿は一六よりももっと数多くあったことも考えられる。そこにはカフカが『訴訟』の草稿として考えていたのに、ブロートの勝手な判断で外されたもの――たとえば「ヨーゼフ・K」が主人公の「夢」などはその一つである――が他にいくつかあったはずである。ブロートはむろん、無作為にそれをしたわけではない。彼の考えた推測によって、彼なりに信じて、カフカにとっても良かれと考えてそうしたのである。しかし特に配列は章のタイトルも含めて、カフカ本人ですら未決定なものであった。それが章であるかどうかも不明である。仮に章だとしても、書きはじめた順番にそれらが配列されるわけではないし、何かの痕跡があったとしても、明星聖子も言うように、それはカフカにとっては、いつまでもプロセスに過ぎない。しかしブロートはそこに彼独自の法則を導入し、まるで彼自身が『訴訟』の「ヨーゼフ・K-aiser」のような裁判官となって、法廷で処刑の判決を被告人に言い渡すように、自由に配列と構成などをしてカフカのテクストを完成品に作り変えた。

これをフランツ・カフカの作品と呼ぶのだろうか。それともすでにこれは、マックス・ブロートの作品になってしまっているのだろうか。ブロート版のテクストは一体どこまでがフランツ・カフカの書いたもので、どこまでがマックス・ブロートの改変したものなのか、その線引きがもはや見えない。さらに言えば、カフカの草稿を勝手に取りはずしたように、ブロートが個人的に保管していたカフカの草稿ですら、その公開前にブロートの独断で何らかの修正が行なわれてしまっていることも十分に考えられる。そうなると厳密な意味でのカフカの原テクストは、もはやどこにも存在しないのである。彼らがともに死んでいる以上、真実は永遠にわからないままだ。

親愛なるマックス、[…] 僕たちの手紙のやり取りは実に単純なものになりうる。僕は僕のを書いて、君は君のを書けば、それだけでもう返事だし、意見だし、それが慰めか、慰めのなさかということもお望み次第。

ブロート版は、このカフカの手紙の内容と全く同じ事態に陥っている。とはいえカフカが、自分の死後にブロートが何をするのか、全く想像していなかったとは思えない。よく言われるように、誰よりもブロートの性格を一番よく知っていたのがカフカである。そのブロートに草稿を託したら、彼が何をしてしまうか、それがカフカに全く想像できなかったなどとは思えない。となると、カフカ本人にとっては、この結末はすでに予測した通りということか。
いずれにしてもテクストの起源が消えている以上、最も有名なブロート版については「カフカ」は一人でなく二人であると言うしかあるまい。つまり私たちは、少なくともブロート版とされる「カフカ」のテクストについては、マックス・ブロートとフランツ・カフカという二人が「カフカ」であることを、どうしても認めないわけにはいかないのである。

註

(1) 本稿におけるスティーヴン・ベラーの発言は全て『フランツ・ヨーゼフとハプスブルク帝国』、坂井榮八郎監訳、刀水書房、二〇〇一年による。
(2) クラウディオ・マグリス『オーストリア文学とハプスブルク神話』、鈴木隆雄他訳、書肆風の薔薇、一九九〇年。以下、本稿においてマグリスの発言は全てこの本による。
(3) このあたりの引用と説明は江村洋『ヨーゼフ・フランツ』、東京書籍、一九九四年を参照した。
(4) ゲオルク・マルクス『ハプスブルク夜話』、江村洋訳、河出書房新社、一九九二年。
(5) このパラグラフにおいて、フロイトの家族小説についての記述と引用は全てジークムント・フロイト『エロス論集』、中山元訳、ちくま学芸文庫、一九九七年に所収の「神経症者と家族小説（ファミリー・ロマンス）」による。
(6) エルンスト・パーヴェル『フランツ・カフカの生涯』、伊藤勉訳、世界書院、一九九八年。以下、本稿において、特に断り書きのない場合は、パーヴェルの発言や記述は全てこの本による。
(7) 池内紀『カフカの生涯』、白水社、二〇一〇年。
(8) 本稿においてカフカ『訴訟』は全て、丘沢静也訳、光文社古典新訳文庫、二〇〇九年による。
(9) 池内紀「『審判』の読者のために」、カフカ『審判』、池内紀訳、白水社、二〇〇六年に所収。以下、本稿において「『審判』の読者のために」と書いた場合、全てこの論を指している。
(10) 本稿において特に断り書きのない場合、ジョルジョ・アガンベンからの引用は全て『裸性』、岡田温司他訳、平凡社、二〇一二年による。
(11) この引用と記述はハンス・ツィシュラー『カフカ、映画に行く』、瀬川裕司訳、みすず書房、一九九八年による。
(12) アンソニー・ノーシー『カフカ家の人々』、石丸昭二訳、法政大学出版局、一九九二年。
(13) ジル・ドゥルーズ／フェリックス・ガタリ『カフカ　マイナー文学のために』、宇波彰訳、法政大学出版局、一九七八年。
(14) フロイト「不気味なもの」、『ドストエフスキーと父親殺し／不気味なもの』、中山元訳、光文社古典新訳文庫、二〇一一年に所収。
(15) ペーター・ウッツ『別の言葉で言えば』、新本史斉訳、鳥影社、二〇一一年。
(16) 本稿において、特に断り書きのない場合、明星聖子の発言は全て『新しいカフカ』、慶應義塾大学出版会、二〇〇二年による。
(17) 前掲書の『訴訟』に所収の丘沢静也「解説」による。以下、本稿において、丘沢静也からの引用は特に断り書きのない場合、全てこの「解説」による。
(18) 以下、本稿においてマックス・ブロートとフランツ・カフカについての歴史的な記述は、全て河中正彦「カフカとブロート」による。同論は有村隆広編『カフカと二十世紀ドイツ文学』、同学社、一九九九年に所収。
(19)『ゲーテ全集9　自伝』、山崎章甫他訳、潮出版社、一九七九年。
(20) 三谷研爾『世紀転換期のプラハ』、三元社、二〇一〇年。
(21) ヴィンフリート・メニングハウス『吐き気』、竹峰義和他訳、法政大学出版局、二〇一〇年。本稿ではこの本に影響を受けた部分がいくつかある。
(22) 丘沢静也「解説」、『変身／掟の前で　他2編』、丘沢静也訳、光文社古典新訳文庫、二〇〇七年に所収。

5 クラムの城

1 異邦人

第一次世界大戦に際して、カフカは兵役を免除されていた。エルンスト・パーヴェルの『フランツ・カフカの生涯』に、それは次のように書かれている。(1)

カフカは第二八歩兵連隊の予備役に配属されていた。彼は一九一五年六月と翌年の兵隊検査で、予備役に割り振られていたのだ。二度とも彼は兵役適合者と判定された。しかし、いずれの時も役所がカフカの出征願いを受け付けなかった。戦う軍隊に入りたいという彼の願いが、さまざまな動機から発しているることについては言うまでもない。

身体的に兵士不適合となった親友のマックス・ブロートを除くと、カフカの友人たちは皆、戦地に赴いていた。自分だけが安全な故国に残っている、そうした罪責の念をカフカは抱いていた。「死傷者のリスト」を見たり、「貨車いっぱいの負傷兵」が故国へと帰ってくると、その念は余計に強まった。帰国した兵士の中には後遺症が残っている人も大勢いた。たとえば、機関銃による攻撃や手榴弾、砲撃の影響で肢体の一部を失っている人たちである。帰還した友人や親戚は、「恐ろしい報告」を戦地から運んできた。戦場では何が起きているのかという、カフカの全く知らない情報が彼の耳にも入る。それを聞くたびに、カフカは「汚泥と悲惨の中で戦わねばならない者たちの共同体からは排除されており、以前にも増して、自分を異物で除け者のように感じていた」。

『夢・アフォリズム・詩』を読むと、カフカが一九一七年にイタリア戦線の一つの「タリアメント会戦」の克明な夢を見ていることがわかるが、彼にとって戦争はそれほどに大きな出来事であった。[2] プラハの人々も参戦したオーストリア・ハンガリー軍は、主に東部戦線でロシアと、イタリア戦線でイタリアと激突した。イタリア戦線ではオーストリア軍とイタリア軍の塹壕戦が展開した。ここから「塹壕の共同体」が生まれ、それがイタリアでベニート・ムッソリーニのファシズム革命につながってゆくが、エミリオ・ルッスの『戦場の一年』には、雨や雪の中での両軍の塹壕戦の地獄絵図が生々しく描かれている。[3]

一九一六年五月の末、わたしの旅団（第三九九および第四〇〇連隊）はまだカルソにとどまっていた。開戦以来わたしたちの部隊はこの戦線で戦闘を続けてきた。わたしたちにとって、もはや状況は耐えられないものになっていた。わずかの土地の切れはしにも、そこで行われた戦闘と戦死した仲間たちの思い出がからみついていた。わたしたちはただひたすら敵の塹壕を次から次へと占領した。

一方の東部戦線では、ロシア革命が勃発し、戦線は大混乱の様相を呈した。そうしたオーストリア・ハンガリー軍の戦闘について、松村劭の『世界全戦争史』を参照しながら振り返ってみよう。[4]

一九一四年七月二八日に、オーストリアはセルビアに宣戦布告し、八月にはロシアにも宣戦布告する。一九一四年七月二九日、オーストリアは早速に、セルビアの首都のベオグラードを攻撃した。当初オーストリアは善戦したが、すぐにセルビアに反撃された。一九一五年一月には東部戦線が始まる。ここでオーストリア軍はロシア軍と激突した。一九一五年五月二三日には、イタリアがオーストリアに宣戦布告する。ここからイタリア戦線が開始する。この戦闘でオーストリアはイタリアとの国境線に要塞や塹壕を構築していく。六月から第一次イゾンツォ河の戦いになり、戦闘は第二次、第三次、第四次と続いたが、イタリア軍は戦線を突破することはできなかった。このイタリア戦線では、カフカの親友オスカー・ポラクが戦死した。パーヴェルの本には次のようなくだりがある。

一九一五年。戦争勃発後のプラハが迎えた最初の春は暗い春だった。冬には多くの死者が出ていたし、戦争終結の見通しはたっておらず、食料品の値段は二倍となっており、供給不足が始まっていた。チェコの反オーストリア勢力は以前よりも厳しく弾圧され、指導者たちは獄につながれていた。三月にはイタリアもオーストリアに宣戦した。すぐに始まった戦闘では、何千人もの新たな犠牲者が出たが、その中にはギムナジウム時代のカフカの親友オスカー・ポラークも含まれていた。彼は六月十一日、イソンゾで戦死したのだ。

一九一六年三月からのイタリア戦線では、第五次イゾンツォ河の戦いが開始された。戦闘は第六次、第七次、第八次、第九次と続いたが、イタリアはオーストリア軍を「消耗」させることしかできなかった。一九一六年三月には東部戦線が進行した。ドイツの援軍のおかげでオーストリア軍は辛うじて助かったものの、オーストリア軍の弱体ぶりが露呈した戦闘だった。一九一七年五月のイタリア戦線では第一〇次イゾンツォ河の戦いになったが、イタリアが劣勢であった。第一一次ではオーストリアが劣勢となり、ドイツに援軍を依頼して、第一二次の戦いでイタリア軍は退却する。一九一七年の東部戦線では二月革命がロシアで勃発し、ニコライ二世が退位となり、「ロマノフ王朝」が終焉した。

ロシア二月革命はプラハのスラブ人たちの間に新たな希望をかき立てただけでなく、マサリクはロシアでチェコ人部隊を組織する試みにとりかかった。オーストリア軍からのチェコ人の集団脱走はもはや日常茶飯事だった。

こうして戦争に革命が混じり合い、その結果、フランス革命以来の古い封建的な帝国が次々と瓦解し始める。いったん崩れ出すと帝国はあまりにも脆かった。事実、九月にポーランドが独立を宣言するとアルメニア、グルジア、アゼルバイジャンも「トランスコーカサス連邦共和国」を宣言した。一〇月革命が勃発すると、レーニンとトロツキーによってケレンスキーの臨時政府が崩されて、ソヴィエト政権が成立する。一一月にはウクライナやエストニアが、一二月にはフィンランドが独立を宣言し、同じ月、ロシアはドイツと休戦協定に入る。一九一八年一月にはラトヴィアやリトアニアも独立を宣言した。パーヴェルによると、プラハはこの頃ゴーストタウンのような様相を呈していたという。

戦争の最後の年、プラハはゴーストタウンのような静けさだった。食糧不足、絶えず増大してゆく死傷者数、オーストリアによる過酷な弾圧があいまって、この年の初めには蜂起やストライキが起こっていた。チェコの民衆は食糧を要求し、チェコの指導者たちはチェコ独立を要求した。

一九一八年六月からのイタリア戦線ではドイツ軍がイタリアを甘く見て離脱した。イタリアにはオーストリアだけで十分だというのである。確かに一〇月まではオーストリア軍が優勢だった。だが、イタリアにフランス軍が加勢するや、オーストリア軍はたちまちのうちに瓦解した。イタリアとフランスがトリエステを奪うとオーストリア軍はとうとう力尽き、一一月三日に休戦協定となった。一一月九日にはドイツ革命が勃発し、皇帝が亡命して帝国が終焉し、ドイツ共和国が出来る。休戦協定を受けてオーストリア・ハンガリーではチェコスロヴァキア共和国が独立を宣言し、ハンガリー共和国もこれに続いて独立を宣言した。一九一九年九月一〇日に「サン・ジェルマン条約」が成立し、何世紀も続いたハプスブルク帝国が終焉して、この大帝国は「空中分解」した。フランス革命ではブルボン家が事実上消滅したが、この世界大戦でホーヘンツォレルン家、ロマノフ家、そしてハプスブルク家といった名門がついえた。

十月二十八日、チェコ人はプラハに暫定政権を樹立。三十日、オーストリアの社会主義者たちはウイーンで政権を握り、連合軍と停戦交渉にはいった。十一月九日、ベルリンでは武装した労働者と反乱軍が政権を掌握し、二日後には全面停戦を布告してすべての戦闘行為を終わらせた。その翌日、ハプスブルク家最後の皇帝カールは退位した。多民族国家はついに解体した。とり残されたオーストリアは一共和国となった。[…] 十一月十四日にチェコ民衆は共和国樹立を宣言し、いまだ国外にあったマサリクを初代大統領に選出した。

カフカの身辺もにわかに慌ただしくなった。「十一月十九日、カフカがやっと役所に出勤できた時、「ボヘミア王国プラハ労働者災害保険局」は名前を変え、管轄と首脳部も変っていた。十一月十四日を期して、ボヘミア王国はチェコスロヴァキア共和国へと生まれ変った」からである。しかしそれ以前にこの戦争のさなかで、一九一五年から、カフカには重要な仕事が課せられていた。彼の勤めている労働者傷害保険局で「戦争傷害者福祉事業」が始まり、カフカはその担当者になったのである。

戦争傷害者たちは跛になったり、盲目になったり、神経や精神を病んだりして、そのまま故郷を送還された人々だったが、彼らの状態は悪化の一途をたどり、放置しておけなかった。一九一七年に保険局が作成した資料によれば、約五千名の手足を失った人々の中で、更に二千人以上が重い結核を病んでいた。こうした病者に対して、政府から支給される資金は生き延びるのにさえ足りぬ程度でしかなかった。それゆえ保険局は広く基金を呼びかけ、その収入で傷害者に義肢を贈り、医者にかからせ、社会復帰のための学習機会を設けるべく活動した。

このようにパーヴェルは記載するが、戦地からの帰還兵の中には失明したり、腕や足を失くした人がたくさんいて、義肢などが必要だった。その事業をカフカが担当した。ただ身体的な負傷者ばかりではなかった。この戦争は「ショック」という全く新しい神経の病も生み出していたからである。カフカはそれについても、責任者として対処しないわけにはいかなかった。

近代の高度な技術兵器に原因があるのだろうが、多くの人が戦場で神経の病にかかっていた。彼らは

「ショック」を受けたのだと診断され、たいていの場合、故郷に送還されたが、そこにはこうした神経や情緒を病んだ人たちを治療する手段も病院もなかった。そういうわけで一九一六年、プラハには四千人以上のこの種の病人が生ける屍のように暮らしていた。

カフカは戦地に行けないことで情けない自己を疎外していた。だが、帰還した兵士たちも、カフカとは全く別の意味で故郷から疎外されていた。「病人が生ける屍のように暮らしていた」というのが何よりの証拠である。故郷は彼らの戦場での労苦と自己犠牲を十分な待遇では受け入れなかった。しかし最大の要因はハプスブルク帝国が消滅していた点にある。戦争が終わってみると、故郷そのものがなくなっていた。帰郷した兵士は、まるで自分を「異邦人」か「よそ者」のように感じたことだろう。池内紀の『カフカを読む』での言い方を借りるなら「勇んで出ていった兵士が、まるきり見知らぬ町に帰還してもどってきたぐあいである(5)」。帝国から戦地へ赴いた兵士は、たとえ無事に帰還しても、消えた帝国には永遠にたどり着くことができない。カフカが労働者傷害保険局で対面していたのは、こうして故郷を失った戦争負傷兵たちであった。

2　戦争神経症

ショックで「生ける屍」のようになって、故郷から疎外されていたのは、何もプラハの帰還兵に限ったことではない。同じ第一次世界大戦を経験した多くの国の帰還兵がこれとよく似た症状に苦しんでいた。アラン・ヤングの『PTSDの医療人類学』にはその事実が詳しく記されている(6)。ヤングの本で興味深いのは、ジークムント・フロイトについての記述である。彼によると「フロイトの外傷的事態への関心は二つの期間に限られている」という。一つ目は一八九二年から一八九六年の期間であり、フロイトはヨーゼフ・ブロイアーと一緒に、「ヒステリーによる発作」がどうして起きるのかを調査していた。二つ目は大戦の数年間で、「戦争の余波の中で、ごく短期間」のことであった。フロイトはそこでは「戦争神経症の病因」に大きな関心を寄せていた。

第一の時期においてフロイトは、外傷原性ヒステリー傷害の外傷的事態の「病原性作用因子は患者の外傷の記憶にある」と位置づけた。つまり「ヒステリー者とは主に回想を病むものである」という見解がそれである。「外傷性体験はつねに高度の情動を負荷されている」。その負荷に対して感情の「放出が起これば、事態の記憶は通常の追憶となり、意識的精神作用の手が届くものとなる」。しかしながら「反応としての放出はいつでもできるとは限らない」。たとえば「外傷的事態とは当人が隠蔽したい事情や、愛するものの死のように慰めの届かない喪失をも包含している」場合があるからである。その際に、「それにまつわる感情の放出に失敗すれば、神経系には興奮の突然の昂まりを何とかしなければならないという状況が生まれる」であろう。ここから「ヒステリー発作の内容を形成する心的体験には一つの共通性があることがわかる」。つまり「それらはいずれも十分な放出に失敗した心象である」。

このような「除反応されない（すなわち放出されない）ままの記憶は「第二の意識」に入り、そこで秘密となって、意識的人格から遮断されるか「非常に要約された形」でしかこの人格に届かなくなる」。そして「この種の記憶は苦痛でしかも自分の力では処理できないものであるから、意識的人格はそれらを意識から消去したいと願うようになる（これが抑圧である）」。もしも「消去した記憶が第二の意識に入ったならば、意識的人格はそこへの通路を次第に失くしてゆく」。そうなると意識的人格は、消去した記憶に後からはたどり着けない。消えた記憶への道は途中でとぎれている。そこへの通路はすでに消えているが、患者にとって「これは一種の防衛行為である」。ただこれで終わりならまだいいが、厄介なことがある。「この種の記憶」は、第二の意識に「侵入してから長期間の後もなお働きつづけている一種の異物」に変容するからである。つまり意識的人格からの道はすでにとぎれているのに、異物の方は、その後も意識的人格になおも働きかけてくるのだ。後で述べるように、これが固着であり、ショック体験が反復強迫となる要因である。

外傷性記憶がフロイトによって一九世紀末に検討されてから、いったんその関心は消えたかに見えた。だが、一九一四年に勃発した第一次世界大戦は、これを再浮上させる。プラハにおいて「病人が生ける屍のように暮らしていた」ように、戦争が、ドイツやイギリスなどの多くの兵士にショックを与えて、軍医がそれらを検討しなければならなくなったのである。ヤングによれば、「鉄道事故についてエリクセンが最初に著作を刊行してから半世紀たった今、英国陸軍軍医部の軍医たちもドイツ野戦軍の軍医たちも、外傷性の運動麻痺、拘縮、知覚麻痺、戦闘意欲喪失が疾病のように流行するのを目撃した」のだ。彼によると「それはあたかも一日百回の大列車衝突事故が四年間毎日起こっているようなものであった」。第一次世界大戦の破壊の規模のあまりの大きさがこの記述からも如実に窺えるであろう。こうして戦争が終結するまでに、「英国陸軍軍医部の各隊は八万のシェルショック患者の治療を行ない、三万の兵士が神経性外傷 nervous trauma の診断のもとに本国の病院に後送された」。

同書でヤングは、W・H・R・リヴァーズという一人の軍医に着目している。彼はマッガル陸軍病院とグレーグロッカート陸軍病院に職を得て、「戦争神経症」の兵士たちを診察していた。リヴァーズの担当した患者の中に、「砲弾の炸裂によって空中に投げとばされ、地上に落下した時に始まる症例」を持つ兵士がいた。リヴァーズは、この患者について次のような生々しい報告をしている。

顔が戦死後数日経過したドイツ兵の膨張した腹部に衝突した。彼が落下した衝撃のために、膨張していた死体全体が裂けた。意識を失う前の患者は理解していた、（中略）自分の口の中をいっぱいにして何ともおぞましい臭覚と味覚を生じさせている物質は敵兵の分解した内臓からのものだということを――。我に返った時、彼はとめどなく吐き、がた震いをした。けれども何日かは、何度も嘔吐し、味と臭いの残像がいつもつきまとってはなれないままで「持ちこたえ」ていた。

この兵士は砲弾の炸裂で飛ばされて、落下時に腐乱したドイツ兵の死体に当たったのである。しかしそれは不運とか、単なる偶然の結果ではない。塹壕戦では、敵味方を含めて実に数多くの死体がそれこそあちらこちらに腐乱して散在していたからである。その中にはすでに白骨化した死体もあった。彼が落ちたドイツ兵の腹部はすでに腐って膨張していた。彼の衝突で、その腹部が張り裂ける。悪臭を放つ内臓がいきなり外に飛び出して、彼の顔に飛び散る。兵士はただ嘔吐するしかなかった。臭気にあふれた敵の内臓を自らの口に入れてしまったからである。この異常体験が、彼を戦争神経症にしたのである。リヴァーズが戦争神経症の臨床から得たものは、フロイトの言う無意識や性や願望充足とは全く異なるものである。ただしヤングは、だからと言ってフロイトが戦争神経症について無知であったわけではない、としている。確かにフロイトは軍医のように「戦争神経症と診断された患者を一人も治療していない」。だが、重要な点は「フロイトのサークルにはドイツ陸軍およびオーストリア＝ハンガリー陸軍の軍医として従軍していたメンバーが何人もいた」ことである。そのメンバーとはエルンスト・ジンメルやカール・アブラハム、フェレンツィ・シャーンドルである。戦争神経症については、フロイトは彼らからかなり詳細な知識を得ていた。ヤングに言わせればすでに「その臨床はフロイトの熟知するところであった」のだ。フロイトは大戦後の一九二〇年に有名な「快感原則の彼岸」を書いている。[7] 彼はそこでフェレンツィ、アブラハム、ジンメル、ジョーンズが執筆した『戦争神経症の精神分析のために』を参考文献に挙げながら、戦争神経症について次のように言及している。

激しい機械的な振動や列車の衝突など、生命を脅かす事故の後で、一つの心的な状態が発生することが以前から知られており、これは「外傷神経症」と呼ばれてきた。終結したばかりのあの恐るべき大戦のために、多数のこうした疾患が発生したが、現在では、激しい機械的な力によって、神経組織が器質的な損傷を受けるため、こうした疾患が発生したと考える試みには、終止符が打たれることになった。[…]戦争神経症は、機械的な激しい作用なしに、外傷神経症と同じ病状が発生することを明らかにした点で、啓発的な役割を果たすと同時に、新たな混乱を生むことになった。

ヤングがまとめるところによると、フロイトの考えでは「戦争神経症は外傷神経症の下位類型」になるという。「その発症は恐怖と葛藤とを掛け合わせて起こる」。その際の「恐怖」は、「不意に危険に遭遇した者の反応」を指している。その場合、「恐怖があれば不安がいらなくなるのは、不安が危険を先取りして送られる信号であって、不意打ちを事前に封じるものだからである」。つまり「恐怖が巨大であれば――前線の将兵にあってはこれが日常であろう――刺激入力の受容を担当する神経組織は「流入する興奮の量と結合するだけの力がない」」ので、「その結果、刺激過剰に対して「心という器官」を防護する楯に大きく裂け目が生じる」ことになる。突き詰めると「受容体と結合しないままの刺激の洪水が戦争神経症の身体症例の原因である」。そして「この病因論は、身体的戦傷を負った兵士がなぜ戦争神経症を発症しないかという問題をよく説明する」。というのも「身体的戦傷者においては刺激は戦傷と結合しているからである」。同書でヤングは、フロイトの発言から次の箇所を引用している。

> 葛藤とは兵士の平和な古い自我と闘う新しい自我との葛藤であり、平和な自我が新しく形成された寄生的なその分身のむこうみずのために生命を失いかねない危険を冒すのに気づくと、葛藤は先鋭となる。古い自我は外傷神経症に逃げこむことによって致命的な危険からみずからを守っているという言い方もできるだろう。

ヤングによると、ここではフロイトが「交替意識を指しているのではなく、患者の意識的人格における「分裂（スプリット）」のことを言っている」という。つまり「この場合には両面が同時に現存し、内面で次のような独りごとをいうことができる」のだ。たとえば「私（新しい自我のこと）は私自身（身体的に生き残っている私のこと）をどういうものに投入しつつあるのだろうか？」、あるいは「私（古い自我のこと）は何になりつつあるのだろう（新しい自我に）？」というような状況である。ヤングは「戦士的自我は二重の危険を魂の中に押し入れる。すなわち、古い自我の生き残りと当人の身体的生存の継続とを同時に危うくするという二重の危険である」とした上で、「戦争神経症が他の（「純粋な」）外傷神経症と違う点はこの「内部の」敵への恐怖である」と書いている。

ヤングの言うところを噛み砕けば、自我が耐え難い戦闘の光景に直面した場合に、本当の意味で自分が破滅しないためにも、自我が二つに分裂して、その一つが外傷神経症という形式の中へと逃亡するのである。この逃亡が防衛行為であり、論理的に言うと、逃亡した方の自我は彼の第二の意識の中に逃げ込むから、それは無意識の中に抑圧されて、外面には出てこない。すると分裂した片方の自我は、逃亡した自我を捕まえることはできなくなる。分裂した自我の片方が、抑圧されたもう一つの自我をいくら後から探し出しても、――つまりそれを無意識的に（というのも、論理的に言って、彼は分裂したもう一つの自我のことを忘却しているはずだから、あくまでも無意識に）欲望したとしても――彼はもう一つの自我には「たどり着くことはない」。この「たどり着けない」という事態の「中断」（あるいは「とぎれていること」）の一義によって、患者は病者であり続けるのである。それと同時に、何度も言うがまさにこの病者であり続けることによって、彼は自らの精神の完全な崩壊を防ぐことが可能になる。ヤングは、次にフロイトが、戦争神経症に「反復強迫」という概念がある、と主張している点に注目する。それは次のようなくだりである。

外傷神経症に生じる夢の特徴は、患者をその事件が起こった状況に繰り返し繰り返し連れ戻し、患者はその状況から遁走し目を覚ますが、そこはまた別の恐怖のただ中である。格別驚くことではない。外傷体験がたえまなく（睡眠中でさえも）患者に押し迫ってくるという事実はその体験の強烈さの証拠である。すなわち、患者は、みずからの心的外傷に固着しているといってもよかろう。

フロイトは「患者が自分の心的外傷に固着しているならば、どうして、目を覚ましている時には、それについて考えまいとあれほど努力するのだろうか？」と疑問符を投げかけ、その後で、「この夢は「反復強迫」を原因としていて、それは病原性外傷が生じた状況に戻りたいという無意識の促しのことである」

と独自の見解を述べる。彼によれば、「反復強迫という概念を使うと、夢がなぜ規則的に立ち戻ってくるのか、また、必ず不安を伴ってやってくるのかということに説明がつく」という。なぜなら「不安とは危険を予知する信号であるから、外傷の瞬間に不安が欠如しているのは当然で、この欠如が恐怖の病原性を説明する」からである。言うなれば「夢の中の不安は有用である」。それは、「（過去に戻って）心的外傷を突然引き起こした危険を予知しようとしているからである」。

しかし私に言わせれば、このフロイトの反復強迫についての見解にはまだ曖昧な部分がある。たとえば「危険を予知する信号であるから」といった説明がそれである。私の意見を言えば、反復強迫はむしろフロイトの「不気味なもの」という概念を使用した方がより適切に説明できる。一九一九年の「不気味なもの」において、フロイトは自身の奇妙な体験を告白している。(8) それは彼がイタリアの小さな都市にいたとき、思いがけずにある通りに出てしまった。その通りは彼には愉快なところでなかったから、そこから抜け出そうとして歩いたのだが、また同じ通りに出た。さらにそこから逃げ出して彷徨したが、またしても同じ通りに出てしまった。「意図せずに同じところに戻ってしまう」、つまり反復行動の悪循環から抜け出せない、それを彼は「不気味なもの」と考えたのである。この「不気味なもの」は、外傷神経症の反復強迫をうまく説明する。患者が心的外傷になるような不意打ちの恐ろしい体験と遭遇した時、実は彼はそれを「つかみ損ねた」のである。

言い換えると、彼は出来事の発生時にその体験を受容できなかった。それを否認したのである。否認した記憶は、先ほどのように第二の意識に抑圧される。これが何度も言うように防衛行為であるが、しかしこれで危険が去ったわけではない。それは一時的な退却に過ぎないからである。十分に受容されていない体験は、「異物」として患者の心の奥底に眠ったままになる。それが反復強迫となって、出来事の事後に患者に繰り返し襲ってくる。ただし、その反復強迫はオリジナルな体験とはすでに違っている。彼はオリジナルな体験を自己防衛のために回避した。それが外傷神経症の起源であった。オリジナルな体験が彼にとってたとえどのように過酷なものであっても、その発生時に受容していれば、彼は外傷神経症にはならなかった。しかし受容を拒否したために、彼はその記憶を第二の意識の中に隠さないといけなくなった。

噛み砕いて言うと、患者が最初の恐ろしい体験を受容しなかった、自らの中に取り込まなかったことは、自身の馴染のある居場所＝故郷から、その記憶（あるいは分裂した自我）を排出し、それを受け入れず、いつまでも追い出し続けているということである。そうである限り、この患者が真の意味で問題を解決することはない。そこに近づいたり、またそこへ自らを届けるということもない。だが、それでも彼は、その忘却した記憶に、たどり着きたいという欲望は抱き続けている。彼が自らの故郷から排除した、飲み込まずに排出した、口から吐きだした記憶なのに、彼はなおもそれを取り戻したいと強く願う。

これは無意識的に彼にそうさせるから、どうしてそうなってしまうのか、彼にも理由が全くわからない。フロイトがイタリアで悪循環から抜け出せなかったように、彼もまた、防衛行為のために第二の意識に追放した記憶に固着する。この固着が、つまり抑圧した記憶にたどり着こうともがくことが「不気味なもの」であり、それが「反復強迫」なのである。

出来事の否認は、先にリヴァーズが患者の兵士の口の中に敵兵の死体の腐った内臓が入り込み、当然のようにそれを飲み込むのを拒絶したことと関係している。彼が「とめどなく吐き」、「何度も嘔吐」したのは、実はこの兵士もまた恐怖を受容できず、それを外へと排出してしまったからである。このことは、たとえそれが悪夢であろうと、彼がその悪夢を否認して飲み込まなかった（結果として第二の意識の中に抑圧した）のを意味する。

3 『城』

いま述べた戦争神経症の考察を踏まえて、ここからは大戦後に執筆されたカフカの『城』について考えてみることにしよう。池内紀は「『城』の読者のために」の中で、カフカが一体何時からどこで『城』の執筆に入ったのか、カフカの日記を検討して次のように書いている。(9)

カフカが『城』に取りかかったのは一九二二年のこと。このとき三十九歳。ついでにいうと、死の二年前にあたる。[…]プラハの北東約九十キロのところに大きな山並みがあって、現在はチェコとポーランドの国境になっているが、第一次世界大戦以前はオーストリア領だった。そのためドイツ語の「リーゼンゲビルゲ(巨大な山塊)」の名で親しまれてきた。標高千五百メートルほどの高地がつづき、保養所やホテルや別荘が点在している。[…]この地の保養所に着いたのが一月二十七日のこと。日記からわかるのだが、カフカは着いた日の夜に、『城』を書き出した。

カフカがこの保養所にやって来たのは、その五年前から患っていた肺結核の療養のためであった。感染したのが何時のことなのかは不明だが、発病が明らかになったのは一九一七年である。この肺結核が結局はカフカの命を奪うことになるのだが、カフカの喀血は、リヴァーズの患者の「嘔吐」をどこかで連想させずにいない。ロートラウト・ハッカーミュラーの『病者カフカ』には、次のような記載がある。(10)

一九一七年八月一二日未明から翌一三日の明け方ぐらいにかけて、カフカは「異様に多くの唾液を口の中に」感じ、「喉が膨れ上がるような気がして」目を醒ました。吐きだしてみると、それは一塊の血だった。［…］カフカは、すでに何日か前にも、市民水泳教室で血を吐いたことがあった。何回も、何回も「赤いものを吐き出した。それはまったく意のままにでてきた」。

池内の「『城』の読者のために」には、「『城』は大判のノート六冊に書かれていた」とある。カフカは「特有のやわらかいペン字で、少し踊るような書き方」で『城』を執筆した。ペン字で書くと言うのはカフカが常にそうしていた手法であった。池内は『カフカを読む』で、次のように書いている。

執筆ノートの写真版があるが、やわらかなペン字が流れるようにつづいていて、ほとんど直しがない。直しがあるのは、何行かにわたり、そっくり斜線で消す場合だけ。この作家は推敲や文飾というもの、文章の改変にあたるものを必要としなかった。小説はつねに直線的に進み、書かれたものが次の一行を生み出していく。方向がズレたと思われるときだけ、ズレの部分をそっくり抹消した。

カフカは「つねに直線的に進み、書かれたものが次の一行を生み出していく」タイプの書き手だった。どうしてだろうか？　その理由の一端をカフカ自身がグスタフ・ヤノーホの『カフカとの対話』の中で、「地震」と「地震計の針」との比喩を用いながら次のように説明している。(11)

つぎの瞬間心臓がどのように搏(う)つか、など前もって言えるでしょうか。そう、できない相談です。しかも、ペンは心臓についた地震計の針にすぎません。［…］地震はその針でもって記録される。しかし予告されることはないのです。

カフカは地震が事前には予知できないように、自らの衝動もその地震と同じで予知できないものであり、彼はただそれに身を任せて書いているだけであると言っている。ペンは常にその衝動の後から震えるようについていく。書くことが、次に書くことを誘発する。ただその繰り返しである。それはあたかも巨大な地震の後に、なお大きな余震が続くようである。そのようにして書かれた『城』は、「Kが夜おそくに村に着いた」という有名な書き出しで始まる。「あたりは深い雪に覆われ、霧と闇につつまれていた。大きな城のありかを示す、ほんのかすかな明かりのけはいさえない[12]」。

Kはこの地に「どこからか」たどり着いた。そして彼はここに城があることを最初からよく知っていた。しかし城は霧と闇に包まれていて見ることができない。「流れ者」呼ばわりされたKは、自分が測量士であると村人に告げる。明日にでも助手が道具を持ってくると説明する。Kはここに来るまでに何度も道に迷った、苦労してこの村までたどり着いたのだ、と言う。Kは見たところ三〇歳過ぎの男で、ボロ服を着ており、小さなリュックサックと節くれだった棒しか持っていない。故郷に妻子を置いてきたと言っている。だが果たしてそれが本当の話かどうかはわからない。

朝になると城が見える。横にのびており、三層で背丈の低い建物が絡み合っている。城と言うよりも小さな町にしか見えない。まるで「村の家の寄せ集め」のようである。さらに近づくと実際の城はかなり貧相であった。石造りのようだが上塗りは剝げ、石も剝落している。これでは廃墟にしか見えない。さらに城に向かって歩き出すと、村の大通りが城に通じていない。近くまで行くと、道はわざとであるかのように折れ曲がる。歩いても城から遠ざかるわけでもなく、さりとて城に近づけるわけでもない。

城の方面からやって来た二人の助手が登場する。アルトゥーアとイェレミアスだ。むろん彼らのことなどKはまるで知らない。Kに「二人が軍隊式の敬礼をした」。それを見て、Kは「軍隊時代、あの幸せな一時期を思い出し」、「苦笑」する。アルトゥーアとイェレミアスは「まるで蛇みたいにそっくりだ」。Kは彼らに「わたしはここではよそ者であって、きみたちが以前からの助手だとすると、きみたちもよそ者だ」という。城からの使いの者だと名乗るバルバナスが現れるが、この男も助手たちによく似ている。Kは城のクラムという局長からの手紙を持っている。そこには測量士としてKを採用すると約束している。むろんKはクラムのことを知らない。Kはクラムと一度も会ったことがないからである。

バルバナスにはアマーリアとオルガという姉妹がいる。そのオルガの案内で酒場に行くとフリーダと名乗る若い女性がいた。フリーダがのぞき穴の向こうにクラムが見えるという。Kがのぞくと、中背で太っていて、鈍重な紳士が見えた。顔はつややかだが、頬が削げて鼻眼鏡をかけている。しかし読者はここで十分に注意しなければならない。その紳士が本当にクラム本人だという確証はどこにもないからである。ただフリーダがそれが「クラム」だと言っているだけである。フリーダがクラムの愛人だとKは知るが、それさえ本当かどうかわからない。フリーダを雇っている居酒屋の女将もかつてはクラムの愛人だったらしいが、この話も信用していいかどうか怪しい。この小説にはいろいろな「嘘」や「罠」があちらこちらに仕掛けてある。Kの言うことはしばしば彼に都合よく変わるし、Kにはその場しのぎの嘘がたくさんある。村人の言うことにも信憑性がない。Kはフリーダといつの間にか「いいなづけ」の仲になるが、この急接近はいかにも嘘くさく策略的である。さらにKが村長に会うと、彼はKを強く突き放すようにこう言う。

> 残念ながら、われわれは測量士を必要とはしていないのです。測量の仕事など、まるきりありません。小さな村の範囲は限られておりますし、すべてきちんと登記ずみです。土地が取引されることなどめったにないし、境界をめぐる多少のゴタゴタはわれわれで処理がつきます。どうして測量士などがいりますかね？［…］あなたが測量士として採用されるということだけは容認するわけに参りません。

村長が言いたいのは、この村にはKの居場所はない、ということである。村はこうしてKを疎外する。交渉しようとしても、肝心の城には行けないし、クラムにも会えない。これではどうしようもない。クラムの秘書だというモムスも登場するが、調書に応じろと彼が言うのでKがそれを断ると、例の女将が次のように迫ってくる。この女将の発言は、実はこの小説の構造において大変に重要なものである。

> あなたにとってクラムに行きつくただ一つの道は、秘書さんの調書を通してのことなんですよ。でも、これは言いすぎね。たぶん、この道はクラムにまで届かない。ずっと手前でとぎれている。

故郷からこの土地に来たというK、決してたどり着けない城、絶対に出会うことのできないクラム、約束したのに拒絶される測量士の仕事、Kにはどこにも居場所がない村……。ここではKが到達しようとする目的地が、全て途中でとぎれている。Kはどこにもたどり着くことができない。Kはそこからあらゆる意味で排除されているのだ。しかしそれでもKは「ここにとどまるためにやって来た。だからここにいる」ときっぱりと言う。ここが肝心な部分である。彼は遠いところから苦労して、ようやくこの土地にたどり着いた。そしてすでにここで生きて行こうと心に決めている。フロイトの言い方を借りれば、Kはこの土地とクラムに「固着している」。そのKにオルガが次のように言う。これも女将の発言と同様に、小説の核心部分を語る大事な箇所である。

でも、そこでクラムとされている役人が、ほんとうにクラムだって、どうして信じられるのかしら？［…］むろん、クラムがどんな人か、村ではよく知られている。会った人だっている、クラムのことは聞いている。証言や噂や、それにわざとつくり上げる気持ちもあって、クラムの姿ができている。大筋ではその通りだわ。でも、ただ大筋だけのこと。こまかいところではちがっているし、クラムのほんとうの顔立ちはもっと、ちがっているのではないかしら。［…］クラムと話すけど、それはクラムかしら！　クラムとよく似ている他人じゃないのかしら？

城の高官と言われるクラムが本当はどんな人物なのか、実は村人にとっても謎なのである。それは城が実体の見えない存在であり、村から城に通じる道がどこにもないのと同じである。誰も本当のクラムを見たことはないし、クラムなどはじめからどこにもいないとも言える。城もまるで幻のようであり、その存在感は全くない。Kが謎であるように、クラムも城も謎である。言ってみれば、『城』ではKとクラムがちょうど「鏡」のような関係にある。この両者が互いに補完し合い、それによって辛うじて、この小説は危うい均衡を保っている。

4 「K」

カフカの『訴訟』と同様に、『城』でも主人公はKという名前で呼ばれている。あるいは「測量士」と職業で呼ばれたり、「測量士K」と呼ばれることもある。いずれにしても、そうなるとまたしてもこの「K」とは何を意味するのか、その謎解きの欲求が読者には湧いてくるだろう。パーヴェルはKが匿名だとしながらも、その後すぐにKがカフカであると言っている。

小説が開始してしばらくして、〈私〉の代わりに〈K〉なる匿名が登場した時点で、カフカは第一章を訂正せざるをえなくなった。それにも拘わらず、彼は彼の創り出した主人公、測量士を自称するこの男との間にほとんど距離を置いていていない。

マルト・ロベールは『カフカのように孤独に』の第一章を「抑圧された名前」と題して、このKについてあらゆる角度から物語ろうとしている。[13] 彼はこの「主人公はもはや象徴的な頭文字でしか現われず、「X」ならぬ「K」は、匿名ながらふつうの名前の最初の部分なのか、消えて復元することのできない名前の最後の名残りなのか誰にも分からない」と書いている。あるいはKは、「自ら名乗る権利」を奪われているとも指摘する。ロベールが言いたいのは、彼はすでに名前を名乗ることからも疎外されている、ということである。また『城』の「K」は「もっとも簡素化された人間、もはや人間的なものの究極的な核しか生き残っていないような、まさしく特性のない人間だけを残す」とし、Kとは「「K」という文字に象徴される無名性」のことだとする。その上で彼は、次のように書いている。

「K」とは、世界が二つに対立する陣営に分たれていることの、目に見える指標(しるし)以外のなにものでもないのだ。一方は数が多く変種に富んでおり、その所属民はよきオーストリア人として、グルーバッハ、フルト、ティトレリ、ビュルゲル、クラムなどと呼ばれる。片やたった一人の住民にまで減らされた方では、どういう命令によるのか、もっとも侵しがたいはずの所有権（la propiété）が——まさしく固有名詞（la nom propre）がである——部分的に、あるいは完全に、廃止されているのである。

しかしながらロベールは、Kをめぐってこのような実に興味深い謎かけを仕掛けておきながら、唐突に凡庸な結論を提示してしまう。KがKafkaというユダヤ名の頭文字だと言い出すのである。

作品を、世界に対する自分の立場の純粋に主観的な一視線(ヴィジョン)とすることによって、またいろいろな機会に、自分の主人公たちが自分の分身にすぎないことを示すことによって、カフカは、Kや、Kのすべての同類がたえているところの宿命の、この欠落した名前というものを解く鍵を明らかにしているのである。というのも、彼が長編小説のなかで、自分のことと、自分の生きることの不可能しか語っていないのは、この欠けた名前が彼の名前でしかありえないからだ、そして彼はユダヤ人であるから、そんな風にして隠しておこうとするものは、他でもない彼自身の名前、彼のユダヤ名であることになる。

ロベールの場合、その書き出しの展開が見事だっただけに、Kをめぐる彼の最終的なこの解釈にはかなりがっかりとさせられる。これに対してジル・ドゥルーズとフェリックス・ガタリは、その著書『カフカ』の中で「Kという文字は、もはや語り手も登場人物も指示するものではなく、ひとりの個人がその孤独につながれていればいるほど、一層機械状になる鎖列、一層集団的になる代理人を言い表す」と書いており、[14] ロベールに較べて面白い視点を提示している。さらにジョルジョ・アガンベンは、『裸性』の中で「K」という章を設けて、[15]『訴訟』に引き続き、この『城』のKについても、実に意外なところからの指摘を試みている。

『城』の主人公の職業について、まじめに考察してみよう。測量師たちの使う言葉では、Kはカルドー[kardo]を意味する。では、カルドーという名前の由来はというと、「それが天球の軸に方向を向いているから(quod directum ad kardinem coeli est)」である。Kにとっての関心事、すなわち、Kが城の役人にたいして挑発的に申し立て、城のほうでもそれを一種の挑戦として受け入れている職業的行為とは、まさしく「境界線を定めること」である。Kと城との争いは(普通に考えられているように、もしそれが争いであるとするならば)、性急にもブロートが示唆するのとは違って、村に居を構えたKが城から受け入れられるかどうかという可能性にあるのではなくて、境界の画定(あるいは侵犯)にあるのだ。

アガンベンはKを名前ではなく、カルドー[kardo]の「K」だとする。彼はKという名前よりも測量士という職業に着目しており、そこに境界線の問題を位置づけようとする。さらにアガンベンは、Kのみならず、「クラム」にも注目する。アガンベンは「けっしてKと直接的なかたちで関係を持つことのないクラム[klamm]という名の長官は、カルドー[kardo]の極点KMを想起させる」と指摘し、クラムは境界線の侵犯に関係している名前であると書く。アガンベンがこのクラムに着目している点は、私自身の関心からしても実に興味深いのだ。また北京在住の小説家の残雪はそのカフカ論『魂の城』の中で、「潜在意識の中では、Kとクラムは相通じている」と意味深長なことを書いている。[16] ただし残雪の指摘はそれ以上にクラムとKの関係に深く踏み込んでいない。だからクラムは、残雪の中でも結局は謎のままに終わっている。それでもアガンベンや残雪のように、Kよりもむしろ「クラム」をより深く解読していく中で、実はKとは誰なのか、あるいは城とは何なのかという問いの答えに、私たちは自ずとたどり着けるように思われる。

その意味で重要なのが、ヴィンフリート・メニングハウスの『吐き気』という本である。[17] メニングハウスはこの本の中で、「吐き気」や「嘔吐」をモチーフにしながら、ニーチェ、フロイト、カフカ、サルトル、バタイユらを読み解いているのだが、もちろん『城』にも大きく触れている。メニングハウスの本がユニークなのは、Kにもましてクラムに著者の関心が寄せられている点である。「klamm」という語は比較的詳しいドイツ語辞典によると、「狭い、窮屈な、密着した」、「(寒冷のために)硬直した、動かない」、「乏しい、窮乏している」、「雑物のない、純粋な」、「湿冷な」などを示す言葉である。[18] 名前とその人の社会的立場は当たり前だが一致しない。だが、クラム[klamm]というドイツ語は、これらの語意からして誰にでもすぐわかるように、あまりにも高官にふさわしい意味を持っていない。にもかかわらず、カフカはあえてこの言葉を高官の名前として「選択」した。それはなぜなのか? 私の関心はまさにこの点にある。クラム[klamm]の語意は、これも誰もが気がつくように、むしろ異邦人のKの名前によくあてはまるものである。メニングハウスは「クラム」と言う高官について、次のように説明している。

城の書記官として換喩(メトニミー)的に城を代表するクラムは、すでにその名前をつうじて、このことを証明し立ている。グリムのドイツ語辞典は、「Klamm」という名詞の第一義として病的な「病攣」や「強迫」を挙げている。吐き気を催して嘔吐する際の蠕動的な病攣や強迫と「Klamm」という語の類似性は、とりわけその形容詞形から明らかとなるのだが、名詞の「Klamm」の用法として挙げられている次の三つの例だけでも、すでに充分に明確である。すなわち、「Klamm」という名詞は、「豚の病気、口蓋にできた腫瘍」や、「Klamm を—もつ犬」、「書字病攣によって〔…〕手に Klamm のある」物書きといったかたちでもちいられるというのである。何でも貪り食らう豚—それは、吐き気を感じないがゆえに吐き気を催させるものの形象である—の形状の歪みと書字病攣とを結びつけている「Klamm」という名詞は、それが形容詞になると、粘性のものにたいする吐き気にまつわる領野を全面的に表すものとなる。すなわち、湿ったもの、べとべとしたもの、べとべとして湿ったものという領野である。グリムのドイツ語辞典が例として挙げているのは、「完全に乾ききっていない洗濯物」や「じっとりと汗ばんだ人のからだ」である。カフカにおいて、「Klamm」という語が意味しているのは—「klamm」であるということは—吐き気を催させるような〔性的〕強迫や強迫的な吐き気によって支配されている、ということである。かかる吐き気はおのれを知っており、まさにそれゆえに、自己を唾棄するか、それともみずからを法として首尾よく王座につけるのかという二者択一のまえに立たされる。クラムが「klamm な「べとべととした、湿った」」存在であるということのうちには、K が抱える「Klamm」が密かに「klammheimlich」ほのめかされ、かつ不可視化されているのである。

メニングハウスは、クラムという言葉の中に「病攣」や「強迫」、「吐き気を催して嘔吐する際の蠕動的な病攣や強迫と「Klamm」という語の類似性」があり、さらに言えば、これは「豚の病気、口蓋にできた腫瘍」、「書字病攣」、「何でも貪り食らう豚――それは、吐き気を感じないがゆえに吐き気を催させるものの形象である」とする。注目したいのはクラム［klamm］という言葉が、吐き気や嘔吐と深く結びついている点である。さらに「形容詞になると、粘性のものにたいする吐き気にまつわる領野を全面的に表すクラムは何らかのかたちで「吐き気」に関連している」。クラム［klamm］とは吐き気に近い言葉なのである。そして吐き気は外傷神経症に関係していた。そうなると、クラム［Klamm］という名前には「外傷神経症」を想起させる何かがあると言わざるを得ない。

5　クラム

すでに言及した陸軍医のリヴァーズの患者で、第一次世界大戦に参戦したイギリスの兵士の場合も、「何度も嘔吐し、味と臭いの残像がいつもつきまとってはなれないままで「持ちこたえ」ていた」。彼のケースはまさに戦争神経症であるが、その第一次世界大戦後に執筆されたカフカの『城』には、カフカが戦争神経症の患者を保険局で対応していた事実からも明らかなように、戦争神経症を小説の隠れた主題として取り込んでいる可能性が極めて高い。そしてその際に最も注意すべきなのは、クラムという名前であり、特にそのスペルなのである。「Klamm」の名前が「K」で始まるところに注意する必要がある。実のところ私は、このクラムこそがKである、と考えているのである。Kとはクラムであり、クラムとはKである。もともとクラムはKの分身であった。いや、もともとKはクラムの分身であった、とした方がいいのだろうか。二人はフロイト的に言えば「戦争神経症」によって「二つに分裂した人格」の片割れ同士なのである。

Kは戦場での決定的な危機に際して、防衛行為のためにクラムという自我を生み出し、彼を第二の意識の中に抑圧した。Kが少なくとも第一次世界大戦の帰還兵であることは、小説のなかでアルトゥーアとイェレミアという助手が登場する場面で、Kに対して「二人が軍隊式の敬礼をした」。それを見て、「軍隊時代、あの幸せな一時期を思い出して、Kは苦笑いした」とカフカが書いていることで、すでに明白である。つまりこういうことである。K＝クラムはハプスブルク帝国の兵士として第一次世界大戦に出征した。おそらく、彼は「城」から出かけたはずである。彼は異教の戦地で身体的にも精神的にも戦傷者になった。それでもなんとか生き延びて故郷に戻ってきた。しかしハプスブルク帝国はすでに消滅しており、しかもKは外傷神経症のため自分がクラムであることを忘却している。

すでに触れたように外傷性記憶によって「除反応されない（すなわち放出されない）ままの記憶は「第二の意識」に入り、そこで秘密となって、意識的人格から遮断されるか「非常に要約された形」でしかこの人格に届かなくなる」。この「放出されないままの記憶」が、つまり小説のクラムなのである。クラムがいっこうに姿を現わさないのはこのためである。「この種の記憶」、つまりクラムは「苦痛でしかも自分の力では処理できないものである」。だから「意識的人格」のKは「それらを意識から消去したいと願うようになる」。これが「抑圧である」。そして「消去した記憶」＝クラムが「第二の意識に入ったならば、意識的人格はそこへの通路を次第に失くしてゆく」。だからこそ、Kはクラムにも城にも、いつまでもたどり着くことができない。池内紀は、「『城』の読者のために」の中で、「城」の隠された意味を次のように書いている。

「城」をあらわすドイツ語「シュロス」は、「閉じる」という意味の動詞「シュリーセン」からできた。

名詞になると「閉じるもの」から「錠」や「鍵」をあらわし、ついで「城館」や「宮殿」の意味になった。要は閉ざされているところ。

池内の意見を参照しても、やはり「城」を象徴するクラムは、Kの第二の意識の中に「閉ざされている」。つまり『城』という小説は、カフカが意図して「防衛行為」とその葛藤を描いた作品なのである。「この種の記憶」＝クラムは、「侵入してから長期間の後もなお働きつづけている一種の異物」である。しかも異物はそこにじっとしてはおらず、たえずKを刺激して止まない。Kは嫌でもクラムに固着するしかなくなる。またKが杖のような棒を持っているのは、彼が「戦争負傷兵」だからだ。ちなみに「戦争負傷兵」はドイツ語では「kriegsbeschädigte」である。これも頭文字は「K」となる。主人公の「K」は正しく言えば「戦争負傷兵」としてのK＝クラムのことである。「Klamm」と「kriegsbeschädigte」が一つの場所に折り重ねられているわけである。

この戦争負傷兵 kriegsbeschädigte に帝国はもう存在しない。辛苦をなめて長い旅から故郷に帰還したK＝クラムを、新しい国は「よそ者」のように冷たくあしらった。それが独立したチェコスロヴァキア共和国である。そしてこの「チェコスロヴァキア共和国」こそ、小説の中でKのいる「村」である。そして「城」は消えたハプスブルク帝国の「亡霊」である。ジル・ドゥルーズとフェリックス・ガタリも『カフカ』の中で、「すでにあの城は、分節され隣接した田舎家の寄せ集めであることが明らかにされた。これは、ハープスブルクの官僚組織や、オーストリア帝国のなかの諸国のモザイクに似ている」と書いているが、小説の空間構造では「城」の領土に「村」が置かれていることになっている。また小説の中でも城は「村の家の寄せ集め」として描かれている。つまり城は多民族のモザイク国家だったが、それも大戦でバラバラに砕けてしまった。だから城は廃墟のように見える。チェコスロヴァキア共和国は、このハプスブルク帝国の亡霊の中に浮かんでいる。『吐き気』の中では、メニングハウスが、以下のようないくつかの問いを発している。

『城』にいたっては、罪にまつわる問題も、Kが追放されたという事実も、なかば超越論的なかたちで、あらゆる叙述に先立っている。はたして何がKを「こんな荒れ果てた土地に」――アメリカという遠い異教の地の変奏であるこのわびしい場所に――押しやったのだろうか？　この土地では「測量士」としてはたらくことができないというのに、なぜKは帰郷することを考えないのだろうか？　主人公の前史にまつわる〈どこから〉という問いは、あたかもトラウマ的な傷であるかのように秘め隠されつづける。両親について、はるか昔の思い出としても言及されないのは、ここが初めてである。決定的な排除はすでにおこなわれてしまったのであり、それは、Kが実際に「当局の任務に採用された[aufgenommen]」のか、あるいはこの受け入れ[Aufanahme：採用・摂取]が、その具体的な様態に関していえば、むしろある種の「排出」を意味しているのではないか、といったあらゆる疑念に先立っているのである。『城』においては、このような「摂取」と「排出」との差異――換言すれば、〈食べること〉と〈嘔吐すること〉、〈近さ／享受〉、〈吐き気〉との差異――が複雑に展開されているのだが、そのような差異の展開が、象徴化の裂け目のまわりを囲い込むようにして繰り返しおこなわれることで、かかる裂け目の存在が隠蔽されるのである。フリーダが村から出ようと提案したとき、はじめてKは、ただ一度だけ、過去が現在にたいして及ぼす力を謎めいた言葉で暗示するべく強いられると感じる。すなわち、この過去の力によって、いかなるものであれ、「どこか」別の世界へと、城ではない世界へと帰還することが不可能にされているというのである。

メニングハウスの最初の問い、「何がKを「こんな荒れ果てた土地に」――アメリカという遠い異教の地の変奏であるこのわびしい場所に――押しやったのだろうか？　この土地では「測量士」としてはたらくことができないというのに、なぜKは帰郷することを考えないのだろうか？」について言えば、Kにはこの土地以外には帰るところなどどこにもなく、「こんな荒れ果てた土地」こそがKの故郷だからである。メニングハウスは「主人公の前史にまつわる〈どこから〉という問いは、あたかもトラウマ的な傷であるかのように秘め隠されつづける」と言っているが、これは実に正しい指摘である。というのも、主人公にとっての前史、〈どこから〉は、「城から」という答えになるからである。Kはこの城から出かけてこの城に帰還をしようともがいている。しかしいくら帰還しようとしてもそれがどうしてもできない。それはクラムや彼に象徴される城こそが、Kの「トラウマ的な傷」に深く関与しているからである。Kにとって、「ここ」以外に「どこ」にも行くところなどありはしない。メニングハウスも「この過去の力によって、いかなるものであれ、「どこか」別の世界へと、城ではない世界へと帰還することが不可能にされている」と述べているが、まさにそれこそが、Kの置かれている精神的状況なのである。

6　象徴化

メニングハウスの引用部分では、「受け入れ［Aufanahme：採用・摂取］」という言葉がさらに肝心な箇所である。彼はこの「受け入れ［Aufanahme：採用・摂取］」の後で、それは「換言すれば、〈食べること〉」であると説明している。この場合の「食べること」とは、何を意味するのか。そのことを考える上で有効なテクストが、セルジュ・ティスロンの『明るい部屋の謎』である。[19] 精神分析医であるティスロンは、同書の「象徴と象徴化」という章で、いま述べてきた事柄を、以下のように実にわかりやすく説明している。なお引用文においてティスロンが「爆撃」という軍事的な比喩を故意に使用している点には、十分に注意したい。それはティスロンが「戦争」と「戦争神経症」を意識しているのを暗示している。

> 私たちは視覚的、音響的な情報の爆撃をますます大量に被るようになっているが、一方でそれを「代謝(メタボリゼ)する」「外界から取り入れた素材を、一連の分解・合成作用によって自らの必要を満たすものに加工・変形する」ための時間は欠如している。これはトラウマを定義するものにほかならない。トラウマ的と形容されるものとは、心的加工という形式で心的に「代謝され」ていないもの、すなわち「象徴化され」ていないもののことである。[…] 食べ物を消化(デジュレ)するためには、消化管がある種の分子を分解し、人体が消化=同化(アシミラーブル)しうる分子を再構成しなければならない。同じく、私たちの心的活動はあらゆる瞬間に、感覚的、情動的な諸経験の所与から出発してその心的な等価物を作り上げねばならない。これが「取り込み(アントロジェクシオン)」の作業にほかならない。ある出来事を「取り込む」ためには——「代謝する」ためには、といいかえてもよい——まずその出来事を、少なくとも部分的に受け容れなければならない。次にその出来事を私たちにとって馴染みのあるものにしなければならない。そして最後には、私たちの内部にその出来事の居場所を——その出来事に由来するあらゆる帰結とともに——与えてやらなければならない。

ティスロンは、「トラウマ的と形容されるもの」は、「心的加工という形式で心的に「代謝され」ていないもの、すなわち「象徴化され」ていないもの」だ、と主張している。言い換えると、トラウマは代謝不良によって誘発される。これをティスロンは「食べ物」と「消化」で説明する。「食べ物を消化（デジュレ）するためには、消化管がある種の分子を分解し、人体が消化＝同化しうる（アシミラーブル）分子を再構成しなければならない」。つまり、私たちが食べたもの＝ここでは記憶であるが、それは「「取り込み（アントロジェクシオン）」の作業」という代謝が成立しないとうまくいかない。食べ物が取り込まれたのは、私たちの内部に、その記憶が「部分的に受け容れ」られて、故郷＝居場所を見つけたということだからである。

　それに対してメニングハウスが『吐き気』で言う「Kが実際に「当局の任務に採用された[aufgenommen]」のか、あるいはこの受け入れ[Aufanahme：採用・摂取]が、その具体的な様態に関していえば、むしろある種の「排出」を意味しているのではないか」とするのは、ティスロンの「代謝」と正反対の事態である。それは食べ物がうまく取り込まれずに、吐き気を催して外へと「排出」されることだからである。

　これを『城』に置き換えて考えるなら、この未消化や嘔吐が、Kには取り込んだものを体内で馴染ませることができない、という状況をまさに示している。Kは出来事を受容していない。だからこそ、いつまでも出来事と折り合いをつけられないでいる。Kは出来事にいつも出合い損ね続けている。つまり反復強迫の中に彼は置かれている。それは何度も言うがKが取り込みに失敗した記憶を意識の底に抑圧しているからである。メニングハウスの言い方を借用するならば、カフカの『城』では、「摂取」と「排出」との差異の展開が、象徴化の裂け目の周囲を囲い込んでおり、そのため裂け目の存在が隠蔽されてしまっているのである。

　キャシー・カルースの『トラウマ・歴史・物語』の「トラウマ的目覚め」の章には、ジャック・ラカンの次のような言葉が引用されているが、これほどカフカの『城』の基底構造を短い言葉で説明しているものもない。[20]

こうして見つづけられる夢は、言うならば出会い損なった現実、いつになっても決してたどりつくことのない現実、目覚めの中で果てしなく繰り返されるほかない現実へとささげられたオマージュであると言えるのではないでしょうか?

カフカの『城』における不気味さは、小説の内容や展開にあるのではない。ここでは執拗な「繰り返し」こそがまさに不気味なのである。『城』では、ただ一貫してKの絶え間ない「反復強迫」が描かれている。『城』があらゆる角度から「繰り返し」を描くのは、この小説が「心的外傷」を主題としているためである。

ところで多くの読者には、この小説はカフカによって放棄された未完の作品に見えることであろう。事実、『城』は最後のページの末尾で言葉が途切れて「(中断)」とされている。

ゲルステッカーの小さな家は、ただ暖炉の火とローソクの燃えさしだけで薄暗かった。壁のへこみに人影が見えた。ななめに突き出た天井の梁の下で背中を丸めて本を読んでいた。ゲルステッカーの母親だった。ワナワナとふるえる手をKに差し出し、そばにすわらせると、モゴモゴと話した。なかなか聞きとれない。母親が話したことは(中断)

しかしいま引用した文の最後の箇所、つまり「母親が話したことは（中断）」の部分は、カフカの執筆の断念や放棄による結果ではない。この部分は正しくは「（中断）」ではなくて「切断」である。そしてこれもまた、反復強迫を主題としたこの不気味な小説の、あるべき正当な表現の一つなのである。言い換えると、一般に「（中断）」とされるこの箇所は、カフカによって意図された「エンドのないエンド」である。心的外傷を描いたこの小説には、もともと物語の「終わり」などはじめから存在しない。この作品はただ堂々巡りの病理を描いただけであり、放っておけばどこまでも語りは延々と続く。切断はそれを便宜的に止めただけで、終わりでも区切りでもない。というよりも、この小説のどこにも、何かを「区切る」ものなど一つも書かれてはいないのである。

註

(1) 本稿におけるエルンスト・パーヴェルの引用や記述は全て『フランツ・カフカの生涯』、伊藤勉訳、世界書院、一九九八年による。
(2) カフカ『夢・アフォリズム・詩』、吉田仙太郎訳、平凡社、一九九六年。
(3) エミリオ・ルッス『戦場の一年』、柴野均訳、白水社、二〇〇四年。
(4) このあたりの第一次世界大戦の記録的な描写は、松村劭の『世界全戦争史』、エイチアンドアイ、二〇一〇年に負うところが多い。
(5) 池内紀『カフカを読む』、みすず書房、二〇〇四年。
(6) アラン・ヤング『PTSDの医療人類学』、中井久夫他訳、みすず書房、二〇〇一年。以下、本稿においてヤングの発言は全てこの本による。
(7) ジークムント・フロイト「快感原則の彼岸」、『自我論集』、中山元訳、ちくま学芸文庫、一九九九年に所収。

（8）フロイト「不気味なもの」、『ドストエフスキーと父親殺し／不気味なもの』、中山元訳、光文社古典新訳文庫、二〇一一年に所収。

（9）池内紀「『城』の読者のために」、フランツ・カフカ『城』、池内紀訳、白水社、二〇〇六年に所収。

（10）ロートラウト・ハッカーミュラー『病者カフカ』、平野七濤訳、論創社、二〇〇三年。

（11）グスタフ・ヤノーホ『カフカとの対話』、吉田仙太郎訳、ちくま学芸文庫、一九九四年。

（12）本稿において『城』を要約したり、また引用したりしている部分は、全てフランツ・カフカ『城』、池内紀訳、白水社、二〇〇六年による。

（13）マルト・ロベール『カフカのように孤独に』、東宏治訳、平凡社、一九九八年。

（14）ジル・ドゥルーズ／フェリックス・ガタリ『カフカ　マイナー文学のために』、宇波彰他訳、法政大学出版局、一九七八年。以下、本稿において『カフカ』とした場合は全てこの本による。

（15）ジョルジョ・アガンベン「K」、『裸性』、岡田温司他訳、平凡社、二〇一二年に所収。

（16）残雪『魂の城』、近藤直子訳、平凡社、二〇〇五年。

（17）ヴィンフリート・メニングハウス『吐き気』、竹峰義和他訳、法政大学出版局、二〇一〇年。以下、本稿においてメニングハウスの発言は全てこの本による。

（18）相良守峯編『大独和辞典』、博友社、一九五八年を参照した。

（19）セルジュ・ティスロン『明るい部屋の謎』、青山勝訳、人文書院、二〇〇一年。以下、本稿においてティスロンの発言は全てこの本による。

（20）キャシー・カルース『トラウマ・歴史・物語』、下河辺美知子訳、みすず書房、二〇〇一年。

6 ファニーを探す

1　手紙と亡霊

ジャック・デリダはその著書『絵葉書I』の中で、ある興味深い言及をしている。[1] それは同書の「一九七七年六月十日」の日付のついた手紙である。

> 亡霊たち、手紙＝文学（レトル）を書くとき、なぜ人はいつも亡霊たちを呼び出すのか？　人は亡霊が到来するままにしておく、というよりもむしろ亡霊を巻き添えにする、また人は亡霊のために書く、亡霊に手を貸す、けれども、なぜそうなのか？　君は以前、私に、あのミレナへの手紙を読むように仕向けた、そのなかで、彼［カフカ］はほとんど同じことを言っている、精霊＝亡霊とともに思弁する［観察する］、亡霊の前で裸になるということだった。この人は手紙（の上に／について）しか書けなかった、そうした最後の人たちのひとりだ、最終的にはフロイトとともに。

デリダがここで、「亡霊たち、手紙＝文学（レトル）を書くとき、なぜ人はいつも亡霊たちを呼び出すのか？」と書きはじめて、亡霊と手紙の二つを対置させているのは決して偶然ではない。また「手紙」が「文学」でもあるのなら、作者にとっての「亡霊」は、おそらくその「手紙＝文学（レトル）」の中で繰り返し「回帰する」だろう。デリダは続けて「人は亡霊が到来するままにしておく、というよりもむしろ亡霊を巻き添えにする、また人は亡霊のために書く、亡霊に手を貸す、けれども、なぜそうなのか？」と、「手紙」の読み手に問いかけている。しかしこの問いは字義を反転して解釈すべきものである。人は亡霊を巻き添えにするのではなく、常に亡霊に巻き添えにされているのだ、と。「手紙＝文学（レトル）」を書く時、亡霊は否応なく、私たちの前に現れるのだ、と。というのも、主体は亡霊を忘れているが、亡霊は主体を忘れることが決してないからである。つまり亡霊は、手紙となって宛先＝主体のもとに必ず届けられるのである。

デリダは、これを論ずるに当たり、ジャック・ラカンの『エクリⅠ』の冒頭にある「《盗まれた手紙》についてのゼミナール」を念頭に置いて書いている。なぜなら、デリダはこの『絵葉書Ⅰ』を、そもそもラカンのそのゼミナールへの反論として執筆しているからである。ラカンは、『エクリⅠ』において、アメリカの小説家エドガー・アラン・ポーの『盗まれた手紙』を題材にし、「手紙は必ず宛先に届く」と主張した。(2) それは次のような箇所である。

つまり、言うなれば送信機は受信機から自分自身の伝言を逆さまの形式をとおして受けとるのです。それゆえ《盗まれた手紙》さらには《保管中の手紙》なる言葉の真意は、手紙というものはいつも送り先に届いているということなのです。

けれどもデリダは、ラカンの「手紙というものはいつも送り先に届いているということなのです」と言う指摘をそのまま転倒して、「手紙は宛先に到達しないことが常にありうる、それゆえ、けっして手紙は宛先に到達しない」と反論する。だからここで「亡霊たち、手紙＝文学（レトル）」と書かれているのもデリダからラカンへの応答であり、手紙は必ずしも宛先には「到達しないこともありうる」というラカンへの反論なのである。デリダは「一九七七年六月四日」の日付ではこう書いている。「何が私を駆り立てて、始終、君に手紙を書かせるのだろうか？　君の名をもち、君の顔以外の顔をもたないただひとつの宛先、ただひとつの、〔…〕君に手紙を書くように、何でもかまわないから書くようにと」。そう書いておいて、彼は「私が亡霊たちの回帰を想像するのは、ある程度こうしたエレメント［雰囲気］のなかにおいてだ」と記している。しかしデリダが「亡霊たちの回帰」を、たとえ「あるエレメント［雰囲気］のなかにおいて」であっても想像ができるのであるならば、手紙の回帰も想像可能なのではないか？

　ここでデリダの言う「亡霊たちの回帰」とは、フロイトの言う「抑圧の回帰」に他ならない。フロイトは一九一九年の「不気味なもの」において、それを次のように書いている[3]。

> 心の無意識のうちでは、欲動の動きによって生まれた反復強迫が支配しているのである。〔…〕そしてこれまでの説明から考えても、この心的な反復強迫を想起させうるものはすべて、不気味なものとして感じられることを指摘したいのである。〔…〕この不気味なものとはもともとは新しいものでも異質なものでもなく、精神生活にとって古くから馴染みのものであり、ただ抑圧のプロセスのために、疎遠なものになっていただけだからである。この抑圧との関係を理解することによって、シェリングの定義、すなわち不気味なものとは、隠されているべきものが外に現れたものであるという定義の意味が明らかになる。

スラヴォイ・ジジェクはその著書『汝の症候を楽しめ』の中で、「手紙というものはいつも送り先に届いているということなのです」というラカンの主張を擁護する意味で、デリダによるラカンへの反論にさらに「反論」すべく、次のように書いている。

> では一体どうして手紙はかならず届くのか。届かないことだって——少なくとも時には——あるんじゃなかろうか。『「盗まれた手紙」についてのゼミネール』の末尾におかれたこの有名な言葉に対する右のようなデリダ的反応は、洗練された理論的感性のあらわれなんかではなく、常識にもとづいた原始的な反応とでも呼ぶべきものにすぎない——万が一にでも手紙が宛先に届かなかったらどうなるだろうか。手紙が迷子になることは大いにありうるのではなかろうか、と。しかしながらラカン理論がきっぱりと「手紙はかならず宛先に届く」と主張するのは、目的論を、つまり予定された目標はかならず届くというメッセージの力をかたく信じているからではない。それどころか、ラカンは、手紙がどのように宛先に届くかを明らかにすることによって、目的論的幻想のメカニズムそのものを暴露している。言い換えれば、「手紙は宛先に届かないこともありうるのではないか」という非難は矛先を間違えている。すなわちラカンの主張を読み違え、ラカンの主張を伝統的な目的論的循環運動に還元してしまっている。だが、ラカンはまさしくその循環運動を問題にし、反転させたのである。(4)

ジジェクは同じ本の中で、「象徴的なレベルでは、「手紙はかならず宛先に届く」という命題は、次のような一連（ヴィトゲンシュタイン的な意味での「一族(ファミリー)」）の命題を凝縮したものである——「発信者は受信者から、自分のメッセージをつねに反転した形で受け取る」、「抑圧されたものはかならず回帰する」、「枠組みはつねにその内容の一部によって枠をはめられている」、「象徴的な借りから逃げることはできない。かならず精算しなければならない」。究極的には、これらはすべて同じ一つの基本的前提、すなわち「メタ言語はない」という前提のヴァリエーションである」と記している。そしてこうしたジジェクの思考は、次のような決定的な見解へと至る。

私たちはいまや、運命のモチーフに導かれて、第三のレベル、すなわち〈現実界〉のレベルのすぐ前まで来た。「手紙はかならず宛先に届く」は、「自分の運命と出会う」という表現が意味するもの、すなわち「私たちはみんな死ぬ」と同じである。私たちは、理論以前の素朴な感受性によって、「手紙はかならず宛先に届く」という命題にまとわりついている何か不吉なものについて感じている。誰ひとりとして逃れられない手紙、遅かれ早かれ私たちのもとに届く手紙、私たち一人ひとりを間違いなく受取人にする手紙とは、すなわち死である。こう言うこともできよう——私たちはある手紙（私たちに死を宣告する手紙）が私たちを探しながらあちこちさまよっている間だけ生きていられるのだ、と。

この見解は、私にとって、ジジェクの意見に私が全面的に賛同するという前提で、実に興味をひかれるものである。私自身も、ジジェクが言うように、「「手紙はかならず宛先に届く」という命題にまとわりついている何か不吉なものについて感じている」し、それが「死である」のならば、デリダもまさに彼自身が言うように、手紙と亡霊という二つの関連する事柄を、抑圧された幽霊が主体の眼の前に現れてくる、回帰してくることと繋げて考えればいいではないか、と思うからである。おそらくその亡霊が消えうせる時とは、手紙が宛先へと届く時であり、それは宛先である主体が死ぬ瞬間であって、それ以外にはあり得ない。ジジェクは、把握不可能なその不気味な瞬間を、「〈現実界〉のレベル」と言っている。

このような議論によって、手紙とは何か、という命題の答えが自ずと導き出されるのだが、私たちはそれについてさらに深く考えるためにも、デリダの『絵葉書Ⅰ』の後半部分で彼が、カフカの名前を折り重ねている点に注意したい。それはデリダが、カフカは「精霊＝亡霊とともに思弁する［観察する］、亡霊の前で裸になる」と書いている箇所である。この指摘はかなり意味深長なものである。この場合の「亡霊」とは一体何なのか？ それとともに同じ引用文の末尾で、デリダがさりげなくカフカに絡めて「最終的にはフロイトとともに」と書いている点にも注意すべきである。

フロイトとカフカは、ハプスブルク帝国末期における同時代人であった。カフカの小説にフロイトがかなり影響を与えていることは、マックス・ブロートの『フランツ・カフカ』を読んでみてもすでに明らかな事実である。[5] ブロートはカフカによる「父への手紙」の一節を引用した後で、こう述べている。

> こうしてみると、フロイトの理論——中でも「潜在意識」についての叙述——との関連は、もう度外視するわけにはいかないもののように思われる。［…］だがそれでも私はためらわざるを得ない、この種のあまりにもうますぎる関連づけには異議をさしはさまずにはいられない。有力な証拠があるのだ。——つまりカフカ自身、このフロイトの理論をよく知っており、この理論は非常におおまかな粗雑な記述で、葛藤の細部、言葉を換えれば、葛藤の真の鼓動を忠実に伝えられる記述ではない、と考えていたのだ。

ここでは「カフカ自身、このフロイトの理論をよく知っており」とする箇所にだけ注意しておけばそれでもう十分である。カフカがフロイトからある感化を「おそらく」でなく、「間違いなく」受けていたという事実だけが確認できればそれでいいからである。

ブロートによると、カフカはドイツの作家のハインリヒ・フォン・クライストの影響も受けていた。彼はクライストもカフカと同様に幼児時期に固着していたと考えている。種村季弘はクライストの『チリの地震』の「訳者解説」の中で、その作品の特質について次のように巧みにまとめている。

主題にはいくつかの特徴がある。いずれも叙情詩的な物語が、カタクリスム（天変地異）やカタストロフ（ペスト、火災、植民地暴動）を背景にしていること、人物たち一人ひとりはあくまでも彫刻的な硬質の輪郭において際立っているのに、彼らの間には接触不能の透明な薄膜が張られでもしたように言葉が通わず、ために人間関係がたえず猜疑と不信の非伝導物質にさえぎられて悲劇の淵に引き込まれてゆくこと、である。(6)

種村のクライストの分析には、「接触不能の透明な薄膜」という部分にカフカと通底するものが確かにある。そのクライストについてブロートは、カフカの『失踪者』との繋がりを指摘している。「クライストと（「アメリカ」における）カフカとは数知れぬ感動的な場面を描き出し、次のような永遠に滅びない場面を創り出した。それは、ある男が不名誉きわまりない不信を買い、周囲の事情は一から十まで彼に不利になる、いまはただ良心を傾けつくして、どうか自分を呪詛しないでくれと頼むばかりとなる、といった場面である」。

クライストはチリのサンチャゴで一七世紀に起きた地震を題材にした『チリの地震』を一八一〇年に書き、その一年後に三四歳の女性を射殺して、自身もピストルで自殺した。彼のこの小説の一場面とは、次のようなものである。

突然、市の大部分が、青天の霹靂（へきれき）もさながらめりめりと大きな音を立てて沈み、生きとし生けるものすべてがその瓦礫の下に埋まったのである。［…］大地が足下でぐらぐらと揺れ、牢屋の四壁はばり裂け、建物全体が傾いて街路のほうに向かって倒壊した。［…］すでに衝撃をまともにくらった街は大地の二度目の震動にあって完全に崩壊した。［…］と、そちらには叩きつぶされた人間が山のように積み重なり、瓦礫の下からまだ喘ぎを上げる声さえして、家々の屋根からは助けをもとめて叫び、かと思うと人も獣も津波と格闘し、こちらではまた勇敢な救助の手が人を助けようとしていた。そうかと思うと一方には、死神のように蒼ざめて、言葉もなく両手を天に向かってさしのべている者たちもいた。(7)

カフカはクライストのように地震などの天災を題材にした小説は一つも書かなかった。だがカフカの中には、クライストにも似た不気味なものがあったのは間違いない。さらにブロートの『フランツ・カフカ』には、エドガー・アラン・ポーについてのエピソードも記されている。ブロートは「カフカの作品を読んでそこからポー［Edgar Allan Poe 一八〇九—四九］、クービン［Alfred Kubin 一八七七—一九五九。ボヘミア出身の挿絵画家。怪奇幻想的な作風をもって知られている］、ボードレールなど「人生の夜の面」を描いた芸術家たちへの親近性を感じ取る人もけっして少なくない」と言う。つまりブロートは、カフカとポーとの文学的な関係に関心を抱いていた。それについて彼は、次のように書いている。

それ故、カフカの作品では、強さと弱さ、上昇と敗北が互いに滲透し合ってきわめて独特な様相を呈している。まず最初の一瞥で目につくのは弱さである。――表面的にはデカダンス、悪魔主義を思わせるものがある。ポーやヴィリエ・ドゥ・リラダン［Villiers de l'Isle-Adam 一八四〇―一八八九］、その他若干の近代作家に開花した、朽ちゆくもの、死にゆくもの、無気味なものに対する愛情を思わせる何ものかがある。

ブロートは、カフカとポーを取り結ぶ鍵はフロイトの言う「不気味なもの」にあると考えている。この指摘は正しい。デリダの『絵葉書Ⅰ』も、カフカ、手紙、亡霊、フロイト、ポーをまとめて考察したものであった。となると、カフカがポーやフロイトにある強い影響を受けていたとするブロートの発言は、私にとってはかなり重たい意味を持つものになる。

2　隠された死体

デリダは、カフカは「精霊＝亡霊とともに思弁する［観察する］、亡霊の前で裸になる」と書いていたが、それにしてもカフカが亡霊とともに思弁していたというのは、一体何を意味するのか。これを読み解く上で、私たちはカフカにだけ着目するのでなく、彼の祖先からの遺伝的な要素、特に母方のエピソードを俎上に挙げて、それを論じるべきである。フランツ・パーヴェル(8)は著書『フランツ・カフカの生涯』の中で、カフカにおける「宿命」をめぐって、次のように書いている。

カフカが幼年期の経験のうちで、記憶に留めているものは極めて興味深いが、彼が忘却しようとしたものも、これに劣らず注目に値する。「生きて歩いている記憶」――彼は後に日記の中で自分をこう呼んでいる――にも、記憶の選択作用は働いていた。彼の記憶は、記憶作用が始まる以前の出来事によって、特に両親の与えた印象によって規定されている。現実の母親は、母の姿が愛情に飢えた子供の描く母のイメージに一致する遥か以前に、息子を知らず知らずのうちに裏切っていた。

カフカの人生形成に両親が与えた影響が大きいのは当然だが、その場合に、それは父親ではなく母親である、という意見を私は持っている。結論から言うと、パーヴェルが「彼の記憶は、記憶作用が始まる以前の出来事によって、特に両親の与えた印象によって規定されている」とするように、この母が媒介者となって、彼女の精神的外傷がカフカの無意識へと移動したのではないか、と推理しているのである。その「母の精神的外傷」、つまり「母の苦痛な記憶」が、カフカの人生と文学とを大きく規定している。

カフカの母のユーリエ・レーヴィは、パーヴェルによると一八五六年にエルベ河の近くのポジェブラトという町に生まれた。「彼女の家系からはタルムード学者、奇蹟のラビ、奇矯な扇動者、キリスト教への改宗者、幻視者などが出ている」。カフカは一九一一年の「短い自伝風のスケッチ」に、「自らの裡に潜むこうした遺伝的素質」を描写している。

僕はヘブライ語でアムシェルといい、母の母方の祖父と同じ名前で、この人は、亡くなったとき六歳だった母の記憶によると、長い白髯を生やした、非常に信心深くて博学な人だった。母には、その遺骸の足指をしっかり握って、祖父に対して犯したであろうかずかずの過失の赦しを乞わねばならなかった記憶がある。また母は、壁を埋めていた祖父の多くの蔵書のことを覚えている。彼は毎日河で水浴をした。冬でもそうしたが、その時は水を浴びるために氷を叩いて穴をあけた。母の母はチフスで早死にした。この死によって母の祖母は憂鬱症になり、食事を拒み、誰とも口を利かず、娘が死んで一年たったあるとき、散歩に出たまま帰ってこず、その遺骸がエルベ河から引き上げられた。母の曽祖父は祖父よりもっと学者で、クリスチャンにもユダヤ人にも同じように信望があった。ある火事の時など、彼の敬虔さのおかげで火が彼の家を飛び越え、周囲の家々は焼けたのに彼の家だけは焼けるのを免れるという奇蹟が起った。曽祖父には四人の息子があって、一人はキリスト教に改宗し医者になった。母の祖父以外はみな間もなく死んだ。この祖父には、母が気違いのナータン伯父として知っていた一人の息子と、母の母に他ならぬ娘がいた。

パーヴェルは「祖父の素質がどの程度まで遺伝するものかについては議論が分かれるところだが、カフカ自身は、彼の性格には母方からの遺伝が濃厚であると信じていた」と書いている。「彼らは、カフカが常に自分の祖先であることを認めていた唯一の祖先だった」。

カフカの曽祖父のアムシェル（あるいはアダム）は、一七九四年にポジェブラトで生まれ、一八六二年にそこで死んだ。彼はラビとタルムード学者であったが、「不幸なことに、聖なるもののアウラはしばしば、聖なるものの身近にいる者に対しては一種の毒物のように作用する」。事実、一八二四年に生まれた彼の息子ナータンは「狂人と見做されていた」し、一八三〇年に生まれた娘のエステルは、三人の子供を残してチフスで死んだ。彼の妻のサラは、一八六〇年に娘の死を悲嘆して自殺した。母エステルが亡くなった時、ユーリェはまだ三歳だった。エステルの死後、ユーリェの父はすぐに再婚して、彼女はもっと孤独になった。パーヴェルはこれらを踏まえて、次のように書く。

　ユーリェが優しく寛大であったという点では、すべての報告は一致している。しかし、彼女自身が産んだ第一子（カフカ）が必要とした愛情は、彼女の身近な親戚や友人が彼女に求めた援助をはるかに上まわるものだった。彼女は確かに息子に対して最善を尽くしたのかもしれない。しかし彼女自身が、一度も母親の愛情を受けた経験がなかったため、息子に対する態度は言わば、鎧兜ごしの優しさといった趣を呈し、結局は冷たい印象を与えたようだ。

ユーリェは時どき、「発作的に泣きじゃくりと憂鬱症状態に陥った」。パーヴェルは彼女のこの症状を、「多分これは病的な抑鬱が惹き起こす発作だったのだろう」と考えているが、ここで注意しなければならないのは、次のようないくつかの点である。つまり、ユーリェの母エステルはチフスで死んでおり、その時、ユーリェがわずか三歳であったこと、ユーリェはチフスで死んでいく母エステルの姿とその死体を見ただろうこと、ユーリェの祖母サラは娘のエステルの死がショックで憂鬱症になり、娘の死後一年してから失踪し、河に投身自殺していること、自殺した祖母サラの遺骸が河から引き上げられた時、ユーリェはその死体を見ただろうこと、である。

　これらのこと全てから見えてくるのは、エステルとサラの「二つの死体」が、幼いユーリェの視線からすると、母の死体がまず現れて、それから一年後に祖母の遺体が見つかった時に、すでに一年前に死んだはずの母の死体が再び現れたように思えたのではないか、ということである。まるでたった一人の人間が二度も繰り返して死んでいる、とでも言うかのように。つまりユーリェにとっては、祖母サラの死体は、母エステルの死体の「抑圧の回帰」であり、そのことが反復強迫としてユーリェの無意識の中に眠っているのである。その抑圧がユーリェ自身の憂鬱症の発作にも繋がっており、それがカフカ家の事態を厄介なものにしているのだ。そして何よりも重要なことは、その苦痛な記憶をこの母が、カフカへと伝えていることである。それは何時、一体どこでなのか？　またこの母は、息子にこの話を何歳の時にしたのか？それは一度きりなのか？　それとも繰り返し聞かせたのか？　いずれにせよ、ユーリェに自己を強く同一化しているカフカにとって、その「母の苦痛な記憶――反復する死体」が、そのまま「カフカ自身の苦痛な記憶」として、母からカフカの潜在意識の中へと移動している可能性がかなり大きい。それを聞いたのが彼の幼児期であれば、事態はなおさら深刻である。

　キャシー・カルースは「トラウマと経験」の中で、トラウマという不可能なものを聞く、という問題を巡って、次のように書いている。

　不可能なものを聞きとるにはどうすればよいのか？　不可能なことをききとろうとするときに生じてくる問題とはこういうことである。つまり、耳を傾けるかどうかは、こちらが選ぶわけではないということである。つまり、その聞きとり方を知識として習得する可能性が訪れるより前に、すでに、聞きとる側は選ばれているのである。［…］トラウマがもたらす危険な点は、トラウマが〝伝染〟することである。つまり、聞きとっている側がトラウマに陥ってしまう危険があるのである。[9]

カルースの言葉をパラフレーズするならば、「カフカの母ユーリェのトラウマがもたらす危険な点は、彼女のトラウマが、カフカに〝伝染〟することである。つまり、聞きとっているカフカがトラウマに陥ってしまう危険があるのである」。そしてこのカルースの見解に従うのなら、やはり「母の苦痛な記憶――反復する死体」がそのまま「フランツ・カフカの記憶」となって、彼の潜在意識の中にすでに「移植されている」ことになる。つまり幼児期に形成されるカフカの潜在意識の空白部分に、母親の過去の記憶が居座っているのである。そこには一番目にサラ、その奥にエステルの死体が隠されている。むろん、カフカはそのことを忘れている。だが、亡霊たちの方は絶対にカフカのことを忘れない。ラカンが『エクリI』で次のように言う「手紙」とは、それを象徴的に暗示する。

しかし、手紙のほうは、神経症患者の無意識のように、彼を忘れることはありません。手紙はほとんど彼を忘れることがないので、かつて思いもかけなかったとき彼に対して手紙をさし出してくれた女性に似せて次第に彼を作り変えてしまい、彼はいまや同じように思いもかけないとき、彼女のした通りに手紙を譲りわたそうとしているのです。

カフカは最後には彼女らを拒むだろうし、亡霊たちの方も最後にはカフカを阻むかもしれない。なぜならば、生きているカフカと、彼女たち亡霊との間には、到底に越えがたい障壁が存在するからである。しかし、だからといって、カフカが亡霊たちを嫌悪しているわけではない。事態は全くその逆である。フロイトも言うように、「不気味なもの」とは「異質なものでもなく、精神生活にとって古くから馴染みのものであり、ただ抑圧のプロセスのために、疎遠なものになっていただけだからである」。カフカは彼の祖母と曾祖母に愛されたいが、彼女らの近くまでたどり着くと、その亡霊たちはカフカを追放する。カフカの身に起きるのは、限りなく繰り返されるこの「追放の反復」である。現実の人生や小説の中で、カフカは祖母と曾祖母によく似た女性に魅かれていた。けれどもその恋愛は、嫌でも彼の無意識に抑圧された死体と同一化して見えてくる。カフカが出会う女性たちの中に、祖先の亡霊たちが生まれ変わる。カフカの実人生でのフェリーツェとの婚約破棄の繰り返しはもとよりのこと、小説の中でも、年配の女性からの追放、相似形の登場人物、延々と繰り返す階段や廊下などの反復強迫が、なぜ執拗に現れてくるのか、その理由の一端がここから透けて見えてくる。たとえば後ほど述べる『失踪者』のカール・ロスマンがどうして年上の母性的な女性に好意を抱かれたり、最後には追放されたりするのか、どうしてその追放が物語の中で何回も繰り返されるのか、その理由がここからわかってくる。

3 深層固着

いま述べたような種類の事態は、実のところカフカよりずっと以前に、アメリカの小説家エドガー・アラン・ポーがその人生において体験していたことだった。フロイトの弟子の精神分析医マリー・ボナパルトは、その著書『精神分析と文化論』の中でポーの人生を辿りながら、ポーの抑圧が何によって規定されているのか、それを見事に暴き出している。(10) ボナパルトはギリシアとデンマークの国王ジョージの王妃だった。一九二〇年にフロイトの分析を受けることで、精神分析に深く関与していった。フロイトとフリースの手紙を購入し、それを大切に保管していたのも彼女である。(11)

ボナパルトはこの本で、「喪・屍体愛好・サディズム」という章を設けてエドガー・ポーを精神分析している。その際に彼女の手本となったのが、精神分析学を採用して執筆するアメリカの文芸評論家ヨゼフ・ウッド・クルーチの一九二八年の論文であった。彼は「エドガー・ポーの心的＝性的な抑制（インヒビション）の重大さを、彼の人生をも作品をも理解するうえに重大であると確認した最初の人」である。クルーチは、ポーの性格の「欠陥を思春期固着というより、幼児期固着に関係づけた」。ポーが一四歳の時に恋をした三〇歳のスタナード夫人は「死の影をやどした」女性であり、実際に「発狂して死んでしまう」のだが、クルーチはその死を、ポーが三歳の時に亡くした母親のエリザベス・アーノルドに「結びつけて考えた」のである。ボナパルトはポーの人生を簡潔に振り返りながら、クルーチの見解をさらに深めていく。

エドガー・ポーはデヴィッド・ポーとエリザベス・アーノルドの次男として一八〇四年に生まれた。父親は実家から出奔して、エリザベスと結婚した。この父はアルコール依存症で、結核であり、一八〇六年にエリザベスやポーの前から失踪した。残されたエリザベスも結核となり、ポーが三歳になる直前に死亡している。ポーはその時に母親の死体をずっと見ていたそうである。ボナパルトはそのあたりのことを次のように書いている。

モードや装身具の商いをしていたフィリップズ夫人の憐れな下宿で、彼ら幼児たちが、母エリザベス・ポーが蝋台の間で息絶えて横たわっているのを目撃したか否かということは、もちろん、文書や外的証言によっては、正確には知るすべもない。が、それを証拠づけるべく、資料と同じくらい価値のある証言がある。すなわち、エドガー・ポーの短編小説それ自体である。そのなかには、彼の無意識のなかで壊されることなく保存されていた記憶が投射されているのだ。いずれにせよ、たといこの子供が死体の肉が凍りつき死化するのを見つめなかったとしても――この屍肉からペレスやマドリン、ロヴェナの相貌が刻まれたのであるが――幼いエドガーは、不可避的に愛する母の表情に、また体のなかに、結核の進行の跡を、やせおとろえてゆくさまを、咳の発作や喀血を、一日一日とながめていたのにちがいない。この事実が、無意識を支配する深層固着のため、また反復強迫によってそれがわれわれの人生を支配することとなるため、エドガー・ポーが作品のなかであれ実人生のなかであれ、愛する母親と同じ病的な、または死の特質をになった女性を、激情的に愛することを余儀なくされた理由である。

カフカの母ユーリェがエステルとサラの死体を眺めていたように、ポーもまた、エリザベスの死体を眺めていた。この母の死体こそが、ポーが現実に女性を愛する際の基底要因となり、それが彼の無意識に抑圧されたものである。彼が女性を愛するようになると、その都度、彼の心の中の抑圧したものが回帰してその行方を阻む。ポーは生涯に女性を転々と変えていき、繰り返し彼女らのもとから失踪する。死んだ母が彼の小説の中の女性たちのモデルとなって、虚構の中でも母の死体はさまざまに変奏される。このことをボナパルトは「エドガー・ポーの一つの話が、彼の女性に対する不思議な態度の鍵を提供する」と言っている。それは「情熱的に魅かれ、同時に恐怖にみちて突き放されるといった態度である」。彼女に言わせれば「ある死せる女性が、エドガー・ポーがヴィーナス星によって象徴される心的にも肉的にも正常な愛に赴くことを阻害するのである」。これは単にエドガー・アラン・ポーだけでなく、母に自己を同一化したフランツ・カフカが恋愛を繰り返し失敗したり、小説の中でグロテスクな女性に何度も捨てられる理由にも援用して説明することができる分析である。

ポーは母の死後、ジョン・アランという商人の家に引き取られた。しかしアランが手荒な男であったため、彼は「早熟の性の強度な抑圧を経験」した上で、「煩わされることない失われた愛の楽園、死につつある母親、死して愛すべき母親が君臨していた楽園に固着した」。彼は一四歳でジェイン・スタナード夫人と恋におちる。だが彼女は亡くなり、その後、彼はアルコールとギャンブルに手を出して、育ての親のアランから追放される。それからのポーは一三歳のヴァージニア・クレムと結婚するが、ヴァージニアは、ポーの母エリザベスと同じ結核になる。ポーは「彼女が、この遥かな原形に次第に如実に、かつ空恐ろしく似てくるに従い、ますます彼女は愛らしくなる」。そして「ヴァージニアへの愛情もまた、かつての母親と同じように、彼女が咳をし喀血をしなければ、大きな愛情とはなりえなかった」。ただ「彼女が死せる者にあまりに酷似してくると、夫は脅え恐れて、恐怖にとらえられる」のである。

ポーはヴァージニアを愛していない。同じようにポーはスタナード夫人を愛していないし、フランシス・オズグッドやフランシス・アランを愛していない。マリー・ルイズ・ショウ夫人、アニー・リッチモンド夫人、セアラ・ヘレン・ホイットマン夫人、セアラ・エルマイラ・ロイスター・シェルトン夫人も本気では愛してはいなかった。彼は死体となった母親だけを愛していた。ただ、その中で例外はあった。死んでいった女性だけは、ポーの愛の二次的な対象になり得たのである。ボナパルトは次のように言う。

私達は、このユラリュームの洞窟の中にさまざまな死者の眠ることを知っている——ヴァージニアの下にフランシス・アラン、さらに下にはヘレン・スタナード、そしてもっとも深い所にはあの決定的な大いなる死者、この詩人自身の母親エリザベス・アーノルドが。彼女のみが、息子のヴィーナスへの歩みを妨げ得て、本能と自然に勝ち誇って反対する力をもち、彼を阻むことを知っているのだ。

4　シニフィアン

ポーの『盗まれた手紙』には、恋愛対象としての女性は全く登場しない[12]。穿った見方をする人は、パリの警視総監G…氏やD…大臣（このDはDupin、Double、Doppelgänger、DupeのD、つまりD…大臣とはデュパンの分身だ、という説がある[13]）や名探偵のオーギュスト・デュパンが実は王妃を好いている、だから手紙を隠したり、捜したりしたのだと言うかもしれない。十分にあり得る話だが、ただそれも空想の範囲のことである。

小説では、宮殿の部屋とD…大臣の官邸内の部屋の二つの空間しか出て来ない。第一の宮殿の場面では、王妃の手からD…大臣へ本物の手紙が盗まれて偽物とすり替えられ、第二のD…大臣の部屋の場面では、D…大臣からデュパンへと本物と偽物が差し替えられる。こうして一つ目の場面では主体Aと主体Bとの間での手紙の隠蔽とその発覚、盗難とすり替えが行われ、さらに二番目の場面では、一番目を反復して、主体Bと主体Cとの間で、同じ手紙の隠蔽と発覚、盗難とすり替えが行われる。主体は二つの場面で変化するが、物語では中身が何なのか不明な手紙が、ある部屋aから次の部屋bへと移動しているだけである。ここでは小説の全体の構成そのものが二つの舞台の全くの「反復強迫」という症候を示す構図となっている。これは先に述べたポーの実人生の「反復強迫」と相似形をなす。ポーは実人生での反復強迫を、小説の中でも同じように反復して見せている。

結局、手紙はデュパンから警視総監G…氏にわたり、そこから王妃のもとに戻されること（になったのかどうかは、この物語の最後には書かれていないので、本当のことはわかっていないのだが、ともかく、一応はそれ）によって、ラカンも言うように「手紙というものはいつも送り先に届いているということなのです」

となるわけである。しかしポーの人生にエリザベス・アーノルドという「決定的な大いなる死者」が君臨しているように、『盗まれた手紙』においても一通の手紙が多くの主体の間を移動していくのは、そこにも抑圧されたもの、「決定的な大いなる死者」がいなければならない。言ってみれば、王妃もD…大臣も警視総監G…氏もデュパンも、手紙ではなく、この手紙の背後に隠れている「決定的な大いなる死者」の囁きに従って、手紙を盗んでいるだけである。しかしポーのこの小説では、その「決定的な大いなる死者」が一体誰なのか、王妃も警視総監G…氏もD…大臣も、デュパンもむろんよくわかっていない。彼らは自分たちが何に衝き動かされているのかよくわかっていないのである。小説ではそれは不明なままであるが、一つだけ確実に言えるのは、『盗まれた手紙』の登場人物たち、王妃、D…大臣、警視総監G…氏、デュパンの四名は、全員がある「精神的な症候」にとり憑かれていることである。彼ら神経症患者たちの無意識が、手紙を隠すように、あるいは発見するように、そう強迫しているのだ。だとすれば、最後に持ち主へと戻る手紙には「死」の匂いが強く漂っている。

ジジェクは「誰ひとりとして逃れられない手紙」、それは「すなわち死である」と言っていた。つまり手紙が宛先に届くということは、突き詰めれば「死」を意味している。ポーの場合は明らかに死んだ母親の幻影に抑圧されていた。それが彼の精神を大きく蝕んだ。ならば『盗まれた手紙』において、手紙というシニフィアンが持ち主に届く事態は、その宛先に届いた瞬間における破局的な結末、《現実界》との遭遇を強く予感させる。しかしそれはあくまでもこの物語の外部の「事後の出来事」として起きることである。『盗まれた手紙』という物語の内部でそれが語られることはない。

一方、この視点を先のカフカと比較検討したらどうなるか。カフカの場合でも、やはり宛先に手紙が届いた際の結末には、破局的な出来事は待ち構えているだろうか？　たとえばカフカが早くから構想していた作品に、最初の長篇の『失踪者』がある。実際には一九一二年になって本格的に書き出された小説だが、この作品はエドガー・アラン・ポーが生まれたアメリカを舞台にしている。カフカは『失踪者』を書く際に、なぜアメリカを舞台にしたのか？　彼の親戚がアメリカに渡っていたからだろうか？　新大陸を発見した旧大陸をいつの間にか呑み込んで、それを吸い取ってしまう吸血鬼のようなアメリカを描こうとしたためだろうか？　それとも徹底的に効率化を優先したテーラーシステムのアメリカを書きたかったのか？　インディアンと黒人を抑圧したアメリカを批判したかったのか？　あるいは新移民と呼ばれた東欧からの同胞たちの悲劇的な結末の物語の描出なのか？「ロビンソン・クルーソー」のような果敢な冒険譚の改造版なのか？　いや、そのどれでもない。

カフカが『失踪者』を書いた時、彼が強く意識していたのはただ一人のアメリカの小説家だけであった。言うまでもなく、それはエドガー・アラン・ポーである。ポーの実人生や小説での反復強迫は、そのままカフカの実人生や小説での反復強迫と同じ種類のものであった。そのことにカフカは早くから気がついていた。そしてそこに抑圧された「決定的な大いなる死者」がいること、それが彼自身の抑圧にも存在することをカフカはよく知っていた。だからこそ、カフカは『失踪者』を書こうとしたのである。自分の中の抑圧されたものを『失踪者』という虚構の中に探し出すためである。その抑圧されたものこそが、カフカにとっての真の意味での「失踪者」なのである。

『失踪者』の主人公カール・ロスマンとは、隠喩的にはエドガー・ポーのことを指している。同時に、それはカフカ自身のことでもあった。カールの旅には、最後に行き着く場所がある。それはカフカにとっての抑圧されたものが遂に暴露されるところである。彼はその「破局」、つまり《現実界》との遭遇だけに向かって、ただひたすら筆を進めていく。

カフカは『失踪者』という「文学」を書きながら、同時に五〇〇通以上の「手紙」をフェリーツェ・バウアーに送っていた。それは「亡霊たち」、つまり死んだ祖母や曾祖母の写し絵を彼女に見出していたからである。いや、正確に言えばカフカの中でそのことは抑圧されているから、それに気がついたのはかなり後になってからであろう。お世辞にも美人とは言えないこの母性的な女性――カフカの『日記』では「骨ばった、空疎な顔」、「ほとんど潰れた鼻。ブロンドの、やや剛い、魅力のない髪。がっしりとした顎」と、彼女の初対面の印象はかなりの酷評である――は、カフカの祖母や曾祖母に酷似しているはずである。それこそがカフカをこの女性へと引き寄せて、最後には拒ませる要因に他ならない。

カフカにとって彼女への手紙には、それゆえに真実を常に告白しなければいけない。池内紀の『カフカを読む』によれば、「カフカはなぜか、もっとも親しい友人には伏せていたが、恋人にはくわしく語っていた」とある。[14] それもそのはずである。彼の意識がそうさせたのではなく、無意識がそうさせたのだから。「一九一二年十一月十一日付、フェリーツェ・バウアーへの手紙」には、次のように書いてある。

いま書いている小説は、とめどなくつづきそうなのだが、さしあたり少し説明しておくと、『失踪者』というタイトルで、アメリカを舞台にしている。[…] すでに五章が完成ずみで、六章もほとんどできた。[…] タイトルを知っても、むろん、きみにはいまのところ、さっぱり想像がつかないだろう。どんなしろものかわかるときまで、標題はきみのところに預けておく。

ブロートがつけた『アメリカ』ではなく、「『失踪者』のタイトルでこれが世に出たのは、一九八三年、手稿にもとづく新しい全集の一冊としてである。七十年あまりにわたり、本来のタイトルが預けっぱなしになっていた」と池内は書いているが、この展開はまるでポーの『盗まれた手紙』そのままである。カフカはフェリーツェに、小説の本当のタイトル『失踪者』を書き記した手紙を送っていた。しかしそれは王妃＝フェリーツェの手元からD…大臣＝ブロートが盗み出し、しかも偽物の手紙＝『アメリカ』へと差し替えられていた。D…大臣＝ブロートは、彼自身がカフカの草稿の遺産管理人となって、誰もがよくわかる場所にあえて「手紙」を隠していた。D…大臣＝ブロートがその「手紙」をどこに隠しているのか、カフカ研究者なら誰もが知っていた。しかしどうしても、研究者たちはそれに手が出せない。このあたりは警視総監G…氏のジレンマと彼ら研究者たちの立ち位置は実によく似ている。それがデュパンによって発見されたのはD…大臣＝ブロートが亡くなった一九六八年よりもかなり遅れて、一九八三年になってからのことだった。こうも言える。フェリーツェへの手紙は、ラカンが『エクリI』の中で言う、次のような状態だと。

　われわれはこのような理由から、われわれを導いている対象そのものによってまわり道をしているのだと確信することになります。われわれを捉えているのは、まさしくまわり道をさせられた手紙なので、その道のりは延長 prolongé（これは文字通り英語ですが）されたのです。あるいはまた郵便用語を借りるならば、それはまさしく保管中の［取りにこない］手紙（letter en souffrance）なのです。

5　カール・ロスマン

パーヴェルによると、カフカには幼少から、何人もの恋愛対象がいた。フランス人の家庭教師のベリー、サナトリウムで知り合ったリッチー・グラーデ、ヘトヴィヒ・ヴァイラー、ゲーテ館のマルガレーテ・キルヒナー、フェリーツェ・バウアーらである。こうした女性たちが姿を変えて、『失踪者』の中ではカール・ロスマンを追放する女性として用心深く紛れ込んでいる。たとえば、それは女中のヨハンナ・ブルマー、カフカの伯父エドワード・ヤーコプ（本名はヤーコプ・ベンデルマイヤー）の友人ポランダーの娘クララ・ポランダー、ホテル・オクシデンタルの料理長グレーテ・ミッツェルバッハ、タイピストのテレーゼ・ベルヒルト、最後には歌手と称する娼婦のブルネルダである。この女性たちに次々と遭遇していくのが主人公のカールなのだが、このカールのモデルとは、これまでどのように考えられてきたのだろうか。

アンソニー・ノーシーの『カフカ家の人々』によれば、カフカには従兄のローベルト・カフカがいた[15]。一八九五年の「家族の報告」によると、ローベルトは「一家の料理女に誘惑されて、こんないたいけな年齢で父親になっていた」そうである。ノーシーはここから推理して、「フランツ・カフカは主人公の名前をつけるのに従兄の名を使っていたようだ。名と姓のはじめの二文字を取って、それぞれの文字群を前後入れ替えて並べたのである。つまりRobert Kafka/Karl Roßmann」という解釈である。またノーシーによると別の従兄弟たちもアメリカに行っている。たとえばオットー・カフカである。彼は一九〇六年にニューヨークへ到着している。オットーはアメリカでかなり成功した。また「カフカの母方の二人のおじ、レーヴィ兄弟が北アメリカにいたことも忘れてはならない」と彼は書いている。アルフレートとヨーゼフのことである。さらにノーシーは「モデルはほかにもいる。もしかするとこちらのほうが本命かもしれない。一九〇九年六月に《ペンシルヴェニア》号でニューヨークに来たオットーの弟フランツ、アメリカでの呼び名はフランクである。フランツ（一八九三年—一九五三）はカール・ロスマンと同様一六歳で外国に移住した」とも指摘している。もう一人の従兄のエーミール・カフカも一九〇四年にアメリカに移住していた。エーミールの兄ヴィクトルも弟の一年後にアメリカに渡っている。こうした実に数多くの従兄弟や親類たちが、この小説の参考になっているのは確かだ。
ただしこれまで述べてきたように、私はカール・ロスマンのモデルはエドガー・アラン・ポーだと考えている。むろんそこにはカフカ自身も折り重ねられている。カフカはかなり早い時期にポーのことを知り、そこからカール・ロスマンという架空の人物を練り上げていった。カフカとポーは、とてもよく似た「二人の兄弟」のように、カフカの中でイメージされていた。パーヴェルによると、カフカは一九一一年に日記で次のように書いている。

昔、僕は長編小説を書こうと目論んだことがある。それは二人の兄弟がたがいに争い、一人はアメリカへ渡り、もう一人はヨーロッパのある牢獄につながれているという筋だった。

『失踪者』の構想は、かなり以前からカフカの頭の中にあった。平野嘉彦はその著書『カフカ』の中で、「カフカがアメリカへの移住をテーマにした小説の構想をいだいたのは、すでにギムナジウム時代のことらしい。やがて近親者のなかからアメリカへ渡航する者が続出したところをみると、彼にとって、それほどの夢物語ではなかったのだろう」と主張する。[16]
一九一一年の冬になって『失踪者』の初稿の執筆にカフカはとりかかる。一九一二年の初頭に彼は相当の枚数を書き上げている。「この作品はカフカもブロートも「アメリカの小説」と呼んでいた」。だがすでに書いたように「もともとは『失踪者』(Der Verschollene)というタイトルになるはずだった」。それが「時と共にまたもや彼の自己批判的傾向が昂じて、夏の終り頃には彼はそれまで書いた部分に強い不満を抱くようになった」。そこで、一九一二年一一月に「『失踪者』の改稿に着手する」。パーヴェルによると、「カフカは第二稿の半分ほどの分量だったといわれる初稿を、親友たちにも見せることなく破棄した」という。同じ頃、カフカはブロートの家でフェリーツェ・バウアーと出会い、一九一二年九月二〇日に彼女に最初の手紙を書いている。すでに触れたようにフェリーツェへ、カフカは五年間の交際期間に実に数多くの手紙を書いた。カフカの手紙と文学は、つまりデリダの言い方だと「手紙＝文学（レトル）」は、こうして同時期に書き続けられていたのである。ジル・ドゥルーズとフェリックス・ガタリは『カフカ』において、この「手紙」と「文学」との相似性を次のように書いている。(17)

手紙はいかなる意味において完全に《作品》の部分になっているのか。実際のところ、作品というものは公表の意図があるかどうかということによって規定されるものではない。カフカが自分の手紙の公表を考えていないことは明白である。むしろその逆で、彼は自分の書いたものすべてを、それらがあたかも手紙であるかのように破棄することを考えているのだ。もしもカフカの手紙が完全に作品の一部になっているとすれば、それは手紙が、カフカが考えるような文学機械の不可欠の歯車、動力の部分だからである。

パーヴェルによると「一九一二年九月二十五日、カフカはアメリカ小説に再度とりかかった。最初、彼は『判決』の場合と同様に高揚した気分の中で集中して書き進む。ブロートは当時の自分の日記から次のような記述を引用している」。たとえば「九月二十九日、カフカは恍惚のうちに夜を徹して書いている。アメリカが舞台の長編小説だ」。また「十月一日、カフカは信じられぬような恍惚状態の中にいる」。さらに「十月二日、カフカは引き続きインスピレーションの状態。一章は完成、僕もそれを喜んでいる」。そして「十月三日、カフカ好調」という具合である。パーヴェルによると、「十月初めに『火夫』を完成したのち、この月の終りには「伯父」、「ニューヨーク近郊の別荘」、「ラムセスへの道」、「ホテル・オクシデンタル」の四章ができあがった」。ただ「第六章「ロビンソン事件」は十一月六日に終えているが、満足できる出来栄えにはほど遠かった」ようだ。カフカは「手紙」ではこう書いている。

昨日は第六章を強引な、したがって粗雑でまずい終り方をさせてしまった。つまり、この章でさらに登場させるはずだった二人の人物を、抑えつけてしまったのだ。書いている間じゅう、彼らは僕のうしろをつけまわし、小説自体の中で両腕をあげ、拳を握りしめることになっていたものだから、僕に向かって同じことをした。

「書いている間じゅう、彼らは僕のうしろをつけまわし、小説自体の中で両腕をあげ、拳を握りしめることになっていた」というのは、カールがカフカ自身であり、小説の中で二人の人物をカフカが抑えつけたことにより、彼らがカール＝カフカをつけまわしていた、とするだけならまだ理解可能である。しかしその後に「僕に向かって同じことをした」というのは、小説の「内側ではないところ」で起きている事態である。するとその前の「書いている間じゅう、彼らは僕のうしろをつけまわし」というのも不気味に思えてくる。この二人の人物は、ロビンソンとドラマルシェのことだが、彼らは小説の「内側、つまり虚構」から現実へと飛び出して来て、カフカの部屋に現れ、執筆中のカフカのうしろをつけまわして、小説でそう設定したように、現実のカフカに対しても拳を握りしめたのである。現実と虚構とが、このように複雑に絡み合い交錯して、また交互に入れ替わり可能になる。夢と現実の境界線がすでに見えない。小説内の空間にカフカは出かけることができ、同時に小説内の人物は、まるで亡霊が回帰するように、現実に生きている人間へ直接に関与する。

カフカはこの第六章を書いてから行き詰まった。一九一三年一月二六日のフェリーツェへの手紙では「この長編に完全に打ち負かされた」と記し、「それは僕から四散し、もはやつかまえることができません。［…］事態は、僕が書き進めるならば、しばらく中断する場合以上に大きな危険に瀕するでしょう」と書いている。特に「大きな危険に瀕するでしょう」という表現が意味深長である。もしカフカが強引に書き進めたら、彼の身に何か非常事態が起きるとでも言うのか？　パーヴェルによると「その後、一年半にわたってこの仕事は放置される。そして一九一四年夏、彼の絶望が再び深刻となり、彼の状況が劇的に変化したとき、この作品を再び取り上げる。一九一四年十月、新たな危機が彼の創造力を再び燃え立たせると、彼は最後の完結した章を書き」、さらに「一九一五年と一六年に彼はこの長編に短期間とり組んだが、完成するには至らなかった」。

6　失踪者

カフカの『失踪者』は、主人公のカール・ロスマンの三つの追放劇の反復によって全体が構成されている。(18) この反復は、ポーの『盗まれた手紙』と仕組みは同じである。先に書いた六つの章の他に、「車がとまった……」と「起きろ、起きろ！」という章、さらに「断片」として「ブルネルダの出発」と「（町角でカールはポスターを目にした）…」、さらに「（二日三晩の旅だった）…」がある。

第一章の「火夫」では、一七歳のカールが、ヨハンナ・ブルマーという三五歳の年上の女中に性的暴行を受けた末、彼女が妊娠して子供が出来たため、両親がカールをアメリカに追放し、彼がニューヨークに到着する場面から始まる。ニューヨークでは彼の伯父にあたる上院議員のヤーコプが迎えに来てくれるが、その際に、なぜカールがアメリカに追放されなければならなかったのか、その理由が、ヨハンナからヤーコプへの「手紙」で一部始終知らされる仕掛けになっている。つまりここでもポーの『盗まれた手紙』と同じく、「手紙」が小説の中で反復し、主体から主体を彷徨うシニフィアンになっているのである。実際、伯父へのこの手紙は「あちこちに転送されたあげく、一昨日、やっと届いたのです」と言うのだが、このヤーコプの台詞は、カフカがポーの『盗まれた手紙』を意識しているのを暗示する。小説の中では、転々と主体から主体へと移動する手紙というシニフィアンが、隠されたり、発見されたりして、物語を先へと進めていく。隠された手紙が発見されるたびに、カールは追放され、どんどんアメリカの底部へと突き落とされる。

第二章は伯父の七階建てのビルにカールが暮らす場面である。カールはマックから英語を学び、ようやく新しい言語圏に入ることができる。伯父の仕事は上院議員とは別個にあり、それは「一種の代理業、仲介業務」である。伯父の友人のポランダーが現れて、ニューヨーク近郊の家にカールを招く。ポランダーにはクララという娘がいて、彼女はマックと結婚していた。第三章のポランダーの家（実際の所有者はマックである）ではクララがカールにいきなりレスリングのような技をかけて虐待する。危ういところで抜け出したカールは、ポランダーのもとへ戻ろうとするが、屋敷の中で迷子になる。

あいかわらず廊下がつづき、窓ひとつなく、上も下もわからない。もしかすると同じ廊下を堂々めぐりしているのかもしれず、それならばドアを開けっぱなしにしておいた部屋に戻ってくるはずだ。しかし、あいかわらずその部屋の前にもこないし、手すりのところにももどらない。

この場面には、フロイトの「不気味なもの」と酷似する抑圧の回帰と反復強迫が描かれている。それはカフカにとってこの小説の全体構成がそもそも反復強迫であり、抑圧の回帰だからである。ポランダーのところに戻ると、友人のグリーンによって、伯父からカールへの「手紙」が手渡される。またしても「手紙」である。そこには「断固としておまえを放逐せねばならない」と書いてあった。このため第四章の「ラムゼスへの道」では、伯父から放逐されたカールが、アイルランド人のロビンソンとフランス人のドラマルシェに出会い、三人でバターフォードに向かうことになる。だが、カールが食糧を調達している間に、二人がトランクを開けたことにカールが激昂して、第五章ではカールだけがホテル・オクシデンタルでエレベーターボーイとして働きはじめる。この仕事を紹介してくれたのが、伯父に続く第二の保護者グレーテ・ミッツェルバッハで、彼女はホテルの調理主任だった。タイピスト（フェリーツェの仕事である）のテレーゼ・ベルヒルトとも知り合い、ジャコモとも知友になるが、第六章でロビンソンの邪魔立てによって、カールはホテルから追放されてしまう。ボーイ長は「運行規定表」をカールに読ませて解雇を命じる。つまり「運行規定表」がここでは「手紙」の代理を果たしているのだ。

カールはここまでのプロセスで、一番目は女中のヨハンナ、二番目はポランダーの娘クララ、三番目はホテル・オクシデンタルのグレーテによって放逐されている。カールは三度も反復して放逐され、アメリカの底部へと転落する。カールはヨハンナ、クララ、グレーテらに一度は受け容れられるのに、最後はいつも拒絶される。裏を返すとカールが彼女らに近づきながらそこから失踪しているとも解釈できる。それはカールが彼女らの中に、亡霊を見出すからである。彼女らの中に亡霊たちが折り重なる。しかし「決定的な大いなる死者」は、彼の前にまだ登場していない。次の章ではロビンソンとドラマルシェが雇われている娼婦のブルネルダの下で、カールも召使として働くことになる。このブルネルダの五階建てのアパートも、次のように反復強迫的なつくりになっている。

階段を上りながらドラマルシェはなんども言ったが、ちっともたどりつかない。一つの階段を上りきると、またべつの階段があって、ほんのわずかずつ方角がずれている。カールは思わず足をとめた。疲れのせいではなく、その果てしなさに閉口してのことだった。

階段は登ってもまた反復して現れ、区切りというものがない。つまりそれは不気味な階段なのである。これは、カールが向かう目的地が、遠く果てしないのを暗示する。「やっとたどりついたわけだが、階段はまだ終わりではなく、薄暗がりのなかにつづいていて、いったい、どこで行きどまりになるのかわからない」。

この不気味な階段の次に、オクラホマ劇場のシーンとなる。劇場が求人をしているというので、カールはクレイトンの競馬場に出かける。奇妙なことにこの劇場は正体不明の上に、希望者の全員に「採用を約束している」。条件も問わない、身分証明書もいらない、誰でも無条件で採用する、と言うのである。劇場の係の人間も「誰だって入ってもらう」と言っている。そんなことが本当にあり得るのか？

競馬場に到着したカールを出迎えたのは、天使の衣裳を着た「ファニー」であった。ただここまでこの小説の中には、「ファニー」という名前の女性は全く登場していない。カールのヨーロッパでの知り合いでもない。しかしカールは彼女から「カール」と親しく声をかけられて、カールも「うれしい奇遇に気がついて」となる。しかしどうして奇遇なのか、まるで読者には意味不明である。というのも繰り返すが、これ以前にこの二人は、全く会っていないからである。しかし小説の展開としては、「ファニー」とカールがすでに知己の関係でなければその説明ができない。そして二人が本当に知り合いだったことは、次のようなセリフで決定的なものになる。

「久しぶりに握手したいのに、誰がいけないっていうの」とファニーが言った。「再会のよろこびを伝えあってから」、さらに彼女はこう言う。「へんな仕事を見つけたでしょう。[…] あたしたちが二時間吹くと、つぎは悪魔に扮した男の番になるの」。

何度も言うが「ファニー」は小説の中では、これより前に一切登場していない。それまでにカールとファニーは一度も会っていない。それなのに彼らは「再会」を果たした旧知の仲、ということになっている。これをカフカのただの書き間違いだ、とは言い切れない。だとするならば、この「ファニー」とは一体誰なのか？ ファニーが天使で、それから次に悪魔が出てくるのも、かなり不気味である。

カールはオクラホマ劇場に採用されて、ホテル・オクシデンタルで同僚だったジャコモと一緒に、列車で「二日三晩の旅」をする。その車中で小説は途切れてしまう。カールはどこへ行ったのか？ オクラホマ劇場とは何か？ そして「ファニー」とは誰なのか？ この三つの疑問は、実は一つに繋がって互いに結ばれている。

カフカ自身が一九一五年九月三〇日付の日記の中で、そのヒントを与えている。『愛・アフォリズム・詩』によれば、次のようなことが書いてある。

ロスマンとK、罪なき者と罪ある者、結局は二人とも区別なく罰を受けて殺されてしまう。罪なき者はより軽い手つきで、打ち倒されるというよりは脇に押しのけられて。(19)

この小説『失踪者』では、「反復強迫」と「抑圧されたものの回帰」が織り込まれている、とすでに書いた。それはカフカがアメリカの小説家エドガー・アラン・ポーの中に見出した「不気味なもの」であり、それはカフカの無意識にも同じように抑圧されている。ポーの『盗まれた手紙』に際して、ジジェクは「手紙はかならず宛先に届く」という命題にまとわりついている「何か不吉なもの」を感じていた。「誰ひとりとして逃れられない手紙」、それは「すなわち死」である。つまり繰り返される反復の末にあるものは、「何か不吉なもの」であり、それは「すなわち死」なのである。だとすれば、「条件も問わない、身分証明書もいらない、希望者の全員に「採用を約束している」」、「誰でも入ってもらう」という「オクラホマ劇場」とは、「誰ひとりとして逃れられない手紙」、「すなわち死」のことである。女中のヨハンナ・ブルマーからの「手紙」、伯父からの「手紙」、ホテル・オクシデンタルの「運行規定表」というように、追放は常に「手紙」や「文書」によってここまで規定されてきた。そして最後にカールに届く「手紙」とは、オクラホマ劇場からの採用通知、すなわちカールの「死の知らせの手紙」である。オクラホマ劇場への就職とは、カールの旅の「目的地への到着」、つまり「死への到着」を意味している。

ここから正体不明の「ファニー」とは誰なのか、それも自ずと見えてくる。「ファニー」はこの小説の「内側」でなく、小説の「外側」から侵入してきた「大文字の他者」である。しかしこの「外側」とは、現実の作者のいる部屋ではない。むしろ「外側」とは、ここでは人間にとって常に「謎めいた場所」だとしたほうがいい。というのも「ファニー」は、この小説を書いているカフカの無意識に「抑圧されたものの回帰」だからである。「ファニー」とはユーリェが三歳の時にチフスで死んだ母エステルであり、その一年後に自殺した彼女の祖母サラである。正確に言えば、「ファニー」とは「亡霊」である。

「失踪者」はドイツ語でVerschollene である。これととてもよく似た言葉に、精神分析でよく使うドイツ語の「抑圧 Verdängung」がある。ということは、『失踪者』とは初めから「抑圧のことだった」。またドイツ語でVerschleiern とは「覆い隠す、隠蔽する」である。やはりここにも「抑圧」が存在する。Verschütten には「埋める」という意味があり、死体を隠すために埋めるとの不吉なイメージがある。さらにVerschwinden には「盗む」、「失踪する」という意味が含まれている。失踪者 Verschollene には抑圧とともに盗む、あるいはヴェールを被せるという意味があるのだ。

カフカの小説の中で本当に失踪していたのはカール・ロスマンではない。失踪していたのは、「ファニー」である。それはカフカがぜひ再会したい、死んだ祖母と曾祖母の「亡霊」である。カフカが本当に探していたのは、彼の無意識に潜伏していた彼らの亡骸であった。つまりカフカはこの小説の中で、ずっと「ファニー」だけを、ただひたすら探し続けていたのである。

註

（1）　ジャック・デリダ『絵葉書I　ソクラテスからフロイトへ、そしてその彼方』、若森栄樹他訳、水声社、二〇〇七年。以下、本稿ではデリダの発言は全てこの本による。

（2）　ジャック・ラカン「《盗まれた手紙》についてのゼミナール」、『エクリI』、佐々木孝次他訳、弘文堂、一九七二年に所収。以下、本稿ではラカンの発言は全てこの論による。

（3）　フロイト「不気味なもの」、『ドストエフスキーと父殺し／不気味なもの』、中山元訳、光文社古典新訳文庫、二〇一一年に所収。以下、本稿ではフロイトの発言は全てこの論による。
(4) スラヴォイ・ジジェク『汝の症候を楽しめ ハリウッドvsラカン』、鈴木晶訳、筑摩書房、二〇〇一年。以下、本稿においてジジェクの発言は全てこの本による。
(5) マックス・ブロート『フランツ・カフカ』、林部圭一他訳、みすず書房、一九七二年。以下、本稿においてブロートの発言は全てこの本による。
(6) 種村季弘「訳者解説」、ハインリヒ・フォン・クライスト『チリの地震』、種村季弘訳、河出書房新社、一九九六年に所収。
(7) 前掲書の『チリの地震』による。
(8) フランツ・パーヴェル『フランツ・カフカの生涯』、伊藤勉訳、世界書院、一九九八年。以下、本稿においてパーヴェルの発言は全てこの本による。
(9) キャシー・カルース「トラウマと経験」、キャシー・カルース編『トラウマへの探究 証言の不可能性と可能性』、下河辺美知子監訳、作品社、二〇〇〇年に所収。
(10) マリー・ボナパルト「喪・屍体愛好・サディズム」、『精神分析と文化論』、林峻一郎訳、弘文堂、一九七一年に所収。以下、本稿においてボナパルトの発言は全てこの本による。
(11) 町沢静夫「ボナパルト」による。福島章編『精神分析の知88』、新書館、一九九六年に所収。
(12) エドガー・アラン・ポー「盗まれた手紙」、『モルグ街の殺人事件・黄金虫』、巽孝之訳、新潮文庫、二〇〇九年に所収。
(13) 巽孝之『エドガー・アラン・ポー 文学の冒険家』、NHK出版、二〇一二年。
(14) 池内紀『カフカを読む』、みすず書房、二〇〇四年。以下、本稿において池内の発言は全てこの本による。
(15) アンソニー・ノーシー『カフカ家の人々 一族の生活とカフカの作品』、石丸昭二訳、法政大学出版局、一九九二年。以下、本稿においてノーシーの発言は全てこの本による。
(16) 平野嘉彦『カフカ 身体のトポス』、講談社、一九九六年。
(17) ジル・ドゥルーズ/フェリックス・ガタリ『カフカ マイナー文学のために』、宇波彰他訳、法政大学出版局、一九七八年。
(18) フランツ・カフカ『失踪者』、池内紀訳、『失踪者/カッサンドラ』、河出書房新社、二〇〇九年に所収。

以下、本稿において、カフカの『失踪者』という場合、訳文などは全てこの本による。また、残雪『魂の城 カフカ解読』、近藤直子訳、平凡社、二〇〇五年を参照した。

(19) フランツ・カフカ『夢・アフォリズム・詩』、吉田仙太郎編訳、平凡社ライブラリー、一九九六年。

7
精神の黒い森

1　精神　Geist

ジャック・デリダは一九八七年三月一四日に開催された「ハイデッガー　開かれた問いの数々」での自身の講演を書籍化した『精神について　ハイデッガーと問い』を、次のような興味深い書き出しで始めている[1]。

私は、亡霊〔＝帰り来るもの（revenant）〕と炎と灰とについてお話ししようと思う。

そして避ける〔éviter〕が、ハイデッガーにとって、何を言わんとするのかについて。

避ける、とは何か？　ハイデッガーは vermeiden という日常的な語を使っている。避ける〔éviter〕、逃れる〔fur〕、かわす〔esquiver〕。「精神」〔esprit〕が、あるいは「精神的なもの」〔le spiritual〕が問題になるとき、この語は何を意味しえたことになるのか？　ただちに、はっきりとさせておこう。問題は esprit や le spirituel ではなく、Geist、geistig、geistlich である。こう言うのは、右の問いが一貫して言語（ラング）の問いだからだ。これらドイツ語は翻訳されるがままになるだろうか？　もう一つ別の意味では

——これらの語は避けうるものだろうか?

デリダはここにおいてまず、「精神」は esprit や le sprituel ではなく、あくまでも Geist、geistig、geistlich であると規定している。それは、「精神」という言葉がまさに「一貫して言語(ラング)の問い」だからである。ここでは「精神」とは「言語」のことであり、それはハイデガーの母国語である「ドイツ語」を意味する。さらにデリダは同書を次のように続けている。

　『存在と時間』(一九二七年)。当時ハイデッガーは何と言っているのか? 彼は予告し、あらかじめ命じる。彼は警告する——いくつかの用語をこれからは避ける(vermeiden)べきである、と。その用語のなかに精神(Geist)がある。

ハイデガーの「精神」という言葉は「geistig」だと「精神的な」や「霊的な」を示し、「geistlich」になると「宗教上の」とか「聖職の」といったある種の「崇高さ」もしくは「神」を表示し、さらにGeistは「生命」や「精神」のみならず、「亡霊」とか「魔物」という意味を有している。

『存在と時間』を書きはじめた頃の、ドイツやハイデガーの置かれていた状況はどのようなものであったか。それは第一次世界大戦における、完膚なきまでのドイツの敗北の事後であった。ジョージ・スタイナーはその著書『マルティン・ハイデガー』の中で、こう書いている。(2)

　一九一八年にドイツが経験した精神の危機は、一九四五年のそれよりもいっそう深刻であった。[一九四五年の場合には」第三帝国の崩壊にともなう物質的破壊や非人道性の暴露がドイツ人の創造力を麻痺させてしまった。なんとか生き残ろうとするための直接の必要が、知的審理的資源のうちに戦争の残してくれたものまでも吸いとってしまったのだ。なんらかの首尾一貫した哲学的批判や再評価がおこなわれるには、食い荒らされ分割されたドイツの現状があまりにも身近にすぎたし、ヒットラーの非道さがあまりにも桁をはずれていた。

確かに破滅そのものは一九四五年の方がはるかに甚大で深刻だった。だが「精神の危機」となると、一九一八年の方が知識人には切迫した緊急な課題であった。考える余地がまだ残されていたからである。スタイナーはそのように記してから、「一九一八年の状況も破局的ではあったが、しかしその破局たるや、落ち着いた自然的歴史的背景を残してくれた（ドイツは物質的にはほとんど無傷だった）だけではなく、ヨーロッパ文化の自己破壊やその連続性の事実を反省や感情に課題としてつきつけるといった性格のものであった」とする。そして一九一八年から一九二七年までの期間に、「その分量と様式の極端さから書物以上の書物とも言うべきものが半ダースもドイツに出現してくるのである」。その六冊の中にはエルンスト・ブロッホの『ユートピアの精神』（一九一八年）、オズワルド・シュペングラーの『西洋の没落』（一九一八年）、カール・バルトの『ローマ人への手紙』（一九一九年）、フランツ・ローゼンツヴァイクの『救済の星』（一九二一年）、そしてマルティン・ハイデガーの『存在と時間』があり、「この星座に属しうるものであるかどうか」という注釈つきではあるが、アドルフ・ヒトラーの『わが闘争』（一九二五年／一九二七年）がこれに含まれる。スタイナーは「大ざっぱに見て、これらの著作に共通するのは何か。これらはすべて大冊である。これは偶然ではない」と指摘してから、次のように言っている。

それは、これらの著作が（ヘーゲル以後に）全体性へ向かおうとするいやおうない努力、たとえ出発点が特殊な歴史的ないし哲学的レベルに属する場合にさえも、利用可能なすべての洞察の集大成（スンマ）を提供しようとする企てだということを告げているのである。これらの著者たちの執拗な冗長さは、まるでドイツ文化と帝国の覇権がつくりあげた広大な建物が崩壊してしまったあとに、今度は言葉の広大な建物を構築しようと努めているかのようであった。これらは予言的著作であると同時にユートピア的著作である。

スタイナーは「これらの著作は、作為的な意味もふくめて、ある意味で黙示録的である。それらは「この世の終わりをしるしづける最後の出来事」に訴えかけているのだ」とし、その「どっしりとした分量、予言的な声調、黙示録的なものへの訴えは特殊な暴力に寄与する。これらは暴力的な本なのである」と言っている。さらにその中でも、「形而上学的思弁と神秘主義的思弁のうちにその歴史をもつ無の測深——ハイデガーの仕事は、「なぜ何もない［無がある］のではないのか」というライプニッツの有名な問いかけにその源を発している——と、再生への呼びかけと、そのいずれもが決然と言語へ適用される。言語そのものが新たにされねばならないのだ」とする。つまり「言語は、崩壊した過去の執拗な残滓から浄化されねばならないのである」。

ヴォルフガング・シヴェルブシュは『敗北の文化』の中で、「第一次大戦後の〈夢の国〉時期のドイツでは、破滅は八月開戦体験として歓迎された」と書き、さらに「戦争が残した遺産のうち、もっとも重要なのは、このすべてを浄化し、再生させるというイメージである」としている(3)。このスタイナーとシヴェェルブシュの見解は敗戦の汚れの「浄化」という点で実によく似ている。

スタイナーが言及する『存在と時間』という本は、黙示録的な意味のみならず、スタイナーも言うようにやがて「特殊な暴力」、つまり政治的な暴力性も帯びてくる。繰り返すがドイツは、第一次世界大戦の完膚なきまでの敗戦国である。それは明らかに、国家の政治的な決断の「失敗」に起因する問題であり、さらに始末が悪いのは、その「失敗」の処理にドイツはまたしても「失敗」を重ねたことである。フロイト的な言葉でこれを言い換えると、ドイツは敗北という「失敗」を「受領」せず、それを「否認」したのである。そのため敗戦後のドイツには、不穏な空気と空虚が不気味に広がった。エルンスト・ブロッホは『ユートピアの精神』で、この時代の気分をこう書いている。「生はそれ自身として、とっくに空虚になってしまった。生は意識を失いよろめいている」し、「空虚な、いまわしい思い出だけが、空中に残りただよっている」と。[4] さらにブロッホは『この時代の遺産』に収めた「空虚さ」という短い文章の中で、その「失敗」の「失敗」の果ての気分をこう表現している。[5]

だが、だれもが生活になじめない。新しいもののなかをさきへと進むほど、ますます荒涼たるものとなる。部屋の壁はまるで街路のような灰色か黄色をしているし、床は街路そのものだ。椅子は滑らかに押せるし、何ひとつ確実に立っているものはない。［…］まともな暮らしをすることは、まだほとんど可能でないか、あるいは必要でないのだ。空虚なわたしは、どのみち自分の家にいないものをなかに隠すための外被など、もはやつくらない。家具は姿を消し、たんなる目的のなかに解消され、壁のなかへはいっていく。壁にとりつけた照明と同じように、いまにスイッチにやられた手が机を、机の天板のものをのせる場だけを、パチンとひねり出し、用がすめばパチンとひねって消すようになることだろう。

新しい街路は、それ自体ではまったく生命がない。なにかある古い施設がはぎとられ、新鮮なものが設置される場合でも、やはりひとつの穴がのこる。何もくっつくものがないまま、その場所は、欠けているもののために空けられたままである。古くならないための何とも無味乾燥なありかた、これがあたりをうかがっている。

しかしこのブロッホの言う「何もくっつくものがないまま、その場所は、欠けているもののために空けられたままである」という失望の空洞をこそ、ハイデガーの『存在と時間』は、実に冗長だが、巧みな誘惑的な言語で補填した。『存在と時間』において、「Nichtigkeit［空しさ］、無、否認（Verneinen）」という言葉によって、逆説的だが空虚が強引に補填されたのである。スタイナーはこうも書いている。

一九三〇年代中葉以後、ハイデガーのドイツ語は自覚的に、はっきりと目に見える形で通常のドイツ語から離れたものになっていく。まるで恣意的としか思えない仕方で語を用いているとか、異様なハイフンの鎖に語を溶接しているとか非難されると、ハイデガーは自分は実際に言語の湧出する源泉にまで立ち返っているのであり、人間の言述の真正の意図を自分が実現しているのだと主張した。

スタイナーが言うように、確かに一九三〇年代半ばのハイデガーは、そのような異様とも言える言語的傾向を見せていた。ただより正確に言うならば、その数年前の『存在と時間』において、こうした事態はすでに出来しはじめていたのである。つまりこの「失敗」の「失敗」は、かなり早い段階でドイツの「精神」の心的外傷となって、敗北はそのままドイツ人の集団的無意識の中に抑圧されていた。しかもこの一番目の敗北は、「幽霊 Geist」となって必ずドイツに回帰する。それが二番目の「敗北」、つまりヒトラーの第三帝国の崩壊である。こうしていったん抑圧された敗北は、「死の欲動」に向けて何度でも反復する。小川豊昭は『現代フロイト読本2』の「快原理の彼岸」の中で、「心的装置の外皮が外傷となる現実を処理しきれないとき、心的外傷が生じ、それは感情を伴わず、その外傷は執拗に反復される」[6]と言うが、一九一八年にドイツやハイデガーが置かれていたのは、まさにそのような病理なのである。

ハイデガーに大きな影響を受けた精神医学者のルートウィヒ・ビンスワンガーは『現象学的人間学』の中で、五歳の時に「非常に強い地震を体験」した（おそらくドイツ人の）少女の話を引き、その地震体験が「彼女自身の言葉でいうと一種の《incudo》［悪夢］、「夢魔」、傷あと、病痕といったものをのこした」と書いている。「そしてこの悪夢はその後のごく些細な地震の際、つよい不安の形でよみがえって」来るようになる。トラウマの背後には彼女の母親への固着があった。だが母に固着しているという点では、この少女の病理はドイツの病理と実によく似ている[7]。

スラヴォイ・ジジェクは『汝の症候を楽しめ』において、「トラウマは失敗した象徴化の遡及的結果である」と言っている[8]。言い換えるとトラウマが先にあるのではなく、時間系列としてまず最初に「失敗」がそれに先行していなければならない。

しかしどうして、ドイツは、「失敗」の上にまた「失敗」を重ねたのか。何が、ドイツに敗北を許容させず、敗北を否認させ、それを抑圧させたのか。「失敗」は必ず回帰して、次の致命的な「失敗」を演出する。それなのに、なぜ否認したのか。それはドイツがあくまでも「母国語を守ろうとしたから」である。ありていに言うなら、「母国語」ではなくて、彼らは「母」を守ろうとしたのである。

ドイツにとって神的なものは「母国語」であり、「母」であった。彼らは敗戦後も「母」の帰宅をただ待ち続けていた。サミュエル・ベケットにおけるゴドーは、ドイツ人にとっては母である。(9) 彼らはただ、母の帰宅を待った。たとえその母がすでに死んでいたとしても、ドイツ人にはただ待つしかほかに選択肢がなかった。ハイデガーの言う「精神 Geist」という言葉には、このドイツにおける根強い母の固着とそれに伴う「不気味なもの」が潜んでいる。ジジェクは先の本で「「トラウマ」はまさしく、〈現実界〉の「不可能な」核を取り込めないという失敗の繰り返しを示している」と書いているが、ハイデガーの「精神 Geist」には、ドイツが第一次世界大戦の完全な敗北に際して「〈現実界〉の「不可能な」核を取り込めな」かった事実を示唆するものがある。そしてこれが第二次大戦の要因にまでなったのである。ドイツ自らが破滅的な第二次世界大戦を開始したのは、そのように考えてみれば決して偶然ではない。

　こうした事柄を前提にして、再びジャック・デリダの『精神について』に立ち戻ってみると、どうなるか。一九二七年の『存在と時間』に立ち帰り、そこから先を見据えてみたら事態はどう映るだろうか。デリダはこう言う。まだこの段階では、ハイデガーは『存在と時間』を書いている時期である、と。まだハイデガーはナチス入党の前である、と。

> われわれはまだ一九二六—一九二七年にいる。語「精神」は、その目立たぬ乱流にもかかわらず、あの二分化［=分身、生霊（dédoublement）］がその語をすでに、憑きまとう亡霊（スペクトル）で変状させていると思われるにもかかわらず、ハイデッガーはこの語を自分の計算に組み入れてはいない。やっとのことで［=苦痛をもって（à peine）］宿を供しているにすぎない。提供された宿泊は、いずれにせよ、留保なしにはいかない。この語が迎え入れられる時でさえ、それは戸の敷居（パ）のところで抑えられ、境界線に押しとどめられ、差別記号を伴い、引用符の手続きによって慣れ慣れしく近づけないままである。

繰り返すが、一九二七年の時点において、ドイツの「失敗」の「失敗」は、『存在と時間』というハイデガーの黙示録的な著書を生み出した。だから『存在と時間』はドイツの心的外傷のもとに書かれた作品である。したがって、この書物には回帰する「亡霊 Geist」が常に憑きまとうのだが、デリダも記しているように、「その語をすでに、憑きまとう亡霊（スペクトル）で変状させていると思われるにもかかわらず、ハイデッガーはこの語を自分の計算に組み入れてはいない」。

デリダが言う「憑きまとう亡霊（スペクトル）」は、『存在と時間』に深く巣食っている。この回帰は二度目は決定的な敗北（第三帝国の崩壊）になる。それこそ本当の黙示録である。よってこの反復は極めて危険極まりない。だが、それでもハイデガーは「精神 Geist」という言葉を決して避けようとしない。それどころかその数年後に、ハイデガーはさらに黙示録的な政治の方角へと、すなわちナチズムの方角へと、本人もよくわからないままなのか、それとも明らかに確信犯的になのか、どちらにしても自滅的な跳躍を見せることになる。

ハイデガーによる一九三三年の『総長就任講演』と一九三五年の講義の『形而上学入門』には、デリダの言う「Gerchlecht」、「おそろしく多義的でほとんど翻訳不可能なこの語（人種、血統、祖先、生殖・世代（ジェネラシオン）、性）」が早くも見え隠れしている。「精神 Geist」という言葉には、やがて「Gerchlecht」だけでなく、「人種」、「祖国」、「血統」といった民族的な「純粋性」と「大地」との親和性が唱えられていく。端的に言えば、それは「血と大地」のことである。

2　fort/da

ジャック・デリダの『精神について』は、こうして私たちをハイデガーによる一九三三年の『総長就任講演』へと誘導してゆく。

六年の後、一九三三年、はたして『総長就任講演』である——幕開け、しかもそれはアカデミックな荘厳さのスペクタクル、引用符の消失を祝う演出の華々しさでもある。精神は舞台裏で出番を待っていた。今や登場する時だ。それは現われる［＝自己紹介する（se présenter）］。精神そのものが、その内容と形式を備えた［＝その精神とその文字における（dans son esprit et dans sa letter）］精神が、Geist が引用符なしに自己の主張［＝自己肯定（s'affirmer）］する。ドイツ大学の自己主張を通して自己を主張＝肯定するのだ。精神の主張＝肯定は燃え上がる。はっきり私は燃え上がる［＝自ら燃やす（s'enflamme）］と言う。それは『総長就任講演』が精神を讃える時の講演のパトスを喚起するためばかりではない。炎への言及が時代に、この劇場の回りで自らの脅威（スペクトル）を繰り広げつつある恐るべき時代に光を当てうるからばかりではない。二十年、正確に二十年の後、ハイデッガーが、それなくしては〈悪〉を思惟することが叶わぬ Geist について、それはまずは pneuma でも spiritus［気息、霊気］でもないと言うからである。

ハイデガーが「精神 Geist」を連呼する『総長就任講演』のハイライトは、次の部分である。(10)

われわれが学問の本質を、存在するもの全体の不確かさのただなかで問いつづけ、裸身のまたちつくすという意味において意志するならば、この本質意志はわが民族に、最奥かつ危険きわまりなき世界、すなわち真なる精神世界を創りだすのである。まさしく、〈精神〉とは空疎なる俊敏さでも、たわいもない機智の遊びでも、悟性的分析の際限なき行使でも、ましてや世界理性ですらないのである。精神とは一文化の上層部でもなければ、まして有用なる知識や価値を生みだす工廠でもない。それは、民族の血と大地に根ざすエネルギーをば最深部において保守する威力なのだ。ただに、このような精神世界のみが、民族の偉大さを保証する。なぜなら、この世界の衝迫によってこそ、偉大さへの意志と没落の受容とのはざまでのたえざる決断が、わが民族がその将来の歴史において歩を踏みだそうとしている進軍にとっての歩行法則となるのである。

この発言はただ単に勇しいだけのものではない。このハイデガーの言説そのものが、ドイツの背水の陣の様相をすでに端的に示している。「民族の血と大地に根ざすエネルギーをば最深部において保守する威力」とか、「精神世界のみが、民族の偉大さを保証する」など、これらは確かに魔術的な言い回しである。ただし内容となると、それはただのレトリックだけであり、無根拠な言葉の羅列に過ぎない。デリダは『精神について』において、ハイデガーの『総長就任講演』を次のように分析する。

『総長就任講演』においては、「精神化の二重戦略という」この危険はただ冒されているだけではない。講演のプログラムが悪魔的に見えるとすれば、それは、そこに偶然的なものが何もないにもかかわらず、そのプログラムが最悪のものを、すなわち同時に二つの悪を資本に組み入れているからだ――ナチズムへの支持と、いぜんとして形而上学的な身振りと。この曖昧さは引用符の狡智、ひとが決して適切な尺度を手にすることのない引用符の狡智（常にそれは多すぎるか少なすぎるかだ）の背後で、Geist が常に自らの Geist によって取り憑かれていることにも由来する。言いかえれば一つの esprit が、ドイツ語でもフランス語でも、ある幽霊（ファントム）がいつも不意をついて、もう一方の者の腹話術を演じに帰って来るのだ。形而上学は常に帰って来る［revient］。私はこれを亡霊［revenant］の意味で聞き理解している。そしてGeist は、この帰来［revenance］の最も避け難い形象である。単一なもの［le simple］から決して切り離すことのできない分身［le double］。［…］ハイデッガーはついに避ける（vermeiden）ことの決してできぬもの、避けえぬものそのもの、それは精神のこの分身、Geist としての Geist、常に自らの分身を伴って来る esprit［精神］の esprit［亡霊］としての esprit［精神＝亡霊］ではないのか？精神は自らの分身である。［…］どのような仕方でこの恐るべき多義性を解釈しようと、ハイデッガーにとって、それは精神の内に記入されている。それは精神から［de l'esprut］くるのだ。

何度も言うようだが、デリダがここで確認しているのは、ハイデガーが「失敗」の「失敗」をしてしまった事後の世界にいて、ハイデガーはその「反復強迫」から決して逃れられない、なのに彼はそれを忘れているのか、それとも忘れたふりをしている、という指摘である。「幽霊 Geist」は必ず回帰する。しかもその「幽霊」は、ハイデガーの「精神の内に記入されている」。だから「幽霊」は、必ずや彼自身の「精神から［de l'esprut］くる」。そしてデリダは、次のように続けて書いている。

沈黙のうちに手は、ある fort/da［いないいない／ばあ］の瞬間的な交替を、すなわち、それを見せるか隠すかに応じて全く全てを言い、かつ変える［引用符という］これら無声の小形式の不意の登場と、次に退場を、機械（マシーン）を使っていないと思わせつつ目論む［machiner］。そして、この小形式を人目に晒した後に片づけてしまう時には、ひとは禁圧を、隠滅を語ることができるし、否認（デネガシオン）だと、そう足並みの統制［＝否定への賭け（mise au pas）］だと言うひともあろう。

デリダがここで「ある fort/da［いないいない／ばあ］の瞬間的な交替」と書いているのは、これまでの彼の読解の仕方を端的に表している。つまり精神分析学的なアプローチを強調している。というのも、この「fort/da」はフロイト「快感原則の彼岸」（一九二〇年）からの有名な「引用」だからである。(11) 小川豊昭は先に触れた論考の中で、「快感原則の彼岸」における「fort/da［いないいない／ばあ］の瞬間的な交替」について次のように説明している。

フロイトがこの書物で扱おうとしたのは、悪魔的な運命の反復と死である。もっと言ってしまえば、死の反復である。反復される死がこの書物の主旋律をなしている。この書物の背景として、あいついで起こった死や死の影についてはよく知られている。

小川も言うように、ここには一九二〇年前後におけるフロイトの身に起きた家族や友人の折り重なる「死」や「病」などが深く関係していた。それは次のような事柄である。

第一次世界大戦とそれに出征していたフロイトの息子たち。弟子のヴィクトール・タウスクの自殺。

彼と精神分析のパトロンであったアントン・フォン・フロイント（Anton Von Freund）の死。その四日後の最愛の娘ゾフィーの突然の死（身ごもっていた三番目の子どもと一緒に）。フロイト自身の癌。これらがほぼ同時に襲ってきたのである。

この中でも、フロイトと親交の深かったフロイントの死は、フロイトには衝撃であった。というのも、「このフロイントという名前は、フロイトの名前にNが一文字入っただけであり、よく見るとこれはFreund und と言うふうに、「フロイトと共に」と読める」からである。つまりここから「フロイトが、フロイントの死を自身の分身の死と受け取ったであろうことは想像できる」のだ。自分＝フロイントの次に死ぬのはあなた＝フロイトである、と。しかし「このフロイントと共に死んだのが、ゾフィーである」。ゾフィーはフロイントの四日後に死んだ。死んだのはフロイトではなかった。「フロイトと共に」とはフロイトでなく最愛の娘のことであった。これがフロイトにとっての致命的な打撃となる。フロイントの死、最愛の娘ゾフィーの死、生まれるはずだった子どもの死。「フロイトの無意識では、ここでフロイトと最愛のゾフィーとゾフィーが身ごもっていた三番目の子の三人が死んだのである」。三つの死が象徴的に重なって、フロイトの考察は「死の欲動」へと必然的に至ってゆく。ただ、小川はここで一つの疑問を呈している。

しかし、実際は、五章まで書いたところでゾフィーが死に、そこから書き続けた六章で「死の欲動」という言葉が出現している。そういうことなら、この書物は、途中からゾフィーの死の影響を受けたと考えられるだろう。ところがあたかもゾフィーの死を予言するかのように、二章で突然ゾフィーの長男のエルンストが登場して、ゾフィーの不在を糸巻き遊びによってなぞるのである。これは、ゾフィーの死の何年も前のことである。そして本当にゾフィーが死んでいなくなったときには、エルンストは何ら悲しみを示さなかったという。これは一体どうしたことだろうか?

小川は「心的装置の外被が外傷となる現実を処理しきれないとき、心的外傷が生じ、それは感情を伴わず、その外傷は執拗に反復される」と言っていた。だとすれば「ここで描かれているエルンストの糸巻き遊びは、フロイトの無意識の風景であり、エルンストとして登場したフロイトは、糸巻きを繰り返し放り投げることで、ゾフィーの死という外傷が感情を伴わずに反復されているのを描いているといえる」だろう。小川はさらにこう書いている。

あたかもゾフィーの死を準備するかのように書き進められ、そこにゾフィーの死が訪れ、待ち受けていたように死の欲動の概念が登場するという、ここに現われている奇妙な時間関係と因果関係は、無時間である無意識の物事の起こり方の特徴を示している。フロイトの著書には、この因果関係と無時間性を描いているものにしばしば行き当たる。それは、もちろんフロイトが無意識を無理に時系列の上で描こうとするからである。無意識の時間を支配する原理には、二つの原理があり、一つは、事後性（après coup）であり、もう一つは、ジャック・ラカンがテュケーと名付けたもの、すなわち偶然との出会いである。反復はこの原理によって可能になる。

娘のゾフィーが留守の時、孫のエルンストは糸巻きを使って fort/da［いないいない／ばあ］の遊びをしていた。フロイトはその光景を見て、母親が帰って来ない、「いないいない」という孫の苛立つ気持ちを彼自身にも転移しながら、放り投げられた糸巻きが隠れたり現れたりすることに「反復強迫」が見られる、と考えた。しかしフロイトがエルンストの遊びを見たのは一九一五年である。一九一五年にはゾフィーはまだ生きている。それから五年後に、本当にゾフィーはエルンストとフロイトの前から姿を消す。今度こそ、母親をいくら待っていても彼女は息子のもとには戻らない。それなのに「本当にゾフィーが死んでいなくなったときには、エルンストは何ら悲しみを示さなかった」。むろん、エルンストの「沈黙」は母の死の受領ではない。事態は全くその逆である。エルンストの「沈黙」は、ちょうどドイツの第一次世界大戦の敗北の時のように、母親ゾフィーの死を「否認」しているのである。

デリダはこの fort/da［いないいない／ばあ］のエピソードを導入することによって、ハイデガーもまたエルンストのように帰らない母親、ドイツ語という母国語を待っていると推理している。あるいは、こうも言えるのかもしれない。ハイデガーは突撃隊のレームに期待を寄せてナチスの党員になった。しかしレームが粛清されることによって、彼はナチスに裏切られ、それ故に一九三四年からはナチスとある距離を取るようになる。ハイデガーは内心ではそのことにかなり苛立っている。だが、ハイデガーはそれでもナチスの党員であることからは決して逃亡しなかった。その代わりに彼はヒトラーという母を信じ、エルンストのように糸巻き遊びをしてその母の帰りを待っていた。そして一九三五年に『形而上学入門』の講義をした。

もちろん『形而上学入門』の時点では、ナチスもヒトラーも滅びてはいない。ハイデガーは糸巻きで遊びながら、なかなか帰宅しないヒトラーを苛々しながら待っている。けれども、先のフロイトやエルンストについての記述が、その五年後のゾフィーの死の予兆を指し示していたのだとするなら、ハイデガーの身にもフロイトやエルンストと同じことが繰り返されるかもしれない。つまりヒトラーもまた、やがてハイデガーのもとには帰らなくなる、と予言できるのである。事実、ヒトラーは『形而上学入門』のちょうど一〇年後に、ベルリンの地下壕で自殺している。だとすると、先の小川の文章をパラフレーズすると、次のようになるだろう。ハイデガーの『形而上学入門』は、「あたかもヒトラーの死を準備するかのように書き進められ、そこにヒトラーの死が訪れ、待ち受けていたように死の欲動の概念が登場するという、ここに現われている奇妙な時間関係と因果関係は、無時間である無意識の物事の起こり方の特徴を示している」と。ハイデガーの体験は、エルンストの運命（というよりも、エルンストに転移していたフロイト自身の運命）の「反復」なのである。

デリダは「『講演』は『存在と時間』の本質的なものを再び打ち出し確認しているが、それと同様、『「形而上学」入門』（一九三五年）も、『講演』で打ち出された精神への祈願を繰り返す」とする。やはり「反復強迫」である。ハイデガーの一九三五年の『形而上学入門』では、「精神」という言葉が『総長就任講演』よりかなりトーンダウンしている。その一方、ヴィクトル・ファリアスの『ハイデガーとナチズム』によると、一九三三年の夏学期の講義「哲学の根本問題」は、「ヘレーネ・ヴァイスの遺品の中にある聴講生の断片的なノートに基づくもので、厳密な意味では原典からの引用ではない」としてはいるものの、そこでは同じ三三年の『総長就任講演』がヒートアップして、次のように書かれていたことには十分に注意すべきである。

ナチ革命を精神化し、純化しなければならないという意見が、今やいたる所に広がっている。私は問う。どのような精神でもってかと、どこからその精神を持って来るのか、と。我々は今なお精神とは何かを知っているのか、と。我々は久しく、精神とは内容のない鋭い明敏さ、拘束力のない機智の遊び、理性による分析と解体の果てしなき営みだと思ってきた。精神はいわゆる世界理性だと思ってきた。――ところが一方で、精神は久しく、息吹、風、嵐、出撃、断固たる決意でもある。我々は我々の民族のこの偉大な運動を今日精神化する必要はない。精神はすでにあるからである。

突撃隊のレームの粛清を受けて、ナチスと距離を取り始めたハイデガーは、一九三四年には学長を辞任する。ファリアスは「レーム一派が粛清され、同時にハイデガーが超地域的に期待をかけていたその政治的「機構」(ナチ突撃隊)も潰されることになるという事件がこの三か月足らず後に起こったことを考えると、フライブルクにいた彼も、おそらくはこの一触即発の緊張した状況に気づいていたのだろうと推測される」とした上で、次のように書く。

突撃隊が殲滅された後、ナチ党の指導的地位に就いたのは、レームが「反動」と呼んでいたグループ、つまりゲーリング、テュッセン、後にはゲッペルスであった。こうして一九三六年頃以降、ドイツ経済を戦争経済に転換させる道が開かれ、やがて第二次世界大戦に流れ込んで行くことになる。ナチ党の民衆主義的傾向は、決して社会主義的なものではなく、その最も重要な代表者たちは大資本と密接かつ長期的な関係を保持していた。[12]

3 世界の暗黒化

一九三五年の『形而上学入門』では、「哲学の根本問題」で提示された「我々は我々の民族のこの偉大な運動を今日精神化する必要はない。精神はすでにあるからである」という確信は一挙に色褪せてトーンダウンし、ハイデガーはある種のニヒリズムへと陥落している[13]。早くもこの段階で、すでに母親はもう帰らないと、不吉な予兆が彼の胸の内を通り過ぎたのだろうか？

> われわれが世界の暗黒化について語るとき、一体世界とは何であるか？ 世界とはいつも精神的世界である。動物は世界を持たず、また環境世界をも持たない。世界の暗黒化とは精神の無力化を含み、精神の解消、消耗、駆逐、誤解を含んでいる。そこで、この精神の無力化を一つの観点、それもほかならぬ精神の誤解という観点から明らかにしてみよう。

こう書いてから、「精神の無力化が自己自身に由来して」いることを指摘して、今度は話をドイツの運命へといきなり転じて次のように書き進める。

> ドイツにおいては十九世紀の前半に、好んで簡単に「ドイツ観念論の崩壊」と言われている出来事が生起した。この常套語は、いわば楯のようなもので、このうしろに、既に開始した精神喪失性、精神的諸力の解消、根拠を根源的に問うことをすべて拒否すること、およびこれらのすべてに対する人間の執心などが隠れ潜んでいる。というのは、ドイツ観念論が崩壊したのではなく、十九世紀前半という時代

がもはやドイツ観念論というあの精神的世界の大きさと広さと根源性とにふさわしい成熟を保つに足るほど、つまりそれらを実現するに足るほど強くなかったのだからである。

問題は一九世紀前半にすでに起きていて、そこから第一次世界大戦後の没落へと至ったという論法である。では何が失われたのか、その中身と言えば、次のようなものとなる。

そのつど本質的なものが人間へと到来し復帰するその源をなしているあの深み、そのようにして人間を無理にも優越の地位に押し上げげ、その人間を別格のものとして行為させるあの深み、そういう深みのなくなった世界へと現存在はすべりこみ始めたのであった。すべてのものは同じ一つの平面、もはや映すこともせず、何ものをも反射しない曇った鏡にも似た、一つの平面へと陥ってしまった。延長と数という次元が有力な次元となった。可能ということは、もはや力の高らかな充満と支配とから出てくる能力と浪費とを意味せず、いくらか汗を流し消耗しながら千編一律の術をあやつるという、誰でも習得できることを意味するにすぎない。

ハイデガーの主張は、フランス革命以降の封建的階級制度の崩壊、つまり伝統の破壊と深く関係している。保守的なドイツはそもそも近代化の後進国であった。ただ時代の大きな流れにより、そのドイツもいつまでも例外ではいられなくなる。事実、第一次世界大戦が起きて、一九一七年のロシア革命に連動した翌一八年のドイツ革命によって、ドイツ帝国は崩壊した。この機に乗じたのが、ソ連とアメリカである。このソ連やアメリカという共産主義と資本主義の発展により、ベンヤミンが「複製技術の時代における芸術作品」で言う次のような事態へと世界そのものが埋没する。それがハイデガーの危惧の正体である。

ここで失われてゆくものをアウラという概念でとらえ、複製技術のすすんだ時代のなかでほろびてゆくものはアウラである、といいかえてもよい。[…]これはあきらかに伝統の震撼であり、現代の危機と人間性の革新と表裏一体をなすものである。こんにちのはげしい大衆運動もこれと無縁ではない。(14)

ベンヤミンが言うのは、一回性のアウラが消え、全てが展示的価値となってしまった大衆化社会の平板さについてである。ベンヤミンのこの論考は一九三六年のものであり、ハイデガーが一九三五年に行った『形而上学入門』の講義とわずか一年しか違わない。こうした複製技術と大衆化の時代では「深みのなくなった世界へと現存在はすべりこみ始め」、「すべてのものは同じ一つの平面、もはや映すこともせず」、それは「何ものも反射しない曇った鏡にも似た、一つの平面へと陥ってしまった」。結果として「延長と数という次元が有力な次元となった」。数の世界とは、故郷と言語を、オリジナルを、そして固有なものを失った匿名の世界のことである。この平板さの中では、アメリカとソ連に代表される「デーモンの信仰の到来、ならびにこれに対する、また自己自身の中での、ヨーロッパの窮状と不安定、これについてはさまざまな兆候がある。その一つが精神の誤解という意味での無力化であって、これは今日なおわれわれがその真っただ中にいる一つの出来事である」。そして精神の無力化の回復とは、ドイツ民族の歴史的な使命であるとの断定的な見解が、何の確たる根拠もないままにいきなり言い出される。

要するにベンヤミンの言う「アウラ」とは、ハイデガーにとっての「ドイツ精神」なのである。だとすれば失われたものは何としても取り戻さなくてはならない。ハイデガーの闘争とは、ブルジョワ革命と、それに続くプロレタリア革命への挑戦であった。さらにハイデガーは次のように書く。

精神とは、全体としての存在者そのもののもろもろの力を盛り上げるもののことである。精神が支配しているところでは、存在者そのものはますます、そしてそのつど、よりいっそう存在的になる。したがって、全体としての存在者そのものについて問うこと、存在の問いを問うことは、精神をめざさせるための本質的な根本条件の一つであり、したがって歴史的現存在の根源的な世界のための、したがってまた世界の暗黒化の危機を制御するための、したがってまた西洋の中心であるわがドイツ民族の歴史的使命を引き受けるための本質的な根本条件の一つである。存在の問いを問うことそれ自身において徹頭徹尾歴史的であること、およびそれがどの程度までそうかということ、したがって存在とはわれわれにとって一つの幻にすぎないのか、それともそれは西洋の運命となるのか、というわれわれの問いが決して誇張や空言ではないのだということ、このことをわれわれはここでは以上のような大まかな筋道においてはっきりとさせることができない。

ハイデガーはこうして聴衆に向けての絶え間ない「問い」のリフレインによって、言葉の内容よりも、聴衆の陶酔をこそ喚起しようとする。けれども本当に陶酔しているのは、実は誰よりもハイデガー自身ではないのか？　デリダはこのハイデガーの見解に大きな疑問を提示する。

脱力化は精神を無権力にゆだね、精神からその力を奪い取り、精神の権威の神経を食い尽くす……。これは力に関しては何を意味するのか？　精神は力であり、かつ力ではない、それは権力を持ち、かつ持っていない、ということである。もし精神がそれ自体、力以外の何ものでもないならば、力そのものであるならば、精神が力を失うことはないだろうし、脱力化が起こることなどはなかろう。しかし、もし精神が力でなく、権力を持たないとしたら、脱力化が精神をその本質において見舞うことなどありえないだろうし、脱力化は精神から由来するものではなくなろう。だから、一方とも他方とも言えず、一方かつ他方と言わねばならない。かくして、世界、力、精神、といった概念の各々が二重化されることになる。これらの概念各々の構造が、自分の分身への関係によって印づけられているのである。これは幽霊的な強迫の関係である。(15)

精神が神のように、もともと絶対的な力を持っているのなら、万能の神が脱力化するはずがなく、またそうでないのなら、神は元々、万能な存在者などではなく、精神と脱力化とは全く無関係である。しかしいまそのどちらとも規定し得ない以上は、ハイデガーの「精神」をめぐる見解は、とりあえず「二重化」ということに置換されるしかない。この「二重化」は「分身的」であり、「幽霊的」である。デリダは別の著書『テレビのエコーグラフィー』で、これと似たようなことを次のように記している。(16)

遺産相続のテーマはかなり早くから現われていて、とりわけ『存在と時間』の最後に展開されることになります。おそらく、不気味、つまり「不安にさせて馴染みなさ」の概念は――ハイデガーのところでもフロイトと同様に憑依のエレメントとして定義されます（自己のもと、故郷とは別のもの、幽霊の再出現など）――『存在と時間』の核心にあります。

注意すべきなのは「不気味」とか「幽霊」というように、デリダがこの『テレビのエコーグラフィー』でも執拗に亡霊の回帰を語っている点である。デリダはあくまでも、ハイデガーの「精神 Geist」という言語に、精神分析学的な抑圧された「幽霊」の回帰を見るのである。

4　母語が残った

一九六四年にハンナ・アレントは西ドイツのテレビでギュンター・ガウスと対話した。『アーレント政治思想集成1』にその記録が掲載されているが、この対話で重要なのはたった二つの質問である。(17)

一つ目はガウスがアレントに対して「お父様は早くにお亡くなりになったのでしたね」と聞いたのに、アレントが「そうです」と答えた後、「すべてがとても奇妙に聞こえると思うのですが、祖父は自由主義的なユダヤ共同体(ゲマインデ)の長であり、ケーニヒスベルクの市会議員でした」と言っている点である。つまり彼女は、ガウスの質問に実は何も答えていないのである。ガウスはアレントの父親の死について聞いたのに、彼女はその質問には何も答えず、聞いてもいない祖父について話している。ただしエリザベス・ヤング＝ブルーエルの『ハンナ・アーレント伝』によると、祖父マックス・アレントが、「私のドイツ的本質が攻撃されたら、人殺しも辞さない」と発言していたことには注意を傾けておく必要がある。アレントはこの「ドイツ精神」を重要視する祖父を、子供の頃とても大事にしていた。(18)

二つ目は、ガウスが「ヒトラー以前のヨーロッパが二度と存在しないことを寂しく思いになりますか。ヨーロッパにいらっしゃる際、何が残り何が救いがたく失われたという印象をお持ちになりますか？」と聞いたのに対して、アレントが「ヒトラー以前のヨーロッパですか？　何の郷愁もありません。残ったものですか？　残ったものは、言葉です」と答えている点である。

もともとこの対話のタイトルが「何が残った？　母語が残った」なのだが、ガウスが続けて「それはあなたにとって重要な意味を持ちますか」と聞いたのに対して、「非常に重要です。私はつねに意識して、母語を失うことを拒んできました」と答えている。またガウスが「あなたはいまでは英語でお書きになっていらっしゃるのですか」と尋ねたのに答えて、「そうです。しかし、距離をなくしたことは一度もありません。母語と他の言語との間にはとてつもない差があります。私に関してはそれは実にはっきりと言い切れることなのです」と話している。

さらにガウスが「最も辛い時期においてもですか？」と聞いたのに対し、「いつもそうです。あの辛い時期には、どうするべきかと考えました。狂ってしまったのはドイツ語ではないでしょう。さらに、母語に代わるものはありません」と答えている。ただしアレントはその後にこうも加えている。「母語を忘れることはできるかもしれません。本当です。私はそれを眼の当たりにしました。その人たちは私よりもうまく外国語を話します。［…］けれどもその言葉は、決まり文句が次から次へと続くものなのです。というのも、自分自身の言語にはあった生産力が、その言語を忘れたときに奪われてしまったからです」と。

ガウスが「母語が忘れられている人びとの事例についてですが、あなたの印象では、それは抑圧の結果でしたか」と尋ねたのに答えて、「はい、そういうことがとても多くありました。私はそうした人びとに接する体験をして衝撃を受けました。決定的だったのは一九三三年ではないのですよ。ともかく私にはそうではありませんでした。決定的だったのはアウシュヴィッツのことを知った日でした」と言っている。

そしてアレントはこう続ける。

しかし、これは別でした。それはまさに、あたかも奈落の底が開いたような経験でした。［…］しかし、これは違いました。これはけっして起こってはならないことだったのです。犠牲者の数のことをいっているのではありません。死体の製造やその他のことを申し上げているのです。［…］このようなことはけっして起こってはならなかったのです。そこで起こったことは、私たちの誰であっても、もはや折り合いをつけることができないものだったのです。

二つ目のガウスの質問から始めよう。「私はつねに意識して、母語を失うことを拒んできました」とするアレントの母国語への偏愛の発言、それはたとえヒトラーによってドイツが瓦解しても、「狂ってしまったのはドイツ語ではないでしょう」ということであり、アレントの論法では、ヒトラーの問題はドイツ語の責任ではない、となるのである。ただし例外はある。自分は体験していないが、「母語を忘れることはできるかもしれません」と彼女は言うからである。それはアウシュヴィッツを経験した人にとっては、母語喪失は例外である、という意味である。ただしそれでさえドイツ語が狂ったせいではない、それはナチスのせいである、という意味にも取れる。

長田陽一は『犠牲と身代わり』の中で、アレントの「何が残った？　母語が残った」をやはり部分的に引用しながら彼女を批判している。つまり「だが、それゆえアーレントは、言語そのものが狂ってしまうという可能性、狂気の言語ではなく言語の狂気があるという可能性、そしてとりわけ母語が狂気と悪の母体である可能性へと踏み込むことができない」とするのだ。[19] さらに長田は「デリダは、ハンナ・アーレントが絶対的な悪を前に譲歩していると指摘する」と書き、デリダが「脆弱に組みたてられたアーレントの答えは絶対的な悪を前にした贖罪の可能性を保持しているかのようだ」と述べる箇所を引用する。そして

「同じインタヴューのなかでアーレントは、アウシュヴィッツが話題になると、これをただちに避けてしまう。母の言語の身体を傷つけることなしに、アウシュヴィッツという［絶対的な悪］と対峙することはできない」とも書いている。

長田の議論は、アンヌ・デュフールマンテルが、やはりデリダの言葉を使いながら書いた『招待』を参照している。その論は、デリダの『歓待について』に収められているものである[20]。ここからはデリダの『歓待について』にテクストを移動して、アレントの発言の検討を続けてみよう。

デリダの『歓待について』の冒頭に、アンヌ・デュフールマンテルの『招待』は掲載されている。デュフールマンテルはデリダの「(…)ハンナ・アーレントは狂気が言語に住み着くことができるなどと考えることもできないかのようだ」という発言を引用する。彼女は、これに付随して次のように述べている。

> 言語とは、われわれにとって最も親密なものだが最も共通のものであり、他者や世界への関係を支配するものであり、その掟はある種の沈黙の野生からわれわれを引き離してくれるのだが、この言語が野蛮さの共犯者ともなりうるということ、このことこそがアーレントが想像することもできなかったことなのだとデリダは驚きをあらわにする。

そしてデュフールマンテルは、やはりデリダの「脆弱に組み立てられたアーレントの答えは絶対的な悪を前にした贖罪の可能性を保持しようとしているかのようだ」を引いてから、さらにこう書く。

> そのためにデリダは、「ドイツ語」を母語へと突き落とし、「狂った」という形容詞を狂気全体へ突き

落す。恐怖と盲目をはらんだ狂気へ。アーレントがまさに確信を持とうとするとき懐疑の種をも播いていることをデリダは示す。彼女が痕跡を消し去ろうとするものを、ある否認が引き立てさせてしまうかのように、謎に満ちた問いの場を支える夜側の斜面をデリダが暴き出すとき、彼の聴衆(écouter)はほとんど精神分析的なものになっている。[…]この限界への移行が果たされたとき、デリダはおのれの前に広がる領土の新しさに注目する。いまや言語は狂気そのものの場として現れるのだ。

さらに彼女は、母をめぐるデリダの次のような言葉を引いている。

母への関係は狂気をはらんでいて、われわれを我が家の謎めいた性格へと導いてゆく。母の狂気は我が家を脅かす。代理=補填(ほてん)不可能な(insuppléable)唯一の存在としての母、言語の場としての母は、狂気を可能にするものである。それは、つねに開かれた狂気の可能性なのだ。

デュフールマンテルは、「アーレントが擁護していた言語の秘密で親密な実態、彼女が「代え難い」ものだと語っていた母語なるものは、みずからのうちに非理性と外傷と憎悪を秘蔵している。言語は「唯一で代理=補填(ほてん)不可能な母に似せて作られている」が、この母において、欲望し愛する近しい世界が恐怖に変わるかもしれない」というデリダの言葉を引用している。そして「もっとも親しいものから不安が生じ、狂った世界が、痛ましく、ほとんど思考不可能な様相で、母によって与えられた世界に、とって代わるのだ」と言って、さらにデリダの次の発言を引用する。

狂気の本質を歓待の本質と関連づけなければならない。もっとも近しいものに対して、荒れ狂わんばかりに統制のきかないものが近づく沿岸海域において。

デリダは明らかに『精神について』と『歓待について』の二つの著書を、ペア（対）として故意に関連づけている。『精神について』では、ハイデガーが彼の攻撃の標的であった。そして『歓待について』では、ハイデガーの弟子のアレントがデリダの攻撃の標的になっている。ハイデガーが「精神 Geist」と言う時、それは母国語、つまり「母」のことを意味していた。だからその文脈で言えば、このアレントへの反論には、ハイデガーへの反論も自ずと含まれている。デリダはあくまでも、母国語と母の限界を提示する。

第三帝国の中では、確かにヒトラーも「ドイツ語」を「母国語」として喋っていた。ヒトラーは第三帝国を支配する指導者だったから、その帝国の内部では、言語とは、あるいは母とはヒトラーのことをそのままに表象していた。またヒトラーは、ユダヤ人から母国語を奪った。その意味では母＝ヒトラーへの、ハイデガーの不用心な距離の取り方は、確かに大きな錯誤をはらんでいると指摘しないわけにはいかない。しかしデリダはハイデガーの全てを敵視しているわけではない。むしろその逆である。よく指摘されるように、彼の『ポジシオン』の中では、「そうです、とりわけ、です。ハイデッガーによってあのいくつかの問いが開かれなかったら、私の試みていることは何ひとつ可能とならなかったでしょう」とか、「あなたがご質問のなかで指摘しておられた通り、私はこう力説します。ハイデッガーのテクストは私にとってきわめて重要である」など、ハイデガーから影響を強く受けたことをデリダは否定していない。[21] だが、ハイデガーの弟子のアレントの、母語が狂気を孕むわけではないという見解だけは、デリダは到底認めるわけにはいかないのである。

5　忠誠的関係

ブルーエルは『ハンナ・アーレント伝』の中で、ハイデガーが一九三五年にドイツ語を、「諸々の言語のなかでもっとも力強いと同時にもっとも精神的である」と言っていた、と書いている。また彼女は、「ドイツ語は、超俗的で政治的にナイーヴな彼の文化的保守主義の核心をなすものだった」とも指摘している。やはり核心部分には、母の存在があるようだ。となるとこの議論の焦点は、その「母」が果して常に信頼できる存在なのか否か、という点にかかっている。

ハンナ・アーレントにとって、ハイデガーが「精神 Geist」として掲げるドイツ語は、あくまでも例外的なのである。ほとんどそれは、不文律と言ってもいい。原因の一つは、一〇代の終わりからの、ハイデガーとの恋愛関係が終生に亘って彼女の「精神」を支配し続けてきたからである。

エルジビュータ・エティンガーの『アーレントとハイデガー』を読むと、ハイデガーに対する彼女の「忠誠的関係」の心情がよくわかる。[22] エティンガーは二人の関係を大きく三つの時期に分けている。一九二五年から一九三〇年までの恋愛の期間、一九三〇年代初期から一九五〇年のハイデガーのナチス入党の時期、一九五〇年から一九七五年までの、アメリカからドイツへとアレントが繰り返しハイデガーを訪ねた期間である。

アレントがハイデガーに初めて出会った時、ハイデガーには妻と二人の息子がすでにいた。しかも二人は教師と教え子の関係である。そしてハイデガーはアレントと交際を始めた時期に、ちょうど『存在と時間』を執筆していた。『存在と時間』は、あたかもアレントとの恋愛と並行するかのように書き進められた。

ジョルジョ・アガンベンは『思考の潜勢力』の中で「『存在と時間』の執筆が愛のしるしのもとでおこなわれた」と指摘している。またアガンベンは「したがって、現存在のこの存在性格にははじめから一種の原抑圧が属している。ハイデガーが用いている「押しのけられた（obgedränge）」という形容詞は、ずらされ押しやられ、とはいえ完全には抹消されてはいない何か、いわば隠されているという形で現前している何か、ジークムント・フロイトの言う「抑圧（Verdrängung）」におけるような何かを表している」[23]と書いている。アガンベンもまた『存在と時間』を考える上で、ハイデガーとアレントの関係に強い関心を寄せているのである。

エティンガーによると、ある時点から、ハイデガーは自身の身勝手な都合で「彼女をマールブルクから遠ざけようと意を決していた」。二人の関係が他人に気づかれるのを恐れはじめたからである。アレントはこれに不満であったが、なぜか、それにも耐えた。どうして、ハイデガーのためにアレントはそこまでするのか。このハイデガーとアレントの「忠誠的関係」の謎を解く一つの鍵として、エティンガーは実に意味深長なことを言っている。すなわち「アーレントは、ドイツ哲学のなかに宗教の代替物を求め、哲学者のなかにドイツ的なるものの具現、精神（ガイスト）の化身を求めていた若いユダヤ系ドイツ知識人の一人だった」と言うのである。

実はこれと同じような見解を、リチャード・ウォーリンも『ハイデガーの子どもたち』の中で書いている[24]。しかしウォーリンの場合は、ただの仄めかしではすまされない意見を多分に含んでいる。ウォーリンによると、ドイツに住むユダヤ人は「ドイツ文化ないし教養［Bildung］こそは偉大な等化器（イコライザー）であり、ドイツ社会の諸特徴への「入場券」であるという思いちがいをしていた」と言うからである。とりわけ「アーレントの伝記はこの典型にぴったりとおさまる」とする。「彼女もまた、精神［Geist］の諸価値をわがものにできるほど精力的に努力しさえすれば、ドイツ社会への扉は魔法のように開かれるだろうと信じていた」と言うのだ。ウォーリンも先のアレントの「何が残った？　母語が残った」を引き合いにして、フランツ・カフカが母語について「両義的な見解」を持っていたことを次のように書いている。

> ドイツ語がそれを妨げるという理由だけで、私はかならずしも母を彼女が受けるにふさわしい愛で、私にできるだけの愛で愛していないという考えが、今日心に浮かんできた。ユダヤ人の母は〈母〉ではなく、彼女を〈母〉と呼ぶのは、彼女をつまらない喜劇俳優にしてしまうことである。ユダヤ人にとって〈母〉とはとくにドイツ人であり、〈母〉ということばは無意識のうちに、キリスト教的な輝きとともに、キリスト教的な冷たさもふくんでいるのである。

ウォーリンはこのカフカの見解を引用した後で、アレントについて「彼女はみずからを、もっと洗練され高尚であるヨーロッパの知的伝統——精神［Geist］の伝統——と同一視した」とする。さらにウォーリンはこう続けている。

> 彼女は、この伝統の指導的代表者のひとりであるマルティン・ハイデガーのもとで学び、そして彼と恋に落ちた。アイヒマンにかんする著書でユダヤ人にたいするあのような中傷を彼女にさせたのが、ある点ではこうした——不可解な、表面下の——忠誠であったというのはありうることだろうか。

一九五〇年に亡命先のアメリカから故郷に帰ったアレントはハイデガーに再会した。アメリカでのハイデガーの翻訳出版にも奔走した。アレントの仕事のせいで、ハイデガーのご機嫌が悪くなったこともあった。エティンガーの本には次のような記載がある。

『全体主義の起原』の基本をなす考え方が、彼にはきわめて不愉快なものだったことはまちがいない。もっとまずいことに、それは彼自身の弟子の著作、彼がいまでも知的には自分に依存していると思っていた女の著作だった。アーレントはその本で、彼の賛美したナチズムを、彼の憎む共産主義と等置した。さらにわるいことに、彼女はハイデガーの自己防衛の基本路線を掘りくずした。ナチズムと共産主義の等置は、「西欧文明を共産主義の危険から救う」というハイデガーの意図を疑わしいものにしてしまったのである。

しかしそれでも多くの場面では、アレントはハイデガーに対して自己犠牲的にふるまった。たとえば彼女はハイデガーの擁護のためにテオドール・アドルノを強く拒絶した。ハイデガーの『存在と時間』の原稿を売却する仕事にもアレントは協力した。アレントはハイデガーの八〇歳を記念する論文では、「ハイデガーの第三帝国への貢献と支持をできるかぎり小さく見せ正当化しようと、たいへんな苦心を払っている」。

アレントの『精神の生活』の第一部はアイヒマンの問題を射程に入れて「思考」を主題としたが、第二部ではハイデガーを再考するために「意志」をテーマとした[25]。アレントはそこで「「**世界精神**」というこの幽霊のような**誰でもないもの**（Nobody）によって、事実としては存在しても無意味で偶然にあるものに意味が与えられる」と書いているが、[26]最後までハイデガーの「精神 Geist」から彼女は自由にはなれなかった。まるで、ハイデガーの『存在と時間』の「精神」が『形而上学入門』の「精神」を経て、文字通りアレントの『精神の生活』でその円環が閉じられたかのようである。それは二人の関係の円環が閉じることをも意味していた。この本が彼女の遺著となったからである。

アレントは、確かに終生に亘って母国語、ドイツ語に支配されていた。つまり「精神 Geist」に支配されていた。その意味で言えば、デリダの言うように、「ハンナ・アーレントは狂気が言語に住み着くことができるなどと考えることもできない」のであり、かつ「脆弱に組み立てられたアーレントの答えは絶対的な悪を前にした贖罪の可能性を保持しようとしている」のかもしれない。またウォーリンが指摘するように、アレントの中ではハイデガーを例外視する傾向があったことは否定できない。

ウルズラ・ルッツ編『アーレント＝ハイデガー往復書簡』を読むと、彼らの手紙のやり取りが、一九二五年二月一〇日付のものから一九七五年七月三〇日付の手紙まで、五〇年近くも続いていたのがわかる。[27]最初にハイデガーからの手紙が書かれた日付は彼女が一九歳の時であり、彼女が亡くなったのは一九七五年一二月四日だから、ハイデガーからの最後の手紙の四カ月後にアレントは死んだことになる。二人は途中で中断も交えてはいたが、終生恋人同士であった。ブルーエルによれば、アレントの部屋の机の上には、母親のマルタ・コーン・アレントの写真と夫のハインリッヒ・ブリュッヒャーの写真、それにマルティン・ハイデガーの写真が置かれていたという。アレントからハイデガーに宛てられた一九二八年四月二二日付の手紙には、次のように書いてある。

わたしはいつでも、自分に要求されるかぎりのものは与えます、そして道それ自体、わたしたちの愛がわたしに命じた課題にほかなりません。もしもあなたへの愛を失うようなら、わたしは生きる権利を失うでしょう。しかしもしも愛が強いたこの課題を忌避するようなら、わたしはこの愛を失い、そのリアリティを失ってしまうでしょう。そしてもしそれが神の思し召しならわたしは死後にこそもっとよくあなたを愛するでしょう。

アレントは、この手紙で決して嘘はついていない。彼女がガウスの質問に対して、決然と「狂ってしまったのはドイツ語ではないでしょう」と言ったのは、一つには「狂ったのはハイデガーではない」と弁明したかったからに違いない。だが、彼女が「狂ってしまったのはドイツ語ではないでしょう」と言った事情は、ただそれだけの問題、ハイデガーの弁明のためだけではなかった。もっと深刻で重要な秘密が彼女にはあった。秘密とは、ギュンター・ガウスにアレントが故意に返答しなかった一番目の問い、つまり彼女の父親の死の一件である。

6　父の病

エリザベス・ヤング＝ブルーエルの『ハンナ・アーレント伝』によると、ハンナ・アレントは一九〇六年一〇月にハノーファー郊外のリンデンに、パウル・アレントとマルタ・アレントの娘として生まれた。彼らは後に父の病気のためにケーニヒスベルクに引っ越した。父の病気とは、先天性の梅毒である。パウルは若い時代に梅毒に感染したものの、「マラリア熱を誘発する療法」で完治したと見做していた。事実、マルタ・コーンと一九〇二年に結婚する際にも、彼は隠すことなくこの過去の病についてマルタに話している。ハンナを生む時、つまり「彼等が子供をもうけるという危険を冒したときも、病気の症候はみられなかった」。

けれどもハンナが誕生してから二年半後には、パウルはケーニヒスベルクの大学病院での治療が必要になる。「病状は着実に悪化していった」からである。一九一一年の春には、「病気は第三期の初期に達して、機能障害が進み、運動失調のために動けなくなり、精神障害の一つの型である進行麻痺が始まった」。そのため一九一一年の夏には、ケーニヒスベルクの施設に入ることを余儀なくされる。そしてマルタは、「夫の病気が再発してからは、当然のことながら、彼女は娘の身体的健康に疑いがあるときにはとくに心配して注意を怠らなかった」。当時の梅毒についての考え方では、ハンナにも梅毒の遺伝感染のリスクが心配されたからである。

すでに書いたように祖父のマックス・アレントに、ハンナはとてもよくなついていた。「彼女にとって祖父は、実の父親が病気の間、父親のようなものだった」。だからハンナはこの祖父を大変に大事にしていた。その一方で父親のパウルの病気は悪化の一途を辿っていた。たとえばマルタの、夫が亡くなってから一年後の一九一四年一月の記録があるが、そこにはこう書かれている。

苦難の多い悲しい時期を私たちは通り過ぎました。この子は、病気のために父親が恐ろしい状態に変わり果てたのを見たり知ったりしました。ハンナは父親に優しく忍耐強く接しました。一九一一年の夏はずっと父親とトランプをして遊びました。私が彼に荒々しい言葉を投げかけるのを許しませんでした。しかし時には、もう父親がいなければと希いました。ハンナは教えられもしないのに、朝に夕に父親のために祈りました。

ハンナはこの父が、「彼女を識別できないほどに悪化するまで、定期的に父親のもとへ連れてゆかれた」。一九一三年三月に祖父のマックス・アレントが亡くなった。それから約七ヵ月後の一〇月に、まるで父のマックスを追うかのように、息子のパウルも亡くなっている。祖父が死んだ時、マルタは「不快なことはできるだけ自分から遠ざけて、いつも幸せに満ちたりて人生を送りたいというあの子の強い欲求が、ここに典型的に表れています」と書いている。そして父親が死んだ時は、「あの子は、それを私の悲しみごとだと思っています」と記している。

またマルタは、「七歳の娘が二つの大きなものを失ったのにあまり動揺しなかったことが心配だった」と書いているが、まさにそれが問題なのである。「父親の病気はこの子に非常な忍耐と自立を要求したが、彼女はまるで「小さな母親のように」振舞ってそれに対応した」。結果として、「ハンナの憤懣とときに抱いた父親がいなくなればという願望は抑制され、母親が何かひどいことを言うと咎めさえした。父の死後になってやっと、彼女は憤懣の気持ちから解放された」。そして「それからは、この感情は母親に向けられた」。ただしハンナのこの感情は、ついに母マルタに受け入れられることはなかった。ブルーエルはこう書いている。

このような内に秘められた親近感と敵意ないし拒絶の相乗作用は、マックスとパウル・アーレントの二人の死後にマルタが深く悲しんだり長い間家を空けたりしたことで、おそらくいっそう拍車がかかった。

こうして「裏面では、ハンナ・アーレントの憤りに満ちた喪失感は生きつづけていた。自伝的小品「蔭」のなかで、ハンナ・アーレントは、救いのない裏切られた青春、父親のいない青春を語って、自らの憤懣を表現している」。そしてアレントの屈折した母への感情を一九二五年に記したこの「蔭」を、手紙として送付した相手がマルティン・ハイデガーだった。少なくともアレントはハイデガーのことを心から信用していた。たとえハイデガーが本当のところはどのような男であったとしても、彼女はひたすら彼を信じた。これは間違いのないことである。

アレントはハイデガーには自分の奥底の本当の秘密を知らせていた。かなり勇気のいることだったに違いない。アレントにとって母国語とは、やはり母のマルタのことである。それはすでに、ハンナを裏切った母であった。それでもアレントは、ガウスの問いかけに対して「母語が残った」とあえて言った。デリダはそれを彼女の脆弱さと非難したが、常にアレントの発言をそのまま字義通りに受け取る必要はない。それでは物事の捉え方があまりにも単純すぎる。アレントは母に自己を同一化していたわけではない。彼女は母と一体化していたのではない。そうしたくても、それがかなわなかったのだ。母という言葉は、アレントの内部ではすでに汚染されていた。言葉に狂気がとり憑くことは、アレントが子供の時に、すでに十分に悟っていたことである。

ただ、彼女にはこの上に母までもが本当にいなくなって、たった一人になるのが耐えられないほどに恐ろしかったのである。「母語が残った」というのは、母を信じているという意味ではなく、一人きりになるのが耐えられない、という彼女の本音を転倒させた発言である。エティンガーは、アレントが「母親がもう帰ってこないのではないかと不安におびえた」と書いている。また「彼女は母親の愛を得るために、父親を思う自分の気持は彼の顔が梅毒で損なわれてもちっとも変わらないというふりを、懸命になってしたものだった」とも書いている。それなのに母親マルタは、アレントが一三歳の時に再婚した。彼女はこれで本当に一人きりになった。

先に私は、フロイトの娘のゾフィーが亡くなった時に、ゾフィーの息子のエルンストが動揺を見せなかったことについて触れた。むろん、彼は母がもう戻らないことを知っていた。「本当にゾフィーが死んでいなくなったときには、エルンストは何ら悲しみを示さなかった」。エルンストとアレントは、この点でとてもよく似ている。小川豊昭が言うように、そうなるとエルンストもアレントも、「心的装置の外皮が外傷となる現実を処理しきれない」ので、「心的外傷が生じ、それは感情を伴わず、その外傷は執拗に反復される」だろう。辛抱して抑圧していたもの、つまり母への信頼と母への憎悪は、矛盾として混在したまま、その後も繰り返し、彼女の無意識の中から幽霊（ガイスト）として回帰する。アレントも第一次世界大戦後のドイツ人たちとは別の意味で、母との関係で「失敗」を「失敗」していた。

アレントがハイデガーに手紙として見せた「蔭」には、「分身」と「二重化」という言葉が書いてある。これはデリダがハイデガーの「精神 Geist」を分析する際に、好んで何度も使っていた言葉である。アレントは「自分の生を二つの分身にわけてしまうことに馴染んでいた」。裏切った母への憎悪、それでも母の帰宅をまだ待つというある種の倒錯した信念は、ハイデガーという母にも転移されることになった。アレントがハイデガーを終生失いたくなかったのは、このためである。彼女がハイデガーに見ていたのは、生身の彼自身ではない。それは、アレントの中に抑圧した、本当はこうあって欲しいと望んでいる彼女にとっての母の理想像である。ハイデガーにアレントが繰り返し会ったのは、アレントの方からすれば、その欲動はただの男女の恋愛というよりも、良くも悪くも彼女の抑圧の回帰、つまり母の「幽霊 Geist」との対面であった。それはまさにハイデガーが勇ましく主張していたドイツの母、「精神 Geist」だった。アレントは五〇年間に亘ってハイデガーに会っていたのではなかった。彼女自身の無意識に抑圧した母と会っていたのである。言うなれば、ハイデガーと会っていた時、彼女はずっと「幽霊（ガイスト）」と会話していたのだ。

「父親が死に臨みつつ自宅で過ごした二年間は、ハンナ・アーレントが「父親が病のために恐ろしく変わり果てる」のを目にした二年であった」。スーザン・ソンタグの『隠喩としての病』には、梅毒について次のように書かれている。(28)

梅毒は恐ろしいだけでなく、品格をおとしめる野卑な病気と考えられた。民主主義に反対する者たちは、平等主義の時代の不浄さを言うためにこの病気を利用したりした。ベルギーに関する未完の書物のための晩年のノートのなかで、ボードレエルは書いている。

『われわれの誰もの血管の中に共和国の精神が流れている、ちょうど梅毒が骨の中にまで侵入しているのと同じで――われわれは民主化され、性病にかかった』。

道徳的に堕落させ、肉体を虚弱にさせる伝染病としての梅毒は、十九世紀末から二十世紀初めにかけての反ユダヤ主義の標準的な比喩にまでなってゆくのである。一九三三年、ヴィルヘルム・ライヒは「梅毒に対する非合理な恐怖感こそ、ナチスの政治観及びその反ユダヤ主義の大きな源泉となったもののひとつであった」と論じている。

「精神 Geist」という言葉は、どこか暗い闇にとてもよく似ている。それはまるで人の無意識のようである。だとすれば、それは精神の黒い森だ、と比喩的に言えるのではないか。ハンナ・アレントがずっと住んでいたのは、そうした暗くて黒い森の中であった。

註

(1) ジャック・デリダ『[新版] 精神について』、港道隆訳、平凡社、二〇一〇年。本稿においてデリダの『精神について』と書いた場合、特に断り書きがない時は全てこの本による。
(2) ジョージ・スタイナー『マルティン・ハイデガー』、生松敬三訳、岩波現代文庫、二〇〇〇年。本稿においてスタイナーと書いた場合は全てこの本による。
(3) ヴォルガング・シヴェルブシュ『敗北の文化』、福本義憲他訳、法政大学出版局、二〇〇七年。
(4) エルンスト・ブロッホ『ユートピアの精神』、好村冨士彦訳、白水社、二〇一一年。
(5) エルンスト・ブロッホ「空虚さ」、『この時代の遺産』、池田浩士訳、水声社、二〇〇八年に所収。
(6) 小川豊昭「快原理の彼岸」による。西園昌久監修『現代フロイト読本2』、みすず書房、二〇〇八年に所収。本稿において、小川の発言は全てこの論による。
(7) ルートウィヒ・ビンスワンガー『現象学的人間学』、荻野恒一他訳、みすず書房、一九六七年。
(8) スラヴォイ・ジジェク『汝の症候を楽しめ』、鈴木晶訳、筑摩書房、二〇〇一年。本稿においてジジェクと書いた場合は全てこの本による。
(9) サミュエル・ベケット『ゴドーを待ちながら』、安堂信也訳、白水社、二〇〇九年。
(10) マルティン・ハイデッガー「ドイツ的大学の自己主張」、『30年代の危機と哲学』、矢代梓訳、平凡社、一九九九年に所収。
(11) ジークムント・フロイト「快感原則の彼岸」、『自我論集』、中山元訳、ちくま学芸文庫、一九九六年に所収。本稿において「快感原則の彼岸」と書いた場合は全てこの論による。

(12) ヴィクトル・ファリアス『ハイデガーとナチズム』、山本尤訳、名古屋大学出版会、一九九〇年。以下、本稿においてファリアスと書いた場合は全てこの本による。

(13) マルティン・ハイデッガー『形而上学入門』、川原栄峰訳、平凡社、一九九四年。以下の『形而上学入門』からの引用は全てこの本による。このハイデガーの引用に際しては、その考察において北川東子『ハイデガー　存在の謎について考える』、NHK出版、二〇〇二年も参照した。

(14) ヴァルター・ベンヤミン「複製技術の時代における芸術作品」、『複製技術時代の芸術』、高木久雄他訳、晶文社、一九九九年に所収。

(15) デリダの『精神について』のこの訳文に関しては、アレクサンダー・ガルシア・デュットマン『思惟の記憶』、大竹弘二訳、月曜社、二〇〇九年による。

(16) ジャック・デリダ『テレビのエコーグラフィー』、原宏之訳、NTT出版、二〇〇五年。

(17) ハンナ・アレントとギュンター・ガウスの対話「何が残った？　母語が残った」、ジェローム・コーン編『ハンナ・アーレント政治思想集成1』、齋藤純一他訳、みすず書房、二〇〇二年に所収。以下、本稿においてガウスとの対話と書いた場合は全てこの本による。

(18) エリザベス・ヤング＝ブルーエル『ハンナ・アーレント伝』、荒川幾男他訳、晶文社、一九九九年。以下、本稿でのブルーエルの発言は全てこの本による。

(19) 長田陽一『犠牲と身代わり』、春風社、二〇一一年。以下、本稿において長田と書いた場合は全てこの本による。

(20) アンヌ・デュフールマンテル『招待』、ジャック・デリダ『歓待について』、廣瀬尚彦訳、産業図書、一九九九年に所収。以下、本稿においてデュフールマンテルの発言とデリダの発言で特に断り書きのないものは、全て『招待』による。

(21) ジャック・デリダ『ポジシオン』、高橋允昭訳、青土社、二〇〇〇年。

(22) エルジビュータ・エティンガー『アーレントとハイデガー』、大島かおり訳、みすず書房、一九九六年。以下、本稿においてエティンガーの発言は全てこの本による。

(23) ジョルジョ・アガンベン『思考の潜勢力』、高桑和巳訳、月曜社、二〇〇九年。

(24) リチャード・ウォーリン『ハイデガーの子どもたち』、村岡晋一他訳、新書館、二〇〇四年。以下、本稿においてウォーリンの発言は全てこの本による。
(25) ハンナ・アーレント『精神の生活』上下、佐藤和夫訳、岩波書店、一九九四年。
(26) 前掲書の下巻による。
(27) ウルズラ・ルッツ編『アーレント＝ハイデガー往復書簡』、大島かおり他訳、みすず書房、二〇〇三年。
(28) スーザン・ソンタグ「隠喩としての病」、『隠喩としての病　エイズとその隠喩』、富山太佳夫訳、みすず書房、一九九二年に所収。

8

エディプスの彼岸

1 「原文」と「翻訳」

メアリー・フルブロックはその著書『ドイツの歴史』の中で、一五世紀から一六世紀初めの時代について、「それがヨーロッパの歴史におけるターニングポイントとなっている」として次のように書いている。(1)

この時期に起こった変化を列挙してみよう。一四九二年のアメリカの「再発見」は、ヨーロッパにとっての新世界を切り開き、旧世界に対して経済と政治の両面で重要な影響を与えた。封建体制が中世末期に危機を迎えると、資本主義の発達を予告するかのように、私有財産を持たない賃金労働者が一つの階級を形成しはじめた。各国の中央集権化が進むにつれて、国際関係を基とした全ヨーロッパ的なシステムが生まれ、主権の分散ないしは地方による分権統治を基本とする封建的なシステムは崩れていった。グーテンベルクによる活版印刷術の発明は、知識人の生活を根本的に変え、また、マルティン・ルターが始めた宗教改革は、領邦国家の独立の過程と各地方の宗教的な自立の過程が結びつき歴史的な波を形成していく中で、中世キリスト教世界の宗教的、文化的な統一性を粉砕した。

フルブロックの記述は、一見しただけでは当たり前のように見えるかもしれない。だがよく読んでみると、一五世紀に一斉に起きたさまざまなモチーフが中世の伝統的な体制を破壊し、ここからあらゆるものを合理主義の名の元に、「原文」＝伝統を上書きする政治学が稼働し始め、そしてその力学がローカルなものを全ヨーロッパ的なものへと「翻訳」していく事態が明快に描き出されている。ただしドイツはその「翻訳」の例外に位置づけられている。フルブロックは次のように書いているからである。

これらは確かにヨーロッパの歴史を大きく変える出来事ではあるものの、ドイツ史の連続性を断ち切るほどのものと考えるべきではない。実際、一四世紀半ばから一七世紀半ばまでの時期は、中央権力が広い地域を穏やかに支配する帝国の枠内で地域的な独立主義が継続的、段階的に発達していったことが大きな特徴となっている。ドイツ社会は主に土地を介した封建的な主従関係の上に成り立っていた。イギリスの経済が拡大して行く一方で、ドイツ経済の成長は遅く、長いあいだ停滞が続いた。また、歴史家が宗教改革の中に「近代性」の要素を見出してはいるものの、一六世紀の思想や信条には、本質的に「中世的」なものが数多く存在する。

ドイツが近代化のはじまりに大きく遅延したとするフルブロックの見解は、確かに歴史的に正しいものである。彼女によると、ドイツの封建的体質が解放されたのは一九世紀初期になってからだという。その時期になってようやく「封建的な身分社会が階級社会に置き換わった」。

だが話をヨーロッパ史全体の発展に移し替えれば、「歴史家が宗教改革の中に「近代性」の要素を見出している」という視点もやはり正しいことが理解できる。確かにルターの宗教改革は当時のドイツの危機感を煽り、ドイツ人に伝統からの離脱を強く訴えるものであった。しかしそれは、ヨーロッパ全体に広がる力をその内側に強く持っていた。ジョン・マンはその著書『グーテンベルクの時代』の中で次のように書いている。(2)

ルターは「ドイツ国家」に向かってドイツ語で話しかけている。彼の訴えは外国支配にあきた人々に対するものだった。彼の力強い言葉は文化的な民族主義の礎となり、政治的にも劇的で持続性のあるインパクトをもたらした。ただし、国民国家の創設という論理的な結論にいたるには、さらに四世紀を要することになる。しかし、ドイツで解き放たれた潮流——プレス機、言語、ナショナリズム——は、ヨーロッパのどこにでもあてはまる。

実際、ルターの宗教改革は本当の意味で革新的なものだった。ユダヤ教は律法などの独特な戒律に縛られていた。他の民族からすれば、それは妥協を許さないものに見えた。そのためユダヤ教は意図せず排他的になってしまった。だからあくまでも結果的にであるが、彼らは狭い共同体の中に自らを封じ込めざるを得なかった。そのことは確かにユダヤ教をユニークな存在にしているが、その一方で、それこそがユダヤ教を今もなお孤立させ、それを普遍化させ得ない要因となっている。(3)

この孤立を粉砕しようとしたのがパウロのキリスト教である。キリスト教は閉ざされたユダヤ教をもっと万民にわかり易い宗教へと上書きすることを企んだ。しかし、そのパウロのキリスト教もまた普遍化が停滞する運命にあった。カトリックでは修道院がユダヤ教とは別の意味で超越的な倫理になって、世俗からあまりにも遊離したからである。ルターの宗教改革の肝心なポイントは、この修道院の象徴的な粉砕にある。だが彼は修道院そのものを否定したわけではない。それを別のものに「翻訳」したのだ。彼は修道院の戒律に当たる部分だけを取り出して、それを日常へと拡大化した。この拡大化こそが「原文」の「翻訳」であり、普遍化である。

フルブロックによれば「聖なる生活――つまり聖職者として生活すること――に絶対的な価値を置く中世カトリックの考え方とは対照的に、ルター主義者は、現世での毎日の労働もまた神の意思を実践しているのだと考えた」。そうした「ルターの考えでは、信仰のみが救済を可能にするのであった」。それは「信仰のみによる義認」という信念である。救済は神の方からのみ与えられる。人はそのために規律正しい厳格な努力をしなくてはならない。ここから「あらゆる人は修道士」であり、「すべての信徒は僧侶である」というルターに特徴的な考えが出てくる。具体的には言葉で書かれた「聖書のみが権威の根拠」である。よって「個々人が聖書を理解することが重要である」とした。プロテスタントにとっては、日常生活そのものが戒律に満ちた修道院のようなものとなった。

言ってみれば、内側に閉じていた修道院を外側の日常へとそのまま「反転させた」のがルターの宗教改革の手法だった。しかし修道院を現世へと「反転させた」だけでは、プロテスタンティズムは稼働しない。プロテスタンティズムを稼働させるには、それとはまた別の力学が必要である。その一つは「翻訳」であり、もう一つは「貨幣」である。そして最も重要なのがこの二つを介在する「言語」である。「翻訳」はプロテスタンティズムの「倫理」と「禁欲」と「合理性」を発動させるための「政治的概念」であり、「貨幣」はそれを「資本主義」へと転化させるための「経済的概念」である。言語を中核に据えながら、この政治と経済とが複合されることで、プロテスタンティズムが大きく稼働し始める。マックス・ウェーバーの言い方に倣うのなら、「プロテスタンティズムの倫理」と「資本主義の精神」とがそこにおいて出合うのである。ルターが行った宗教改革は確かに宗教上の改革に見えるが、その手法は極めて政治的であった。実際に彼は皇帝と教会に挑戦するために、かねてよりその双方に不満を持っていた「領邦を支配する諸侯」の心理を巧みに活用した。ルターは皇帝や教会という既存の大勢力から、「領邦を支配する諸侯」に政治権力が移動することを故意に企んだのである。

冒頭のフルブロックの引用を読み変えてみよう。彼女は「封建体制が中世末期に危機を迎えると、資本主義の発達を予告するかのように、私有財産を持たない賃金労働者が一つの階級を形成しはじめた」と書いている。しかし封建体制の崩壊が、資本主義を生み出したのではない。その逆である。資本主義の力学が伝統を破壊したのである。貨幣の重要性が認識されたからこそ古い体制が崩れたのだ。同じ時期の「グーテンベルクによる活版印刷術の発明」をこれに重ねてみるとよくわかる。活版印刷術のおかげで、ルターによって「翻訳」された新しい聖書が多くのドイツ人に安価に購読可能になる。だが活版印刷術で生産されるようになったのは聖書だけではない。これで貨幣そのものがいずれ大量生産される時代が予告されたのである。事実、貨幣と活字印刷の関係について、マイケル・ポラードはその著書『グーテンベルク』の中で、造幣局のプレス機の硬貨製造がグーテンベルクの活字製造に大きな影響を与えているのを指摘している。[4]「プロテスタンティズムの倫理」と「資本主義の精神」の二つがすでに、宗教改革の時点で深く関係していたことがこれでよく理解できるだろう。

メアリー・フルブロックは、「各国の中央集権化が進むにつれて、国際関係を基とした全ヨーロッパ的なシステムが生まれ、主権の分散ないしは地方による分権統治を基本とする封建的なシステムは崩れていった」と書いていた。つまり、宗教改革という新しい概念によって「全ヨーロッパ的なシステム」が生まれたのである。原理的に言うと、プロテスタントという一つの宗派へと人々を改宗させて、そこに同一化させ、標準化させ、規格化させ、世俗化させ、平板化させる「普遍主義」が誕生したのである。どうして普遍化が生まれたのか。それはルターの「翻訳」によって伝統的な「原文」が全く別のテクストに故意に転換されたからである。この場合の「原文」とはラテン語やギリシア語で書かれた「聖書」のことである。「翻訳」とは、新しいドイツ言語によって、古い言語を意訳することである。そしてそれを用いて人々を改宗させることであり、それこそが伝統の破壊である。フルブロックはこう書いている。

彼の翻訳はドイツ語の書き言葉を標準化し統一する上で大きな役割を果たした。新高地ドイツ語が地域ごとの言葉の違いを超えて標準的なドイツ語として定着するきっかけとなったのは、まさにルター訳の聖書だったのである。もちろんルターにとって、言語に関する問題は大きな関心事ではなかった。彼の翻訳の目的は、神の言葉、すなわち聖書を、誰もが理解できる言葉に置き換えることだったのである。

「翻訳」という仕組みが「書き言葉を標準化し統一する上で大きな役割を果たした」。「翻訳」によって異なる数多くのドイツ人が聖書を同じような意識で読めるようになったのである。ある意味では聖書そのものではなくて、「翻訳」という行為そのものが近代化——言語も含めての標準化、規格化、量産化——の本質的概念だった。ここに職業の専門化、「分業」が加わるわけだから、それを同一標準言語、同一標準体制によって統率されるナショナリズムの起源としてもいい。あるいは資本主義の原則論の誕生だとも言える。私が言いたいのは「翻訳」という力学そのものが「普遍化」の思想をそのままに意味しているということである。「原文」(聖書)という異質なものを、ルターの新しいテクストに意訳する。ルターによるものではない教義を、ルターの真意へと巧みにすり替える。これは同時期に起きていた新大陸の植民地化の内実をも予告している。そこで征服者は彼の思考体系へと、植民地の伝統をすっかりとすり替えたからである。

しかし先のフルブロックの指摘の前半部分は正しいが、後半の部分が錯誤している。というのもルターの「翻訳」において「言語に関する問題は大きな関心事ではなかった」のではなく、「言語に関する問題は大きな関心事」であったからである。「翻訳」は確かに大きな武器であり欲望だが、その「翻訳」とともに、象徴的な意味で主軸となるのは「言語」である。その理由は二つある。マーシャル・マクルーハンはその著書『グーテンベルクの銀河系』の中で次のように書いている。(5)

言語は、経験を備蓄するのみならず、経験を一つの形式から他の形式へと翻訳するという意味でメタファーであるといえよう。貨幣も、技術と労働とを備蓄するだけではなく、一つの技術を他の技術へと翻訳するという点でやはりメタファーである。ところでこの交換と翻訳の原理、つまりメタファーの大本はわれわれのなかにある合理主義(ラショナル)な力、すべての感覚を相互に翻訳しあう力のなかに内在しているのであり、われわれが刻一刻生きている間にもこの感覚の相互翻訳という作業が行われているのである。

もう一つはより具体的な事柄である。何度も言うが、ルターの「翻訳」は「原文」に忠実ではない。むしろその逆である。彼の「翻訳」は言わば「意訳」であり、「原文」の宗教信条の「翻訳」と主張しながら、実際は原文の肝心な部分を故意に自身の宗教信条に「上書き」している。成瀬治らによる『ドイツ史1』には、この事実が次のように書かれている。(6)

しかし、この翻訳の成功にたいしてカトリック側はあまりにも誤訳が多すぎるとはげしい批判をした。たとえば、『ローマ書』第三章二八節「信仰によりて義とせらる」を「信仰のみによりて義とせられる」と翻訳したことは、ルターの改革基本理念にかかわるだけにとくに問題とされた。しかし、ルターは原文の力を表現し、その思想を翻訳するには「のみ」という付加語が不可欠だと一貫して主張した。翻訳それ自体についても問題をふくむ部分があったが、印刷術をつうじてルターの聖書翻訳が全ドイツにひろがり、いわば「共通語」としての近代ドイツ語が創造されることになったことは否定できない。

ペーター・ブリックレもいま述べたことをその著書『ドイツの宗教改革』の中で、別の角度から説明している。(7) ブリックレはマックス・ウェーバーの『プロテスタンティズムの倫理と資本主義の精神』を引き合いに出して、そこに職業（Beruf）という概念を見つけ出し、次のように書いている。

「ベルーフ」（Beruf）というドイツ語は、よく耳を傾けて聞くと、英語の「コーリング」（calling）という表現と同じように、神から与えられた使命という意味の宗教的基調を持っているが、子細に見ると、この言葉の今日的な意味は、聖書の翻訳に、もっと正確に言うと、ルターの聖書翻訳に由来していることがわかる。新約聖書のギリシャ語版とラテン語版には、ベルーフ〔＝職業〕という概念に相当する表現はなく、ルターがこの概念を導入したのである。［…］ルターは旧約聖書の「ベン・シラの知恵」一一章二〇、二一節を、「汝の職業（Beruf）にとどまれ」と訳しているが、カトリックのドイツ語訳聖書では、ここは「汝の労働（Arbeit）にとどまれ」となっている。このように訳すことでルターは、神から課せられたものとしてベルーフ（Beruf）を、自己の存在を再生産するのに必要なものとしての労働（Arbeit）と結びつけたのである。これによって、労働は何よりも罪と罰であるとする従来の解釈がもはやなくなり、労働は神への奉仕であると解釈されることになった。

ルターの「翻訳」は、「原文」の「信仰によりて」を「信仰のみによりて」と改訳したり、「原文」の「労働（Arbeit）」を「職業（Beruf）」へと改訳することによって「原文」を「改宗」した。「労働は何よりも罪と罰であるとする従来の解釈」が、これにより「神への奉仕」へと一八〇度転倒される。これはもう「翻訳」ではない。明らかな新稿である。「翻訳」と主張するのは、それによって社会的な信用性を得るための戦略である。さらに彼は文意だけでなく「言語」も「意訳」した。伝統とは全く異なる新しいドイツ語を創造したからである。旧約聖書のラテン語やギリシア語はただの言葉ではなく、言葉が教養そのものの精神を引き継いでいる。言語とは精神だからである。伝統と言語と精神は一連のものとして鉄の鎖で強く結びついているが、ルターはこの古い鎖をほどいてバラバラにしてしまった。ルターが破壊したのは、実は伝統の精神である。以降のドイツ人はこの近代のドイツ語を使用することで、ルターの精神に支配されることになる。先の『ドイツ史1』によれば、トーマス・マンは、この事態を歓迎して次のように書いている。

彼はあの卓抜な聖書翻訳によって、後にゲーテとニーチェが完成に導いたドイツ語をまさに初めて創造したばかりでなく、スコラ学の桎梏を打破し、良心を甦らせたことによって、研究、批判、哲学的思索の自由を強力に推進した。

同じことをマクルーハンは、フューブルとマルタンの発言を引用しながら説明している。

ルターはあらゆる領域で現代ドイツ語に近い言語を作った。彼の著作は種種雑多な分野におよんだために、また彼の文章の文学的香りのために、さらに信心深いひとびとの眼には彼自身の手によって訳出された新約聖書のテキストそのものに属しているかに見えるほどの、半ば聖書的な筆運びのために、ルターのドイツ語はまたたくまにドイツ語のモデルとなったのであった。ルターが使用する用語は文字を読むすべての人の眼に触れたために……世間を征服し、彼の書き物を通して中世ドイツにしか使われなかった数々の言葉が再びひろく採用されるに至った。かくてルターが使用する語彙は一大流行をきたし、絶対の権威をもって君臨したために、ほとんどの印刷屋は彼の語彙からいささかでも離れることに強い躊躇を感じたのである。

ルターがこの時に「翻訳」を通して行ったのは、自らの宗教改革による新しい「教義」の構築だけでなく、実は「言語」そのものへこだわりの提示でもあった。人間が生まれて伝統や精神を学ぶのは、母から教えられる「母国語」による。だから人の根幹にあるものは、抗しがたく常に母の言語である。ブリックレは次のように書いている。

信仰に至るための媒介はロゴスであり、キリストであり、福音という形で啓示された神の言葉である。［…］恩寵と信仰が「神の言葉」と密接な関係にあるかぎり、ルターにおいては秘跡は、神の言葉が臨む場合の特殊な現象形態と理解される。言葉そのものが、秘跡の働きをするのである。実際には――キリストそのものが言葉であるから――、キリストという一つの秘跡のみが存在することになる。

だがルターは、伝統的な言語を改訳して、それを新しいドイツ語に取り換えた。それは新しい母の言葉に「翻訳」された。しかしルター以前の母国語が本来の母であるなら、ルターの行為は「原文」の侵犯、つまり伝統的な母の侵犯に該当する。だとするとルターの新しいドイツ語とは無意識の内に「インセスト・タブー」を抑圧していることになるが、これ以降、実際にこのルターのドイツ語が権威となって、ドイツの母から子供へと代々それが伝えられたのである。つまりプロテスタンティズムの「倫理」の背後には、古い母の侵犯と抑圧が潜んでいる。

仮にそうだとすれば、ルターの言う通りに「倫理」と「合理性」を厳格に突き詰め過ぎると、忘却した非合理性が回帰して、合理主義に復讐し始めるかもしれない。非合理性は倫理や合理性の外部にあるから、倫理や合理性の力では手が届かない。死がそのいま死ぬ人に認識不可能なのと同じように、人間には手の届かない彼岸（無意識）に非合理性は設定されている。しかし教義は人に――たとえば、カルヴァンの「予定説」に明らかであり、マックス・ウェーバーが『プロテスタンティズムの倫理と資本主義の精神』で書いたように――それでも倫理を重んじて、合理的精神を推進するように命令する。「倫理」の彼岸にあるものに手が届かないのはわかっているのに、ルターやカルヴァンは、それでもそれが神による唯一の救いだと人々を「誘惑」する。

そもそもルターが宗教改革へと至った理由は、「一五一七年に行われた贖罪符の販売は、あまりにも恥ずべきものであった」と感じたことにあった。当時、マクデブルク大司教アルブレヒトは、フッガー家から教皇を買収するために多額の資金を借りており、その資金を利用して「皇帝選挙権をもつマインツ大司教の地位」を獲得した。ルターが激怒したのはこれである。彼は「そのような理由で貧しい人々が搾取を受けねばならないのだとしたら、それは社会的に恥ずべきことである」と感じたのである。つまりルターは父＝大司教を恥じた。父を恥じるとは、父を侮蔑することであり、これはジークムント・フロイトが『夢分析』で想起する少年時代の父を恥じた経験——ここからフロイトはエディプス・コンプレックスへと至るのであるが——と折り重なる象徴的な意味での「父殺し」である。

3　死を追い越す

フルブロックはルターの宗教改革のその後を、次のように書いている。

同じくスイスのジュネーヴでは、フランス人のジャン・カルヴァンが、やはり人文主義の立場から、ツヴィングリにも増していっそう論理的かつ合理的な体系をつくりあげた。カルヴィニズムは、第一世代が部分的にしか実現できなかったと見られていた改革を完成させるために「第二の宗教改革」を起こしたのである。一口にカルヴァン派とはいっても、神学上は複数の分派が存在したが、カルヴィニズム全体としてのルター派との最大の相違点は、予定説についての考え方、つまり宿命という中心的な概念についての考え方だとされている。カルヴァンの考えでは、人はカトリックが考えるように善行によって救済を受けることもなく、またルターが考えるように信仰によって救われることもない。偉大なる全知全能の神は、あらゆる個人を、あらかじめ選ばれた者（救われる者）と罪に堕ちた者とに選別し、運命づけてしまっており、命に限りがあるただの人間に、あらかじめ決定された自らの運命に影響を及ぼす術はない。そうカルヴァンは考えたのである。

しかしそれでは、救いの可能性の根拠が全く消えてしまう。「あらかじめ決定された自らの運命に影響を及ぼす術はない」と規定されてしまうと、原理的にはもう人を思うようには「誘導」できない。だがカルヴァンの「予定説」のしたたかな戦術は、こうしていったん「あなたは救われないかもしれない」と恐怖を人に与えておいて、次にすかさず「しかし可能性は残されているかもしれない」と耳元で囁くことにある。一度、可能性を否定された後で、再度、わずかな可能性が残っていると示唆されると、人は一度絶望した分だけ、それよりも倍加した信教への枯渇感を抱くものである。これは資本主義が商品を人々に欲望させる仕組みにとてもよく似ている。フルブロックは続けてこう書いている。

カルヴァン派の宗教共同体は、極端な社会統制を特色とする。そこでの個人の行動は、予定説の教義から論理的に引き出されるような運命への服従とは程遠く、自分が神に選ばれた者であることを示すしるしを常に探し求める人間の心理から必然的に引き出されるような自己修練を特徴としていた。

カルヴァン派の「予定説」の根幹にあるものは、神の救済とは「運命」のように、人間の手の届かない世界の「外部」にあるという考え方である。これはマルティン・ハイデガーが『存在と時間』の中で言う「生まれは選べない」、「ここに生まれたのは偶然の帰結である」とする言葉と著しく共鳴する。精神病理学者のフーベルトゥス・テレンバッハはその著書『メランコリー』の中で、マルティン・ハイデガーの言葉を引用しながら次のように言う。(8)

　現存在が世界へと出て来るということ（彼の《誕生》）、現存在が世界内存在であるということ、これらはすべて、現存在の選びとったことではない。《現存在が「現存在」たろうとするかいなかを、現存在はかつて自己自身として自由に決断したことがあったか》。

テレンバッハはさらに「現存在は彼の根拠を自己の手で置いたのではない。この不随意な、みずからの自由処理の外にあるものを、ハイデッガーは《被投性（ゲヴォルフェンハイト）》（ないし《事実性（ファクティツィテート）》）という用語でもって言い表している」とする。だが問題は「生まれだけではない」。死もまた同じである。それもまた生と同じく偶然に起きるものである。死を計画的に死ぬことは自殺以外に不可能である。したがって死もまた人の「外部」にあり、その「外部」によって人は規定されていて、それ故に死は人が手の出せない彼岸にある。繰り返すが、自らの死を人は認識しながら死ねないからである。生まれは主体にすでに先行していたように、死も人の存在の向こう側にある。テレンバッハはこれについて、同じ本の中で次のように述べている。

　ところで、この被投性は、動かしがたく与えられた「既成の事実」ではない。それは現存在の《どこから》だけでなく、《どこへ》をも特徴づけている、つまり現存在のひろがり全部において現存在を特徴づけているひとつの存在性格である。現存在はただ投げられてあるだけではない。現存在はまた、絶えず《投げ（ヴルフ）のうちに》とどまってもいる。現存在の《どこへ》もやはり、不随意性と自由処理不能性の性格によって規定されている。現存在は、とりわけ、つねにすでにみずからの死の可能性の中へと投げられ、《みずからの死にゆだねられ》ている。現存在は、《みずからの終りへと向って投げられてあることとして》実存する。

ハイデガーの言うことはカルヴァンの予定説と酷似している。このあたりの類似についてはリチャード・ウォーリンも『存在の政治』の中でルターとハイデガーを比較しながら別様に触れている。(9) だが、これだけではすでに述べた通り「予定説」の仕組みが全く稼働しない。これでは人をそこへと欲望させることにはならない。現存在がこのように「運命」や「偶然」によって左右されているとしても、現存在はそれだけでは沈黙したままである。そこで重要なのは、先程も触れたようなカルヴァンが信者に言う二つ目の教義である。つまり「母からの誘い」である。自らの職業を倫理に基づいてただひたすら勤勉に励めば、神の救いの可能性はゼロではないとする誘惑である。この「誘惑」はハイデガーの言う「本来性」を獲得するための「投企」や「覚悟」や「先駆」に該当する。テレンバッハは次のように書いている。

> 《死への存在（ザイン・ツム・トーデ）》「死にかかわってあること」ということばで、ハイデッガーは《死の面前に》出る、つまりみずからの終り（エンデ）を——これはもちろん単なる終末（フェアエンデン）ではない——みずからの実存の中へと引き受けるという、現存在の覚悟をあらわしている。かかる覚悟（エントシュロッセンハイト）は、現存在の実存的な諸関連（ベツューゲ）の領域に属すべきものである。こういった実存的諸関連に固有の自由さでもって、現存在はみずからの死の定め

を引き受けることへと決意することができる。その意味で、現存在はみずからをみずからの死へと向って《投企》する。現存在は死の可能性へと向って先駆する。このようなことは、日常的な現存在が死の確実性から――死への《逃走的》な存在という意味で――回避しているありかた、そういったありかたに固執しないという姿勢からのみ生じるものであることは明らかである。これに対して、みずからの死に対して《自由》であり、みずからを死という《追い越すことのできない》可能性へと向って《投企》しているような現存在を、ハイデッガーは、死への《先駆的》な存在と名づけている。

ハイデガーはすでに一九二五年の「カッセル講演」の中で、『存在と時間』の出版に先立ち、死への先駆性を、生の中での「死のそなえ」という言い方に置き換えてこう発言していた。

> ところが、死はどこからか私にふりかかるのではなく、私自身がそれである［存在する］何ものかです。私はみずから、私の死の可能性である［私の死の可能性を存在する］のです。死は、私の現存在のなかで可能であるものの極限的な終わりであり、私の現存在の極限的な可能性です。したがって、現存在のなかには、現存在に差し迫っているある可能性がふくまれており、現存在の極限的な可能性としてこの可能性のなかで、人間の現存在そのものが自分に差し迫っているのです。［…］私は、私が生きているときにこそ、私の死であるのです。［…］難しいのは死ぬ［いつか死亡する］ことではなく、現在において死のそなえができていることなのですから。(10)

ハイデガーもカルヴァンのように、生の中で死の準備、あるいは死を追い越す覚悟が重要であると仄めかす。ハイデガーの言う「みずからを死という《追い越すことのできない》可能性へと向って《投企》しているような現存在」は、カルヴァン派の予定説で言うと教義に従って予定説を順守し、日々の職業の中で「自分が神に選ばれた者であることを示すしるしを常に探し求める人間の心理から必然的に引き出されるような自己修練」を規律正しく、倫理に基づいて禁欲的に、かつ果てしなく合理的に行使しようとする姿勢に該当する。彼らはそれ故に「死への《先駆的》な存在」になろうとする。しかしこれは極めて危険な思想である。仮に自らを極限に至るまで厳しく律したとしても、ハイデガーの言うように人は自身の死を追い越すことは論理的に不可能だからである。しかし、ハイデガーもカルヴァンもその事実を知りながら、人を死とのランデブーに誘い、人に対して非論理的な死の覚悟を問う。すでにこの論理は完全な非合理性の領域に足を踏み入れている。

人が倫理と合理性の彼岸に向けて自らを解き放つと、どこかで非合理性の復讐を受けて破綻するしかない。主体にとって死＝母はあらかじめ追い越せないように設定されているから、カルヴァンらの主張は本来不可能なことに命がけで挑めと言っている。それはただの死への妄想願望である。それに人が投企するその死や母とは、その人の無意識に潜んでいる。それがコントロールできるはずがない。それでもハイデガーやカルヴァンは、自らの内へ向けて甚大な圧力をかけろと命令する。だとするとそれはもはや「自殺」や「破滅」しか意味しない。精神分析家ならばこの死への投企を「死の欲動」と呼ぶはずである。[11]

またここから「崇高」の理念を引き出す人もいるだろう。たとえば小林敏明もその一人であるが、彼も言及するエドマンド・バークはその著書『崇高と美の観念の起原』（一七五七年）において、「心からその一切の行動ならびに推論能力を最も奪うものは不安（fear）である。何となれば不安は苦もしくは死の先取りである故に、実際的に苦と似た仕方で作用を及ぼすからである」と書いている。またバークは「例えばイギリスの、否、ヨーロッパ全体の誇りであるこの気高い都ロンドンが大火か地震で破壊される姿を見たいと思うほどに奇妙に奸悪な気持の持主は（彼自身はこの危機から考えうる限り遠く離れているという条件のもとでも）恐らくあるまいと私は信ずる」と書いている。この「地震」の件について訳者の中野好之は、こう説明している。

ポールトンはこの記述が一七五〇年の二月八日と三月八日にロンドンで発生した地震と、その再発の預言におびえた尨大な人口の都市脱出を念頭において書かれたものと推定している。因みにリスボン全市を瓦礫と化してヨーロッパ全体に衝撃を与え、ヴォルテールその他の楽天的な進歩史観を動揺させた大地震は一七五五年十一月一日のことである。(12)

4　倫理と精神

プロテスタンティズムの倫理と合理主義の危険性は、最も明快な例として、マックス・ウェーバーの実人生に強く表出した。ウェーバーは一八六四年に生まれ一九二〇年に亡くなっているが、今野元は『マックス・ヴェーバー』の中で、「ヴェーバーは西欧、とりわけアングロ＝サクソン圏に対して、憧憬、劣等感、反撥の入り混じった強烈な拘りを懐いていた」と指摘する。(13)ドイツ人にとって、ヨーロッパとは実に悩ましい問題である。「大ドイツ主義」はオーストリア＝ハプスブルク帝国からオーストリア地方とだけ提携して、ドイツ諸邦国と統一ドイツをつくるものであるが、一八七一年のビスマルクの第二帝政ドイツは、この大ドイツ主義に対してプロイセンを軸にオーストリア抜きでドイツ諸邦国だけで統一する「小ドイツ主義」としての妥協の産物であった[14]。

ルターの宗教改革の先駆性があったのに、ドイツはイギリスやフランスに大きな遅れを取った。その歴史的な空白期間がそもそものドイツの失敗としてある。フルブロックも言うように、宗教改革の時、ルターが皇帝や教会に対抗して、「領邦を支配する諸侯」についたことがこの失敗の遠因である。その後に力を持った彼らは「土地を介した封建的な主従関係」を維持した。ドイツでは宗教改革後もこの保守層がずっと力を持ち続けたのである。ルターの宗教改革の革新性にもかかわらず、こうしたドイツの土地への執着が、この国の近代化＝流動化を著しく遅らせた。結果的に産業革命ではイギリスに遅れを取り、フランスには革命で先を越され、一九世紀から二〇世紀にかけてのドイツは、一体どうすればいいのかよくわからないまま、「どっちつかず」の状態で立ち往生していた。「ドイツとは何か」というアイデンティティがまるで見えない。これは「あれかこれか」の二重性である。つまりドイツの自己同一性が崩壊していたのである。

その中でマックス・ウェーバーが選択したのは『プロテスタンティズムの倫理と資本主義の精神』というタイトルに明瞭なように、伝統を改訳したルターの宗教改革の新言語への回帰だった[15]。彼の母が熱心なプロテスタント信者であり、その母から教えられた母国語がルターの言語だった。だからこそ彼は『プロテスタンティズムの倫理と資本主義の精神』をドイツ・ナショナリストとして書かなければならないところに追い詰められていた。プロテスタントの勢力が強いドイツ市民にとっては、フランスにおけるカトリック＝ブルボン家のような強い父が不在だった[16]。その上に土地に根づく封建主義的な体質が他国よりも強く残存し、だから父殺しの革命が起きない。その代わり「倫理」を厳しく求める母の存在はドイツには濃厚にある。もっと言えばこの倫理とはそのままに母のことである。その倫理を防衛しようとすればするほど、現存在への母の誘惑は倍増する。死と同じように追い越し不可能なこの母を、ハイデガーの言い方を借りれば、ドイツはその厳格さと勤勉さによって、愚かにも合理主義的に追い越そうとした。フルブロックは次のように書いている。

ドイツの社会学者マックス・ヴェーバーは、『プロテスタンティズムの倫理と資本主義の精神』（最初、前半は一九〇四年、後半は一九〇五年に発表された）の中で、プロテスタントの現世的な禁欲主義と、獲得した利益を快楽のために使うよりも再投資に振り向けて生産的に利用しようとする謹厳なブルジョワ資本主義の合理的なエートスとの間に、文化的な親縁関係が存在することを指摘しようとした。ヴェーバーは、この重層的で多様な解釈を生みがちな論文の中で、カトリックとルター派とカルヴァン派のあいだにある労働倫理の微妙な差異を説明し、プロテスタンティズムの倫理と資本主義の精神とのあいだに存在する厳密な因果関係を示すのではなく、むしろ両者の文化的な類縁性に光を当てたのである。

『プロテスタンティズムの倫理と資本主義の精神』をウェーバーが書き出すのは、一九〇四年のことである。ウェーバーはすでに一八九八年から強い不眠と抑鬱状態によって、精神の深淵部に陥落していた。そこから少しだけ気分が回復した時にこの本は書かれたのであり、精神の快癒と暗転の繰り返しの中で、彼は自身の「倫理」を防衛するために、半ば強引にこの本を書きあげた。どうしてもこの本を書く必要が当時の彼にはあった。一九〇〇年にジークムント・フロイトが『夢判断』を出版していたからである。(17) フロイトは「同一化」、「抑圧」、「無意識」、「検閲」、「解放」、「性的願望」、「エディプス・コンプレックス」という言葉を発明して、人間の精神の奥底には、いくら厳格な「倫理」でもコントロール不能な外部が潜んでいる、と強く主張した。主体には手の届かない、追い越すことのできない彼岸がある。フロイトの主張は、一見しただけではカルヴァンやハイデガーと同じものに思える。だがフロイトの場合は、宗教でも情緒でもなく、科学としてそれを考察して書き出していた。フロイトは「夢は、ある（抑圧され、排斥された）願望の（偽装した）充足である」と言っていた。彼はその抑圧された願望の正体を人間の「性欲」や「野蛮なもの」に結びつけた。しかもその抑圧された性的願望は普遍的に存在すると言うので、野蛮人から脱出した西欧文明人の倫理観は、ユダヤ性を持つフロイトによって手ひどく痛めつけられたのである。たとえばプロテスタントのように、禁欲的に日々を暮らしても神の救いなどはないと、ピーター・ゲイの言うところの「神なきユダヤ人」のフロイトは、西欧人に向けて得々と説明したのである[18]。

　フロイトはユダヤ系であったが、しかし自分をあくまで西欧人として考えていた。ユダヤ的儀礼は一切しなかったし、シナゴーグにも無縁だった。また自分が創出した精神分析学は科学であり、ユダヤ人だけでなく西欧に普遍的なものだと強く規定しようとした。ルターが「原文」を「翻訳」（歪曲）して新しいドイツ語を創出したように、フロイトも患者の夢という「原文」を「翻訳」（歪曲）して、フロイト言語を発明したのである。それが精神分析学の創出である。そしてその新しい言語が、ユングのようなスイス人、つまり非ユダヤ人にまで広がるのを彼は強く求めた。ピーター・ゲイによれば、フロイトは一九〇八年に弟子のカール・アブラハムに対し、ユングを評してこう言ったという。「精神分析がわれわれの民族だけの事業になることから救われたのは、ひとえに彼が出現してくれたおかげなのです」と。フロイトがそこまで言ったのは、精神分析学が「翻訳」されて、そしてユダヤ人のゲットーから外へと解放され、それがさらにより大きな世界へと普遍化して欲しかったからである。そうしないと、彼には全く無意味ですらあった。言ってみれば精神分析学そのものが、それを産み出した遠因であるはずのユダヤ教の律法やゲットーを抑圧していたのである。つまり精神分析学が、フロイトの言う精神の症候そのものなのであった。しかしそれでもフロイトは精神分析学の普遍化だけを願った。アイデンティティの危機にあるフロイトは、自身を完全に西欧と同一化したかったのである。

このフロイトに対して一九〇四年にウェーバーは、『プロテスタンティズムの倫理と資本主義の精神』を書くことによってルター以降の母をあらためて守ろうとした。彼はフロイトが西欧の「倫理」＝母を冒瀆するのを、この本で防衛しようとしたのだ。マリアンネ・ウェーバーはその著書『マックス・ウェーバー』の中で、ウェーバーがフロイトの理論に対して「私の〈倫理〉は彼の目には〈因襲的な〉倫理、もしくはそういう倫理の特定の原則にほかならぬように見えざるを得ないということを、私ははっきりと知っているのです」と書いているから、これは確かなことだ。[19]

若い頃から、ウェーバーはただ母親に認めてもらいたい一心で修道士のように学問に励んだ。彼は規律正しく計画表の通りに勉学して、自分を禁欲的に律した。マリアンネは、ウェーバーの禁欲的生活を次のように書いている。

司法官試補試験の前の最後の学期（一八八五年から八六年にかけての冬）をウェーバーはゲッティンゲンで過ごした。彼は厳しい学習計画を守りつづけ、時間割によって生活を律し、いろいろの科目を厳密に区切って一日の時間をそれぞれに割振り、晩は下宿で味をつけぬ牛の細切肉一ポンドと卵目玉焼四個を自分で料理して彼なりの〈倹約〉をした。[…] 青年はひたすら勉強に精進する覚悟をきめ、それ故多種多様な知的興味を犠牲にして一番手近な目標に専心した。このとき彼ははじめて完全に〈義務を果たすこと〉の満足を味わったのである。

成人してからも彼はもっと禁欲的に働いた。彼の言い方だと「もっぱら義務的な職業上の仕事の機械的継続（とぼくは思いたい）のみに没頭した」のである。「職業」と書いているところに注意したい。その職業を、彼は時計の針が一刻一刻をカチカチと正確に刻むように働く機械であり続けた。ウェーバーは、実に正しく作動する徹底した機械のような合理性をその内面に有していた。そうすれば、機械になり切れば、彼は母の期待に応えられると思い込んでいたのである。

そのウェーバーが母親以外に愛したのは従妹のエミー・バウムガルテンである。エミーが母の姉の娘だからだ。簡単に言えばエミーは母の代理であった。アーサー・ミッツマンはその著書『鉄の檻』の中で、このエミーの「人柄がウェーバーに母親を思い起こさせる存在であったということを知っている」とか、ウェーバーが「エミーが自分の母」だと欲望していると指摘した上で、アーネスト・ジョーンズの次のような見解について書いている。

母親が少年に与える魅力が大きくなりすぎると、その魅力は少年の運命にたいして支配的な影響を及ぼすことがある。もしも熱情が呼びおこされ、しかも充分に抑制されない場合には少年は生涯母親に対して異常なほどに愛情を抱きつづけ、他のどんな女性をも愛する事ができないであろう。[…] だが、母親とそこはかとなく似ている女性にたいしてしか恋愛感情を抱けないということはしばしば起こることであって、それはよく、血縁結婚の原因となるものである。(20)

この母は手の届かない彼岸にある。それを追い越すことは原理的に不可能なのに、ウェーバーは戒律を厳守して励めば母を追い越せるはずだと確信していた。父マックスは専制君主のような人間で、妻ヘレーネを理不尽に支配しようとしていた。ウェーバーは最初、あえて父と母の中間にいた。しかしミッツマンも「母のために父に立ち向かうというまさにそのことを、エミーが彼にさせようと圧力をかけた」と書いているように、ウェーバーには母だけでなく母ヘレーネの分身エミーからの「誘惑」も襲いかかる。ミッツマンが言うように、エミーが「なぜあなたはお母さんと一緒にもっと時を過ごさないのですか」とか、「なぜ、あなたは例の威張り屋さんがヘレーネを困らせることのないようにしてあげないのですか」とウェーバーに迫るのである。カルヴァンが信者にそうするように、彼の耳元でエミーはそのように囁く。そして一八九七年にウェーバーはついに父と激突する。ウェーバーの精神の陥落の発端は、父マックスが母ヘレーネとともに、フライブルクのウェーバーの家を訪問した時に起きた。今野によればウェーバーと父との諍いは次のように展開した。

父マックスを母や妻の前で厳しく叱責し、母の長男訪問の自由を主張したという。この父子の対立は、意外にも二人の永遠の別れを惹き起こすことになった。父マックスは長男の諫言に憤慨し、一人でシャルロッテンブルクの自宅へと引き返した。悪化した親子・夫婦関係が改善しないまま、父マックスはある友人とロシヤ旅行に出発し、その途上リガで急死してしまったのである。

マリアンネは、父マックスの葬儀の時にも、ウェーバーが「自責の念に打揺ぶられることはなかった」と書いている。ウェーバーは父の死を否認したのである。こうしてウェーバーの精神病が発症する。今野は次のように書いている。「この事件が原因かどうかは不明だが、ヴェーバーは父の葬儀ののち妻マリアンネと出かけたスペイン旅行で、正体不明の神経症を見せ始める。[…]ヴェーバーを不意に襲ったこの神経症は、凄まじい馬力を誇り、自尊心の強い彼に強烈な一撃を加えることになった」と。今野によれば、ウェーバーは妻マリアンネへの手紙の中でこう書いている。

僕の病的な素質は過去数年間、何か御守にでもしがみ付くように、学問的作業に引き攣ったようにしがみ付くという形で現れていたからだ。しかし何を恐れてそのように学問にしがみ付いていたのかは、僕にはやはり分からないままだったが。自分がそのように学問的作業にしがみ付いていたことは、いま思い起こして全く明瞭だ。[…]かつて労働をしていると、心の中で踏み車をぐるぐる回しているような気持ちがしたものだが、僕がこれから人間的に生きたとしても、そのころより僕が上げる業績が少なくなってしまうとは思われない。

5　メランコリー

ウェーバーが一八九七年に父を叱責して、間もなく父が死んでしまったことから、これを彼の「父殺し」というように単純に受け取ってはいけない。すでにそれ以前に、彼の中では父マックスは尊敬できる人ではなくなっていた。父マックスは妻の実家からの遺産までも自分の管理内だと信じ込んでいた。父はドイツのように第一次世界大戦の前から敗北していたのである。だからウェーバーの叱責はすでに敗北者となった男をさらに打ちのめしたことになる。その罪責感の方が彼には強かったはずである。ドイツ自体が象徴的な意味で父を失っていたように、ウェーバーもこの件で父を完全に失った。頼れるのはもはや母だけであった。いや、最初からずっとそうだったのである。だからこそ母のために修道僧のように勤勉に仕事をしてきた。だが、かえってその重荷が彼の心を手ひどく砕いた。ウェーバーが防衛しようとしていた倫理こそが、彼を精神の病という奈落に突き落としたのである。すると仕事も全くできなくなる。一九〇〇年頃には勤めていたハイデルベルク大学に辞職届を提出した。今野によるとウェーバーの「病状は様々な治療の試みにも拘らず容易に好転せず、本人の辞意も固いため、一九〇三年、三十九歳の時に「嘱託正教授」への就任という形式で、事実上の退官を承認する」こととなった。これで生活の糧となる職業も失い、論文もまるで書けない。すると今度は「何もできないこと」が怠惰の徴となって彼の罪責感の負債が倍加する。これはウェーバーが厳格なプロテスタントであるが故であり、母の期待に応えられず、神の救済も失ってしまったと思ったためだ。

「かつて労働をしていると、心の中で踏み車をぐるぐる回しているような気持ちがしたものだ」とウェーバーは言っていた。彼は健康な時にも、どうして自分がここまでするのか訳が分からないような働き方をしていた。それは仕事をきちんとやっているようでいて、実はただの空回りに過ぎなかった。というのも彼は自分の意志で機械のように働いていたわけではないからである。彼は母親から、戒律という強迫観念を無意識のうちに押し付けられていたのである。それは幼い頃からの強制的な植えつけである。それを彼に強いたのは、母であり、さらにはルターの流れを組むプロテスタンティズムの倫理である。ウェーバーはプロテスタントの教えの通りに勤勉に働いた。だが、繰り返すが、その倫理こそが彼を追い詰めた。挙句に彼は、遂に倫理の奥底に眠っている「何か」と出合った。マリアンネによると、それは「意識されぬ生命の深部から何か恐るべきものが彼にむかって爪を伸ばして来た」というような不気味なものである。「彼は疲労困憊し、彼の頑健な体質も揺ぎ、涙が溢れ出た」。そしてウェーバーは或る転回点にさしかかっているように感じた。あれほど長いあいだ無理に抑えつけられていた自然の本性が復讐をはじめたのだ」。しかし「これまで精神の命ずるままに休みなく活動して来た精妙な機械をこのように完全に静止させておくこと——これは堪えがたいことではなかったろうか?」」。テレンバッハは、子供は母親を手本にすると書いている。

言語の器官、発語の器官がいかに精緻に言語の表出を準備していたとしても、人間仲間（母親）の手本があってはじめて、子供の器官は、その中に前もって「手本として」作りあげられていることば（「母国語（ムッターシュプラーヘ）」）を模倣することを教わることができる。

さらにテレンバッハは「メランコリー親和型という病前性格をもつ現存在」の問題についてこう書いている。

現存在は、尽力（ライステン）によって実現すべきものとして措定されているもろもろの必要事項に対する負責（シュルデン）が、回避されうるかどうかに関して気がかり（bangen）なのである。現存在はこの気がかりという気分において、（職業上では）手許にある事物との、（他人への関心においては）自分と同じ現存在との交わりにおいて、「尽力せねばならない」（Leistenmüssen）ということへと自分が差し向けられているのを見る。

憂鬱症に陥落した主体は仕事上のことで、常に生真面目な人がほとんどである。彼は自分が期待しているような高い成果を上げられるか、また自分が怠惰にならないかを自らで恐れている。というのも、彼にとって仕事が思うように達成できなかったり、怠惰になったりするのは、借財を背負うことと同義だからである。この借財があまりに大きいと返済不能となる。小林敏明もその著書『〈死の欲動〉を読む』でこれと近いことを書いているが、その膨大な負債は到底返済できないから、決算は最終的には「自殺」以外に選択肢がない。にもかかわらず、義務の悪夢は抗しがたく彼にとり憑いているので、さらに彼を死の底まで執拗に追いかける。これはまるで義務による反復強迫のようなものである。義務が主体に回帰して、主体を繰り返し狂気に誘うかのようである。テレンバッハは次のように言う。

> 気がかりな関心を生み出しているメランコリー親和型の人の根本気分性というのは、絶えず現存在の身近で気になっている、配慮しなくてはならない義務に追いつけなくて、取り残されるのではないかということに関しての臆病さ（Furchtsamkeit）である。

テレンバッハは続けてこの罪責妄想について次のように書いている。

> メランコリー［が発病した状態］においては、現存在を脅かしていた怖れが実際に破局的な確実さをおびてしまう。ときには昏迷にまでいたる抑止において、「なにもできなくなってしまった」とか「とりかえしがつかない」という形で、つまり手許の事物や他者が手の届かない遠いところへ離れてしまったという形で、あるいは身体感の障碍において胸をしめつけられるような狭さの中に閉じこめられるという形で、そしてとりわけ罪責妄想にみられる妄想確信という形で、怖れが破局的な確信に姿を変える。

テレンバッハは「決定的な点は、メランコリー親和型の人が、彼の重要な現存在領域の全部ではないにしてもすくなくともそのひとつにおいて特に顕著に表にあらわれている秩序に固着してしまって(festgelegt) いることである」と言っている。ウェーバーの場合なら、彼は倫理に固着している。ウェーバーは倫理に固着して、そこからどうにも逃げられない。自らがその倫理にそぐわないと、彼は多大な罪責感と返済不能な巨額の負債を抱え込む。すると彼はこの先の人生をどう選択していいかわからず、全く身動きが取れなくなる。テレンバッハは、セーレン・キルケゴールの『あれかこれか』の次のような言葉を引き合いに出す。

> 直接的な精神としての人間は現世の生活全体と連関を持っている。ところが精神はいわばこの分散状態から出て凝集へ向い、自己自身のなかで明白なものになろうとする。すなわち人格は永遠の妥当性において自己自身を意識しようとする。これが実現されず、運動が中断され、押し戻されると、憂鬱がはじまる。

テレンバッハは「キルケゴールがこの《精神生活における停滞》ということばでいおうとしていることは、「自己自身におくれをとること」(Hinter-sich-selbst-zurückbleiben) であり、これが**レマネンツ**(Remanenz) である」とする。つまりそれは「自己の要求水準におくれをとるというかかる事態の本質をなすものは、あらゆる場合において負い目を負うこと (Schulden) である」。そこには「自分のなすべきことへの要請に対して負い目を負うことであったり、他者のためにあるという形での対人的な愛の秩序の要求に対しての負い目を負うことであったり、倫理的ないし宗教的な次元に置かれた諸秩序に対して負い目を負うことであったりする」のである。

マリアンネは、ウェーバーがいろいろな事態に直面して「あれか―これか」と言うことがあると書いているが、これは「あれ」と「これ」の二項対立ではなく、「あれなのか」、それとも「これなのか」、「どちらにしたらいいのか皆目見当がつかない」という意味である。つまり精神の決定不可能な宙吊りのことである。彼はそこで立ち往生している。「新しい場所へと行きたいと思うがそこへは行けず、しかし元いた場所には戻ろうとしても帰ることができない」。これはジレンマである。だが、これはフランス革命以降の近代のジレンマでもある。テレンバッハは次のように説明している。

その際、重点は――疑惑（Zweifel）の概念におけると同様――「二つ」（zwei）ということに、つまり「二重化」（Doppelung）ということに置かれることになる。この「二つ」ということは、「疑い」（dubietas）とか「危険」（dubium）とかのことばにも含まれている。われわれはそこで、絶望とは疑惑のうちに捕われたままでいること（Befangen*bleiben*）であるといっておこう。［…］絶望が「二つ」という意味を含んでいるということ（Zweiheitlichkeit）から、引き裂かれるという特徴をおびたさまざまな状態の有する通常の意味のすべてが出てくる。絶望とは、厳密にはけっして「希望のなさ」（das Hoffnungslose）や「自暴自棄」（das Desperate）ではない。絶望とは、最期的なもの、結末に到達してしまったことではなく、去就の定まらない二者択一の状態で、最終的な決断に到達できないというありかたである。絶望している人は、そのどれひとつとしてまだ実現されないような、いくつかの可能性のうちにとどまらざるをえないでいる人である。ところでメランコリー性の絶望の特徴性は、この二者択一において身動きができない（Festgehaltenwerden in diesem Alternieren）ということである。このようなしかたで絶望している人は、同時に二つの地点にあろうとする人に似ている。このような絶望は、生きることもできず、さりとて死ぬこともできずに苦しんでいるメランコリー者のうちに、その徹底的な表現を見出している。

6　黙示録

石澤誠一はその著書『翻訳としての人間』の中で、一八九六年のフロイトからフリースへの手紙に注目している。[21] 一八九六年はフロイトの父が死んだ年である。その翌九七年にウェーバーの父親が亡くなって、さらにその一年後の九八年にウェーバーは鬱病に陥った。ここからの五年間は、ウェーバーにとって「翻訳」がまるで機能しない年月であった。「翻訳」とは普遍化であって、窮極的には一元化することであり、そこには原理的に二重化は存在しない。石澤が着目している点も、フロイトの精神分析における「翻訳」がうまく機能しない事態についてである。フロイトはそこで次のように書いている。

> 翻訳がうまくいかないこと（die Versagung der Übersetzung）、それが臨床上の「抑圧」（Verdrängung）と呼ばれるものだ。こうした抑圧の起きる動機は常に翻訳によって生じるであろう不快の放出（Unlustentbindung）である。それは放出されるかもしれない不快がさながら思考障害を惹き起こすかのようであり、この思考障害が翻訳の仕事（Übersetzungsarbeit）を許容しないのである。［…］同一の心的段階内において、また同一の種類の下書き［書き込み］のもとでは、不快が発達することにより正常な防衛の効力が現われてくるが、病理的な防衛がなされるのは、より以前の段階から存続

していて、いまだ翻訳されていない想起痕跡（noch nicht ubersetzte Erinnerungsspur）に対してだけだ。「翻訳」とは普遍化を意味する、とここまで書いてきた。しかし常に翻訳がうまくなされるわけではない。「翻訳」することによって「原文」が壊れたり、翻訳し得ないような同化を拒む事態が発生することはしばしばあり得る。すると「翻訳」の不能に対しての抑圧が働く。フロイトの言う意味も、これと同じものとして捉えていい。石澤はフロイトの「翻訳」についての引用を受けて、次のように書いている。

> 「翻訳されない」――フロイトは物表象（Sachvorstellung）が語表象（Wortvorstellung）に移行する場に最大の関心を抱いた。なぜなら、そこではすべての物表象が語表象に移行するわけではまったくなく、〈なにか〉（das Ding）がどうしても語表象に至らず、物表象のまま留まってしまうからだ。これをフロイトは「言語によって捉えられなかった観念や翻訳されなかった心的行為は無意識の中に抑圧されて留まる」と言う。つまりフロイトは、物表象が語表象に移行しない事態を称して「翻訳されない」と呼ぶのだった。

石澤はフロイトにおける「翻訳」の問題を「転移」と結び付けている。

　精神分析の最大の問題の一つであるこの「転移」（Übertrangung）は本来「翻訳」（Übersetzung）を意味すること、そして「転移」の場こそ主体の「原文」が「翻訳」される「関係の関係」の場であることだけは確認しておこう。

仮に「原文」を患者として、「翻訳」を分析医と規定するのなら、「翻訳されない」というのは患者の強い「抑圧」を意味していて、そこに転移を持ち出すと、治療とは患者の「抑圧」が分析医へと転移するのを意味している。それが「翻訳」であり治療である。いま仮にマックス・ウェーバーがフロイトの患者だったとしてみよう。するとウェーバーの「原文」が、フロイトへと転移するのが「翻訳」ということになる。言い換えるとウェーバーの抑圧、つまり倫理という暴力の底に隠れているものが、フロイトによって暴かれて、それが治療されるのである。

実際、両者が同時代に生きながら決して出会うことがなかったのはなぜなのか。マリアンネも書いているように、ウェーバーは「S・フロイトの理論は、今は私は彼の比較的大きな著書も読んでおり」と言うように、少なくともウェーバーはフロイトにかなりの関心を抱いていた。精神をひどく病んでいたウェーバーにとって、苦痛を少しでも緩和するためにフロイトと対面する動機は十分に存在していた。フロイトもこのドイツ人の社会学者の「二重化」に興味を抱いたはずだ。そしてもし両者の治療が開始されたら、フロイトはウェーバーの症候に、自分とよく似たものを見たかもしれない。というのもフロイト自身が、ウェーバーとはまた別の意味で「二重化」していたからである。

フロイトにとっての「原文」とはユダヤ性である。しかし彼はあくまでも「翻訳」された西欧人として生きていた。キリスト教者ではないが、西欧に同一化していた。言い換えるとフロイトは西欧という鏡に自分の姿を転移して、ユダヤ性＝原文を書き換えてしまい、西欧人になろうとしていた。しかしこの「翻訳」はどうにもうまく機能しなかった。抑圧したユダヤ性が、フロイトの言うことをどうしても聞かないからである。一方で、ゲットーが解放されたことでユダヤ性が可視化され、そのために一九世紀からの反ユダヤ主義が起きて、彼にユダヤ性に戻ることの恐怖を惹起していた。となるとフロイトは西欧人にはなれないし、イディッシュ語も喋れず、ユダヤの儀式にも無知だから、原文に再変換もできず、去就を決めかねることになる。フロイトにもキルケゴールのような「あれかこれか」があったのだ。だから自己分析を通して、彼はそれを治癒しようとして精神分析学の創出に至ったのである。ピーター・ゲイの『神なきユダヤ人』には、そのあたりのフロイトの心情が次のように書かれている。

彼はあるインタビュアーに語っている。「私の母国語はドイツ語です。私の文化も業績もドイツ的なものです。私は自分を知的な意味でドイツに属すると考えていました。しかしそれは私がドイツおよびドイツ語圏のオーストリアにおける反ユダヤ主義に気づくまででした。その時以来、私は自分をユダヤ人と呼ぶ方を好むようになりました」。

だが実は、これはフロイトのみならず「精神分析学」にも内在化する「二重化」である。何度も言うが、フロイトにとって精神分析学はどうしても普遍化される必要があった。ピーター・ゲイは「彼がユダヤ人であることは、精神分析にとって（フロイトにとってではなく、彼の創造物である精神分析にとって）本質的ではないのである」として、フロイトはユダヤ性から逃れられないが、精神分析はそうではない、と書いている。しかし精神分析学がちょうどユダヤ人のゲットーからの解放と同じ頃に生まれたのは偶然とは言えない。ジョン・マレー・カディヒィはその著書『文明の試練』の中で、「フロイト学説とは、「何よりもユダヤ人たちが、同化の過程において罹った魂の病気を癒そうとする努力」なのである」という見解があるのを紹介している。(22) 解放後のユダヤ人が近代ヨーロッパとの同化で苦しむのは西欧への「翻訳がうまくいかない」からであり、それはユダヤ人であることの「抑圧」が存在するからである。同じ問題をロラン・ジャカールはその著書『フロイト』の中で次のように書いている。(23)

精神分析はヤーコプ・フロイトの死後間もなく生まれた。その誕生はおそらくヤーコプのおかげである。これは少なくともマルト・ロベールが見事な著作『エディプスからモーゼへ』の中で主張するテーマである。ロベールはそこで、精神分析が科学である限り一般的なものを取り扱うにしても、それが可能となったのはただ創始者フロイトが自己分析をしたからであり、また、このかつてない経験の中心を占めた人物が不特定の或る父親ではなく他ならぬヤーコプ・フロイトだったからであると考えて、この父親を再現することに専念している。というのも、出生地や時代の背景から知られるように、ヤーコプは、フロイトを二つの歴史、二つの文化、二つの和解し難い思考形態の間で未決定な状態に置いたに違いないからである。[…] マルト・ロベールによれば、この二つの文化の間の葛藤は精神分析のまさに中心に存在する。その一方は、無神論者であるにもかかわらずフロイトが棄てたことのないユダヤの文化であり、もう一方は、ローマとアテネつまり「向こう側」によって象徴されるゲルマン・古典的文化である。

フロイトも精神分析学もともに抑圧を抱えている。両者ともそこから解放されない。精神分析学は去就を決めかねて立ち往生する。この二重性こそが精神分析学である。しかしそのおかげで見つけたものがある。「エディプス・コンプレックス」である。ジョン・マレー・カディヒィの本には、この問題に焦点を合わせた章がある。それは以下のような話だ。これは『夢判断』にも載せられている逸話であるが、フロイトが少年時代に父ヤーコプから屈辱的な過去の体験を聞かされたことがあった。ドイツ人とヤーコプが道路で出会った時にヤーコプに道を譲れと相手が強い口調で言って、父が相手の言う通りにしたという話である。フロイトはこの話を聞いて情けない父親を心から恥じた。ルターが大司教を恥じたのとこれはどこか似ている。ただしフロイトは長い間、ユダヤ性にまつわるこの記憶を忘れていた。それを抑圧したからである。だからこの時点でフロイトには「父を殺す」動機はない。その後にフロイトは一八七三年、高校の試験で『オイディプス神話』を解くことになる。この時にも「父殺し」はまだ忘却されたままである。さらに一二年後の一八八五年にフロイトはパリで『オイディプス王』を観劇した。彼は印象深くこれを観た。ただ彼の中に「父殺し」はまだ隠されたままだ。そしてさらに一二年後の一八九七年、フロイトは『夢判断』を書きながらフリースに手紙でこの劇の意味を語ることになる。父殺しと母の侵犯についてである。

この合計三回の想起によって、フロイトは抑圧した少年時代の記憶をようやく思い出す。オイディプスが、ライオス王こそが実の父親であるのを「忘れており」、父を殺してからようやくその事実を「思い出す」ように、フロイトも父にかかわる嫌な記憶を一八九六年の父の死の翌年に「思い出した」。フロイトのユダヤ性とギリシア悲劇とが、まるでオイディプスとライオス王との衝突のように、こうして一つの地点で出合うことでエディプス・コンプレックスが発見される。しかし発見されたのは果たしてエディプス・コンプレックスだけだろうか。小林敏明はこの『オイディプス神話』の「お告げ」に着目している。

オイディプスの物語は一貫してお告げに支配されていました。とくに父殺しというお告げはどこにいってもオイディプスを拘束するものとなって出てきます。だから実の父親ライオス王もオイディプス自身もそれを避けようとするのですが、結局は不可能に終わってしまうのでした。こういうところから、ヘーゲルのように、「運命」を見る者もあるわけですが、自らおぞましいことを避けよう避けようとあがきながら、結局はそのなかにはまりこんでいくというこの「運命的」なプロットこそ、まさにわれわれがさきに見た「強迫神経症」ないし「反復強迫」と同じではないでしょうか。

三回の想起の繰り返しの中から、フロイトはエディプス・コンプレックスへと至ったわけだが、問題はそれ以外に二つある。一つは「お告げ」であり、もう一つは「反復強迫」である。実はこの二つはともに同じことを意味している。そしてそこには「運命」、あるいは「偶然」の悪戯が機能している。オイディプスとライオス王が出会ったのは、神話ではもちろん「お告げ」が的中したからである。そこでは、人間の運命の全ては神の判断によって左右される。しかし一方で、それはただの偶然だと言い切ってしまうこともできる。小林は「死の欲動」を解読していく中で、この『オイディプス神話』に遭遇した。「死の欲動」とは、フロイトが一九二〇年になって「快感原則の彼岸」の中で見つけ出すものである。

その一年前に、フロイトは「不気味なもの」を書いており、そこで奇妙なエピソードを紹介している。「たとえばある日」とフロイトは書きはじめる。クロークにコートを預けた番号札が62だったとしてみよう。次に船室の部屋の番号が62だったとしてみよう。しかしこの二回では終わらずに、続いて住所やホテルの部屋の番号や列車の車両番号までも62だったとする。するとこの度重なる同じ数字の反復の偶然が何かの不吉な信号で、「不気味なもの」に見えてくるというのである。そして「たとえば六二という年齢で、自分は死ぬのではないかなどと考え始めるのである」[24]。つまり反復の偶然はどこか死を意味している。ただしこれはフロイトがこの論文を書きながらたまたま思いついたように記しているが、実際はそうではない。ロラン・ジャカールは次のように書いている。

彼は他の点では合理主義者であるにもかかわらず、奇妙な計算に従って自分が六十二歳、つまり一九一八年に死ぬだろうと確信していた。

62はフロイトがあらかじめ、自分が死ぬ年齢だと定めていた数字であった。その数字に何回も、避け難く、偶然に出合う。この繰り返しはあたかも、自らの尻尾を噛もうとする蛇のようである。しかし蛇は何時までも尻尾に辿り着くことはない。つまり、ハイデガーの言い方と同じことで、主体は自らの死を追い越すことは出来ないのである。しかしそれでもそこに向けて、人は避け難く手を伸ばそうとする。なぜか？　オイディプスの場合は、それが神の「お告げ」によるものだった。小林敏明はそこに「反復強迫」をみているが、この「お告げ」はカルヴァンの予定説も想起させる。予定説のせいでウェーバーは自らを滅ぼしかねない精神の病に陥落した。さらに「不気味なもの」から一年後にフロイトは最愛の娘ゾフィーを亡くした。そしてこれも孫のエルンストが、母が帰宅しないので苛立って糸巻遊びをする反復強迫から五年後の予言的な死であることは、小川豊昭が『快原理の彼岸』の解説で書いている。[25]　フロイトはこれらのことから、抗しがたく「死の欲動」という概念に行きつく。[26]

エディプス・コンプレックスは、要するに「死の欲動」と「お告げ」に関連していた。しかし論理的に言えば「お告げ」などは規定し得ない。だとすると、全てはただの偶然の仕業か、あるいは非合理性の復讐によるのである。そしてこの全てに反復強迫が関与しており、主体には必ず死が待ち構えている。合理性を突き詰め過ぎると非合理性が必ず復讐する。父のいないドイツの場合、この「死の欲動」は一九三三年を過ぎると黙示録へ一挙に至る。その不吉な「お告げ」、つまりドイツの破局を、ルターやカルヴァンやハイデガーやフロイトやウェーバーは繰り返し語っていたのではないかと、私にはそう思えて仕方がない。

註

(1) メアリー・フルブロック『ドイツの歴史』、高田有現他訳、創土社、二〇〇五年。以下、本稿においてメアリー・フルブロックおよびフルブロックと書いた場合は全てこの本による。
(2) ジョン・マン『グーテンベルクの時代　印刷術が変えた世界』、田村勝省訳、原書房、二〇〇六年。
(3) デニス・プレガー／ジョーゼフ・テルシュキン『ユダヤ人はなぜ迫害されたか』、松宮克昌訳、ミルトス、一九九九年を参照。
(4) マイケル・ポラード『グーテンベルク　印刷術を発明、多くの人々に知識の世界を開き、歴史の流れを変えたドイツの技術者』、松村佐知子訳、偕成社、一九九四年。
(5) マーシャル・マクルーハン『グーテンベルクの銀河系　活字人間の形成』、森常治訳、みすず書房、一九八六年。以下、本稿においてマクルーハンと書いた場合は全てこの本による。
(6) 成瀬治他『ドイツ史1』、山川出版社、一九九九年。以下、本稿において『ドイツ史1』と書いた場合は全てこの本による。
(7) ペーター・ブリックレ『ドイツの宗教改革』、田中真造他訳、教文館、一九九一年。以下、本稿においてブリックレと書いた場合は全てこの本による。
(8) フーベルトゥス・テレンバッハ『メランコリー』、木村敏訳、みすず書房、一九七八年。以下、本稿においてテレンバッハと書いた場合、全てこの本による。ただし引用文内のページ数の指摘の括弧内は全て割愛した。
(9) リチャード・ウォーリン『存在の政治』、小林紀明他訳、岩波書店、一九九九年。
(10) マルティン・ハイデッガー「カッセル講演」、『ハイデッガー　カッセル講演』、後藤嘉也訳、平凡社ライブラリー、二〇〇六年に所収。
(11) 小林敏明『フロイト講義〈死の欲動〉を読む』、せりか書房、二〇一二年。以下、本稿において小林敏明と書いた場合は全てこの本による。なお本稿を書くにあたってこの本を参照するところがあった。
(12) エドマンド・バーク『崇高と美の観念の起原』、中野好之訳、みすず書房、一九九九年。一部に中野好之による訳者註が含まれている。
(13) 今野元『マックス・ヴェーバー』、東京大学出版会、二〇〇七年。以下、本稿において今野と書いた場合は全てこの本による。
(14) 成瀬治他『ドイツ史2』、山川出版社、一九九六年。
(15) マックス・ヴェーバー『プロテスタンティシズムの倫理と資本主義の精神』、大塚久雄訳、岩波文庫、一九八九年。
(16) ヘルムート・プレスナー『ドイツロマン主義とナチズム　遅れてきた国民』、松本道介訳、講談社学術文庫、一九九五年。
(17) ジークムント・フロイト『夢判断』上下、高橋義孝訳、新潮文庫、一九六九年。
(18) ピーター・ゲイ『神なきユダヤ人　フロイト・無神論・精神分析の誕生』、入江良平訳、みすず書房、一九九二年。以下、本稿においてピーター・ゲイと書いた場合、全てこの本による。
(19) マリアンネ・ウェーバー『マックス・ウェーバー』、大久保和郎訳、みすず書房、一九八七年。以下、本稿においてマリアンネと書いた場合は全てこの本による。
(20) アーサー・ミッツマン『鉄の檻　マックス・ウェーバー・一つの人間劇』、安藤英治訳、創文社、一九七五年。以下、本稿においてミッツマンと書いた場合は全てこの本による。
(21) 石澤誠一『翻訳としての人間　フロイト＝ラカン精神分析の視座』、平凡社、一九九六年。以下、本稿において石澤誠一または石澤と書いた場合は全てこの本による。なお、本稿全般を書くにあたって、同書を参考にしたことを書き添えておく。

(22) ジョン・マレー・カディヒィ『文明の試練　フロイト、マルクス、レヴィ＝ストロースとユダヤ人の近代との闘争』、塚本利明他訳、法政大学出版局、一九八七年。以下、本稿においてジョン・マレー・カディヒィと書いた場合は全てこの本による。

(23) ロラン・ジャカール『フロイト』、福本修訳、法政大学出版局、一九八七年。以下、本稿においてジャカールの発言は全てこの本による。

(24) ジークムント・フロイト「不気味なもの」、『ドストエフスキー父殺し／不気味なもの』、中山元訳、光文社古典新訳文庫、二〇一一年に所収。

(25) 小川豊昭「快原理の彼岸」、西園昌久監修『現代フロイト読本2』、みすず書房、二〇〇八年に所収。

(26) ジークムント・フロイト「快感原則の彼岸」、『自我論集』、中山元訳、ちくま学芸文庫、一九九九年に所収。

9 神話と破壊

1　死の欲動

ヴァルター・ビーメルとハンス・ザーナーの編著『ハイデッガー＝ヤスパース往復書簡 1920－1963』は、全部で一五五通の書簡集である。その中でも私が注目するのは一九二〇年代から一九三六年までの手紙である。(1) この書簡集にはいま読み返してみてもある異様な雰囲気が漂っている。しかしそれはヤスパースのせいではない。一方的なまでに、ハイデガーの問題である。同じ頃にハンナ・アレントに多くの書簡を送り続けていたことを考え合わせると、私たちは分裂したハイデガーという人格と出合うことになる。(2) 片や教え子に甘い中年の優男であり、片や時代に苛立つ傲慢な哲学者である。後者の例で言うと、一九二二年六月二七日付の以下のヤスパースへの次のような書簡がその格好の題材であろう。

けれども、今日、哲学においては、すべてが逆立ちしています。誰かが思想家にその原理的立場のいかんを問うたりすれば、それは「不作法」だと見なされるのです。そして、枝葉末節の事柄でたっぷり自分を吟味するように、人は指示されるのです。プラトンやアリストテレスの時代には、私の知るかぎり、事態は逆であったはずです。自分の成果を引っ提げて、原理的な対決というこの闘争の地盤のなかに、血みどろになって死力を尽くすべく身を置く決意のないかぎり、人は、学問の外部にとどまるのです。

ハイデガーのこの自信過剰さと傲慢さは、彼の性格にその理由を全て帰すべきだろうか。私はかなりの部分はそのように断定したいが、第一次世界大戦におけるドイツの敗北も勘案しておかないとアンフェアかもしれない。この敗北は、ハイデガーにとってはことのほか堪えるものであったからだ。敗戦後に生まれたヴァイマール共和国には、確かに問題が山積していた。メアリー・フルブロックは『ドイツの歴史』で次のように書いている。

一九一八年十一月、ドイツで議会制共和国の成立が宣言された。ヴァイマール共和国——憲法がヴァイマールでつくられたことにより、そう呼ばれるようになった——は、進歩的な政治システムを備え、進んだ福祉制度をともなう一連の社会的妥協策を実現した国家であると一般には考えられている。しかし、ドイツで初めて成立した共和制は、ほとんど内戦ともいえる状況のもとで動乱と敗戦のなかに生まれ、苛酷な講和条約と不安定な経済に国家の成長を阻まれ、多くのドイツ人が民主制という政治形態を拒否するなかで常に左右両翼からの攻撃にさらされ、やがて一九三三年一月三〇日、憲法に基づいて首相に任命されたアドルフ・ヒトラーが人類史上最悪の政権をスタートさせた時点で、誕生からわずか一四年後に、その幕を閉じたのだった。[…] 共和国の最初の数年間は、国内で衝突が相次ぐ不安定な時期だったが、一九二四年から二八年までは、表面上の安定期がつづいた。その後、一九二九年から一九三三年の共和国崩壊までの時期に噴き出してきたさまざまな問題は、単にウォール街に始まる世界大恐慌という「偶発的」な要因によるものではなく、むしろそれ以前からのドイツの国家や国民に見られた性質、弱点、歪み、態度といったものに根をもつ現象だった。(3)

実に正確な描写である。ただ一つだけ大事なことを忘れている。一九一八年のドイツの悲劇は戦争の敗北だけによるのではない。もう一つ破局的な事態があった。パンデミックである。アルフレッド・W・クロスビーは『史上最悪のインフルエンザ』で、「1918年―1919年のインフルエンザのパンデミック」を次のように書いている。

このパンデミックは、海を越えて飛ぶような航空機もない時代にあって、数か月で地球をひと巡りしている。このときのインフルエンザの感染性は極端に高く、少なくとも不顕性のものを含めれば当時の全人類の大多数がこれに罹ったとさえいわれている。亡くなった人の数は3000万人を下らず、たぶん5000万人かそれ以上であった。[…] この、いわゆるスパニッシュ・インフルエンザ――この言い方自体は1918年に不当につけられたニックネームなのだが――は、文明社会と最大限に隔絶されたいくつかの孤立社会の例外を除けば、ありとあらゆる人間社会に影響を与えている。控え目な推定でも、第一次世界大戦下のインフルエンザのパンデミックで亡くなった人の総数は、この戦争における戦死者の数のほぼ3倍に相当するとされている。(4)

このスパニッシュ・インフルエンザのために死んだのが、フロイトの最愛の娘ゾフィー・ハルバーシュタットだった。ピーター・ゲイの『フロイト〈2〉』には、この悲劇が次のように書いてある。[5]

数カ月前から予期していたにもかかわらず、フォン・フロイントの死はフロイトにとって打撃だった。だが、娘ゾフィー――「私の大事な、花のようなゾフィー」――の突然の死はそれを遥かに凌ぐ打撃だった。ゾフィーは、フォン・フロイントが死んだ五日後、流感による肺炎のために急死した。彼女は三人目の子どもを身ごもっていた。ゾフィー・ハルバーシュタットは、前線で死んでいった兵士と同じく、戦争の犠牲者だった。戦争のせいで何百万もの人びとが病に感染しやすくなっていたのである。

フロイトは大事なゾフィーの突然の死を受け入れただろうか。答えは否である。彼は娘の死を否認した。フロイトは一九三三年に患者でもある詩人にこう言った。「理由があって、あの疫病のことはよく覚えている、最愛の娘を亡くしたのだ」と。そして「「娘はここにいる」と言って、懐中時計の鎖に繋いで身につけている小さなロケットを見せてくれた」と。「死の欲動」とはフロイトの娘の死の受容の失敗から生まれたものである。それは「快感原則の彼岸」(一九二〇年)で、彼自身が書いている通りのプロセスを経て生まれた。[6]

夢想的な神経症者は、夢の生活において繰り返して事故の状況に立ち戻っているのであり、患者はこの状況から新たな驚愕とともに目覚めるのである。このことは非常に不思議なことなのである。これは、夢の体験を構成している印象の強さの証拠であり、これが眠りにおいても患者に繰り返し押し寄せているという見解もある。患者は外傷(トラウマ)に、いわば身体的に固着しているというわけである。このように体験への固着が生じ、疾患がこれを解発することは、以前からヒステリーにおいて明らかになっていた。

ここで言う患者とはフロイト自身のことである。彼は娘の死という不意打ちに見舞われた、自分自身の症候を予言的に語っている。実際、それは耐え難いものだった。ゾフィーの死はとても受け入れられない。するとゾフィーの死にフロイトは遅延する。この遅延は反復強迫となる。フロイトはゾフィーの死のわずか手前にずっと釘づけになる。そこから身動きが取れなくなる。彼はいつもその死へと舞い戻る。その度ごとに「新たな驚愕とともに目覚める」。苦痛の解放はもう「死の欲動」しかない。こうしてフロイトに死の想念がとり憑く。死の欲動とは「いかなる生命もふたたび死にたいと願う」ことだ。つまり自殺衝動のことである。ゲイはこう続けている。「攻撃性と死に力点をおいたフロイトの後期精神分析体系を、当時の深い悲しみに対する彼自身の回答として読んだらどうだろうか、という誘惑に駆られる」と。ゲイの意見に全く同感だ。そしてゲイは、フロイトの最初の伝記作家フリッツ・ヴィッテルスの次のような見解をここで引用する。

一九二〇年、フロイトは「『快感原則の彼岸』を出し」、すべての生き物には、古代ギリシア文明の時代からエロスと呼ばれてきた快感原則だけでなく、いかなる生命もふたたび死にたいと願うという、別の原則があるのだという発見によって、われわれを驚愕させた。生物には生の欲動だけでなく死の欲動もあるのだ。謹聴する世界に向かってこのことを告げたとき、フロイトは、花のような娘の死によるショックからまだ立ち直れないでいたし、その娘の死の前には、戦争に行った近親者たちの安否を気遣っていたのだった。

「これは還元主義的な説明だが、ありえそうなことではある」とゲイは言う。フロイトはすぐにフリッツ・ヴィッテルスに反論した。彼は知人たちに「もし必要な場合には、ゾフィー・ハルバーシュタットの死よりも前に『快感原則の彼岸』の原稿を見たことを証明してほしいと頼んだ」。一九一九年にこれを書いた時点で娘はまだ確かに生きていたからだ。フロイトは一九一九年の夏にベルリンの友人にも、「ほとんど完成した原稿」を見せている。事実はフロイトの言う通りなのである。だがフロイトは打ち消しにあまりにも躍起になり過ぎている。それがいかにも不自然だ。ゲイもそう考える。彼の結論は以下のようになる。

「死の欲動（Todestrieb）」という術語がフロイトの手紙に登場するのがゾフィーの死の一週間後だというのは偶然だろうか。それは、娘の死がどれほど彼をひどく打ちのめしていたかを、感動的に物語っている。精神分析が破壊性に関心を向けるようになるきっかけになったとはいえないまでも、その重要性を決定する際に、娘の死が補助的な役割を果たしていたとはいえるだろう。

大事な娘が死んだ。なぜなのか、とフロイトは繰り返し問わずにいられない。理由もなしに娘を奪うのは納得がいかない。しかしゾフィーの死は必然ではない。偶然である。人の死は計画できない。だから人は偶然に翻弄される。ジャック・ラカンも言うように心的外傷も偶然によるものだ。(7)「快感原則の彼岸」の第二章で、フロイトは孫のエルンストが母親ゾフィーの遅い帰宅を待って苛立ち、糸巻遊びをしているのをじっと観察している。一九一五年のことだ。ゾフィーの死の五年前である。彼女はまだ生きている。

それは「いない、いた」、「fort /da」の遊びである。
パトリック・J・マホーニィはその著書『フロイトの書き方』の中で、ジャック・デリダが『フロイトの遺産』において、「快感原則の彼岸」の第二章がそれ自体として「いかに反復と迂回の産物であるか」と指摘するのを紹介している。(8) エルンストには「反復と迂回」の果てに〝da〟、つまり「母の「喜ばしい」(joyful/erfreulich)帰還」が来るはずだった。daは、ハイデガーの言う現存在の〝Da〟でもある。しかも「fort/ da」にはFreudの名前の〝F〟と〝d〟とが刻まれている。マホーニィは「祖父の名前は、孫の行う不在と存在のゲームのなかにサブリミナルに存在している。このサブリミナルな存在が、著者がこの少年のゲームに魅了されているもうひとつの、間違いなく無意識的な、理由であるかもしれない」と言う。「著者」とはフロイトのことだ。マホーニィは意味深長なことを続けて書いている。

諸本能一般は保守的で、物事をより以前の状態に復元しようと努力するのである(私は後でこの意見に戻ることだろう)。特に死の本能は、できるだけ速やかにその最終目標に達すべく疾走する——終わりとはすなわち始まる前の時間であり、反復強迫においては外傷的な過去の表象が死の本能の摂理の内で機能するのである。

マホーニィの言うことをよく考えてみよう。彼は「諸本能一般は保守的で、物事をより以前の状態に復元しようと努力するのである」と言っている。この「復元」とは、ヴァルター・ベンヤミンが一九二三年の「翻訳者の使命」で言う「herstellen［復元する］」を思い出させる。人は体験時に受容できなかったあまりに過酷な出来事に遅延する。それが心的外傷である。だから反復は常に外傷の後からやって来る。

同じように「翻訳は原作よりも後からやってくる」。だから翻訳は原作に常に遅延する。反復強迫は原作への回帰だが、しかし翻訳は原作には決して追いつけない。二つの間には絶対的な差延があるからだ。ハイデガーは一九二〇年代には、ドイツにギリシアの「根源」が再来しないといけないとすでに決めていた。ハイデガーの求める「根源」の復元とは、このベンヤミンの言う翻訳のような作業である。だから原作がそのままに甦ることはない。だが翻訳と同様に「根源」が「復元」する可能性はわずかだが残っている。しかし「復元」は実は要注意である。ベンヤミン自身が同じ論の中で、その危険性を的確に書いている。特に「ソフォクレスの二つの悲劇〔『オイディプス』と『アンティゴネー』、ともに一八〇四年〕」のヘルダーリンの翻訳が危険だった。

この翻訳のなかでは、二つの言語がきわめて深く調和しているので、〔原作の〕意味は風に触れて鳴る風琴のようにかろうじて翻訳の言語に触れられているにすぎない。ヘルダーリンの翻訳は、翻訳という形式の原像（Urbild）である。ヘルダーリンの翻訳は、その原作テクストの完璧な置き換えに対してさえも、ピンダロス〔前五二二／一八―四二／三八年。古代ギリシアの詩人〕の第三のピューティア頌歌（しょうか）に関するヘルダーリンの翻訳とボルヒャルト〔一八七七―一九四五年。ドイツの作家〕の翻訳を比較すれば分かるように、模範（Vorbild）に対する原像の位置にある。だからこそ、他の翻訳にもましてそこには、あらゆる翻訳の途方もない根源的な危険、すなわち、あれほどまでに拡大され支配し尽くされた言語の門が不意に閉まって、翻訳者を沈黙のなかに閉じこめてしまう危険が潜んでいる。ソフォクレスの翻訳はヘルダーリンの最後の作品だった。この翻訳のなかでは、意味が深淵から深淵へと転落し、ついには言語の底なしの深みへと失われようとしている。[9]

ハイデガーはヨーロッパが没落していく中で、ドイツによる「根源」の反復に賭けた。その際に、ヘルダーリンが翻訳した『オイディプス王』の悲劇に彼は着目した。ハイデガーの『存在と時間』は、だから『オイディプス王』のヴァリアントなのである。だとしたら『存在と時間』とは現代の「神話」だということになる。それは〝da〟という母の帰還を求める「神話」だ。しかし後で述べるように「神話」には最初から外部がない。そこでは母が帰還しない仕組みなのである。ベンヤミンがその危険について、先に引いたように一九二三年にきちんと書いていた。外部がないと翻訳者は神話の中に閉じ込められてしまう。するとハイデガーは永遠に fort の狂気の深みに落ち込んだままとなる。「意味が深淵から深淵へと転落し、ついには言語の底なしの深みへと失われ」る。da の不在、「言語の底なしの深み」とは、悪循環の中に閉じ込められるのを意味する。実はナチスが入り込んだのも、この同じ「神話」であった。

2 自明性の喪失

北川東子は『ハイデガー』の中で、ハイデガーのスタンスには、「その堂々巡りのなかで、なにかが見えてくるのを待つ、「存在」そのものの姿が現れてくるのをじっと待つような印象があります」と指摘している(10)。「いわば、答えの方が私たちに姿を見せてくれるまで、問いの円環のなかで待ち続ける」のである。ハイデガーは da を待つ。それは到来の瞬間だ。それが彼の言う「開け」である。「開け」とは何か。高田珠樹の『ハイデガー』は、「現存在自身が「開け・明るみ（Lichting）」であると語っている」。それは「森や林の中にぽっかりと開けた空き地・間伐地（かんばつち）を意味する語で、動詞 lichten（空かす、晴らす）から作られた名詞だが、この lichten 自体、Licht(光)と関係している」[11]。

しかしこの「開け」としての〝da〟が来ないとわかった時はどうするのか? マホーニィはその場合は、「糸巻きを投げること(Wegwerfen)は、自分の母親をあちら へ(weg)送り出してしまい、それによって復讐を達成する方法だったのか」と言う。母の裏切りは絶対に許せない。主体はそこからは母への憎しみと復讐に自らの気持ちを転回する。それが糸巻きの投擲だ。ハイデガーやナチスもこれと同じことだった。「根源」が回帰しないのなら母への復讐心しかあとには何も残らない。この怒りは確実に爆発する。それは誰にも押さえようのない暴力である。たとえばフロイトはゾフィーの帰宅を待った。だが彼女はいくら待っても帰って来ない。それははじめは大きな悲しみであった。だがある段階から、この絶望は戻らないゾフィーへの怒りへと転回する。

ナチズムはこの怒りが自分たちを最後には破滅させることをよく知っていた。母がもう帰還しないことを彼らははじめからよく知っていた。しかしナチズムはそれを知っていながら最終戦争を稼働した。彼らはヴァイマールにおいて、それほど母への復讐心に煮えたぎっていたのだ。だとするとナチズムは最初から、ドイツと無理心中をするつもりだったことになる。ナチズムの構造とはしたがって「破滅のための破滅」である。これは全くの同語反復だ。小野紀明によると、エルンスト・ユンガーは「何のために戦うかは重要ではない。如何に戦うかが自由なのだ。我々が勝利するか、戦死するまでは目的を拒否しなければならない」と言っていた[12]。目的はすでに欠けている。外部はない。主体は同じ場所にいて、くるくると回転し続けている。だが、それこそがユンガーのスタンスである。戦争そのものに価値と美がある。もっと言うと死ぬことにこそ絶対的な美がある。

フロイトは一九三八年にウィーンを去り、ロンドンに亡命する。ユダヤ人である彼に、ナチスの危機が迫っていたからだ。同じようにハイデガーとヤスパースの書簡のやり取りは、一九三六年から一九四九年の期間は中断されている。さらに言えば、一九三三年にヒトラーが政権を奪取して、同年にハイデガーがフライブルク大学の学長となり、彼がナチス党に加入したことがこの中断に大きく関連している。ヤスパースは戦後にハイデガーからの弁明を待った。だが、それが訪れることは遂になかった。それでも二人の書簡のやりとりは続いた。精神科医ヤスパースにとって、ハイデガーとの関係は哲学的友愛の他に強く彼の関心を引く別個の課題があったからである。

一九二〇年四月二〇日付のハイデガーからの手紙は、「ようやく今になって私は、私の厄介なシュペングラー講演を済ませたあとでありますので、お手紙を認(したた)める状態になれた次第です」というふうに始まっている。シュペングラーの講演とは『西洋の没落』に基づくものである。[13] シュペングラーの思想とハイデガーの考えはこの時期にかなり接近していた。二人はギリシア以来の西洋史そのものが崩壊の極みにあると考えていた。約二三〇〇年前のアテネの没落と、現在の第一次世界大戦敗戦後のドイツの没落の二つが、彼らの中では一つのものに折り重なっていた。西洋の没落とは旧大陸の終わりであり、彼らにとってはドイツ帝国の終焉なのである。第一次世界大戦はフルブロックも書いていたように旧大陸の「内戦」として位置づけられる。新大陸のアメリカの参戦は決定的だったが、それは一九一八年になってからのわずかな期間であり、ロシアの革命も一九一七年に起きていた。だから正確に言えば、第一次世界大戦はアメリカとロシアの戦争というより、ゲルマンとアングロ・サクソンとの決戦なのである。これはちょうど古代ギリシアのアテネとスパルタの関係に似ている。二つの民族の最初の激しい衝突の後に、二人の書簡は取り交わされはじめている。ハイデガーはすでに「プロト・ナチ」のテクスト『存在と時間』を着々と仕上げていた。この一九二七年に出る『存在と時間』に、あとは一九三五年の『形而上学入門』の講義と同年の

『芸術作品の根源』が加われば、プロト・ナチのテクストはほぼ完成となる運びだ。[14]

ハイデガーと同じプロト・ナチのエルンスト・ユンガーは、一八九五年にハイデルベルクで生まれ、第一次世界大戦に志願していた。一九二〇年に出版された『鋼鉄の嵐の中で』は、一九一四年の一二月から一九一九年の九月までの戦争の克明な記録である。それはユンガーという特異な人物の日記だ。彼は一九三一年には『総動員』、一九三二年には『労働者』を出している。[15] 小野紀明は『現象学と政治』の中で、モーラーの『ドイツにおける保守革命』を引き合いに出し、ユンガーの当時の政治的な立場を説明している。

市民社会に反発して（〝脱市民化〟）、ナチズムを準備した諸勢力の中に旧保守主義と新保守主義もしくは保守革命派の両者を区別することを提唱した。前者は、自らが没落した市民社会の階梯を再び上昇すること、具体的には帝政ドイツの復古をめざしたにすぎないのに対して、ニーチェ哲学を信奉して、既存の価値の全てを否定する点ではるかに急進的な後者の目標は、市民社会そのものの破壊と市民的人間像の転換というニヒリズムの革命に置かれていた。

モーラーによると保守革命派は三つのグループに分類できるという。民族派（フエルキッシエン）、青年保守派（ユングコンセルヴァティウエン）、国民革命派（ナツィオナルレヴォルツィオネーレ）である。ユンガーはその中の国民革命派に属していた。この「国民革命派こそは、創造の前提としての徹底的な破壊（変革の理念）、運動（ベヴェーグング）の絶対視、ボルシェヴィズムへの単なる関心を越えた親近感、そして近代的技術の摂取を主張する点で、保守革命派の代表者たる地位を占めている」。そして「国民革命派はもはや古い伝統的な世界には全く根をおろしていない。彼らは〝新しい革命的タイプ〟を体現している。彼らは〝ドイツのニヒリズム〟の典型的な担い手である」。そのため彼らにとって「重要なことは、現実からの逃避ではなくそこへの攻撃であり、超越的な世界にではなく現実の真只中に原初的空間を現出させることである」。ユンガーは「我々は運動に巻きこまれれば巻き込まれるほど、その底に静謐な存在が隠されていることを、速度が上がるにつれて不変の原言葉（Urspache）が翻訳されてくることを、ますます深く確信するに違いない」と発言していた。「現実の真只中に原初的空間を現出させる」とか「その底に静謐な存在が隠されている」という点において、ユンガーは間違いなくハイデガーと同じことを言っている。

全体主義の理念とはフランス革命で一度細かく分割されたものを、再び一つにまとめ上げることである。エンツォ・トラヴェルソは『全体主義』の中で、「ユンガーは「全体主義」という言葉を用いていないが、彼の『総動員』は明らかに全体主義を指し示していた」と書いている。[16] では総動員とは何か？　ユンガーはそれを、次のように書いている。

例えば、諸身分の消滅や貴族の特権の削減とともに、戦士カーストの概念も消え去る。すなわち、国を代表して武装することは、もはや職業軍人だけの義務と特権でなく、兵役に耐えうる者全ての任務となるのである。[…]　戦争を遂行する産業国家を火山のような鍛冶場へと変貌させる、潜在的なエネルギーのこのような絶対的掌握という点に、第四身分の時代の始まりがひょっとすると最も分かりやすく示唆されているかもしれない。この点が世界大戦を、フランス革命の意義に少なくとも匹敵するだけの歴史的現象たらしめている。これほどの規模のエネルギーを展開するためには、剣を持つ腕を動員するだけでは十分でなく、骨の髄までの動員、最も精妙な自律神経にまで至る動員が必要である。それを可能にすることこそが、総動員の任務である[17]。

フランス革命は第三身分の怒りが起爆剤としてあった。だがすぐに第四身分が台頭する。つまり労働者階級のことだ。フランス革命で一度分割された個人が労働者となって、また一つの塊へと集められようとしていた。しかし集めるのは今度は誰なのか？　絶対的な意味での王はもうこの世にはいない。その一方で、壊すだけ壊しておきながら、この分割した個々人を制御する正しい政治がどこにも全く作動していない。フランス革命があまりにも無軌道なものだったからである。これによって革命は限りなく反復することになる。あるいは王政が性懲りもなく復古する。ただそのだらだらとした繰り返しだ。その間にも労働者階級はしたたかな資本主義に回収されてしまう。すると労働者は巨大な不満の塊となるだろう。持てる者と持たざる者との間の格差があり過ぎるからである。その時、この労働者階級の一番底辺から、王の代理人＝カリスマが呼び出される。それが独裁者である。

ファシズムには原理的には階級差は存在しない。基底構造として、そこには死しか存在しないからである。ハイデガーも言うように、死は誰にでも訪れて誰も自分以外の死を死ぬことは不可能である[18]。だから革命の根幹理念として、絶対的に平等なのは各人の死だけなのである。ファシズム革命は、この死にぴたりとその照準を当てていた。ファシズム革命とはすなわち死である。母が帰還しないとすれば、死だけが残された絶対的な価値となる。全ての人は骨の髄まで死を生きるしかない。それが総動員であり、全体主義だ。これは完全な精神病理である。だがそれをドイツ人は現実にやってのけたのである。

小野清美は『保守革命とナチズム』の中で、保守主義のエドガー・ユリウス・ユングについて描いている。ユングも大戦の志願兵であり、激しい塹壕戦を戦った。ユングの考えはユンガーと著しく共鳴するものである。それは「戦争神学」である。「死が日常概念」になると「死は自明のもの」となって、そこから「生が新たに発見」される。「死はもはや精神の終わりを意味」しない。(19) 一方、ユンガーにとって「深い眠りから突然に叩き起こされて武器を摑むことは、血の中に眠っている何かを目醒めさせること、人間の原始的なもの（primitive Menschen）を外化することであり、氷河期の人間が石斧を握りしめる動作にも等しい。[…]それは、塹壕戦に何か野獣的なものを刻印する。何か未知なもの、何か原初的な宿命性、根源的時代（Urzeit）と同様に絶えざる脅威にさらされ続ける世界といったもの」である。ユンガーの戦争でのこの「目覚め」は、限りなくハイデガーの「目覚め」の思想と接近している。北川東子は、ハイデガーの『存在論（オントロギー）事実性の解釈学』から、次のようなハイデガーの「目覚め」の言葉を引用する。

現に存在しているなかで自分自身に出会うという哲学的な目覚め、このような目覚めは哲学的である。つまり、こういうことだ。哲学が、現に存在している自分に出会うための決定的な可能性とやりかたをつくり上げているのであり、そう考えることで、哲学についてひとつの根源的な**自己解釈**が与えられてくる。そして、目覚めが動き始める。

北川はこれを「現に存在しているなかで自分自身と出会う」とは、「目覚めることを意味」しており、それは「眠りから目を覚ます」と捉える。それは「隠れているものが見えてくるようになる」ことである。「日常生活の襞がめくれてしまい、存在の真の意味が目覚める」のだ。「目覚める」とは、自分自身の本来性に気が付くことである。そしてこれは、フロイトが「快感原則の彼岸」で言う「新たな驚愕とともに目覚める」のと同じ事柄である。

その一方でハイデガーは、世界内存在へと「「投げ込まれたこと」を存在論の基礎概念として捉えるべきだ」と主張した。「私たちは、自分を「投げ込まれた存在」として受け止めるしかない」。「「投げ込まれた」ということは、「自分がいる」という事実の偶然性を暴露」する。この「偶然性とは、存在論的に考えると」、「それが「ないこともある」という可能性のこと」である。この場合にハイデガーは「自・存」という言葉を使うが、それは「「自分」と「存在している」というふたつの事態の統合として」考えているからである。つまり「「投げ込まれた存在」としての「自分」の偶然性は、「自」と「存」のふたつの次元で現れる」。それは「自分」が「「自分」では**ない**ことがあり、「存在」し**ない**ことがある、というふたつの否定性」である。「自分」がいまここに生きていることは決して自明な事実ではない。それは「自分ではないかもしれない」という可能性と、「そもそも自分などいないかもしれない」という可能性、その「二重の否定性がこの事実の隠された裏の面」なのである。「「自存」には、「自」の否定である「他なるもの」と、「存」の否定である「不在」が隠されている」。つまり「私たちが生きてあることは、この二重の否定性によって支えられている」。「「他なるもの」が、そして「不在のもの」が、私たちを見せてくれる姿なのかもしれない」。

人間は自分がいま考えているような自分ではないかもしれない。自分とは異なるような別の「自分」が本来の自己かもしれない。その前に自分が本当に存在しているのかどうかも怪しい。自己同一性はこうして崩壊する。私が私であると、普通はごく当り前のように信じているのに対し、私ではない可能性、私はいないという可能性の二つの否定性による自己同一性の宙吊りが、実は私というものの正体である。「この否定性を見つめることで、「自分」の根本が「開示される」。そして「隠れたかたちであったものを目に見えるようにする」。これにより「眠っていた状態から目覚める」。しかしこのハイデガーの力説する自らの存在の否定や懐疑とは、どこか狂気の構造と似ていないか？　たとえばドイツの精神科医ヴォルフガング・ブランケンブルクは『自明性の喪失』の中で、アンネという症例について次のように書いている。

> 《あたりまえ》(selbstandlichkeit) ということが彼女にはわからなかった。《ほかの人たちも同じだ》ということが感じられなくなった。人はどうして成長するのかという疑問が、頭から離れなかった。不自然な、へんてこなことを一度にたくさん考えたりした。なにごとも理解できなくなり、なにをしてもうまくゆかなかった。彼女はなにひとつ信じられなくなった。神も信じられず、《他人との関係も》、《自分の立場も》、信頼も、もちろん母親に対する信頼も、それに対人関係も、何もかもすっかり消えてしまった。道で人が集まっているのに会うと、《私がそういった疑問を持っていることをその人たちがすぐに見抜いてしまう。でもそれが他人にわかるということはちっとも不思議なことじゃない》という妙な感じを抱くことがよくあった。

アンネは結局、自殺した。ブランケンブルクは、アンネの症状は「彼女自身のいう《自然な自明性の喪失》」という事態であると考えた。ブランケンブルクは同じ本の中で、ヤスパースが「いろいろな障碍が起ってくるのは、《あらゆる内省傾向に抗して維持されるわれわれの生の自明性、無頓着性（ハルムロージッヒカイト）、無問題性（フラークロージッヒカイト）》を保証しているこの着生（アインバウ）のいとなみの自然な《流れ》(naturlicher) が乱れるときである。この着生（アインバウ）が帯びている「自然さ（ナテューアリッヒカイト）」は、極めて重要な問題のように思われる」と言っているのを引いている。[20] ヤスパースは、この当時の言い方だと精神分裂症という症候の要因を、「自明性」に関わる事柄としていち早くに考えていた。逆にハイデガーはこの「自明性」こそが、現存在を窮屈にしているとした。

そして人が否定性に置かれていることをハイデガーは正当化しようとする。ハイデガーにとって「自明性の喪失」こそが本来の正しい人の姿である。ヤスパースが『精神病理学原論』で言う他者に「させられている」という経験は、ハイデガーからすると全く奇異なものでない。[21] 彼にしてみれば、私は私が決めている、と安直に思い込んでいることにむしろ無理があると考えるからだ。ハイデガーは狂気の方が本来性であり、正常が非本来性であると考えた。だがヤスパースはそうは考えない。ヤスパースがハイデガーに関心を持つのは、こうして執拗に「自明性の喪失」を正当化するハイデガーの異常性である。

3　存在と根源

ヤスパースはもともと精神科医だった。途中で哲学者に転身したのである。彼はベルリンやハイデルベルクなどで医学をおさめ、一九〇八年から一九一五年までハイデルベルク大学精神科に勤めていた。一九一三年には心理学の大学教授資格を取って、同じ年に先の『精神病理学原論』を出版している。一九二一年にはハイデルベルク大学哲学主任教授となった。この職はナチスの台頭によって一九三七年に追われるが、第二次大戦後は教授資格を復権して、バーゼル大学教授の職に就いている。『精神病理学原論』では「異常な精神生活の諸要素」という節があり、その中で「させられ思考」について彼は病理を論じている。ヤスパース自身も、「この症例は速かに痴呆状態になってゆく精神分裂病の「させられ」症状群である」と言うように、精神分裂病にしばしば見られる症例であり、自己の殻の中に他者が入り込んでくるものだ。ヤスパースは同書でこう書いている。

させられは感情、知覚、意志行為、気分などにある。患者はそのため自由でない。自分でない別のものの力の下にある、自分自身を制御できない、運動も、考えも、感情も自分で思い通りにならないと感じる。高度になると自分はいわば操り人形であると感じ、勝手に動かされ止められると感ずる。こういう体験を基にして殆ど常に物理的な被影響や、複雑な機械があるとの妄想が生じて、その力の下にあるとか、超感覚的な影響の妄想が生じて、それがこの現実世界に働きかけるとか思う。

往復書簡とは別に、一九七八年に出版されたハンス・ザーナー編『ハイデガーとの対決』というヤスパースの覚え書きがある。編者の「序言」によれば、これは「一九二八年から一九六四年にまで及ぶ年月のあいだに、三〇〇枚の紙片に書き記された」ものであり、それは一九六九年に「ヤスパースが死んだとき、彼の書き物机のうえに置かれていた[22]」。この覚え書きはハイデガーとの往復書簡と時期的にぴたりと一致する。この書簡と覚え書きの二つは平行関係にあるのだ。彼はハイデガーと書簡のやり取りをしながら、その一方でハイデガーの精神分析を進めていた。言ってみれば書簡は哲学者ヤスパースの「記録」であり、覚え書きは精神科医ヤスパースによる患者ハイデガーについての「カルテ」である。ハイデガーは書簡を通して、彼も知らない間にヤスパースに精神分析をされていた。言い換えるとハイデガーの異常性は、ヤスパースを通じて「転移=翻訳」されていたのである。ヤスパースは、ハイデガーの論理の中に精神病に近いものを見抜いていた。だからこそ彼は、確信犯的にハイデガーという症候に関心を傾けた。

一九二一年六月二五日付のハイデガーからヤスパースへの手紙には、「草稿の書き写しが長引いてしまいました」とある。この草稿とはヤスパースの『世界観の心理学』のための書評である。彼は「草稿の全体は、きわめて切り詰められて簡略化され、またぎこちなくなっています」と記し、「しかしながら少なからぬ箇所から、私が何を目指そうとしているかは、おそらく判然となるでしょう」と書いている。「文体は、ドイツ語的というよりはギリシア語的です。というのも、私は、加筆修正の折、そしてほとんどもっぱら、ギリシア語のものを読んでいるからです」と続いている。早くもハイデガーの言語は旧来のドイツ語からギリシア語へと変容し始めている。一九二二年六月二七日付のハイデガーからの手紙には、「あなたの哲学的に裏付けられた学問的な態度は、この御著書のなかで、さらにいっそう判然と表現されております。とりわけあなたが、古い意味での心的な因果性を、積極的に、精神的歴史的な世界のなかへと置き入れて了解なさろうと試みておいでの面では、そうです」とし、「存在」をめぐる議論が吐露されている。そして『存在と時間』の病理性が、その出版より五年も前に、医師ヤスパースに次のように告白されている。

この課題の基礎には次の問いがあります。まず生をその存在意味と対象意味の面から原理的に統一的かつ概念的に範疇の点から徹底的に把握したあとで、次にこのたとえば精神分裂病的なものという「領野」を、いかに右の生の徹底的把握のなかに、「組みこむ」べきか、という問題がそれです。しかしこうした仕方では問題はまだ古めかしい仕方で設定されています。当該の対象的なものは、実を言えば、まさしく、存在性格のはっきりとしない「領野」とか「区域」とかと捉えられてはならないのです。これらの諸現象に従来の学問的見方のゆえにまといついていた対象性格や事象性格が、放棄されねばならないのです。そしてそれらの諸現象に、それらが何ものかで在るかぎり持つところの特定の意味が、概念的に範疇の仕方で、与え返さねばならないのです。つまり、それらの諸現象が、そうしたものとして、生の現事実性という根本意味（形式的には、存在意味）のありさまにおける動態であるかぎり持つところの特定の意味が、それらの諸現象に与え返されねばならないのです。人間的現存在を一緒に構成しており、それに関与しているということが、何を意味するのかが、明瞭にされねばならないのです。ということは、しかし、生きているという存在、人間であるという存在の、存在意味が、根源的に獲得され、かつ範疇的に規定されねばならないということです。

さらにハイデガーは、「在る」という問題に議論を広げてゆく。

> 心的なものとは人間が「持っている」何か、意識的にか無意識的にか「持っている」何かであるのではないのです。むしろそれは、人間がそれで在るというところの何か、人間の生であるところの何かであるのです。つまり、原理的に言って、人が持つのでなく、むしろ人がそれで「在る」ような対象というものがあるのです。しかもさらにそうした対象の「何であるか」は、ひとえにただ、「そうした対象が在るという事実」のうちにもとづいているのです。――もっと正確に言えば、「何であるかという在り方」と「事実としてある在り方」とを分けるという古くからの存在論的区別は、内容的に十分ではないばかりではないのです。――むしろその区別はある根源を持っていて、その根源の意味領域のなかに、今日意のままにしうる生の存在経験（簡単に言って、「歴史学的」存在経験）や生の存在意味の存在経験は、根ざしていないのです。

ここまでで五年後の『存在と時間』のエッセンスはすでに出尽くしている。存在、存在者、現存在、世界内存在、被投性、投企などだ。後は本来性を獲得して非本来性という存在忘却から抜け出るための死に臨む存在と良心の呼び声、覚悟性、死の先駆性、脱自態があるのみである。[23] ハイデガーはさらにこう続ける。

古い存在論（およびそれから生じた範疇構造）は、根本から新たに形成し直されねばならないのです――もしも、固有の現在の生をその根本志向において捉えかつ導くことが、真剣に考えられるべきであるならば、そうなのです。現代の哲学は、かつてギリシア人たちがそれなりの持ち前において独自に成し遂げたことを理解することさえ、もはやできなくなってしまっているのです。いや、それどころか、私たちは、私たちの持ち前で同じことを、しかもただ同じことだけでも成し遂げるということが何を意味するのかを、全く予感すらしていないほどなのです。ということは、しかしプラトンやアリストテレスをもう一度新しくし直してみせるとか、古典古代に感激してギリシア人がすでにいっさいの重要なことを知り尽くしていたとお説教したりするとか、といったことを意味しているわけではありません。[…] 従来の存在論をギリシア哲学におけるその根において批判することが必要なのです。[…] しかしこのような批判をするためには、ギリシア人たちの設定した、事象に即した諸問題を、その動機にもとづき、またギリシア人たちの世界への接近の仕方の態度にもとづき、さらには諸対象に対する彼らの語りかけの仕方にもとづき、そしてその際に遂行された諸概念の仕上げの仕方にもとづき、原理的に理解することが必要です。

「根源」と「ギリシア」への関心がすでに前面に現れているが、これは「転回」と呼ばれる彼の後期思想である。一九三五年の『芸術作品の根源』がその一つだ。しかし早くも『存在と時間』が出る前のこの書簡の段階で、次の自分の哲学的展開がハイデガーには実にしっかりと見えていた。ではこの「根源」とは何か。『芸術作品の根源』には次のように書いてある。

それどころか、いま数え上げたもののようにはそれ自体では自己を示さないもの、すなわち出現しないものでさえ、物という名称を付けられるとすれば。そのようなそれ自体出現しない物、すなわち「物自体」[Ding an sich]は、カントにしたがえば、たとえば世界の全体であり、それどころか神自身でさえそのような物なのである。

この物とは見えている一部分だけでなく、その下に隠れているものにこそ存在の意味がある。隠れていて見えないもの、「それ自体では自己を示さないもの」、「それ自体出現しない物」の方に実は存在は隠れている。ではいつまでもこの存在は見えないままなのか？　ハイデガーにとっては、決してそうではない。

存在するものは、この空け開けの空け開かれたところの内へと立ち現れ、そして立ち去る場合にのみ、存在するものとして存在することができる。ただこの空け開けのみが、われわれ人間に、われわれ自身ではない存在するものへの通路と、われわれ自身である存在するものへの到達を贈り与え、保証する。この空け開けのおかげで存在するものは、一定の限度内において、あるいは変化する限度に応じて不伏蔵的に存在する。

ハイデガーは「空け開け」という可能性がまだ残されている、と言っている。彼にとって「真理とは、真なるものの本質を言う。われわれはこの本質をギリシア人の言葉に回想することから思索する。アレーテイア［αλήθεια］とは、存在するものの不伏蔵性［Unverborgenheit］を意味する」。そしてその「真理がその本質を発揮するもう一つの別の仕方は、国家建設の行為である」。ハイデガーにとって芸術とは突き詰めれば芸術作品のことではない。本音は国家だ。この時期に彼はすでにナチズムとは距離を取っていたはずだ。にもかかわらず、彼は国家の創設を強く夢想している。

4　オイディプス王

一九三二年一二月八日のハイデガーからの書簡にはこうある。「私は最近の何年かを全面的にギリシア人たちのために費やしました。ギリシア人たちは、この講義義務免除の学期においても私を放してくれません。小さな「自分固有な」世界は、このギリシア人の鮮烈な空気のなかで、ますます霞んでゆくように私には思われます」。

小野紀明の『政治哲学の起源』によれば、「ハイデガーが明白に古代ギリシアの特権的地位を語り始めるのは、三〇年代に入ってからである。それは、まさに彼がナチズムへの関心を強めた時に重なっている。［…］ハイデガーにとってギリシアが起源としての位置を占めているのは、ギリシア人が形而上学が誕生する以前を体験していたからであり、彼らが存在そのものを問う哲学を創始したからである。それ故に今日求められるべきは、この起源へと回帰することであり、それは同時に歴史の目的を成就することを意味している。ハイデガーは、この企てをドイツ民族と国家社会主義に託したのである(24)」。

ハイデガーは『芸術作品の根源』の中で、紀元前四三二年に完成したアテネのアクロポリスのパルテノンに着目した。この神殿がつくられたその時代、アテネは繁栄に酔いしれていた。パルテノンはアテネの絶大な国力の誇示であった。建設を指揮したのはアテネの英雄ペリクレスである。彼と親交が深かった人物にソフォクレスがいた。しかしアテネはやがて没落の危機に瀕することになる。伊藤貞夫の『古代ギリシアの歴史』や立川昭二の『病気の社会史』を参照し、アテネの悲劇を眺めてみよう。(25) 前四三一年五月にスパルタの攻撃によりペロポネソス戦争が始まる。アテネとスパルタという二大強国の大戦である。ペリクレスの戦術は意外なものであった。城壁内に市民を籠城させ、陸地を避け海軍に命運を委ねるのである。ところがこれが裏目に出る。翌年前四三〇年に疫病が蔓延した。ペストである。これによりアテネの人口が三分の一になった。ペリクレスの死後、前四〇五年にアテネはスパルタに敗ける。アテネのペストはツキュディデスの『戦史』にこう描かれている。

今次の規模ほどに疾病が蔓延し、これほど多くの人命に打撃を与えた例は、まったく前代未聞であった。はじめは医師もそれが何であるか実体を把むことができなかったために、療治の効をあげることができず、それのみかかれらは患者に接する機会がもっとも多かったので、自分たちがまず犠牲者になる危険に晒された。

頭部に強熱がおそい、眼が充血して炎症を起こす。咽頭が出血し、異様な臭気の息を吐く。苦痛は次に胸部へと広がり、吐き気を催し、痙攣し、皮膚に腫物が出来る。高熱のために死ぬ者や衰弱死する者が数多く出た。たとえ運良く生き延びても盲目になり、記憶を失うなどの後遺症が残る。感染を怖れるあまり病者は一人で死ぬ。死体の上に死体が載せられ、屍骸は神殿にまで及ぶ。

この疾病は、ポリスの生活全面にかつてない無秩序を広めていく最初の契機となった。人は、それまでは人目を忍んでなしていた行為を、公然とおこなって恥じなくなった。金持でもたちまち死に、死人の持物をうばった者が昨日とはうって変った大尽風を吹かせる、という激しい盛衰の変化が日常化されたためである。その結果、生命も金もひとしく今日かぎりと思うようになった人々は、取れるものを早く取り享楽に投ずるべきだ、と考えるようになった。[…]そして宗教的な畏怖も、社会的な掟も、人間にたいする拘束力もすっかり失ってしまった。

ペストによって都市はカオスのようになる。明日死ぬかもしれないと言う状況で、人は道徳心を全て失う。裏を返せば人の本性が露わになる。人は思っていたような「人」ではなかった。敗戦後のドイツもこれと全く同様だった。だからハイデガーの異様な哲学が登場したのだ。ハイデガーはその根源を盛衰するアテネに求め、アテネの終末にドイツの終末を折り重ねた。そこからアテネはどう対処したのか？　その答えがソフォクレスの『オイディプス王』の悲劇にあるとハイデガーは考えた。(26)

『オイディプス王』はテバイのオイディプス王に祭司が謎解きを依頼する場面から始まる。テバイに疫病が蔓延し人身が混乱している。「運命を解き明し、隠された神慮のほどを知りたい」と。オイディプスはすでに后イオカステの弟クレオンを使者にして、アポロンの神託を尋ねていた。クレオンによると「この国には一つの穢れ（けが）が隠れ潜んでいる、癒（い）えるはずのないものを隠しておくより、これを直ちに追い払えと」言う。先国王のライオスがデルポイへ行く途中に「数人の男に殺された」。その犯人を捜す謎解きをして「復讐（ふくしゅう）をせよ」と言うのだ。オイディプスは予言者のテイレシアスの意見を聞く。盲目の彼には真実がすでに見えている。彼には神の力があるからだ。神はこの世の謎を全て知っている。完全な神には隠された秘密など一切ない。しかし不完全な人間にはまだ知らないこの世の秘密が無数にある。人を惑わすのはいつもこの秘密である。秘密の中身を知るとオイディプスが苦しむとテイレシアスは言う。「あなたのうちに住むあなた自身は見えぬらしい」と。オイディプスに自身の秘密がなかなか見えないのは、彼の心的な防衛本能が作動しているからである。しかし謎を解けと言われて、次にはその謎を解くな、と言われると、彼はダブル・バインドに陥るだろう。隠された秘密とはオイディプス自身の過去である。彼は本当の自分を知らない。時計の針を逆回転させて、過去に記憶を遡れば秘密は判明する。彼は何としてでも秘密を解きたい。というよりも秘密の方が彼を解くように誘惑する。ラカンの言い方を借りるなら、彼が秘密を忘れていても、秘密の方は彼を絶対に忘れない。[27] ハイデガーの思想がすでにここに透けて見えている。大宮勘一郎は「纏うことにおける平滑と条理」の中で、次のように書いている。

マルティン・ハイデガー（一八八九年—一九七六年）は西欧形而上学の歴史を存在忘却の歴史ととらえ、その解体の企てを自らの「存在論」の課題であるという。そこで彼は、「真理（Wahrheit）＝アレーテイア（aletheia）」の本質を「蔽いなき隠れなさ（Unverborgenheit）」である、と定めるのであった。言い換えれば、形而上学の歴史は着衣の歴史、着衣に次ぐ着衣と着せ替えの歴史であり、存在論は脱衣の歴史であることになる。そして重ね着に慣れきった人は脱衣に対して盲目になって久しい。ではこの脱衣とは、どのようにして行われるのだろうか。それはテクネーによって、その本質である「産み - もたらすこと（Her-vor-bringen）」によってである、とハイデガーは言う。[28]

言ってみればオイディプスとは「真理（Wahrheit）＝アレーテイア（aletheia）」の本質の「蔽いなき隠れなさ（Unverborgenheit）」に盲目なのである。だから彼には自分の本当の過去が見えない。しかし予言者テイレシアスには真理が見えている。真理はヴェールで覆われているからオイディプスには見えて来ない。だがテイレシアスにはよく見える。(29) テイレシアスは「あなたこそ、自分の探し求めるライオスの殺害者だ」と真実を告げる。「さっきは私を盲（めしい）と嘲った。それも自分には物が見えるからであろうが、実は何も見えはせぬ。今のあなたがどんなに悲惨な境遇にいるか、どこに住んでいるか、誰と一緒に暮しているか、そういうことが一切、分かっていないのだ。[…] 自分が誰から生まれたかも知っていまい？」。オイディプスはこれを聞いて驚愕する。さらに后イオカステが追い打ちをかける。昔、ライオスに神託が下ったことがある。それはライオスが自分の子どもに殺される宿命にあるというものだった。ライオスが殺されたのは三叉路である。高津春繁の『ギリシア・ローマ神話辞典』によれば、三叉路にはヘカテーという不吉な女神がいる。(30) オイディプスは三叉路での殺人事件を次第に想起していく。

> あの三筋の道、あの秘密に満ちた狭い谷間、雑木林が狭（せば）まって細くなっている、あの三叉（みつまた）に分かれた道、貴様たちはみんな、俺の血でもある父の血を、俺の手から先を競って啜（すす）り飲んだのだ、まさか忘れはすまい、貴様たちは、俺がどんなことをしたかを、それから、ここへやって来て、重ねて何をやってのけたかを？

三叉路はライオスとオイディプスが対峙する暴力的な「裂け目」である。オイディプスは生まれてすぐ実の父のライオスの命によって、「両の踝（くるぶし）を留金で刺し貫かれ、見知らぬ男たちの手で道なき山中に投げ捨てられ」た。これが彼の怒りの源泉である。「留金」の刺し傷が最初の暴力である。なぜ自分はこのような理不尽な暴力を受けなければならなかったのか。オイディプスにはそれがどうしても納得できない。だから彼は暴力を繰り返す。するとこの留金は次の暴力へと連鎖していき、父を殺し、さらにオイディプス自身の眼を抉る凶器となって彼の手元にまた戻ってくる。時間が一巡りすると、彼は全てを思い出し、自分自身に返る。だが、その「自分」は、かつて思っていた自分とはまるで違っていた。

こうして神話ではオイディプスが自身の本来性を知ることになる。彼は目を覚ますが、しかしハイデガーの言う「開け」がどこにもない。神話は内に閉ざされたままで、びくともしない。出口がないのである。これと全く同じように、フロイトの患者は目覚めたとしても、本当の意味で「目覚めた」わけではない。患者は「目覚めた」後も、最初の否認の現場にずっと留まっている。心的な意味での時間はそこから動いていない。心的外傷とは、患者がいつまでも最初の現場にい続けており、身動きが取れずに立ち往生していることである。だからその度ごとに、患者は事件の現場に回帰する。心的外傷の患者は神話のように、堂々巡りの中をただくるくると循環している。まさに反復強迫である。やはりそこにも出口がない。患者は確かに現実的には目を覚ます。だが、本当の意味での「目覚め」は心的外傷には論理的に存在しない。人間は、最初の失敗から永遠に外に出られない。「開け」などはどこにもない。ハイデガーの世界内存在の矛盾がここにある。

5 ヘルダーリン

福原泰平は『ラカン』の中で、フロイトの言う「fort/da」の糸巻遊びを取り上げている。[31] すでに記したように、フロイトの孫エルンストは、母の不在の復讐の表現として糸巻きを遠くに投げつけた。しかし福原によれば、その行為には以下のような落とし穴が隠れている。

> 糸巻きは母を指し示しているだけでなく、主体みずからの姿をもそこに引き込むことのできる記号であった。というのも、幼児は母親を消去したつもりで、その実、不在の母とペアを組んでそれにわかちがたく結び付いている、哀しい自分という表象も同時に消し去ってしまったのである。[…]こうなってくるとこの遊びの様相は一変する。糸巻きの投擲(とうてき)は母親だけでなく自分自身をも捨て去る行為であった。この母の傍らに住まう本来の自分を投棄するという行為により、主体は自己それ自身と永遠に離別することになっていく。結果、糸巻き遊びは、自己の有を無へと変貌させる大きな契機となり、主体はこの一種記号の中へとみずからを消滅させてゆく道を準備していくことになる。

さらに福原は、これらについて次のように続けている。

> 中身のない空虚なものの次元に生まれ変わった幼児は、そこでいやがおうでも無を別のものに置き換えて、象徴的に生を見いだす道を選択していかねばならない。しかし、糸巻きを消した後に開いた穴を実体的に埋めることは永遠にできず、人は空虚を示す父なるものの記号をこれに代置することで、無に新たなる空無をもって対処せざるをえないという宿命を負う。結果、人は欠如という負債をその中心に抱え、みずからを欠けた別の記号に託して、他なるものとしての自己を構築し、歩まねばならなくなる。それは紙幣が一枚のとるにたらぬ紙切れであることを忘れて、とんでもない価値を持ってしまった時の

ような、無で無の上塗りが達成されたかのようなある種の狂気を常に深く刻み込んでいるものなのである。

福原は、なおも続けて、この議論に一つの答えを導き出す。

それはオイディプスにおける死せる父という空無でもあり、オイディプス神話における神聖な犯すべかざる非知なる無でもある。神話の構造に見てとれるように、神話とは自己言及的な形式を備え、みずからの身体で自己を支えるという構造を持ち、そこで明かされた真実の根拠は、実はその神話自体の中に委ねられている。[…]つまり、神話の外にさらなる根拠を求めることは、ノアの方舟(はこぶね)を探す旅のように魅力的ではあるが、不可能なことであり、それは空無のヴェールに弾き返されてしまう。神話は言い訳をするように突如としてそこに置かれたものであり、そこには外部に延びる線はない。根拠は外部に捨て去られ、発見の可能性もなくそれが成立した太古の昔から欠けているのである。

物語の外が最初から欠けている。すると人は神話の中でずっと循環し続けるしかない。神話には、ハイデガーの言うような「開け」がどこにもない。母の帰還としての〝da〟、つまり到来は神話にははじめから存在しない。福田恆存はこの物語の構造を「あたかも時計の針が文字盤を逆廻りしてでもいるかのように進み、最後には出発点に、自分の誕生の秘密に辿り着き、先王ライオス殺害の犯人が自分自身であることを発見する。時計の針は逆転し、ここに完全な円環を描き終るのである」と書いている。(32) 仮にハイデガーの言う世界内存在が神話の仕組みと不可分な関係にあるとしたら、世界内存在には外部がなく、そこからの抜け道は最初からどこにもないことになる。ナチスの神話もこれと同じ構造だ。ナチスの神話にも出口がない。ナチスは閉じた神話の中で、オイディプスのように自滅の物語をただひたすら反復するしかない。

一九三六年五月一六日付のハイデガーの手紙が、第二次大戦前にヤスパースへ送られた最後のものである。「ローマで私は、同封しましたヘルダーリンに関する講演を行いましたが、そのローマで私は、あなたがニーチェに関する著作に取り組んでおいでだということを聞きました」。ハイデガーはすでに一九三三年にフライブルク大学学長として悪名高い講演をし、翌三四年にその座から降りている。ただルビコンの川はすでに渡っている。彼は学長を辞任してもナチスの党員からは離脱しない。ハイデガーがヘルダーリンに強く魅せられるのもちょうどこの頃だ。ヘルダーリンとナチスはハイデガーの中で一つに繋がっている。ロマン・ヤコブソン／グレーテ・リュッベ＝グロテュースは「精神分裂病の言語」の中で、ヘルダーリンの狂気について次のように書く。

一八〇二年に、ヘルダーリンは三二歳であったが、すでに何度か発作を起こしており、医師の診断によれば「急性の精神分裂症精神病」という病にかかっていた。一八〇三年七月一一日付けのヘーゲルに宛てた手紙のなかで、シェリングは彼のことを「まったく気が狂っている」、文学作品を創ることは「少なくてもある程度は可能だ」けれど、「他の面では彼はまったく気が狂っている」と書いている。一八〇六年の八月に、ヘルダーリンの母親は彼の親しい友人アイザック・シンクレアから手紙を受け取った。その手紙は、「わが不幸な友人は狂気が極度に達し、これ以上ホンブルクにとどまるのは」不可能となった、そして「これ以上彼を自由にしておくと、社会全体を危機にさらすことになる」と彼女に警告するものであった。チュービンゲンの精神病院で苦しい数カ月を過ごした後、患者ヘルダーリンはチュービンゲンの高級家具師エルンスト・ツィンマーによって引き取られ、生涯を終えるまで「食事を与えられ管理を受けた。」という。

ヘルダーリンの病状は、具体的には次のようなものであった。

独自の断言や否定に責任をもつことへの恐れは、おおよそ次のようなヘルダーリンの言い方に明白になっている。「そう言ったのはあなただ、そう断言したのはあなただ、だから私には何事も降りかかることはない。」伝えられるところによると、「ヘルダーリンが口を開けば彼の言うことの三分の一は」このような言い方であった。したがって、散歩に出ないかと誘われれば、答えは「非常に奇妙な形」の断定的反対となる。「私はここに留まるべきだとあなたが命じているのです。」[33]

6 狂気の親和性

精神病理学者の加藤敏は『創造性の精神分析』の中で、ヘルダーリンについて論じながら狂気と「主体の死」との関連について述べている。[34]詩人のステファヌ・マラルメにしても、文学者のジョルジュ・バタイユにしても、生きているのに「僕は完全に死んだ」とか「私はすでに死んでいる者だ」と言っている。ここから彼は「創造性は、〈生の領域〉から〈死の領域〉への重心移動、より正確には〈飛びこえ〉によりもたらされた」と考える。そして「〈死の領域〉への飛びこえは主体の死や狂気にまで及ぶ主体に対する決定的な破壊性を内に含む」とする。彼はここにフロイトの「死の欲動」やハイデガーの「死への依存」との関連性も指摘する。つまりフロイトやハイデガーにも、同じように死の飛びこえを訴えるという点で、ある種の狂気が感じられるのである。「そうすると〈死の領域〉への飛びこえということは、死の欲動や死への依存という主体のありようと深く結ばれているのがわかるだろう」。

ヘルダーリンの病気は二五歳の時の「精神病性うつ」に始まった。人格の著しい変化が起きるのは一八〇〇年の三〇歳からであり、三一歳の時には「言語における精神病性の変化がはじまっている」。三二歳の時に精神錯乱が起き、三三歳の時には「なかばドイツ語、なかばギリシャ語」で不可解なことを喋り出す。三六歳には徘徊が始まって、独り言を言うようになる。入院して療養に入ってからは、ハイデガーにも似て「新作言語（ネオロギスム）」を創り出した。そして六〇歳の時には、彼は次のように語っていた。

一三人の男の子を彼女は私に生んでくれました。一人は法王、[…] 三番目は皇帝です。

加藤はヘルダーリンの「優れた作品が、ちょうど精神病がはじまり、激しい症状を呈した時期の前後（三一―三三歳）に産み出されている」と指摘し、「ヘルダーリンの詩には、分裂病者のありようが色濃く影をおとし、分裂病的存在様式（ないし分裂気質的存在様式）ぬきにしてはヘルダーリンの作品は無にひとしい」と規定する。さらに彼は、次のように続けて書いている。

よく考えてみると、精神医学の思想はヘルダーリンと無関係ではない。それというのも、現象学的病理学が、ヘルダーリンを思想的源泉としたハイデガーの存在論に影響を受けているからである。精神医学がハイデガーの存在論に強い親和性をもったのは、ハイデガーの存在論がヘルダーリンをとおして狂気の要素を内にとりこんでいるためと考えることはできるのではないだろうか。

加藤によれば、ヘルダーリンもフロイトやハイデガーのように、「みずから進んで死におもむくことによって、無限の自然と一体になろうとする決心が熟する」とか「死のなかに私は生き生きとした者を見出すのだ」と発言しているという。特に彼は、加藤は特にヘルダーリンとハイデガーの関係性に注目する。たとえば次のような部分である。

ヘルダーリンによるピンダロスの詩の翻訳や、後期讃歌が出版された時、ハイデガー（二一歳、二五歳）は、「地震におそわれたような衝撃を受けた」と語っている。

ここから加藤は、ハイデガーの『存在と時間』がヘルダーリンの影響下にあるとの考えを進めていく。さらにハイデガーが明快にヘルダーリンを論じ出すのは一九三一年以後であり、三四年に彼は「ゲルマニア」や「ライン」を論じていた。これを踏まえて加藤は、次のようにヘルダーリンとハイデガーとの「狂気の親和性」について述べている。

このようにみてくると、ハイデガーの哲学思想には、ヘルダーリンの詩作（＝思索）の聴取をとおして、狂気の次元を内在化した主体モデルを追求する姿勢がうかがえることであろう。ラカンは、精神医学者が患者の言葉に謙虚かつ真摯な態度で耳を傾けるありさまをさして、彼らを「狂者の秘書」

(secrétaire des aliénés) と呼んだ。この言い方にならえば、ハイデガーは、文字どおりヘルダーリンの秘書ということができる。

加藤は先に私がアンネの症例の「自明性の喪失」の問題で引用したブランケンブルクも含めて、「現象学的人間学的精神病理学（例えばビンスワンガー、ブランケンブルク、またわが国では木村敏ら）がハイデガー哲学を重要な参照枠にしたことはハイデガー哲学の「狂気内包性」と無関係ではないだろう」とする。また「『ハイデガー＝ヤスパース往復書簡』を読むと、ハイデガーが狂気に強い関心を示し、これをとりこんだ現存在分析の必要性を既に『存在と時間』を書く前から表明していたことが知られて興味深い」とも指摘している。

しかし狂気への関心ならば、ハイデガーもさることながら、ヤスパースにも強く言えることではないか。ヤスパースこそが、ハイデガーの中に「狂気内包性」を最初に感じ取っていた精神科医だからである。ヤスパースはヘルダーリンについてもすでにその精神医学的な分析を試みていた。ヤスパースの視点で言うと、狂気の前方にはヘルダーリンがいて、後方には台頭するナチズムが控えている。その二つの破局には狭間の空間があり、そこにマルティン・ハイデガーが存在している。ヤスパースはそうしたハイデガーと対峙した。ハイデガーとヤスパースとのこの往復書簡は、このような異様な状況のもとでとり交わされていたのである。

註

（1）ヴァルター・ビーメル／ハンス・ザーナー編『ハイデッガー＝ヤスパース往復書簡 1920—1963』、渡邊二郎訳、名古屋大学出版会、一九九四年。以下、本稿において、特に断りがない時は、二人の書簡は全てこの本による。

（2）ウルズラ・ルッツ編『アーレント＝ハイデガー往復書簡』、大島かおり他訳、みすず書房、二〇〇三年。

（3）メアリー・フルブロック『ドイツの歴史』、高田有現他訳、創土社、二〇〇五年。

（4）アルフレッド・W・クロスビー『史上最悪のインフルエンザ　忘れられたパンデミック』、西村秀一訳、みすず書房、二〇〇四年。

（5）ピーター・ゲイ『フロイト〈2〉』、鈴木晶訳、みすず書房、二〇〇四年。以下、本稿において、特に断りがない場合は、ピーター・ゲイの発言は全てこの本による。

（6）ジークムント・フロイト「快感原則の彼岸」、『自我論集』、中山元訳、ちくま学芸文庫、一九九九年に所収。以下、本稿において、特に断りがない場合は「快感原則の彼岸」とした場合は全てこの論による。

（7）小川豊昭「快原理の彼岸」、西園昌久監修『現代フロイト読本2』、みすず書房、二〇〇八年に所収。

（8）パトリック・J・マホーニィ『フロイトの書き方』、北山修監訳、誠信書房、一九九六年。以下、本稿において、特に断りがない時は、マホーニィの発言は全てこの本による。

（9）ヴァルター・ベンヤミン「翻訳家の使命」、『ベンヤミン・コレクション2』、浅井健二郎編訳、ちくま学芸文庫、一九九六年に所収。

（10）北川東子『ハイデガー　存在の謎について考える』、NHK出版、二〇〇二年。以下、本稿において、特に断りがない場合は、北川東子の発言は全てこの本による。パラグラフ2のハイデガーの「自存」などの説明は、北川のこの本に負うところがある。

（11）高田珠樹『ハイデガー　存在の歴史』、講談社、一九九六年。

（12）小野紀明『現象学と政治　二十世紀ドイツ精神史研究』、行人社、一九九六年。以下、本稿において、特に断りがない場合は、小野紀明の発言、もしくはエルンスト・ユンガーの発言は全てこの本による。

（13）オズヴァルト・シュペングラー『西洋の没落　世界史の形態学の素描』全二巻、村松正俊訳、五月書房、二〇〇七年。

(14) マルティン・ハイデッガー『芸術作品の根源』、関口浩訳、平凡社ライブラリー、二〇〇八年。以下、本稿において、特に断りがない場合は、『芸術作品の根源』と言えば全てこの本による。
(15) このあたりのユンガーの記載は、保坂一夫『ドイツ文学　名作と主人公』、自由国民社、二〇〇九年による。
(16) エンツォ・トラヴェルソ『全体主義』、柱本元彦訳、平凡社新書、二〇一〇年。
(17) エルンスト・ユンガー「総動員」、『追悼の政治　忘れえぬ人々／総動員／平和』、川合全弘編訳、月曜社、二〇〇五年に所収。
(18) 貫成人『ハイデガー　すべてのものに贈られること：存在論』、青灯社、二〇〇七年。
(19) 小野清美『保守革命とナチズム　E・J・ユングの思想とワイマル末期の政治』、名古屋大学出版会、二〇〇四年。
(20) このあたりはヴォルフガング・ブランケンブルク『自明性の喪失　分裂病の現象学』、木村敏他訳、みすず書房、一九七八年による。
(21) カール・ヤスパース『精神病理学原論』、西丸四方訳、みすず書房、一九七一年。以下、本稿で特に断り書きがない場合は、『精神病理学原論』と書いた場合全てこの本による。本稿ではたとえばこの本が出版された時点での表記に忠実に、あえて「精神分裂病」という言葉を全般的に使用している。
(22) ハンス・ザーナー編『ハイデガーとの対決』、渡邊二郎他訳、紀伊國屋書店、一九八一年。
(23) マルティン・ハイデッガー『存在と時間』上下、細谷貞雄訳、ちくま学芸文庫、一九九四年。
(24) このあたりは小野紀明『政治哲学の起源　ハイデガー研究の視角から』、岩波書店、二〇〇二年による。
(25) このあたりは伊藤貞夫『古代ギリシアの歴史　ポリスの興隆と衰退』、講談社学術文庫、二〇〇四年と立川昭二『病気の社会史　文明に探る病因』、岩波現代文庫、二〇〇七年による。以下、本稿においてアテネの戦争とペストの記載は、全てこれらの本による。
(26) ソポクレス『オイディプス王・アンティゴネ』、福田恆存訳、新潮文庫、一九八六年。以下、本稿において特に断り書きのない場合は、「オイディプス王」についての引用と記載は全てこの本による。
(27) ジャック・ラカン「《盗まれた手紙》についてのゼミナール」、『エクリI』、佐々木孝次他訳、弘文堂、一九七二年に所収。

(28) 大宮勘一郎「纏うことにおける平滑と条理」、『纏う　表層の戯れの彼方に』、水声社、二〇〇七年に所収。
(29) 神尾達之『ヴェール／ファロス　真理への欲望をめぐる物語』、ブリュッケ、二〇〇五年。
(30) 高津春繁『ギリシア・ローマ辞典』、岩波書店、一九六〇年。
(31) 福原泰平『ラカン　鏡像段階』、講談社、二〇〇五年。以下、本稿において、特に断り書きのない場合は、福原の発言は全てこの本による。
(32) 前掲書の『オイディプス王・アンティゴネ』の福田恆存の「解説」による。
(33) ロマン・ヤコブソン／グレーテ・リュッベ＝グロテュース「精神分裂病の言語」、ロマン・ヤコブソン『言語芸術・言語記号・言語の時間』、浅川順子訳、法政大学出版局、一九九五年に所収。
(34) 加藤敏『創造性の精神分析　ルソー・ヘルダーリン・ハイデガー』、新曜社、二〇〇二年。以下、本稿において、特に断り書きのない場合は、加藤の発言は全てこの本による。

10

黒い影の中で

1 写真論

スーザン・ソンタグはその著書『写真論』（一九七七年）の冒頭で、一九七七年五月の日付の説明書きを付している。[1] そこにはこう書いてある。

そもそもの発端はひとつのエッセイで、美的、倫理的な問題をいくつか取り上げ、写真をふんだんに配したものだった。ところが写真とはなにかと考えていくにつれて、ますます複雑でわからなくなってきた。こうしてひとつまたひとつ、呆気にとられているうちに、写真の意味や成果に関するエッセイがつきつぎと生まれていった。最初のエッセイで軽く取り扱った論点をその後のエッセイで実証したり、本筋から離れたりしながら追い続けているうちに、ついにこれを論理的なものに拡げ、まとめあげて、一連のエッセイに終止符を打てるのではないかということにまでなった。

ソンタグはこの『写真論』を、軽い気持ちで書きはじめたかのように記している。しかし彼女は書いていくうちに、写真とはなにかという主題が見えなくなっていった。書けば書くほど、写真は複雑なものに思えてくる。なぜ写真が謎に満ちたものなのか、彼女自身にもよくわからないようだ。そのように、ソンタグはここで言っている。しかしようやく一冊にまとめることができた。彼女はそうも書いている。そもそもソンタグは、なぜ一九七〇年代になってからようやく写真について書きはじめたのだろうか？　それまで、どうして写真について書かなかったのか？　言い方を変えると、どうして彼女は写真を避けていたのか？

実はこの『写真論』で重要なのは、冒頭の「プラトンの洞窟で」というエッセイだけなのである。正確に言えばそのエッセイの全てが重要なのではない。肝心な箇所はエッセイの後半のほんの数行だけである。このわずか数行が、ソンタグにとっての『写真論』の全ての問題を集約しているからだ。もっとはっきりと言うならば、その数行に書かれている問題が、「ソンタグにとっての写真の全て」である。そしてその問題こそが、一九七〇年代になるまで、ソンタグを写真からずっと遠ざけていた原因だった。だがそれに触れる前に、この「プラトンの洞窟で」というエッセイの、書き出しの部分について考えてみよう。彼女はこう書いている。

人類はあいもかわらずプラトンの洞窟でぐずぐずしており、昔ながらの習慣で、ひたすら真理の幻影を楽しんでいる。しかし写真によって知育されるということは、昔のもっと工芸的な映像で知育されるのとはちがっている。ひとつにはいまではるかに多くの映像が周囲にあって、私たちの注意を求めているのである。その財産目録は一八三九年に始まり、以来、それこそありとあらゆるものが写真に撮られてきたし、またそう見える。この飽くことを知らない写真の眼が、洞窟としての私たちの世界における幽閉の境界を変えている。

注目すべきなのは、「人類はあいもかわらずプラトンの洞窟でぐずぐずしており、昔ながらの習慣で、ひたすら真理の幻影を楽しんでいる」という箇所である。この話は一見すると、ソンタグの一九六四年の「反解釈」の冒頭部分とも繋がる議論に思える。彼女はそこで次のように言っているからだ。

> 芸術とは呪文であり魔術である――これが芸術の体験のいちばん始めの形であったにちがいない。(たとえばラスコー、アルタミラ、ニオー、ラ・パシエガの洞窟絵画。)芸術とは模倣(ミメーシス)であり現実の模写である――これが芸術の理論のいちばん始めの形、ギリシアの哲学者たちの理論だった。[…]このとき、たちまち、芸術の価値という問題が生じてきた。なぜなら、模倣説という用語自体がすでに、芸術の存在理由はどこにあるのか、という問いをつきつけているからだ。

ソンタグは続いてこうも記している。「はっきりと言えばこうである。ヨーロッパ人の芸術意識や芸術論はすべて、ギリシアの模倣説あるいは描写説によって囲われた土俵のなかにとどまってきた」と。[2] ソンタグの言う「真理の幻影」とは何か? それは表象とはイデアの模倣の模倣にすぎない、という意味である。確かに芸術は、プラトンの言い方では、イデアの模倣の模倣である。プラトンは『国家(下)』の中で、「つまり、絵画および一般に真似の術は、真理から遠く離れたところに自分の作品を作り上げる」と言っている。[3] ソンタグの主張する「真理の幻影」とは、これに深く関連している。真理はソクラテスだけが見たような、洞窟の外の光にあった。この光こそが真理である。逆に洞窟の中にはその幻影しかない。だから彼女は、「人類はあいもかわらずプラトンの洞窟でぐずぐずしており、昔ながらの習慣で、ひたすら真理の幻影を楽しんでいる」と書いている。しかしよく考えてみると、この表現はかなり不自然である。この言い方だと、ソンタグがこのエッセイを書いた一九七〇年代になっても、真理がまだどこかに生きていないといけないからだ。なぜならば真理がなければ、そもそも「真理の幻影」など存在し得ないからである。ソンタグは「写真の眼が、洞窟としての私たちの世界における幽閉の境界を変えている」と書いている。だが、それでもやはり不自然だ。なぜなら私には、真理がまだどこかに生きているとは、とても思えないからである。いや、私だけではなくて、ソンタグ自身ですら、真理がどこかに生きているなどと、本気で信じているとは思えない。それはソンタグが「反解釈」と言い、またそこでは「意味」を求めることを疑い、さらに「悲劇の死」と述べていることで、すでに明らかな事柄ではないのか?

納富信留の『プラトン』を参照にしながら、もう少しこのプラトンの真理やイデアについて考えてみよう。[4] プラトンが生きたのは前五世紀末から四世紀前半の古代ギリシアである。「プラトンは、その現実をより善く生きようとするなかで、「現実」と思われているこの世界が、実は真の「現実」の影にすぎないと考えていく」。その理由として、「前五世紀のアテナイ民主政は、ペロポネソス戦争の進行とともに、モラルの喪失が顕著な、デマゴーグ（民衆扇動家（せんどう））が跋扈（ばっこ）する危機的状態におちいっていた」という深刻な事情があった。この危機の中で人は「一体何が正しいのか分からなくなり、正しさなどというものは存在しない、すべては「正しくあり、かつ、ない」と思いこんでしまう」。この難問に応じたのが「イデア」である。「絶対的な正しさは、たしかに私たちの目の前の世界にはない」。そのため「私たち一人一人の思いを超越した絶対性を、プラトンは、「イデアは、離れて存在する」と呼んだ」。プラトンにとって現実とは不正義そのものである。そのために「現実からあえて距離をおく」必要がある。イデアは現実の肯定ではない。その全くの否定である。真理とは現実の徹底的な否定だと言っていい。納富はこれを次のように書いている。

> プラトンの哲学の真の恐ろしさは、「現実」から目を逸らす理想主義や彼岸主義などではなく、現実そのものを見据える破壊力にある。

プラトンはイデアを発明した。ということは、プラトンは現実を否定して、その上でそれを抑圧した、と言うことができる。現実主義はこれ以降、理想主義の中に完全に秘匿されることになる。事実、西洋の歴史はプラトン以来、絵画では現実をそのままに描くことは全くなく、現実のありのままを否定して、理想だけを執拗に追求してきた。それが西洋の伝統的な絵画の主題である。エルヴィン・パノフスキーが『〈象徴（シンボル）形式〉としての遠近法』で言うように、「プラトンが、遠近法は事物の「真の大きさ」をゆがめ、現実や規範（ノモス）のかわりに主観的な仮象や恣意を持ち出すという理由でそれに有罪判決を下した」としても、歴史的に見れば、やはりそうなのである。事実、イデアは一五世紀ころになると、アルブレヒト・デューラーの「遠近法の実験」に見られるように、本格的に遠近法の仕組みの中へと置換されることになる。[5] ミシェル・テヴォーはその著書『不実なる鏡』の中で、これについて次のように書いている。[6]

> 絵画は知と同じように中心部の欠落におかされていて（その欠落は、遠近法の体系において、適切にも消失点と呼ばれているものにあたる）、そのため絵画は、網膜上の盲点にあたるものを鑑賞者に反射させつつ「垣間見」せるのだ。別の言い方をすれば、画家が遠近法という企みの横糸を編んだのは、ほかで

もなく自分自身の羨望（invidia）から眼差しを奪うようにしむける罠としてであったように思われる。この中心の脱落（elision）がいわゆる対象aであり、この場合、板の厚みを貫く穴が物質的にそのインデックスになる。

消失点としての「対象a」とイデアとの間には、深い因果関係がある。たった一つの消失点は無に等しいほどに小さいが、実のところそれは、観念的には無限大の広さを持っている。新宮一成・立木康介編による『フロイト＝ラカン』[7]では、このラカンの言う「対象a」がフロイトの用語の「失われた対象」と対になって説明されている。言い換えるとこの消失点は、「欠如」や「死」のことである。この『フロイト＝ラカン』では「対象a」は、フロイトの孫のエルンストが母親のゾフィーの不在に苛立ちながら遊んでいた糸巻きの「fort/da」の概念を使って、次のように巧みに分析されている。

> 　このことのモデルは、糸巻きを放り投げて遊ぶ、フロイトの一歳半の孫であった。母なる言語の中に入って、自己としての糸巻きを投げたり手繰り寄せたりしていたこの孫は、「母が僕を愛している」という統辞作用を、遊びの中で創造していたのである。放り出される糸巻きは、見捨てられる自分の代わりに置かれたものだ。孫はこの糸巻きを放り出して、「オー」と発音したが、これはドイツ語fort（「行ってしまった」の意味になる）のことであった。この糸巻きをラカンは対象aとして語る。

「対象aには、「失われたもの」という性格が備わっている」。それは「人間にとって本来的な対象、是が非でも取り戻したいと人が願い、そして叶わない対象」のことである。「フロイトがそれを発見したのは、『夢解釈』の中で、「子ども時代」は、そのものとしてはもう取り戻せないと述べたときである」。イデアとは、実はこの「失われた対象」のことである。それは決定的な対象の喪失である。そこには「ある（da）」はなく、「ない（fort）」しかない。それは死や不在や脱落のことである。しかしそれでも「ある（da）」を取り戻したいという欲望が、人から消え去ることはない。それが「da（いた）」ではなくすでに「fort（いない）」からこそ、逆説的にも人はそれを取り戻そうと強く願わないではいられない。この喪失したものへの強い思慕の念こそが、イデアである。イデアを主張する心理には、だからすでに「大文字の他者」としての母が帰還しない、という深い絶望感が潜んでいる。この絶望感が全く裏返ったかたちで、完全な美や善への希求へと変貌する。それがイデアである。繰り返すが、イデアとは喪失のことである。だからこそ、「ない（fort）」の中に「ある（da）」が存在すると主張する。イデアとは「ない（fort）」の悲しみの中で限りなく「ある（da）」を主張する絶望的な人の叫び声である。つまりイデアとは一種の精神的な症候である。この意味で言えば、西洋の理想主義の歴史とは精神的な症候であったと言っても構わないだろう。

2　強制収容所

現実が不正義そのものになっている——そのことは、プラトンの『国家』の中で「洞窟の比喩」として描かれている。藤沢令夫の『プラトンの哲学』を参照しながら、この洞窟の意味について考えてみよう。(8)

地下深い暗闇の洞窟。奥底の壁に向かって、囚人たちが縛りつけられている。上方はるかなところに火が燃えていて、その光が彼らのうしろから照らしている。火と囚人たちの間に衝立様の低い壁があり、その上をあらゆる種類の道具物品が、また石や木やその他の材料で作った人間および他の動物の像が、差し上げられて運ばれていて、その影の動きが火の光によって囚人たちの前の壁面に投影されている。［…］囚人たちは、子供のときからずっと手足も首も縛られたまま、動くことも、うしろを振り向くこともできずに、壁にうつる影しか見ることができないので、それら動物や器具の像の影を真実のものだと信じこんでいる。［…］あるとき囚人の一人が縛めを解かれて、目がくらむ苦渋に堪えながら洞窟内の急な登り道を力づくで引っぱってゆかれ、外界の太陽の光のもとに連れ出される。［…］そのとき、彼はすべての真相を知る——この太陽こそは、四季と年々の移り行きをもたらすもの、目に見える世界の一切を支配するもの、さらには自分が地下で見ていたすべてのものにとっても、その原因となっているものなのだ、と。［…］ただし、もし彼が陽光の中からもう一度洞窟の奥深くへ降りて、まだ目が暗闇に慣れずよく見えないあいだに、そこに拘束されたままの囚人たちを相手にして、壁面を動くいろいろの影の判別を争わなければならなくなったとしたら、彼は失笑を買うことになるだろう。［…］そしてこう言われる「囚人を解放して上へ連れてゆこうと企てる者がいれば、彼ら囚人たちは、もしその人を捕えて殺すことができるなら、殺してしまうだろう」。

これが「われわれ自身によく似た囚人たち」である。藤沢によれば、この文章は「「洞窟内の囚人の住まい」＝「目に見える世界」（感覚界）。洞窟内の火＝太陽。登って上方（外界）の事物を見る＝「思惟される世界」（イデア界）への上昇。最後にかろうじて見てとられる太陽そのもの＝《善》」という順番によって解釈できるとしている。縛めを解かれて太陽の光を見たのはソクラテスである。そしてその他の囚人とは、彼を殺したアテネ人である。藤沢は「ソクラテスは殺された、とプラトンは言っている」と書く。納富も「あの洞窟の比喩もソクラテスの刑死を暗示する」と書いている。プラトンの洞窟とは、ソクラテスの死と不在を象徴している。ジャン＝フランソワ・マテイは『プラトンの哲学』の中で、プラトンが「ソクラテスの臨終の場に立ち会わな」かった、「プラトンはソクラテスの死の折に居合わせな」かったと書いている。[9] こうしてプラトンはソクラテスの死を否認した。なぜだろうか。藤沢令夫によれば、それはソクラテスが理不尽な理由によって死刑判決を下されたからである。なぜ「誰よりも正義の人であると確信するソクラテスが、国法の名において死刑にされ」なければならないのか？「このような不条理を根絶するためには、民主派と反民主派（寡頭派）の抗争といったレベルを突き抜けた、国家のあり方の抜本的な変革しか道はないとプラトンが考えるようになった」。しかしプラトンがイデアを提起したのは、本当はこの不条理への「憤り」からではない。そうではなく、もしもソクラテスが生きていたら、というプラトンのソクラテスへの限りない思慕の念こそが、実はより重要な問題なのである。『饗宴』の中でプラトンは、このことを正直に告白している。

いっそこの世に彼を見ることがなければよいのに、と思うことさえしばしばある。だが、私はよく知っている。もしほんとうにそんなことになったら、もっともっと苦しいだろうと。で、この彼という人間をどうしたらいいのか、私にはわからないのだ。

藤沢令夫は「プラトンは、ソクラテスを失って、「もっともっと苦しい」思いを経験した。思慕の情は、相手が取り返しのつかぬ非在によって、強く現在化する」と書いている。プラトンは、フロイトの孫のエルンストのように、ソクラテスという母（大文字の他者）がもう帰還しないことを知っている。このプラトンの対象を失った絶望感が、ソクラテスという絶対善の代替物としてイデアを生み出す力学になった。ソクラテスは刑死でこの世界から消えてしまった。そのソクラテスの喪失と不在、つまりfortが、プラトンの中でイデアという概念、daへと転移する。つまりソクラテスの「非在によって」、イデアはかえって「強く現在化する」。ミシェル・テヴォーは先の『不実なる鏡』の中で、フロイトの美に対する考え方を次のように書いている。

> フロイトは、美的（エステティック）な形式を幸福感促進薬のようなもの、あるいは逆説的だが麻酔薬のようなものになぞらえた。つまり美的な形式は、それを受けとめる側の抵抗を抑制し、本来の意味（アネステジック）における芸術的作用（オペラシオン）＝手術を可能にするためのものだ、というのである。

つまりプラトンはソクラテスの死に対してイデアという「幸福感促進薬」、または「麻酔薬」を使ったわけである。だが麻酔薬はいずれ切れる運命にある。フロイトこそが、そのプラトンの麻酔薬を切った張本人である。なぜならイデアに抑圧されていたありのままの現実を、彼は無意識の中から外へと解放したからである。フロイトは夢と性欲とを繋げることで人間の倫理的な価値を著しく下落させた。プラトンが現実を破壊したとするならば、フロイトはイデアを破壊したと言えるだろう。プラトンによって否定された現実が、こうしてまた世界の中へと蘇ってくる。その代わりに理想が消えていく。そしてフロイトの言う無意識が跋扈（ばっこ）する。この現実の肯定と、理想の否定、さらに無意識の跋扈は、どこか写真の効果によく似ている。ヴァルター・ベンヤミンは一九三一年の「写真小史」の中で、無意識と写真の関係をこう書いている。

じじつ、カメラに語りかける自然は、眼に語りかける自然とは違う。その違いは、とりわけ、人間の意識に浸透された空間の代わりに、無意識に浸透された空間が現出するところにある。［…］こういう視覚的無意識は、写真をつうじてようやく知られるのだ――ちょうど、情動的無意識が、精神分析をつうじて知られるように。

すると、写真は人の無意識に何らかの作用を及ぼすのだろうか。ベンヤミンはすかさずこう書く。

紋切り型の写真は、これを見る者の内部に、紋切り型のことばを呼びおこす作用しかもたないが、カメラがますます小さくなり、瞬間的な、ひそかな映像を定着することがたやすくなれば、そういう映像のショックは、見る者の内部の観念連合のメカニズムを、停止させる。(10)

この文章で注意すべきなのはショックという言葉である。これは精神的外傷のことだと言って構わない。写真はただ現実をそのままに写すだけでなく、それとは別のこと、ショックも暴く。先のミシェル・テヴォーは同じ『不実なる鏡』の中で、ジャック・ラカンが考えたショックの仕組みについてこう引用している。

基礎的なシニフィアン相互の関係のうちに新しい構造が出現すること、つまり、シニフィアンの秩序のうちに新たなタームが創造されること、それは、人を打ちのめすような性格をもっています。ソンタグは『写真論』の冒頭に置いた「プラトンの洞窟で」の後半部分で、ベンヤミンやラカンの言うショックを次のように書いている。

写真はなにか目新しいものを見せているかぎりはショックを与える。不幸なことに、掛金はこういう恐怖の映像の増殖そのものからもだんだん釣りあがっていく。根源的な恐怖の写真目録との最初の出会いというものは、一種の啓示、原型としての現代の啓示、否定の直覚である。

さらにソンタグは、彼女自身にとってのショックについても具体的に語りはじめる。

私にとってそれは、一九四五年七月、サンタ・モニカの本屋で偶然見つけたベルゲン＝ベルゼンとダッハウの写真であった。写真であろうと実人生であろうと、かつて私が眼にしたものでそれほど鋭く深く、瞬時に、私を切りつけたものはなかった。それらの写真のほんとうの意味がわかるまでにはなお数年かかったが、実際、それらの写真を見る以前（私は十二歳だった）と見たあとで、私の人生は二つに分けられるといってもおかしくないだろう。

一九四五年というかなり早い時期に、ソンタグは強制収容所の写真と出合っていた。それは彼女の人生を二つに分けてしまうような写真の経験だった。写真についてのエッセイを書きながら、彼女がなぜ混乱していくのか、なぜ「写真とはなにかと考えていくにつれて、ますます複雑でわからなくなってきた」と言うのか、なぜ写真についてこれまで全く書かなかったのか、なぜ一九七〇年代になって、ようやく写真について書くことができるようになったのか、その理由の全てがこれでようやくわかるはずだ。一九四五年に強制収容所の写真を見た以上は、写真について書けるまでに、彼女にはかなりの時間が必要だったのである。ソンタグは、次のように続けている。

それらをみてなんの役に立ったのか。それらはただの写真で、私がろくに聞いたこともなければ自分でどうすることもできない事件、想像もつかない、和らげようもない苦悩を表わしていた。

それをみて「なんの役に立ったのか」、それは「ただの写真」なのである、と彼女は書く。だが果たしてそれは「ただの写真」だろうか？　彼女は「想像もつかない、和らげようもない苦悩を表わしていた」と付け加えている。この写真はソンタグの精神を大きく揺さぶった。写真は彼女の精神を噛み砕いたとも言える。

それらの写真を見たとき、私のなかでなにかが壊れた。ある限界に達したのだ。恐怖ばかりではなかった。私は癒しがたい悲しみと心の傷を受けたが、私の感情の一部は緊張しはじめた。なにかが死んだ。なにかがいまも泣いている。

繰り返すが、ソンタグは一九七〇年代になってようやく写真について書けるようになった。三〇年前に不意打ちのように見たベルゲン＝ベルゼンとダッハウの強制収容所の写真が、彼女に相当な衝撃を与えていた。ソンタグは一二歳の時に目撃した写真を抑圧したのである。三〇年の時間を経て、やっと写真について語りはじめることができるようになった。「ついにこれを論理的なものに拡げ、まとめあげて、一連のエッセイに終止符を打てるのではないかということにまでなった」。それが彼女の『写真論』である。強制収容所は確かにこの現実に存在した。にもかかわらず、それはソンタグが遭遇したように、「写真」でなければ体験できない場所である。もっと言えば強制収容所は写真の中にしか存在しない。こう言い切れるのはなぜなのか？　事後的にそれを知った人たちが、その場にはいられなかった、だからソンタグのように写真でしか見ることができない、などと言っているのではない。たとえその場にいたとしても、それを経験するのはそもそも不可能なのである。事実、証言者がどこにもいないのだ。ガス室に入った人はみんな死んでいるし、生き残った人も口を堅く閉ざしている。写真でしか強制収容所を経験していないソンタグが、写真について語るのに三〇年の時間を要したほどである。実際にそこにいて体験した人の精神状態が、さらにひどいのは当り前の話である。なにしろ彼らは確かにそこにいたのだが、そこにいたことそれ自体を否認するのである。セルジュ・ティスロンはその著書『明るい部屋の謎』の中で、この問題を次のように書いている。

強制収容所でどのような残虐行為が犯され、それがどのように生きられたかがようやく人々に知られるようになってきたころ、収容所に送られた人たちの子どもや孫たちは、収容所を生き延びた人たちに質問を差し向けた。プリーモ・レーヴィが伝えるところによれば、収容所に送られた人たちのなかでもとりわけ残虐な行為を経験した人たちこそ、次のように答えることが多かったという。それは本当ではない、そのような事態は起こらなかった、そんな恐怖はありえない、と。そこで経験されたことは、その恐怖の状況の思い出が、避けようもなく、恐怖そのものの回帰を招き寄せてしまうがゆえに、その犠牲者となった人々自身、思考することができないのである。収容所に送られたこれらの人々は、彼らが受けた苛酷な扱いを、心的、肉体的に生き延びることができたが、その代償としてその思い出を完全に忘れてしまわなければならなかった。耐えがたきものに耐えるための代償とは、それを考えないということであったのだ。

そこにいなかったソンタグと違って、彼らは「写真」という証拠品でさえ嘘だと言って信用しようとしない。ティスロンは次のように続けている。

いま仮に、収容所においてその日常的な恐怖が写真に撮られていたと想像してみよう。犠牲者たちは、その写真を見せられても、おそらく同じ種類の反応を返すことであろう。その写真は嘘をついている。それは偽ものであるか、細工がなされているかだ、と犠牲者たちは言いつのることであろう。(11)

ソンタグは一九六四年の「『神の代理人』をめぐって」の中で、次のように書いていた。

現代における最高の悲劇的事件は、六百万人のヨーロッパ・ユダヤ人の大量殺戮（さつりく）である。悲劇的事件にこと欠かぬ今日の時代においても、この事件こそはその忌むべき筆頭の栄誉に価すると言わねばならない。その規模の大きさ、問題の一貫性、歴史的意味の深長さ、そしてそのまったき不透明さにおいて、比類を絶しているのだ。そう、この事件を理解できるものはいないのだ。[12]

ソンタグは一九七七年一二月一八日号の『ニューヨーク・タイムズ・ブック・レヴュー』のインタヴューの中で、『写真論』の肝心な記述について「その瞬間あなたのなかでなにかが死んだという、そのなにかとはなんなのですか?」と質問を受けている。それに対して、彼女はこう返事をしている。

そういう経験っていうのは、その年頃か、せいぜいそのあと数年ぐらいしか起こらないものね。このごろはそういったものが早いうちから——テレビなんかで——入ってくるから、一九四〇年代よりあとに育った人たちは、怖しいものを知らずに、十二になってはじめてぞっとするような残虐な映像を見るなんてことはないんでしょうね。それはテレビのない時代で、新聞がまだ品のいい写真しか載せなかったころのことですから。

そして「なにかが死んだ」という事態について、ソンタグは次のように述べている。

[…]なにが死んだかっていうと——まさにそのとき、わたしは自然には悪があるということを知ったのね。それまでその話を聞いたことがなくて、いきなりそんな鮮烈な形で見せられたら、それはすごいショックですよ。わたしは悲しくなって、それはいまでも続いていますよ。それで子供時代が終ったというわけではないけれど、それでたくさんのものが終ったわ。それはわたしの意識を変えてしまったのね。いまでもわたしがそのときどこに立っていたか、どの棚にあの本を見つけたか、はっきり覚えて

います。[13]

ソンタグはその恐怖の写真を見た時に、あたかも自分自身がその収容所にいたかのような錯覚を覚えたのである。その写真は他者のものでなかった。それはすでに「彼女自身の写真」となっていた。写真の残酷さがここにある。それらの残虐な死体が、まるで自分自身のことのように思えてくる。だから「なにかが死んだ」と、彼女はそう告白したのである。しかしそれは「ただの写真」なのである。しかしその「ただの写真」が、彼女の中でそうではない「何か特別のもの」になった。その意味で言えば、この本はソンタグにとっては『写真論』というよりも、『強制収容所論』という方がふさわしいのかもしれない。彼女にとって写真と強制収容所とは相互に複雑に絡み合っている。それがほぐれることはない。「なにかが死んだ。なにかがいまも泣いている」とソンタグが言うのは、そういうことである。

3　展示的価値

ヴァルター・ベンヤミンは一九三六年の「複製技術の時代における芸術作品」の中で、芸術作品が美術館の展示や写真による複製化などの作用によって、礼拝的価値から展示的価値に移行したことを次のように述べている。[14]

芸術作品に接するばあい、いろいろなアクセントのおきかたがあるが、そのなかでふたつの対極がきわだっている。ひとつは、重点を芸術作品の礼拝的価値におく態度であり、もうひとつは、重点を作品の展示的価値におく態度である。芸術作品の制作は、礼拝に役だつ物象の製作からはじまった。このばあい、それをひとびとが眺めるということよりも、それが存在しているという事実のほうが、重要であったと想像される。[…]しかし、個々の芸術制作が儀式のふところから解放されるにつれて、その作品を展示する機会が生まれてくる。どこへでも送りとどけることのできる胸像のばあい、それが展示される可能性は、寺院の奥まった場所に固定されている神々の像のばあいよりも、はるかに大きい。タブロー絵画を展示することは、それに先行するモザイクやフレスコを展示することよりも、はるかに容易である。

ベンヤミンの言う展示的価値とは、それまで特定の場所に秘匿されていた美術品を、特定の人だけでなく一般に公開されるのを意味していた。つまり展示的価値とは美術館をそのままに指し示している。フランス革命によって宮殿が美術館へと変貌した事実を思い浮かべればいい。宮殿は教会ではないが、世俗的な意味での儀式の場である。王は神の代理人である。そのたった一人の王のために芸術品が彼の部屋には飾られていた。それはどこかへと移動することもなく、無意識の中の抑圧のように隠れた部屋に飾られていた。美術品のこの秘匿性は王の権威を象徴する。略奪品も含めて、美術品とは権威者の力の誇示そのものである。その秘匿的な美術品が革命によって全て大衆の見世物になる。これはすでに王の権威が失墜したのを意味している。あるいは王の死を指示している。これが端的な意味での礼拝的価値としての美術品の下落であり、美術品が展示的価値へと移行したことの表われである。ベンヤミンはこれをアウラの喪失という言葉で説明しているが、これをイデアの破壊と考えてみても構わない。事実、フランス革命の第三身分の中からブルジョワが台頭して、彼らが写真を欲望し、さらに一九世紀の画家はそのブルジョワのために理想主義ではない絵画——主題の消えた絵画——をまるで写真のように、つまり現実をそのままに描き出しはじめる。当然のごとく王一人の消失点を示す遠近法は解体され、絵画の表面は写真のように抽象的で平滑なものになる。描かれる対象も高貴なものから低俗なものへと下落する。こうした移行はヘーゲルによってすでに記述されていた。多木浩二はその著書『ベンヤミン「複製技術時代の芸術作品」精読』の中で、ヘーゲルが一八三一年に没してから編纂された『美学講義』の中で、次のように書いている箇所を引用している。

芸術の最盛期はわたしたちにとって過去のものとなったといわねばならない。芸術はわたしたちにとって、もはや純正な真理と生命力をもたず、かつてそうであったように、現実にその必要性が感得されて、高い位置を占めることはもはやなく、むしろわたしたちの観念のうちに生きるといえる。

一八三九年にようやく写真が生まれたことを考えると、ヘーゲルの発言はその後の一九世紀後半以降の芸術の変化を的確に把握した指摘である。多木は「ヘーゲルがこのように芸術が盛りをすぎたと書いたのは、ちょうど芸術作品がもともとあった場所から、当時、あたらしく生まれてきた美術館に移される時代の経験にもとづいていた」と書く。さらに多木はこう述べている。

それがもともとあった場所から美術館に移されることは芸術の死ではないか、という意見はフランス革命の頃、最初の美術館が成立しようとしていたときに、フランスの批評家たちの間にもあった。伝統的な芸術の死の後で、大衆は大挙して美術館をおとずれることになる。(15)

多木浩二は別の著書『「もの」の詩学』では、フランス革命と美術館の関係について次のように書いている。

> 一八世紀までのすべてのコレクションは私的な財産であった。特別な人間が特定の日に見ることは許されていたが、その程度では公共性がえられたとはいえない。またコレクションの所有と威信の結びつきもそう簡単に壊れるものではなかった。［…］実際、一七九三年八月一〇日（王政打倒の一周年）のルーヴル開館は「象徴的開館」であって、その不備を補うために休館を繰り返し、実際には公衆に開かれるのは一七九九年になってからのことであった。つまり戦術的にまず開いてみせる必要があったのである。旧王室コレクションの国有化には革命のデモンストレーションの意味もあったからである。(16)

ルーヴル美術館の開館とは、権力が王から革命側へと移行したという合図だった。ユダヤ人がゲットーから解放されたのも同じフランス革命以後のことである。この宮殿とゲットーという二つの特異な空間の解放は、相互に深く関連し合っている。つまりゲットーが解放されてユダヤ人が秘匿的な場所から都市の表舞台に出て来たこと、ユダヤ人がある抑圧から解放されたことと、美術品が宮殿という秘匿的な場所から美術館へ移動して、それによって美術がある抑圧から解放されて大衆の眼差しにさらされたこと、その二つは全く同じ事態を意味している。これがベンヤミンの言う展示的価値への移行である。私は人間と美術品をいまあえて対置させてみたが、これは決して不謹慎な気持ちで書いたのではない。二〇世紀前半に実際に起きたことをただ書いているのである。私たちはすでに歴史としてそれを知っているが、ナチスにおいては人の生命までが「もの」のように、あるいは「展示品」のごとく見られるようになった。ツヴェタン・トドロフは『極限に面して』の中で、ユダヤ人はナチスによって「物品」とか「部分」とか「荷物」と言われていたとか、「万事、終った」とか「運搬は落着した」というのは「殺した」という意味だと書いている。あるいは数字の表示で「九七〇〇〇が処理された」という言い方がなされた。[17] つまりユダヤ人の「非人格化」が明晰に示されたのがアウシュヴィッツだった。写真もこの展示的価値に反応していた。やはり多木浩二が「写真家の誕生」の中で、フランス人のダゲールに一歩だけ遅れを取ったイギリス人の写真発明家タルボットが、写真の効果の一つとして、「もの」と「人」とが併置されるありさまを次のように言うのを書いている。

タルボットは、みずから発明した方法で写真を撮りはじめてみると、それがなんでも無差別に写してしまうということに気づいた。写真はなにかを強調し、なにかを省略するのではなく、必要のあるなしにかかわらず、いかなる細部も写してしまうことを経験したのである。タルボットが出版した写真と文章からなる『自然の鉛筆』(一八四四)には、そうした経験を感じていることがあらわれている。パリの大通りを撮った写真につけた文章で「なにしろこの装置は見えるものいっさいを記録してしまうから煙突上端の煙の出口や煙突掃除人まで、ベルヴェデーレのアポロン像のように公平無私の態度で、見逃さずに詳しく描写してしまうだろうことは疑いない」と書いている。[18]

ベンヤミンが「複製技術の時代における芸術作品」を執筆したのが一九三六年である。その一年前の一九三五年にマルティン・ハイデガーは『芸術作品の根源』を書いていた。ベンヤミンは先の論文では明らかに作品の展示的価値への移行を歓迎しているように見える。しかしハイデガーは全くその逆であり、展示的価値への移行を芸術作品の決定的な下落として嘆いていた。

一枚の絵は、たとえば一足の農夫靴を描いたヴァン・ゴッホのあの絵は、或る展覧会から別の展覧会へと巡回する。作品は、ルール地方産の石炭やシュヴァルツヴァルトからの木材と同様に積み出される。ヘルダーリンの讃歌集は、作戦行動中、掃除用具と同様に背嚢のなかに一緒に詰め込まれている。ベートーヴェンの弦楽四重奏は、地下貯蔵庫のじゃがいもと同様に出版社の倉庫に置かれている。

さらにハイデガーは、美術館の誕生によって生み出された事態が、結局は芸術をビジネスの対象として見るようになったとして、次のように書いている。

こうして、さまざまな作品自体が美術館や展覧会に置かれてあり、壁に掛かっている。しかし、この場合、それらはそれ自体に即して、それら自体がそれである作品として存在するのだろうか、あるいは、この場合、それらはむしろ芸術ビジネスの商品として存在するのではないか。さまざまな作品が、公共的そして個別的な芸術享受に対して開放されている。公的な諸機関が作品の保護と保存を引き受けている。芸術通と芸術批評家とはさまざまな作品に関してなにやら忙しそうにしている。美術商は市場を配慮している。美術研究家はさまざまな作品を学問の対象にしている。だが、このような多様な奔走のなかで、作品そのものはわれわれに出会っているのか。

ハイデガーはこのように美術館での展示を芸術作品の著しい下落と見做している。ヘーゲルの言うように芸術は美術館の誕生によって衰退し、死を迎えているとハイデガーは言いたいのである。ゴッホの絵はタブローだとしても大地にしっかりと根付いている。偉大な芸術は大地から離れない。しかしいったん引き剝がされたら、それはもう芸術作品とは言わない。彼は次のようにも書いている。

ミュンヘン美術館にある「アイギア島アパイア神殿の破風彫刻群」、最高の校訂版でのソポクレスの『アンティゴネー』、こうしたものは、まさに作品にほかならないものとしては、それらの固有な本質空間から引きずり出されている。たとえそれらの水準とそれらの印象の力とがどんなに偉大であっても、たとえそれらの保存がどんなにすぐれていても、たとえそれらについての解釈がどんなに確かであっても、美術館や作品集のなかに置き換えることは、それらの作品をそれらの世界から奪い取ってしまう。しかし、たとえわれわれが、たとえばパエストゥムの神殿をその場所に訪れ、バンベルクの聖堂をその広場に訪れることによって、作品のそのような置き換えを中止し、あるいは回避しようと努力しても、眼前にある作品の世界は崩壊してしまっているのである。［…］世界奪取と世界崩壊とは、もはやけっして取り消されえない。それらの作品はもはやそれらがかつてあったものではない。(19)

「世界奪取と世界崩壊とは、もはやけっして取り消されえない。それらの作品はもはやそれらがかつてあったものではない」。この書き方は、先のイデアについて説明した「失われた対象」の部分と似ていないか。新宮一成・立木康介編の『フロイト＝ラカン』では、ラカンの言う「対象ａ」がフロイトの言う「失われた対象」と対になって説明されていた。「対象ａには、「失われたもの」という性格が備わっている」。それは「人間にとって本来的な対象、是が非でも取り戻したいと人が願い、そして叶わない対象」のことであり、「フロイトがそれを発見したのは、『夢解釈』の中で、「子ども時代」は、そのものとしてはもう取り戻せないと述べたときである」。

しかしこのように悲観的に書きながら、この時点でハイデガーはまだ芸術の凋落を完全に諦めたわけではない。彼はギリシア精神とドイツ精神とをなんとか結合させようとしていた。彼はナチスにそれを期待していた。ハイデガーと違って、ベンヤミンの方は作品の展示的価値への下落を嘆かない。逆にそれを歓迎している。ベンヤミンの論文はハイデガーの一年後のものである。どう考えてもベンヤミンは、ハイデガーの『芸術作品の根源』への反論として「複製技術の時代における芸術作品」を書いたとしか思えない。そればかりか、ベンヤミンが展示的価値をあえて否定的に見ないのは、私が先に書いたように、ベンヤミンもゲットーからのユダヤ人の解放と宮殿からの美術品の解放とを等価値な出来事としてやはり捉え、それをベンヤミンが積極的に支持しているからである。

ベンヤミンは、ファシズム革命に対抗し、共産主義に期待をかけていた。けれどもこのタイミングでの共産主義への期待は果して正しいものだったろうか？　私はそうは思わない。すでに一九三〇年代には、ソ連はスターリンの独裁によって社会主義リアリズムへ、全体主義へと変貌していたからである。ベンヤミンがそれを知らなかったわけがない。桑野隆も『危機の時代のポリフォニー』の中で、一九二六年のモスクワ訪問の時点でベンヤミンが「当時すでにロシア・アヴァンギャルドが終焉を迎えていることを見抜いていた」と書いている。[20]だがベンヤミンはそれでも共産主義に期待してしまった。彼もさすがにこの時にはまだ、展示的価値が人間の非人格化にまで至るとは思いもよらなかっただろう。それはアウシュヴィッツの事後に生きている私たちだからこそ、そのように解釈できるのである。ただ彼は、「複製技術の時代における芸術作品」でこうも記している。

「芸術に栄えあれ、よし世界のほろぶとも」とファシズムはいう。ファシズムは、マリネッティが告白しているように、技術によって変化した人間の知覚を芸術的に満足させるために、戦争に期待をかけているのだ。これは、あきらかに「芸術のための芸術の完成」である。かつてホメロスにおいてオリンポスの神々のみせものであった人間は、いま人間自身のためのみせものとなったのである。これが、ファシズムのひろめる政治の耽美主義である。共産主義は、これにたいして、芸術の政治主義をもってこたえるであろう。

絶滅収容所のガス室と焼却炉が大きくうねりを上げて稼働するのが一九四二年である。その二年前の一九四〇年に、ベンヤミンは自殺した。彼はマルセーユから険しい山道を長い時間をかけて歩いてスペインへの国境近くへと抜け出て、ポルトガルのリスボンへ行き、船でアメリカへと亡命する途上にあった。しかしスペインへの入国が拒否された。そのため多量のモルヒネを一度に飲んで自殺したのである。入国できないのならナチスの収容所に送られると考えたからだ。いや、彼はただ単に疲れ果てていたのかもしれない。しかしゲルショム・ショーレムが『わが友ベンヤミン』で書いているように、ベンヤミンには以前から自殺衝動があった(21)。真の自殺の理由は、結局は誰にもわからない。ロドルフ・ガシェはその著書『いまだかつてない世界を求めて』の中で、ハイデガーの『芸術作品の根源』を題材にして、次のように書いている(22)。

「後期」で、ハイデッガーは「もしかすると体験は、芸術がそこで死んでしまうような境域なのかもしれない。この死は、数世紀を要するほど、ゆっくりと進行する」と考えている。このように、美学は、「偉大な芸術がその本質といっしょに人間の前から消え去ってしまった時代」を印づけるのである。美学とは死体を愛することである。そこでは、偉大な芸術の屍臭が漂っている。

これは実に不気味な書き方である。とりわけ「美学とは死体を愛することである。偉大な芸術の屍臭が漂っている」というあたりが、いかにも予言的だからだ。なぜそのように感じるのかというと、何度も言うが、私はゲットーの解放と宮殿の解放を等価値なものとして書いているからである。つまりユダヤ人と美術品とを等価値に並べて、それが美術館の展示的価値への下落であるとあえて指摘した。そしてそれはガス室で実施される非人格化に至る、とも書いた。ロドルフ・ガシェの見解ではそれと全く同じことを、ハイデガーは一九三五年に、すなわち一九四二年のナチスのヴァンゼー会議より七年も早く、つまり「ユダヤ人問題の最終的解決」の七年も前に、次に起きる不吉な事態を予言していた。ロドルフ・ガシェが言うように、ハイデガーはこの箇所で美学と死体とを等価値に見ている。これは芸術作品と死体とを並べているのと同じことである。つまり展示的価値に下落した芸術はやがて死体をも生み出すと予言しているのである。もっと言うとナチスの党員である彼は、そこからは「芸術の屍臭が漂っている」と、つまり「死体の臭いが漂っている」と、この後に起きる出来事を正しく書いているのだ。

4　アンフォルム

イブ＝アラン・ボワとロザリンド・E・クラウスは、その著書『アンフォルム』の中で、「不定形」という言葉の定義から始めている。この言葉の由来は明らかである。ジョルジュ・バタイユの言葉だからだ。彼は『ドキュマン』の中で、これを次のように定義している。[23]

「アンフォルム」はこれこれの意味をもつ形容詞であるのみならず、階級を落とす（デクラセ）［＝分類を乱す］のに役立つ用語、すべてのものは形をもつべしと全般的に要求する用語だということになる。「**アンフォルム**」という語が表すものは、いかなる意味においても権利をもたず、至る所でクモやミミズのように踏み潰される。

ロザリンド・E・クラウスらによると、彼らはこの「アンフォルム inform」を「(きちんとした、まとまった) 形がない」とか「形に乏しい」とか「形があるものより劣る」というものに近いと書いている。要するに「無形」である。イブ＝アラン・ボワは同じ本の「「アンフォルム」の使用価値」という項目において、エドゥアール・マネの絵画《オランピア》から書きはじめている。バタイユは『沈黙の絵画』と題するマネ論を、『ラスコーの壁画』と同じ一九五五年に発表した。ラスコーの洞窟は一九四〇年に偶然に発見され、マネの《オランピア》は一八六三年に描かれた。イブ＝アラン・ボワは、バタイユがマネ論の中で「《オランピア》はオリュンポスの否定である」と言うのを引いている。オリュンポスとは「古代ギリシアで神々が住まうとされる実在の山」のことである。それは「それが高みにあるということもふまえ、ギリシア的な、統制の取れた規範的・理想的な美の代名詞として代名詞的に用いられている」。そして「人名「オランピア」はこの山の名に由来する」。しかしバタイユはその「否定である」とわざわざ書いている。なぜ否定なのか？　マネの《オランピア》とは、それではどのような作品なのか？

　フランソワーズ・カシャンの『マネ』によれば、「「オランピア」とは、当時、娼婦の通称だった」。しかもこの絵はティツィアーノの《ウルビノのヴィーナス》やゴヤの《裸のマハ》やアングルの作品からイメージを借用している。「「古代ふうに」理想化されたものならば高尚な主題といえる」。だが、多くの人たちから「マネの『オランピア』は肉体が単純化され、生々しく描かれているため、批判された」。このマネの絵画は、バタイユの言うところの「アンフォルム」である。なぜなら「「アンフォルム」はこれこれの意味をもつ形容詞であるのみならず、階級を落とす（デクラセ）［＝分類を乱す］のに役立つ用語」だからだ。ソンタグが「反解釈」の中で「ヨーロッパ人の芸術意識や芸術論はすべて、ギリシアの模倣説あるいは描写説によって囲われた土俵のなかにとどまってきた」と言っていたが、マネの絵はその西洋の理想主義の全くの逆で、価値の下落をわざと作者自らが狙った作品である。この点ではマネは明らかに確信犯である。マネは「私は、自分が見たものを、できるだけそのまま表現しただけだ。［…］私はそれを見た。私は見たままを描いたのだ」と弁明する。[24]　しかしそれがまさに問題なのである。娼婦を描いたからまずい、と言っているのではない。「見たままに描いた」のが決定的に「まずい」のである。何度も言うが、マネ以前の絵画は理想化した女性を描いてきた。それまでの画家は絶対に「見たままを描かない」。現実と理想とは全くの正反対だからである。伝統的な絵画の主題はあくまでも理想にこそあり、現実にはない。マネがそれを知らないはずがない。つまりこれはマネによるイデアの破壊である。マネはここでモデルを前に置いたのではなく、モデルの写真を使用しながら一人で描いたのだろう。なぜなら彼の行為は理想を捨てて現実を写し出す、写真と同じことをしているからである。言い換えると、マネの絵画は礼拝的価値を否定して、最初から美術館のための展示的価値として描かれている。江澤健一郎はその著書『ジョルジュ・バタイユの《否定形》の美学』の中で次のように述べている。

> 『マネ』を書いた後期バタイユは、十九世紀の画家のエドゥアール・マネの絵画に、画題の破壊という決定的な操作がみられる点に注目していた。つまり、マネ以前の西洋絵画が基本的に表象的であり、宗教的題材のような至高な主題を表象していたのに対して、現代絵画の始祖マネの絵画には、主題の破壊、そしてその帰結としての表象性の抹消がみられる。この美術史上の転換を画題という点でみれば、それを「理想主義（イデアリスム）」から「現実主義（レアリスム）」への転換として語ることができるだろう。〔…〕後期バタイユが描き出してみせたそのような問題は、美術における神の死の問題であり、以後、絵画は現実否定的な理想の表象から現実肯定へと移行する。それが美術という神聖な領域における侵犯の問題であるとするならば、写真の誕生は、それと近似的な亀裂をイメージの世界にもたらした。写真は、見ることを推奨されるイメージの領域に、神的な人間の形象のための舞台に、見るに値しないもの、つまり現実の人間の姿を導入したのである。[25]

これはフロイトの言う無意識の中の抑圧の回帰とも通じる問題である。ラスコーの洞窟が、後期旧石器時代という無意識の中から回帰したように、マネの《オランピア》も古代ギリシアにおいて、プラトンがイデアによって抑圧した現実を回帰させた。バタイユが関心を持ったこの二つに共通するのは「洞窟」であり、「死」であり、「影」である。それは色彩で言えば「黒」である。ラスコーもマネも、その意味するところは「黒」なのである。遠近法の小さな消失点の黒が、それを覆っているヴェールを剝いで、画面全体に黒い染みのように広がっていく。黒が画面の中で裂け目のように暴れ出す。ミッシェル・フーコーはマネ論を『黒い色彩』というタイトルで出版する契約をしていた[26]。先の江原も同じ本の中で「マネの絵画に現れているのは〈影〉である。それは、〈表象された主題の影というよりも、滑りゆく変化のイメージであった〈影〉である」とし、この「影」が「黒い色」と関係していると書いている。イブ＝アラン・ボワは『アンフォルム』において、バタイユがマネ論の中で次のように言うのを引いている。

だが、マネはこの主題を、自分が無感覚（アンサンシーブル）な者であるかのように描いたように見える。観者はマネに付き従ってこの深い無感動の中に入っていく。奇妙なことだが、この絵には歯の麻酔［＝無感覚化（アンサンシーブル）］を思わせるところがある。

バタイユは、マネの《オランピア》を「根なし」であり、「横滑り」であるとする。イブ＝アラン・ボワはこれを踏まえて「この横滑りという操作に、バタイユが「アンフォルム」と呼ぶものの一つの姿を見て取ることができる」としている。さらに「当時の批評家たちがオランピアの身体——これを腐りかけの死体になぞらえる者もいた——を「アンフォルムなもの」と形容したということは指摘に値する」とも書いている。批評家がマネを揶揄した「腐りかけの死体」という言葉は、ロドルフ・ガシェがハイデガーの「美学とは死体を愛することである。偉大な芸術の屍臭が漂っている」と言う発言を、いま一度思い出させはしないか？

5　ガス室

ナチスのルドルフ・ヘスは『アウシュヴィッツ収容所』という自伝を遺して死んだ。一九四七年四月一六日に「アウシュヴィッツで絞首刑が執行された」からである。彼は一九四〇年夏から一九四五年一月までアウシュヴィッツの所長をしていた。だが逃亡の後、一九四六年三月一〇日に逮捕されて、拘置されている間にこの自伝を書いた。ヘスはこの本の中で一九四一年から一九四二年にかけて、ロシア人の捕虜を毒ガスで殺した時のことを淡々と書いている。

何時間かたって、ドアがあけられ、排気がおこなわれた。私が、堆（うずたか）いガス屍体の山を見たのは、それが初めてだった。［…］だが、私を襲ったのは、ある不快感、ある幽かな戦慄だけだった。私としては、ガス殺人をもっとむごたらしいものと想像していたのだ。私は、苦しみもがく窒息のさまを思い描いていた。だが、屍体には、引きつったような痕さえ全く見られなかった。

ヘスは、銃殺に較べればガス殺は「血なまぐさい光景をはぶけるし、一方、犠牲者たちも最後の瞬間までいたわってやれるので、私としては心安らかになった」と言っている。念のために言うが、ヘスの発言はナチスが政権を持っている時のものではない。ナチスが崩壊して逮捕されてからのものである。それなのにまだ彼は平然としている。一九四二年の春には、「最初のユダヤ人の移送者」を大量殺戮した。これには同じユダヤ人によって編成された「特殊部隊」が親衛隊の命令で関与していた。彼らはわずかの時間を生き延びたいがために、仲間のユダヤ人たちを嘘で騙した。そうしなければ、彼ら自身が殺されたからである。しばらくしたら、彼らも口を封じられる。それは彼らが一番よく知っていた。なのに、それでも「少しでもいいから人よりも長く生きたい」と思うのである。

犠牲者の中には、ガス室に入れられる前にヘスに罵声を浴びせる者がいた。自分がガスで殺されるのは知っていたと言う者がいた。叫び出し、髪をかきむしり、騒ぐ者がいた。するとその者は小銃で殺された。呪いの言葉を言う者がいた。子供だけは助けてほしいとすがりつく親がいた。「居並ぶ者すべての心に喰いいるような、悲痛な場面は、数限りなくあった」とヘスは書いている。ヘスは相変わらず淡々としている。そして平気でガスによってユダヤ人を大量殺戮した。彼は次のように書いている。

一九四二年春のこと、今を盛りの若者たちが、農家の中庭に咲き乱れる果樹の下で、大方はそれと知らずに、ガス室に向って、死へと歩いていった。生成と消滅のこの情景は、今もなおありありと私の目に浮かぶ。

特殊部隊のなしたことの全てを、ヘスは次のように述べている。

つづいて、部屋から屍体を引き出す、金歯を取去る、髪の毛を切る、墓穴または焼却炉へ引きずってゆく。それから、穴のそばで火の調整をする。集めてある油を注ぎかける、燃えさかる屍体の山に風通しを良くするために火を搔きたてる。

自分たちの行為については、こう書いている。

こうした個々の出来事を含めて、この大量虐殺は、これに関与した者にとって——それを知った限りは——容易に忘れ去れるようなことではなかった。ごくわずかな例外を除いて、このすさまじい「作業」、この「勤務」に当った者にたいして、もちろん私自身にたいしても、この全過程は、十分に考えることを強い、深い印象を残した。(27)

この自伝の序文を書いたマルティーン・ブローシャートーは、チクロンBによる「大量ガス虐殺に関する彼の描写はすべて、それにまったく加担していない観察者のそれである」と言っている。また「大量虐殺という事実に対するかたくななまでの無感覚さ、および想像力のなさと、殺人を犯している間の感傷的な光景のいわくありげな記述が並存している」とも書いている。(28) 全く正しい指摘である。ヘスのこういう無関心さは、あるいは彼が観察者になってしまうところは、ベンヤミンの言う展示的価値を思わせないか？ 写真の情け容赦のなさを思わせないか？ 美術館における鑑賞者をヘスにふと連想するのは不当だろうか？ 写真とアウシュヴィッツは全く違うと言えるだろうか？ それらとは全く無関係だ、異常な殺人者と正常な鑑賞者とを同列にするな、あるいは犠牲者は展示品ではない、不謹慎だ、と言うだろうか？ 私は犠牲者が展示品だとは言っていない。近代の残酷な視線がナチスの収容所で暴露されたと言っている。私はこの点に関してだけは、つまり人間の非人格化についてだけは、ベンヤミンが「複製技術の時代における芸術作品」において、展示的価値を積極的に考えたのは実に甘かったとそう思っている。それなら『芸術作品の根源』でのハイデガーの「世界奪取と世界崩壊」の方が——これを認めるのは実に不快だとしても——当たっていたと思う。むろん悪い意味で「当たっていた」と言っている。

このような大量殺戮は表象が可能なものだろうか？　あるいは証言として語り得るものなのか？　ソール・フリードランダー編『アウシュヴィッツと表象の限界』には、カルロ・ギンズブルグの「ジャスト・ワン・ウィットネス」という論が載っている。その中でギンズブルグはジャン＝フランソワ・リオタールが地震という比喩を使って、アウシュヴィッツについて語っている言葉を引用している。

地震が生物や建物その他もろもろの物体だけでなく、地震を直接また間接に測定するのに使用される器具をも破壊してしまったと仮定しよう。この場合、それを量的に測定することができなくなってしまったという事実は、大地には途方もなく巨大な力があるものだという観念を生き残った者たちの心のなかで封殺してしまうどころか、むしろ増幅させるのである。［…］アウシュヴィッツとともに、なにか新しいことが歴史のなかで発生したのであった（なにものかの徴候であるほかなく、事実ではありえないものがある）。すなわち、もろもろの事実、いまそしてここという痕跡をとどめていた証言、それぞれの事実の意味を指示していた記録資料、名前、そして最後にはさまざまな種類の文言がむすびあわさって現実をつくりあげる可能性、これらのいっさいが可能なかぎり破壊されてしまったのである。歴史家は、損害だけでなく、不当な被害［すなわち「損害を立証する手段の喪失をともなっているような損害」］をも考慮にいれるべきなのであろうか。現実だけでなく、現実の破壊というメタ現実までをも。［…］アウシュヴィッツという名前は、歴史認識がみずからの機能にたいする異議申し立てに出あう境界を印しづけている。(29)

アウシュヴィッツは地震を測定する器具の破壊であるから、起きてしまったことをすでに示し得ない。

かなりの痕跡がナチスによって消された以上、証拠自体も破損しているからである。さらに証言者がいない。なぜいないのか？　ジョルジョ・アガンベンはその著書『アウシュヴィッツの残りのもの』の中で、リオタールの次の発言を引いている。

ガス室を自分の目でじっさいに見たということが、それが実在すると語る権限を報告者に付与し、信じない者たちを納得させる条件であろう。しかし、報告者は、ガス室を見た瞬間にそれに殺されたことも証明しなければならないだろう。そして、それに殺されたことについての唯一認めうる証明は、死んだという事実によって提供される。しかし、死んだのであれば、それがガス室のせいであることを証言できない。[30]

6　暗室のパラドクス

これは完全なパラドクスである。問題は表象である。アウシュヴィッツの表象は可能か不可能かという問題について、ジョルジュ・ディディ＝ユベルマンは一定の答えを出している。『イメージ、それでもなお』という本がそれである。[31]この本で俎上に載せられているのは一九四四年の夏にアウシュヴィッツで撮影された、たった四枚の写真である。これを撮影したのは先にヘスが特殊部隊と言っていたユダヤ人の中で、一九四二年七月四日に結成されたゾンダーコマンドのメンバーたちである。おそらく彼らはレジスタンスの政治犯だろう。ディディ＝ユベルマンは「一九四四年のある夏の日、ゾンダーコマンドのメンバーたちは、自分たちの地獄のような作業から、特異な恐怖と虐殺の規模についての証言となりうる何枚かの写真をもぎ取るという、彼らにとってはあまりに危険な、しかし火急の必要性を感じた」と書いている。むろん外には彼らの仲間たちがいた。ポーランドのレジスタンスの指導部である。彼らはゾンダーコマンドに「写真を発注した」。そのため「これを受けてひとりの民間労働者がカメラを密かに持ち込み、ゾンダーコマンドのメンバーたちに手渡すことに成功した。おそらくカメラのなかには未撮影フィルムの切れ端しか残っていなかった」。カメラはバケツの底に隠して運んだ。撮影の様子をディディ＝ユベルマンは次のように書いている。

恐るべきこの暗室のパラドクスだ。バケツからカメラを取り出し、ファインダーを合わせ、顔を近づけ、最初のシークエンスをなすイメージを撮影するのに成功するためには、カメラマンは犠牲者を運び出したばかりの――ひょっとするとまだ残っていたかもしれない――ガス室に隠れなければならなかった。彼は暗い空間に身を潜める。斜めの向きで暗闇に立つことで安全が確保される。勇気づけられた彼は、軸をずらし前に歩み出た。ふたつ目はもう少し正面からの視野で、やや接近している。つまりさらに危険を伴うということだ。だが逆説的なことに、さらに落ち着いている。より鮮明なのだ。イメージをもぎ取るというこの任務の必要性を前にして、あたかも恐怖がいっときだけ消えうせたかのように。そこにわれわれが見て取ることのできるのはまさしく、部隊の他のメンバーたちの日常的な業務、すなわち地面にまだ横たわる死体から最後の人間らしさをもぎ取るという業務だ。生きている者たちの身振りが物語るのは、死体の重みと、決断を迫られた状況で遂行されるべき任務である。その任務とはすなわち、引っ張り出し、引きずり、投げ捨てることだ。

カメラマンは、ガス室からまず二枚の写真を撮影した。ガス室自体が親衛隊からの死角になって、カメラマンの身を隠してくれる。この視線は、まだガス殺が行われたすぐ後の、換気扇が回って残りのガスを排気している最中のガス室からの撮影である。殺戮された犠牲者の遺体がまだそこに残っていたかもしれない。いや、おそらく残っていたはずである。遺体もないガス室から特殊部隊が出てくるのは、親衛隊に不自然と思われてしまうからである。ガス室とは洞窟のような空間だ。一九四〇年に「ラスコーの洞窟」が発見されていた。あたかもこの洞窟の発見と平行するかのように、一九四四年にカメラマンは、アウシュヴィッツの洞窟でガスの匂いに必死で堪えながら、まず二回、シャッターを切った。画像には屋外で焼却される死体の山が写し出されている。そこからは煙があたり一面にたちこめている。ガス室に入った者は、そこから出て来てガス室のことを証言できない。だが、いま起きたばかりのガス殺の部屋からのこの写真は、ガス室の証言者にわずかでも近い役割を果たすかもしれない。それはむろんガス室の実態そのものなどでない。あくまでもその影であり、残余でしかない。しかしそれでもなおこの写真はアウシュヴィッツのガス室の残余である。これも重要な証言の一つだと言うことができる。だとすればここで注目すべきなのは、焼却されている死体の噴煙だけにあるのではない。ガス室が逆光によって、大きな塊を落としている「黒い影」にも重要な意味がある。なぜならそれこそが、ガス室の「残りのもの」だからである。

プラトンの洞窟をここで想起してもいい。ソクラテスの死を暗示していたのは「洞窟」であった。ソクラテスはこのカメラマンのように一人で、洞窟の暗闇から太陽＝善の方に歩み出た。だが、彼はそのために殺されることになった。たぶんこのガス室のカメラマンもすでに生きてはいないだろう。洞窟は暗室と写真機のメタファーである。プラトンの洞窟の場合は、その外に善のイデアが輝いていた。だが、このアウシュヴィッツの洞窟には、その内にも外にも「死」しか存在しない。ここには善がどこにも見当たらない。善がすっかりと消えたのだ。なぜなら犠牲者たちはたとえ逃亡に成功したとしても、安全な場所などどこにもなかったからである。もし善があったなら、誰かが彼らを守っていただろう。しかしみんな無関心だった。マネの絵のように無関心だった。善が消えたのだ。それがアウシュヴィッツだ。何もかもが徹底的な展示的価値になったのがこの死の空間である。ハイデガーの言う「世界奪取と世界崩壊」の結末が――戦後に沈黙し、「死体製造所の部品」[32]とまで言ったナチ党員の言うことを認めるのは不快だとしても――まさにこれなのである。ハイデガーは「もはやけっして取り消されえない」。それらの作品はもはやそれらがかつてあったものではない」と言っていたが、その通りである。プラトンがソクラテスをもう取り返せないように、このアウシュヴィッツからは誰一人として取り返せない。主題が消えたのはマネの《オランピア》にはじまったのではない。この焼かれた死体の山、その煙と灰において、プラトンのイデアが本当に死んだのである。「真理」など、もうどこにもない。だとすればソンタグの言うような「真理の幻影」などがあるはずもない。さらに二枚の写真が、カメラマンによって撮影される。ディディ＝ユベルマンはその経緯をこう書いている。

カメラを隠した――手のなかに？　バケツのなかに？　上着のすその下に？――「知られざるカメラマン」は、続いて焼却棟の外に出るという危険を冒す。彼は壁に沿って進む。右に二度曲がる。すると彼は建物の反対側、南面に出る。それから彼は樺の林に向かって広い空間に歩みを進める。そこでもやはり地獄は続く。すでに服を脱がされた女性たちの「隊列」が、ガス室に入ろうとしているのだ。周囲にはSSたちがいる。カメラを堂々と取り出したり、ましてや照準を合わせたりすることは不可能だ。

「知られざるカメラマン」は密かに二枚の写真を、目をそらしながら、おそらく歩みを止めることなしに撮影した。ふたつの画像のうちのひとつには――当然ながら軸は傾き、「正しい」方向からも外れている――、歩いているか順番を待っているかに見える女性たちの一団が丸ごと、右下の隅に写し出されている。より手前には三人の女性が集団とは逆の方向に進んでいる。画像はきわめて不鮮明だ。しかしながら横顔の人物がゾンダーコマンドのひとりであることは、その制帽から分かる。右の端には四号焼却棟の煙突が垣間見える。もう一枚のイメージはほとんど抽象的である。樺の梢がかろうじて見分けられるだけだ。南を向いたカメラマンの目には光が飛び込む。木漏れ日がイメージを白く輝かせる。

この二枚のうちの一枚には樹木しか見えていない。もう一枚には、確かに裸の女性たちの集団が写っている。先の二枚と組み合わせれば、ガス室での殺戮が行われた一定の証拠となる。少なくとも証拠の破片にはなる。冒頭近くで私は、写真の中にしかアウシュヴィッツはないと書いた。アウシュヴィッツは現実に存在した。だが、このようにカメラマンによる写真でしか、ガス室をわずかでも認識できない。写真の中にしかアウシュヴィッツは存在しないとあえて言うのは、こういう理由からである。正確に言うと写真の中にしかアウシュヴィッツの残余がない。しかしそれでも残余があると主張することはできる。ディディ＝ユベルマンもこう書いている。

わずかであり、豊かである。一九四四年八月の四枚の写真は、もちろん「すべての真実」を語りはしない。（物であれ言葉であれイメージであれ、何に対してであれそのようなことを期待するには、よほど無邪気でなければならない）。きわめて複雑な現実からのわずかな採取、五年にもわたるひとつの連続体のなかのいくつかの瞬間。しかしそれらはわれわれにとって――われわれの今日の眼差しにとって――真実そのもの、言い換えればその残存物、そのわずかな切れ端である。つまりアウシュヴィッツの残りもの――視覚的な――なのだ。証言に関するジョルジョ・アガンベンの考察はこの点で、これらの写真のステータスを解明しうるものである。

残余と言う視点で言えば最初の二枚の「黒い影」の塊が、イメージの欠如や裂け目を見せている。ディディ＝ユベルマンも次のように書いている。

屍と焼却溝の光景を取り巻く黒い塊、何ひとつ目に見えないこの塊は、実のところ残りの感光した表面のすべてと同じくらいに貴重な、視覚的刻印なのだ。何ひとつ目に見えないこの塊は、ガス室の空間である。つまりそれは戸外での、焼却溝の上でのゾンダーコマンドの仕事を明るみに出すためにそのなかに身を隠さなければならなかった、暗い部屋である。この黒い塊がわれわれに差し出しているのはすなわち、状況そのもの、可能性の空間、ほかならぬこれらの写真の存在条件である。

ディディ＝ユベルマンはこの本において、バタイユのアンフォルムについてもこう書いている。

サルトルが『ユダヤ人』のなかでしつらえた、ガス室の問題についての沈黙を問いただすことを恐れなかったジョルジュ・バタイユが、われわれに手がかりを与えてくれる。ところでバタイユ――形なきもの（informe）についての不屈なる優れた思想家――が、アウシュヴィッツを最初に想起するときに使う用語は［…］似たものに関係している。

註

(1) スーザン・ソンタグ『写真論』、近藤耕人訳、晶文社、一九七九年。以下、本稿において特に断り書きのない場合は、ソンタグの発言は全てこの本による。
(2) スーザン・ソンタグ「反解釈」、『反解釈』、高橋康也他訳、ちくま学芸文庫、一九九六年に所収。以下、本稿で特に断り書きのない場合は、「反解釈」と書いたものは全てこの論のことである。
(3) プラトン『国家（下）』、藤沢令夫訳、岩波文庫、一九七九年。
(4) 納富信留『プラトン　哲学者とは何か』、NHK出版、二〇〇二年。以下、本稿において特に断り書きのない場合は、納富の発言は全てこの本による。
(5) エルヴィン・パノフスキー『〈象徴形式（シンボル）〉としての遠近法』、木田元監訳、ちくま学芸文庫、二〇〇九年。
(6) ミシェル・テヴォー『不実なる鏡　絵画・ラカン・精神病』、岡田温司他訳、人文書院、一九九九年。以下、本稿で特に断り書きのない場合は、テヴォーの発言は全てこの本による。
(7) 新宮一成・立木康介編『フロイト＝ラカン』、講談社、二〇〇五年。以下、本稿において新宮一成・立木康介編による『フロイト＝ラカン』と書いた場合は全てこの本による。
(8) 藤沢令夫『プラトンの哲学』、岩波新書、一九九八年。以下、本稿において特に断り書きのない場合は、藤沢の発言は全てこの本による。
(9) ジャン＝フランソワ・マテイ『プラトンの哲学　神話とロゴスの饗宴』、三浦要訳、白水社、二〇一二年。
(10) ヴァルター・ベンヤミン「写真小史」、野村修他訳、『複製技術時代の芸術』、晶文社、一九九九年に所収。
(11) セルジュ・ティスロン『明るい部屋の謎　写真と無意識』、青山勝訳、人文書院、二〇〇一年。
(12) スーザン・ソンタグ「『神の代理人』をめぐって」、前掲書の『反解釈』に所収。

(13) 前掲書の『写真論』、近藤耕人「訳者あとがき」による。
(14) ヴァルター・ベンヤミン「複製技術の時代における芸術作品」、高木久雄他訳、『複製技術時代の芸術』、晶文社、一九九九年に所収。以下、本稿において特に断り書きのない場合は、ベンヤミンの発言は全てこの論による。
(15) 多木浩二『ベンヤミン「複製技術時代の芸術作品」精読』、岩波現代文庫、二〇〇〇年。
(16) 多木浩二『「もの」の詩学　家具、建築、都市のレトリック』、岩波現代文庫、二〇〇六年。
(17) ツヴェタン・トドロフ『極限に面して　強制収容所考』、宇京頼三訳、法政大学出版局、一九九二年。
(18) 多木浩二「写真家の誕生」、『写真家の誕生と19世紀写真』、洋泉社、一九九三年に所収。
(19) マルティン・ハイデッガー『芸術作品の根源』、関口浩訳、平凡社ライブラリー、二〇〇八年。以下、本稿において特に断り書きのない場合は、ハイデガーの発言は全てこの本による。
(20) 桑野隆『危機の時代のポリフォニー』、水声社、二〇〇九年。
(21) ゲルショム・ショーレム『わが友ベンヤミン』、野村修訳、晶文社、一九七八年。
(22) ロドルフ・ガシェ『いまだかつてない世界を求めて』、吉国浩哉訳、月曜社、二〇一二年。以下、本稿において特に断り書きのない場合は、ガシェの発言は全てこの本による。
(23) イブ＝アラン・ボワ／ロザリンド・E・クラウス『アンフォルム　無形なものの事典』、高桑和巳他訳、月曜社、二〇一一年。以下、本稿において特に断り書きのない場合は、イブ＝アラン・ボワとロザリンド・E・クラウスの発言は全てこの本による。
(24) フランソワーズ・カシャン『マネ　近代絵画の誕生』、遠藤ゆかり訳、創元社、二〇〇八年。
(25) 江澤健一郎『ジョルジュ・バタイユの《否定形》の美学』、水声社、二〇〇五年。以下、本稿において特に断り書きのない場合は、江澤の発言は全てこの本による。
(26) ミッシェル・フーコー『マネの絵画』、阿部崇訳、筑摩書房、二〇〇六年。
(27) ルドルフ・ヘス『アウシュヴィッツ収容所』、片岡啓治訳、講談社学術文庫、一九九九年。
(28) 前掲書の『アウシュヴィッツ収容所』に所収の、マルティーン・ブローシャートーの「序文」による。
(29) カルロ・ギンズブルグ「ジャスト・ワン・ウィットネス」、上村忠男訳、ソール・フリードランダー編『アウシュヴィッツと表象の限界』、未来社、一九九四年に所収。

(30) ジョルジョ・アガンベン『アウシュヴィッツの残りのもの　アルシーヴと証人』、上村忠男他訳、月曜社、二〇〇七年。
(31) ジョルジュ・ディディ＝ユベルマン『イメージ、それでもなお　アウシュヴィッツからもぎ取られた四枚の写真』、橋本一径訳、平凡社、二〇〇六年。以下、本稿においてディディ＝ユベルマンの発言は全てこの本による。
(32) 前掲書の『アウシュヴィッツの残りのもの』による。

11

冷戦と冷血

1 犯行現場

ヴァルター・ベンヤミンは一九三六年の論文「複製技術の時代における芸術作品」において、何点かの興味深い指摘をしている。その一つが写真家のウジェーヌ・アジェについてのものである。(1)

しかし、人間が写真から姿を消したとき、そのときはじめて展示的価値が礼拝的価値を凌駕することになった。このプロセスを完成したのは、一九〇〇年ごろのパリのひとかげのない街路の風景をとらえたアジェの比類のない功績である。かれは風景をちょうど犯行現場のように撮した、といわれているが、たしかにそのとおりである。犯行現場にもひとかげはない。その撮影は間接証拠をつくるためなのだ。写真は、アジェによって、歴史のプロセスの証拠物件となりはじめる。これが、そのかくれた政治的な意味である。

この引用で着目すべきなのは「かれは風景をちょうど犯行現場のように撮した、といわれているが、たしかにそのとおりである。犯行現場にもひとかげはない」という箇所である。ベンヤミンはアジェの写真の中に「犯罪」の匂いを鋭く嗅ぎ取っている。しかしそれはただの比喩ではないのか、と言うだろうか？そうかもしれない。だが仮に比喩だとしても、これはかなり重要な指摘である。

そもそもこの「犯行現場」という言い方は、カミーユ・レヒトが一九三〇年の「ウジェーヌ・アジェ『写真集』への序」の中で、「またたとえば乱雑な台所の隅であり、これは警察による犯行現場の写真を思わせる」と書いているのを、ベンヤミンが参照したのである。「図説 写真小史」での久保哲司によれば、カミーユ・レヒトは本名がカミルス・クリステンゼであり、カミルス・レヒトとかオスカー・カミルス・レヒトといったペンネームも持っていた。彼は一八九〇年にウィーンで生まれ、ドイツで活動し、出版業者はもとより、作家や翻訳家としても活躍した。[3]

アジェについてのベンヤミンの記述は、一九三一年の論文「写真小史」にも見られる。そこでベンヤミンはなおアジェについて、細かいところにまで立ち入って書いている。[4]

しかし、写真に話を限れば、写真界でブゾーニにあたるひとはいる。それはアジェだ。両者とも名手だったし、しかも同時に先駆者だった。ことがらへの無類の打ちこみかたも、そしてこれと結びついた比類のない正確さも、両者に共通している。容貌までどこか似かよっている。アジェは役者だったが、その商売にいやけがさして化粧をおとし、そしてそのあと、現実からも化粧をこそげおとす仕事にとりかかった。パリでかれは貧乏な、無名の生活を送った。かれの撮った写真を、かれは愛好者たちに安売りしたが、その愛好者たちも、かれに劣らぬ変人ぞろいだった。

久保哲司によると、アジェは一八五七年にフランスのリブルヌで生まれ、商船の給仕をした後で、一八八二年から役者になった。そして役者にも挫折して、一八九〇年に写真家になった。写真家に転向した彼は、パリという役者の化粧も落とし始める。化粧を落とした生身のパリがアジェの写真の中に投影されていく。彼の死後、それらの記録を保存したのはニューヨークの写真家ベレニス・アボットだった。アジェの存在をアボットに教えたのはダダイストのマン・レイである。ベンヤミンは続けてこう記している。

かれは最近、四千あまりの写真作品を残して死んだ。ニューヨーク出身のベレニス・アボットがそれらの作品を蒐集し、その抜萃がつい先ごろ、とびぬけてみごとな一冊の書物となって出ている。この書物の編者はカミーユ・レヒトである。［…］頽廃期の因襲的なポートレイト写真がひろげたうっとうしい雰囲気を、かれがはじめて消毒する。かれはそれを掃除する、いや、一掃する。最新の写真流派の紛うかたない功績である、アウラからの対象の解放は、かれによって口火を切られた。

ニール・ボールドウィンの『マン・レイ』には、「一九二五年に、ベレニス・アボットはマン・レイのアトリエで初めてウージェーヌ・アッジェの写真を目にした。その写真の直截さとつつましさは、ジャーナリスティックな感覚をもつアボットの心をとらえた。彼女は「一目見ただけで感じるところがあった――飾らないリアリズムにショックを受けたのだ。どの写真にも感嘆と驚愕の目でとらえた真実の世界が映しだされていた」と、アボットは回想している」と記されている。しかし「マン・レイはアボットの前で、この老人の作品を批評しなければならないと思ったのか、あっさりと「幼稚だ」と言って片づけた」。ただそのように冷たく言うマン・レイにもそれなりの言い分があった。「以前、マン・レイはアッジェに、人通りの少ないときをねらって明け方に通りをうろつかなくてもすむように、ローライフレックス・カメラの使い方を教えてやったことがあった」。なのにアジェはその提案をあっさりと断ったのである。

だが、アッジェは「『スナップ写真』は『早すぎて』自分が考える間もなく撮れてしまう」と文句を言った[5]。

マン・レイはアジェにかなり好意的だった。しかし、アジェの方があまりにも他人に対し、頑固で偏屈であった。そのためマン・レイは自身の好意を軽んじられて、アジェに感情的になっていたのである。ハーバート・R・ロットマンの『マン・レイ』にも、マン・レイによる無名の写真家アジェへの好意がこう書いてある。

> アジェはおそらく自分の撮影しているパリが、まさに消えていこうとしているとは気づかなかったにちがいない。マン・レイの部屋は目と鼻の先である。マン・レイは老人と知り合い、生涯をかけて撮りためた何千というイメージのなかから、折りにふれて何枚かのプリントを買い取った（アジェのプリントは一枚五フランだった。ときにはもっと安かったこともある）。マン・レイは焼き付けにもっともちのよい定着液を使わせようと努め、感度の高いカメラを貸したりもしたが、捗々（はかばか）しい成果は得られなかった[6]。

アジェに会いに行ったアボットは、彼が「少し猫背で［…］くたびれた感じの、寂しげでよそよそしいが、どこか魅力のある」老人という印象を抱く。こうしてアボットはアジェのポートレイトを撮りはじめたが、彼の「健康は明らかに衰えていた」し、この老人の顔が「だんだん疲れた俳優のようになっていった」のにアボットは気が付いていた。一九二七年の八月にアボットがアジェのところに行くと、彼はすでに亡くなっていた。アジェの友人のアンドレ・カルメットは、「ウージェーヌは二〇年のあいだ、ミルクとパンと少しの砂糖だけで生きながらえてきた［…］美術でも健康問題でも徹底していたのだ。趣味や考え方や方法についても妥協しなかったが、写真もそうだった」とアボットに言ったという。(7)

アンドレアス・クラーゼが「視線の記録　事物の目録」の中でアジェについて書いていることが、アジェの頑なさを確かに裏づけている。

マン・レイは少しではあるがアジェの写真コレクションを持っていた。とりわけ「ダダあるいはシュルレアリスムを少しばかり」彼に思い出させる写真は気に入っていた。また1927年にマン・レイはアジェから、雑誌『シュルレアリスト革命（La Révolution surréaliste）』に数点の写真を掲載する許可を得た。ところがアジェは、明らかに曲解を恐れて自衛し、掲載するのならば匿名にするように要求した。写真はドキュメントだということ、そして「それはドキュメントであって他の何ものでもない（C'est du document et rien d'autre）」という有名な言葉で説明した。(8)

ニール・ボールドウィンの『マン・レイ』には、その他にこうした記載もある。

ジュリアン・レヴィがウージェーヌ・アッジェの写真を初めて目にしたのは、マン・レイのアトリエでだった。レヴィはたちまち心を奪われた。レヴィはマン・レイの家のすぐ近くで数か月暮らし、そのあいだにアジェが許すかぎり彼の写真を買い集めた(9)。

ジュリアン・レヴィはニューヨークの大不動産家の息子である。後にレヴィが所有していたアジェのコレクションをアンリ・カルティエ＝ブレッソンが見て、彼はその刺激によって写真家を志すことになる。そのカルティエ＝ブレッソンが一九四七年にロバート・キャパらと報道写真家の集団「マグナム」を創設する。こうしてアジェの「犯行現場」から、そしてマン・レイの「ダダの現場」から、少しずつアジェの言う「ドキュメント」が生まれていった。

2　抑止の論理

「複製技術の時代における芸術作品」だけでなく、それより五年前に書いた「写真小史」の中でも、ベンヤミンはアジェの写真には「人影がない」ことを、すでに「犯行現場」と結びつけて執拗に指摘していた。

だが注目すべきことには、これらの写真のほとんどすべてに、人影がない。パリの城壁にあるアルケイユ門にも、大階段にも、中庭にも、喫茶店のテラスにも、また当然のことのようにテアトル広場にも、人影がない。そこには寂寥感といったものはない。情趣はないのだ。これらの写真では、都市はまだ新しい借り手がみつからない住居のように、掃除されている。

ベンヤミンも言うように、アジェの写真は極めて即物的で機械的な雰囲気を保っていた。まさにアジェが主張する写真とは「ドキュメントであって他の何ものでもない」という言葉の通りである。この意味でアジェは、確かに報道写真の先駆者だった。アジェが亡くなったすぐ後に、報道写真が台頭する。しかしだからと言って、彼の写真がただ対象に冷たく客観的なだけだったわけでもない。そこにはアジェなりの感情も被写体に向けて投影されているからである。言ってみればアジェの写真は、殺人事件の取材に自らの感情も投入する、後年のニュー・ジャーナリズムのスタンスを先取りしていたのである。

柏倉康夫はその著書『アンリ・カルティエ＝ブレッソン伝』の中で、アジェの「とくに彼がパリの街角を写した写真は、夜明けに撮影されたものが多く、そのためほとんどの写真に人影がない。これが画面に非現実的な印象をあたえ、シュルレアリストたちはそこに、現実を捨象して想像の世界へ侵入していく（スリップする）過程を見てとったのである」と書いている。[10] 事実としては柏倉の言う通りであろう。だが、それではアジェの評価があまりに額面的に過ぎはしないか？　「非現実的な印象」や「現実を捨象して想像の世界へ侵入していく（スリップする）過程」が、アジェの写真の「人影がない」ことと必ずしも結びつかないからである。ましてやそれが「犯行現場」に見えてくる説明にはならない。ベンヤミンがアジェの写真を人影がなく、それゆえに犯行現場のようであると評するのは、それとは全く別個の問題なのである。

というのも、事態はすでにもっと本質的な部分にのめり込んでいたからだ。ベンヤミンは、ヨーロッパの封建的な世界からのアウラの掃除や消毒をアジェの写真に見ていたのである。アウラはベンヤミンの言い方では一回性のことである。もう少し踏み込むと、それは「伝統」のことである。この場合の「伝統」とは、フランス革命以前の封建制度をそのままに指し示している。アウラがないというのは、オリジナルが消えて、複製化の時代になったことだけではない。その大前提としての、世界構造の大きな転換があった。貴族の時代が終わって、つまり「高級文化の時代」が終わって、ブルジョワと労働者の「大衆文化の時代」になったのである。これについては、共産主義でも資本主義でも事情は全く変わらない。その「大衆文化」の到来を、ベンヤミンは繰り返し言っているのである。それが「事物をそのまま」に、「現実をそのまま」に投影する実録性、つまりアジェの言うドキュメントのことである。

第一次世界大戦も終わると、実はもう古い意味でのヨーロッパの時代は完全に終わりを告げていた。それは誰もが当時からよく知っていたはずである。その代わりに「大衆文化の新しい担い手」として台頭してきたのが、「伝統」の全くない新興国のソ連とアメリカであった。だからニューヨーク出身のベレニス・アボットやジュリアン・レヴィがアジェを発見したのは決して偶然ではない。化粧を落としたパリは、すでにソ連やアメリカのようであった。むしろマン・レイが、あれだけの鋭い感性を持ちながら、アジェの写真にもう一つ不満を抱くのはなぜなのかと思わせる。

極端な言い方になるが、仮に伝統的なヨーロッパを、つまりイギリスやフランスやドイツを中心とする旧大陸をオリジナルとするのなら、ソ連やアメリカはその複製品だということになるだろう。なぜなら、彼らがたとえ旧大陸にどれほど反発していたとしても、ヨーロッパを何らかのかたちで模写していたことには変りないからである。オリジナルはたった一つしかない。それがフランス革命や第一次世界大戦で消えたという事態は、二〇世紀のはじめには絶対的な価値や規範がなくなって、あらゆるものが相対化しはじめたのを意味する。ベンヤミンが「しかし、人間が写真から姿を消したとき、そのときはじめて展示的価値が礼拝的価値を凌駕することになった」と書いているように、アメリカやソ連には、はじめから「展示的価値」しか存在しない。そこには「伝統」はないし、「歴史」がない。「礼拝的価値」がないし、「化粧」がない。役者をやめたアジェがそうだったように、ヨーロッパは革命や戦争で「化粧」をすっかりと落としてしまったが、米ソにはその必要はなかった。繰り返すが米ソはそもそも複製品であり、はじめからオリジナルではなかったからである。彼らは言わば生まれながらにして「現実」や「事物」そのものであった。つまり大衆文化そのものであった。それをドキュメントとか、ルポルタージュという比喩で言ってみても全く構わない。

しかしこのようにソ連とアメリカをオリジナルではなく複製だと書いたのは、決して私だけの独断的な見解ではない。ベンヤミンと同じ時代に、すでにそのように発言していた人がいたからだ。マルティン・ハイデガーである。ハイデガーは一九三五年にフライブルク大学で『形而上学入門』と銘打った講義をしている。[11]これは一九五三年になってから書籍化されるが、講義そのものはベンヤミンの一九三一年の「写真小史」の四年後のことであり、「複製技術の時代における芸術作品」の一年前のものである。そのためいまこれを読むと、ベンヤミンの二つの論文はどうしてもハイデガーの講義を批判しているように思えて仕方がない。あるいはハイデガーの方がベンヤミンに反論しているのだろうか?

ベンヤミンについて、スーザン・ソンタグは「土星の徴の下に」の中で、「彼はワグナーを嫌悪し、ハイデガーを蔑視し、表現主義のようなワイマール・ドイツの熱狂的な前衛運動を軽蔑していた」と書いている。[12]ただハンナ・アレントは、ソンタグとは全く異なった意見を持っている。彼女は「ヴァルター・ベンヤミン」の中で、「ベンヤミンは意識していなかったが、マルクス主義者の友人達の精妙な弁証法より、ハイデガーの素晴らしい感覚——海神の力によって真珠や珊瑚に変えられ、こうして新しい思想の「致命的衝撃」によってそれらを解釈し、その前後関係に暴力を加えることによってのみ現在へと引き上げ、救出することができる素晴らしい感覚——に、はるかに共通するものをもっていたのである」と述べてい

るからである。(13)

ハイデガーは自らのヨーロッパの歴史がいまにも崩れそうであり、代わりにロシアとアメリカという新興国が台頭している危機を十分に認識していた。この二つの新興国にヨーロッパがその力の全てをいずれ乗っ取られるのをハイデガーは実はよく知っていた。

このヨーロッパは今日救いがたい盲目のままに、いつもわれとわが身を刺し殺そうと身構えている。一方にはロシア、一方にはアメリカと、両方からはさまれて大きな万力の中に横たわっている。ロシアもアメリカも形而上学的に見ればともに同じである。それは、狂奔する技術と平凡人の底のない組織との絶望的狂乱である。地球のすみからすみまで技術的に征服されて、経済的に搾取可能になり、どこで、いつ、どんな事件があろうと、それがみな思いどおりの速さで知られるようになり、フランスの或る国王暗殺計画も、東京の交響楽の演奏会も同時に「体験」することができ、時間とは、かろうじて速さ、瞬間性、同時性であるにすぎず、歴史としての時間はあらゆる民族のあらゆる現存から消え去ってしまい、拳闘家が民族の偉人と思われ、何百万という大群衆の数が勝利であるようになっているとき、——このとき、まさにこのときにあたって、なおかつ、この喧噪をよそに、何のために?——どこへ?——そしてこの後何が?——という問いが幽霊のように襲いかかってくる。

ハイデガーの言う「技術」とは、写真のような複製技術のことである。たとえば複製写真を使うドキュメントやルポルタージュは、生の現実を捉えるが、だが配信される時は必ず複製化しないといけない。大衆の手許に情報を届ける必要があるからだ。フランスの或る国王暗殺計画や東京の交響楽の演奏会は、フランスや東京でしか実際には体験できない。場所は動かすことができないし、その場所にいる人間は他の場所には同時に存在することはできない。だがある場所にいながらも、それとは別の場所で起きた出来事を同時に体験できるとするのなら、つまりフランスの暗殺計画や東京の演奏会というたった一つのオリジナルな一回性を別の場所でも体験できるのなら、その体験とは一九三〇年代には全くの「同時」は無理だとしても、写真や映画によって複製化された擬似体験としてしか論理的に想定し得ない。その複製技術時代の到来をハイデガーはここで「幽霊」と呼んでいる。しかしハイデガーはそのような複製品を嫌悪する。つまりアメリカとロシアを嫌悪する。ハイデガーはこの時点ですでにナチスから距離を取っており、どうやら世界がソ連とアメリカに二極化することを避け得ない事実として感じ取っているようにも見える。むろん彼はそのことにかなり苛立っているのだが、苛立ちは得てして諦念から発生するとも言える。彼は同じ講義の中でこうも語っている。

そのつど本質的なものが人間へと到来し復帰するその源をなしているあの深み、そのようにして人間を無理にも優越の地位に押し上げ、その人間を別格のものとして行為させるあの深み、そういう深みのなくなった世界へと現存在はすべりこみ始めたのであった。すべてのものは同じ一つの平面、もはや映すこともせず、何ものをも反射しない曇った鏡にも似た、一つの平面へと陥ってしまった。延長と数という次元が有力な次元となった。可能ということは、もはや力の高らかな充満と支配から出てくる能力と浪費とを意味せず、いくらか汗を流し消耗しながら千編一律の術をあやつるという、誰でも習得できることを意味するにすぎない。ところが、すべてこのようなことがアメリカやロシアとでは、いつも同じもの、どうでもよいものの果てしない羅列にまで嵩じてしまって、ついにはこのような量的なものが一種独特の質に早変わりするという域にまで達してしまっている。

ここでハイデガーの言う「あの深み」とはまさにオリジナルの一回性のことである。つまりアウラである。あるいは歴史の重さである。逆に平面とは複製品のことであり、それは曇った鏡によく似ている。それらは交換可能な数のようなもので構成されている。かつてのヨーロッパの偉大な職人の手仕事のように、その人にしかできない技術的特権性はすでになくなって、機械のボタンさえ押せるなら誰にでも商品が大量につくれるようになった。たとえば写真は誰でもシャッターを切って撮影することができる。もはや絵筆の扱い方やそのための労苦は不要である。工場の商品管理はどんな労働者にでもすぐ対応できる。それがロシアの革命労働者であろうが、アメリカの資本主義労働者であろうが、事態は全く同じである。イデオロギーにはまるで関係ない。ハイデガーにとっては、だからアメリカもロシアも等価値のものにしか見えて来ない。このハイデガーの言説は今日になって冷静に読み返してみると、米ソの対決に突入する一九四〇年代後半以後の冷戦をすでに先取りしているように思えて仕方がない。つまり一七八九年のフランス革命、一九一七年のロシア革命、一九一九年の第一次世界大戦の終結によって、ヨーロッパの王家がことごとく滅亡してしまったことは、絶対性というオリジナルが消えてなくなったのを示唆するからだ。絶対君主が全て消失すれば、世界構造は論理的に相対的な価値へと傾かざるを得ない。だとすると、やはり繰り返すことになるが、この相対化から引き出せるのが、ヨーロッパの瓦解と米ソの台頭という新たな政治権力の図式なのである。

この新しい局面、すなわち力の相対化にとって、何よりも必要なのは「抑止」である。そしてそこに介在するのが核兵器である。そうなると残される戦争の概念は、小さな国の中の内乱か、もしくは局地戦だけになる。つまり代理戦争のみとなる。相対化した新しい世界構造では、定められたルールはもはやたった一つしかない。二つの大国が互いの背の高さは常に同じにしていること、ただそれだけだ。どちらか一方がたとえわずか一ミリであっても相手より背が高くなると、安定した力の均衡が破れて互いの猜疑心が沸騰し、そこから取り返しのつかない危機が訪れる。抑止の論理からして重要なのは、この両者の限りない力の均衡だけである。こうして絶対的なもの、あるいは真理や大義はもはやどこにも存在し得ない。いや、抑止のロジックからすれば、均衡を覆す危険な大義はむしろ存在してはいけないのである。

ハンナ・アレントが冷戦のさなかに書いた「暴力について」という論文には、いま述べた事態が見事にまとめられている。(14)

ここでの省察のきっかけとなったのは、ここ数年間の出来事や論争を二〇世紀を背景として見てみることである。実際二〇世紀は、レーニンの予言したとおり、戦争と革命の世紀となり、したがっていまではそれらの公分母と考えられる暴力の世紀となった。けれども、現在の状況のなかには、だれも予言しなかったが、少なくともそれに劣らず重要な要素がもう一つある。暴力の機器の技術的な発達が、いまや、どんな政治的目標もとうていその破壊力には引き合わないし、武力紛争でそれらを実際に使用することも正当化できないところにまで達してしまったということがそれである。それゆえに、太古から国際的な紛争における無慈悲な最終的裁決者であった戦争は、その効力の多くを失い、その魅惑のほとんどすべてを失ってしまった。超大国の間の、すなわち、現代文明の最高水準を行く国ぐにの間の「黙示録的」なチェスのゲームは、「もし［米ソ］どちらかが「勝利をおさめる」なら、双方とも終了」というルールにしたがってなされている。したがって、それは従来のどんな戦争ゲームとも似ても似つかぬゲームなのである。その「合理的」な目標は勝利ではなく抑止であり、もはや戦争準備ではなくなってしまった軍備競争を正当化しうるには、抑止力の増大こそが平和の最上の保証なのだという理由を挙げるほかはない。このだれの目にも明らかな狂気の沙汰からどのようにしたら抜け出すことができるのかという問いにたいしては、答はまったくない。

3　ルポルタージュ

アンドレアス・クラーゼは先のエッセイの中で、アジェは「撮影のために当時としても旧式の暗箱カメラと、その頃普及していた18×24㎝型のガラス乾板のネガを用いた。彼の旅支度の総重量はおよそ20キロになった」と書いている。また横江文憲は「路上で三脚を立て、当時としても旧式な暗箱カメラを準備し、黒い布を頭から被るという撮影時の異様な風体のアジェは、スパイと間違われたりもして撮影が困難になった」と記している。[15] しかしちょうどアジェが亡くなる頃に、報道写真において画期的な出来事が起きる。カメラの小型化である。ヴィクター・バーギンは『現代美術の迷路』の中で、カメラの小型化を次のように説明している。[16]

ドイツにおけるテクノロジーの進歩は、「新聞写真」から「写真ジャーナリズム」への移行を可能にした。エルマノクスやライカのカメラが、数は少なかったが市場に現れたのはそれぞれ一九二四年と二五年のことである。ライカは、映画産業の技術的な副産物であり、小さなカメラを作るために映画カメラから採用された技術的特性をもっており、すばやく、そしてたやすく使えるものだった。なかでももっとも顕著なその長所は、一枚ごと露出する写真板を複数枚撮れる巻きフィルム（映画フィルム）に置き換えたことだった。

飯沢耕太郎はアンリ・カルティエ＝ブレッソンについて書いた文章の中で、彼の愛用したライカの小型化を次のように説明している。[17]

連続撮影が可能な35ミリフィルムを使用するライカの登場は、それまでの撮影スタイルを一変させた。写真家たちは、掌のひらにおさまるほどの大きさの小型カメラとともに流動的な現実の中に飛び込み、そこからなまなましい出来事の断片をスナップ（元の意味は打つ、折る、ひったくる）してくるようになった。

今橋映子は『フォト・リテラシー』の中で、やはりカルティエ＝ブレッソンの「私はライカを発見した。ライカは私の眼の延長であり、もはや私を離れることはない」という言葉に強く結び付けながら、次のように書いている。[18]

これは、同じく可動式カメラでも、カメラをお腹の辺りで抱えて上からファインダーを覗く二眼レフカメラ（ローライフレックスなど）とは根本的に異なり、ライカがそのまま目の高さでシャッターを切れる、という状態を指していると思われる。顔を上げ、自分が見たままの世界を絵画作品のようなフレームでそのまま切り取ることができる――この点でこそライカはその後、大半のフォトジャーナリストたちが愛用するカメラであり続けた。

クレマン・シェルーはその著書『アンリ・カルティエ＝ブレッソン』の中で、カルティエ＝ブレッソンとライカの関係についてこう述べている。(19)

カルティエ＝ブレッソンの名前は、ライカと強く結びついている。ライカは１９１３年にオスカー・バルナックがライツ社のために考案し、１９２５年から商品化されたカメラで、「スパイカメラ」と呼ばれた。それは、目立たず、軽く、操作がしやすく、人目を引かずに撮影できるカメラだからである。精度の高いレンズを備え、フィルムを入れかえずに30枚の写真を撮ることができる、このカメラ（映画用の35ミリフィルムを使用していた）は、１９３０年代以降、とくに第２次世界大戦後、報道写真家たちによって好んで使われるようになった。

ライカのように小さくなったカメラは、どこにでも入っていく。どんな隙間にでも入り込む。たとえば犯行現場にもカメラは入っていく。しかしアジェは大きなカメラを使っても犯行現場のような写真を撮る力があった。それはなぜか？　私にはそれを論理的に説明することはできないが、ベンヤミンがアジェに強い興味を持つ理由も、恐らくそのあたりに潜んでいるのだろう。アジェの現実への透徹した観察力が、ベンヤミンが言うような犯行現場に繋がっているのは確かである。

そのアジェによって写真へと導かれたカルティエ＝ブレッソンが、はじめてライカを手にした場所は南フランスの港町のマルセイユだった。一九三一年のことである。ちょうどベンヤミンが「写真小史」を書いた年だ。一九三一年には、すでに報道カメラは小型化し、それさえあれば誰であっても犯行現場にすんなりと乗り込める力を獲得していた。カルティエ゠ブレッソンは『こころの眼』というエッセイの中で、いま述べたことをこう書いている。[20]

一九三一年、二二歳のとき、アフリカの旅に出た。コートディヴォアールで、カメラを買ったが、それはいままで見たことのないコンパクトなもので、無孔タイプの35ミリ・フィルムを使うフランスのクロース社製のものだった。

こうしてライカを手にしたカルティエ゠ブレッソンは、まるでアジェの後継者のように犯行現場を追い始めていく。事実、彼は同じ本の中でこう言っている。

ライカは私のまなざしの延長となり、以来いちども手放したことはない。ぴんと気持ちをはりつめ、現行犯を逮捕するように生身の写真をものにしようと、一日中町を歩きまわった。とりわけ、目の前に出現する光景の本質を一枚の写真の中におさめたいと懸命だった。フォト・ルポルタージュ、すなわち複数のストーリーを写真で語ることなど思いつきもしなかった。

カルティエ゠ブレッソンはやはり『こころの眼』の中で、ルポルタージュについてさらに重要な指摘をしている。

ルポルタージュとは、ある問題、事件、印象を定着させるための、頭と眼とこころの段階的共同作業だ。事件とは予測できないもの。眼の前にくりひろげられる事件の傍らで、私たちは答えを見つけようと試行錯誤する。答えは数秒で見つかることもあれば、何時間も何日もかかることもある。しかも型通りの答えなどない。解答法もない。テニス・プレイヤーのように、頭と眼とこころ、そしてしなやかな身体で、いつそれが現れようと迎え撃つ用意ができていなければならない。

なぜこのカルティエ＝ブレッソンの発言が重要かというと、この指摘がアメリカにおける一九五〇年代から一九六〇年代の文化と政治を見事に表現しているからである。少なくとも私がこれから問いかけようとする主題を的確に書いている。カルティエ＝ブレッソンは、作者自身も結末が不明なまま、事態の推移をじっと待ち続けるしかない新しい仕組み、すなわち冷戦構造における文化のありようについて説明しているのだ。写真のことだけを言っているのではない。絵画や文学においても、全く同じ現象が起きているのである。芸術家も文学者も、マグナムの報道カメラマンのように「進行途中の事件」の中に投げ込まれてしまう。そのため作者は自らの物語を制御不能になる覚悟が求められる。彼が追い続けているのが事後的な歴史ではなく、編集の利かないライブの事件だからである。彼は次に起きる事件の展開をただ待ちながら、自分では決められない結末に向かって書き続けなければならない。端的に言うと、たとえばアメリカの「ノンフィクション・ノベル」における「作品の完成の問題」は、これは大きく関わる事柄である。

カルティエ＝ブレッソンが「テニス・プレイヤーのように、頭と眼とこころ、そしてしなやかな身体で、いつそれが現れようと迎え撃つ用意ができていなければならない」と言っていたように、このゲームの勝敗を競い合う二人のテニス・プレイヤーが、すなわち冷戦下の米ソの両雄であった。ケネディとフルシチョフのキューバ危機を思い出してみよう。彼らはその時に「いつそれが現れようと迎え撃つ用意ができていなければならない」緊迫した状況にあったのである。次のようなカルティエ＝ブレッソンの発言も、やはり冷戦構造とノンフィクション・ノベルという新しいジャンルを写真に置き換えて表現しているかのようだ。

取材中の私たちは、事件から一歩身をひいて、カウント・ダウンを数える審判に似ている。そして運命の瞬間、闖入者となるのだ。それがたとえ静物であっても、被写体には忍び足で近づかなければならない。相手に悟られないように何食わぬそぶりで、目を光らせる。慌ててはいけない。釣り糸をたれる前に水面を叩く者はいない。いうまでもないが、そこがたとえ暗がりであっても、フラッシュ撮影してはならない。それは自然光への敬意でもある。以上を守れない写真家は、耐えがたくぶしつけな人物に映るだろう。この仕事の鍵は、いかに人々との関わりを築けるかにかかっている。たった一言が相手を緊張させ、すべてを台無しにする。ひとたび不安をおぼえた被写体の本質は、もうレンズが届かないところにある。ここにもルールはない。眼につきやすいカメラと写真家本人ができる限り目立たないようにするだけだ。

クレマン・シェルーによると、アンリ・カルティエ＝ブレッソンは一九二〇年代に、パリの北にあるエルムノンヴィルに暮らしていたことがあった。そこでニューヨークの大不動産家の息子ジュリアン・レヴィと知り合う。彼はまだ写真を初めていなかった。そこで彼は「写真を発見した」という。つまり写真を始めるきっかけに出合ったのである。「アメリカの友人たちを介して私が最初に見た写真は、アジェとケルテスの作品だった」とカルティエ＝ブレッソンは言っている。すでに書いたように、一九二〇年代にジュリアン・レヴィはベレニス・アボットと一緒に、ウジェーヌ・アジェの写真を数多く入手していた。ダダイストのマン・レイも、この貢献に一役買っていた。イアン・ジェフリーの『写真の読み方』によれば、一九三一年と三二年にニューヨークのレヴィの画廊でアジェの展覧会が開かれ、同じ画廊で一九三三年にはアンリ・カルティエ＝ブレッソンの最初の展覧会が開催されている。[21]

今橋映子は『フォト・リテラシー』で、「エヴァンズとアボットが、誰あろうウジェーヌ・アジェに私淑していた」と書いている。そしてアジェの多大な影響を受けた報道写真家のウォーカー・エヴァンズの次のような言葉が引用されている。

ドキュメンタリー？　とても人気があるけど間違えやすい言葉だね、第一あまりはっきりしていないし［中略］。

正確な言い方は「ドキュメンタリー・スタイル」であるべきだろう。文字通りのドキュメントは、犯罪を撮った警察写真のようなものだ。ドキュメントには利用価値があるけど、アートは現実には無用の長物だ。だからアートは決してドキュメントじゃない。でもそのスタイルを借りることはできる。

エヴァンズが「文字通りのドキュメントは、犯罪を撮った警察写真のようなものだ」と指摘している通り、ドキュメンタリーには、やはりベンヤミンがアジェの写真について繰り返し書いていたような、犯罪と警察写真の匂いがする。殺人事件の匂いがどうしてもするのである。だが、それとともにエヴァンズが言うように「アートは決してドキュメントじゃない。でもそのスタイルを借りることはできる」のだろうか。今橋映子は「エヴァンズがここで明快に述べるように、ドキュメントのスタイルを借りたアート、これこそが一九三〇年代以降の「ドキュメンタリー写真」に共通に了解される性格であった」としている。しかし事態はその全くの逆でもあり得る。なぜならアートのスタイルを借りたドキュメントも存在し得るからである。というよりも、アートなのかそれともドキュメントなのかといった、両者の線引きの議論そのものがいまや無効化している。冷戦下に流行した報道写真からアイデアを引き出すポップ・アートがそうであり、報道記事のように文学を構成するノンフィクション・ノベルが実際にそうだった。その意味ではドキュメントはアートから何かを借りるだけではなくて、逆にアートがドキュメントから何かを借りることも同じように起き得るのである。

4　一発の銃声

マルセル・デュシャンのダダの代表作は、一九一七年の《泉》である。デュシャンは大量生産された小便器のレディメイドを、そのまま何も手を加えずに持ってきて、それを逆さまにしてニューヨークのアンデパンダン展に出品しようとした。使ったのはマット社の便器である。カルヴィン・トムキンズの『マルセル・デュシャン』によると、彼は五番街にあるショールームに行って、普通にそれ――「ベッドフォードシャー」型の磁器小便器――を買った。デュシャンは自宅でそれにサインをした。すると直ちにそれは便器ではなく彼の「作品」となる。ただし作者はデュシャンではなく「R・マット」と会社名に由来する架空の人物に設定されている。フィラデルフィアのリチャード・マットがその人である。むろん彼の住所は実在しない。[22] マットは作品を出品しようとするが、開催者側が難色を示す。審査の結果、この作品の展示は拒否された。これではアートではなく不道徳なだけだと言うのである。ただの悪ふざけだと思われたのかもしれない。常識的に言えば、このジャッジは正しいものである。しかしデュシャンはこの悪ふざけを真に受けない審査員に、もっと質の悪い悪ふざけを仕掛けた。マルク・ダシーの『ダダ』によれば、デュシャンは雑誌の『ブラインド・マン』に、この一連の出来事を無署名の記事で「リチャード・マット事件」と題して、スティーグリッツの写真と一緒に掲載してしまったからである。[23]《泉》の「オリジナル」は紛失したが、スティーグリッツの撮影したドキュメント写真は残っていた。つまりもともとのオブジェは消してしまい、デュシャンはただ「報道用の写真だけが残る」ように仕組んでいた。暴露記事とスティーグリッツの写真が雑誌に載るように、デュシャンははじめから企んでいたのである。

デュシャンは予定通りにこれを「事件」にして、タブロイド紙のパパラッチのようにスキャンダラスに「報道」した。彼が求めているのは作品ではなく評価でもない。もっと言うと芸術ですらない。彼が狙っていたのは、はじめからスキャンダルだけだった。デュシャンはこの「事件」について、一九一七年四月一一日付でシュザンヌ・デュシャンに手紙を書いている。

こちらではインディペンデント展が開かれて大成功だ。[…] ぼくの女友達のひとりが男性の偽名、リチャード・マットで陶器製の男性用便器を彫刻として送った。[…] まったくもって下品ではなかった。拒否するいかなる理由もない。委員会はこれを展示することを拒否した。ぼくは辞表をだした。それは物議をかもして、ニューヨークでは有意義なものとなるね。[…] ぼくがしたかったのは、インディペンデント展に拒否された作品の特別展をすることだ。[…] しかしそれは冗語的な重複になって

しまうかもしれない！［…］それで男性用便器は寂しかったろう。(24)

デュシャンの悪ふざけは、しかしやがてネオ・ダダやポップ・アートと呼ばれる傾向の人たちに多大な影響を与えることになる。たとえばロバート・ラウシェンバーグがその一人だ。彼はウィレム・デ・クーニングから鉛筆画作品を買い取り、デ・クーニングの了解を得た上で六週間をかけ、消しゴムでデ・クーニングの大事な作品をほとんど消してしまった。それだけではない。彼はそれを自分の作品にした。消したデ・クーニングのデッサンに自分のサインを入れたからである。これは一九五三年の《消されたデ・クーニング》という名前でいまも保存されている。高階秀爾はその著書『20世紀美術』の中で「ラウシェンバーグがはたしていわゆるネオ・ダダの作家であるかどうか、仮にそうだとしても、「ネオ・ダダ」ははたして「ダダ」の後継者と言ってよいかどうか、いろいろ説は分かれるようだが、ラウシェンバーグに与えるべきレッテルがどのようなものであれ、少なくともこの《消されたデ・クーニング》に関するかぎり、彼はデュシャンの精神的な落し子である」とした上で、次のようなラウシェンバーグのインタヴューを引用している。

［…］私としては、ただ美しいものを消してみたかったのだ。最初は自分のデッサンを消してみたが、デ・クーニングのデッサンの方がもっと美しかったから、それを消したまでだ［…］。
［…］そのために私は、彼にわけを話して彼から一番美しいデッサンを貰った。彼は最初はどうもあまり良い気持ちがしなかったらしい。私はもし彼が断ったら、そのままにして《消されなかったデ・クーニング》という作品にしようと思っていた。どちらにしても同じことだからだ。彼はそれを理解し

て承知したのだ［…］。[25]

ニコス・スタンゴスの『20世紀美術』によれば、デュシャン自身もハンス・リヒターに宛てた手紙の中で、ダダとネオ・ダダとポップ・アートの類似性を自らでこう指摘していた。

ネオ・ダダ、ポップ・アート、アセンブリッジなどと呼ばれているが、全く安易に、ダダの行ったことを糧としている。私がレディ・メイドを発見した時は、美学を失望させるつもりだった。ネオ・ダダでは、私のレディ・メイドを取り上げ、そこに美学上の美を見出した。私は瓶立てと便器を、挑戦のために人々の面前に投げつけたのに、ネオ・ダダはそれらを美学上、美しいと称賛する。[26]

ラウシェンバーグはデュシャンが《泉》で使った手法を真似た。だが、デュシャンを真似たのはラウシェンバーグだけではない。アンディ・ウォーホルもその一人であった。彼は有名なレオナルド・ダ・ヴィンチの《最後の晩餐》の絵画をそのまま転用して、それに彼のサインを入れただけで、自分の《最後の晩餐》（一九八六年）にしてしまった。ウォーホルはラウシェンバーグのように、六週間の労力を傾けて消しゴムで消すことすらしなかった。しばしば言われるように、ウォーホルのしたことは、絵画をシルクスクリーンに置き換えただけである。

しかし一つ疑問が残る。こうした転換の手法は、本当にマルセル・デュシャンの発明品なのか？　そうではない。すでにこの手法はそれよりもずっと前に、フランス革命において革命臨時政府が行っていたからである。彼らは「旧体制（アンシャン・レジーム）」を「新体制（ヌーヴォー・レジーム）」と読み替えて、あとはただそこに署名するだけでよかった。王の「宮殿」は大衆の「美術館」に置き換えて革命臨時政府がやはりそこに署名した。するとその意味は軽やかに転換した。男性用の小便器が《泉》という作品に置き換えられたのは、フランス革命が旧体制を新体制、宮殿を美術館に置き替えた手法と何ら変わることはない。要するにすでにあるものを別の意味へと置換しただけである。だがデュシャンの場合とフランス革命とが決定的に異なるのは、旧体制とは歴史や伝統のあるオリジナルであり、新体制とはただの複製品だった点である。レディメイドは最初から複製品だ。デュシャンが行ったのはフランス革命の手法の反復に過ぎない。

ベンヤミンはデュシャンやマン・レイのような「ダダ」についても関心があった。一九三六年の「複製技術の時代における芸術作品」の中でそれに触れている。

近年のダダイズムの運動もこのようなバーバリズムの力にふくれあがっていた。そのはげしい衝迫感は、現在になってはじめてほんとうに認識することができる。[…] ダダイストにとっては、芸術作品の商品としての利用価値よりも、瞑想的な沈静の対象物としての無用性のほうがはるかに重要であった。しかもダダイストは、主として芸術作品の素材を原則的に無価値化することによって、作品の無用性を獲得しようとしたのである。[…] ボタンや切符を貼りつけたかれらの絵画も例外ではない。かれらがこのような材料でねらっているのは、作品の生みだすアウラを容赦なく破壊することであり、制作の材料そのものによって複製としての烙印をはじめから作品に押し付けることであった。

さらにベンヤミンは、「ダダ」についてのかなり本質的な指摘を次のように書いている。

ダダイズム宣言は結局、芸術作品をスキャンダルの中心にすることによって、激烈な逸脱を保証した。芸術作品は、なによりもまず、公衆の怒りをかきたてようとする要求をみたさねばならなかったのである。〔…〕芸術作品の魅惑的な外観とか圧倒的な美しい響きは、ダダイズムにおいて一発の銃声と化してしまった。それは観客に命中し、具体性を獲得した。

このベンヤミンの言葉の中で注意すべきなのは、「芸術作品の魅惑的な外観とか圧倒的な美しい響きは、ダダイズムにおいて一発の銃声と化してしまった」という箇所である。つまりダダとは「一発の銃声だ」とベンヤミンは言うのである。この「銃声」は確かに比喩である。しかし実に不気味な比喩である。高階も先の『20世紀美術』で言っているが、一九世紀末から二〇世紀のはじめには芸術からイマージュが消えて、かわりに、現実の生の素材によるオブジェが現れたことを想起してみよう。フランス革命以後の大衆が常に欲しているのは、イマージュなどではなく、スキャンダラスな生の「現実」であった。するとベンヤミンの言う「銃声」の「比喩」も大きく構えるのなら、同じようにはやがて現実の中で本当の「発砲事件」として反復されないといけない。さらにこの比喩は、ベンヤミンが執拗に言うアジェの「犯行現場」と遠いところにあるものに思えない。むしろ「犯行現場」と「銃声」の二つはベンヤミンからの何かの合図かもしれない。この二つは最初からともに共犯関係にあった。つまりイマージュがやがて現実（ドキュメント）に転嫁するという合図である。それを指し示すように、デュシャンが《泉》として提示したものは「事件」であり、「スキャンダル」であり、まさに「ドキュメント」であった。

私たちは冷戦構造の抑止の論理の中で、この「ドキュメント」という物語の仕組みに否応なく取り込まれていく。ドキュメントでは進行中の「事件」が、次にどのような展開を見せるのか、誰にも予測不能である。それは核の抑止における、アクシデントの発生を予測することが困難であることにとてもよく似ている。だからアンリ・カルティエ＝ブレッソンが言ったように、「いつそれが現れようと迎え撃つ用意ができていなければならない」。その上、米ソの対立と言いながら、実質的には核は米ソ以外にも拡散しているので、東西両陣営という概念も実は便宜的なものに過ぎない。ここからは「一発の銃声」によって、「美術」と「犯罪」の区別が全くつかなくなる風景がくっきりと透けて見える。もっと言えばこの「一発の銃声」は、フランス革命に始まってダダを貫通し、ネオ・ダダやポップ・アートに至るまで一直線に歴史を貫く鋭い弾丸である。その弾丸は後で述べるように、最後には実際にダダの後継者のアンディ・ウォーホルを貫くことになるだろう。

5 『冷血』

ヴァルター・ベンヤミンは「写真小史」の中で、次のように書いている。

> アジェによる撮影が、犯行現場の撮影に比せられたのは、理由のないことではなかった。だが、われわれの都市のすべての地点は、犯行現場ではないのか？

ここでベンヤミンの言う「だが、われわれの都市のすべての地点は、犯行現場ではないのか？」という言葉には、ある不気味さが漂っている。つまりアウラが消えた都市は全てが犯行現場になる危険性がある。

何度も言うように、フランス革命によって絶対的な価値が崩壊した。平等の理念がまさにそれである。そのために、あらゆる概念の間の線引きや区分けを行なうことはもはや事実上は不可能である。ベンヤミンが正しく指摘しているように、全てが犯行現場なのである。ただ、それはあくまで原理的な話の上でのことである。それでは現実の世界は制御できない。そのため何らかの区分けを無理にでもつくらないといけない。こうしてある国は東側の陣営であり、別の国は西側の陣営に分けられる。これが東西の対立であり、米ソの対立である。この緊張感は核で抑止されている。全面戦争になると、ハンナ・アレントも言うように「「黙示録的」なチェスのゲームは、「もし［米ソ］どちらかが「勝利をおさめる」なら、双方とも終了」というルールにしたがってなされている」からだ。つまり米ソの対立は表向き休戦状態にしておき、別の何かでこれを補完する。それが「代理戦争」であり、「局地戦」である。冷戦下の抑止の論理では、戦争は大国の衝突でなく、それを避けるかたちでの「局地戦」としてしか表象されない。

そうだとすれば、これと全く同じ論法によって、冷戦下でのアメリカのある小さな農村で起きた陰惨な殺人事件が、実は「もっと大きなカタストロフの代理表象である」と考えるのも十分に可能になる。つまりヴェトナム戦争が大国の衝突の「局地戦」だと言うのなら、一家四人を散銃弾で殺害した事件が、巨大な大国の殺し合いの「局地戦」になっている、と考えるのは論理的に説明可能なのである。私が言いたいのは、冷戦期においては、一家皆殺しの殺人事件が、それを括る大きな世界構造の枠組みと全く無関係に存在するとは思えない、という意見である。それが戦争だからとか、それが殺人だからという説明はもはや何の説得力も持たない。

たとえばアメリカによるヴェトナムの北爆が開始された翌年の一九六六年に、トルーマン・カポーティが発表した『冷血』のタイトルが、実は「冷戦」の示唆ではないかと私は言いたいのである。つまり、

『冷血（IN COLD BLOOD）』とは『冷戦（COLD WAR）』の「同語反復」である。カポーティは『冷血』を、本当は『冷戦』と名づけたかった。ただ彼は作品のタイトルをとりあえず『冷血（IN COLD BLOOD）』として、WARを少しだけBLOODへと「ずらして見せた」のである。ちょうどマルセル・デュシャンが男性用小便器を《泉》というタイトルに少しだけ「ずらして見せた」ように、カポーティも『冷戦』を『冷血』へと微妙に置換した。だから大筋で言えば、IN COLD BLOODは、COLD WARそのものである。私にとって、BLOODとWARとの間には、言葉の厳密な意味での差異はほとんど存在しない。

一九五九年一一月一五日から一六日にかけて、カンザス州の小さな農村のホルカムで一家惨殺の凶悪な殺人事件が起きた。「一九五九年十一月半ばの朝まで、ほとんどのアメリカ人、いや、ほとんどのカンザス人でさえ、ホルカムという名を聞いたことがなかった」。だが、一一月の半ばに、それは大きく様変わりした。

しかし、十一月のその朝、日曜の未明、ホルカムの夜毎（よごと）の物音——ヒステリックに泣き叫ぶようなコヨーテの遠吠（とおぼ）え、風で野原を転がる根なし草のカサコソという音、近づいてはまた遠のく汽笛のむせぶような響き——に、異界から、ある音が侵入してきた。そのとき、眠りに落ちていたホルカムでは、その音——結果的に六人の命を絶つことになる散弾銃の四発の轟音（ごうおん）——を耳にしたものはいなかった。

この事件で殺されたのはクラッター家の主人のハーバード・W・クラッターと妻のボニー、それに一六歳の娘のナンシーと一五歳の息子のケニヨンの四人である。犯人は二人組であった。ペリー・スミスとディック・ヒコックである。彼らはライフル銃で至近距離から家族四人の頭を撃ち抜いた。ディックは一九三一年六月六日カンザス州に生まれた。自動車会社に勤めたが、交通事故を起こしてから、彼の場合はなぜかそれ以降に犯罪的な傾向が出てくる。彼の人生の歯車がそこから大きく狂い出す。それは事故後にも彼の顔に後遺症として、はっきりと刻まれていた。

しかし、ディックの体躯（たいく）も、それを飾る入れ墨のギャラリーも、顔ほどに著しい印象は残さなかった。その顔は不釣り合いなパーツからなりたっているように見えた。リンゴを二つに割って、ほんのわずかに中心をずらして、またくっつけあわせたように。実際、それに類する経緯があったのだ。そういう不整な造作は、一九五〇年の車の衝突事故の結果だった。

もう一人の犯人のペリーは一九二八年一〇月二七日、アイリッシュ系の父とチェロキー・インディアンの母との間に、ネヴァダ州で生まれた。ペリーの母親はアル中で自らの嘔吐物で窒息して死んだ。姉のファーンはホテルの窓から飛び降りた。兄のジミーも自殺した。この母親はペリーを早くに孤児院や保護施設に入れた。ペリーはそこで虐待された。その後は父親とあちこちを転々として育てられた。彼もディックのようにバイク事故で足が不自由になっていた。

> ペリーにも障害があった。その傷はオートバイの事故で負ったもので、ディックよりもさらに重症だった。[…] 事故が起きたのは一九五二年だったが、太くて短い小人のような脚が五カ所で折れて、痛ましい傷痕（きずあと）が残った。

ペリーとディックはカンザスの刑務所で知り合った。ペリーを殺人事件に誘ったのはディックである。彼らは最初からクラッター家を皆殺しにするつもりだった。ディックはこう言っている。「証人はなしだ」と。「一つだけはっきりしているのは、何人いようが一人残らず消えてもらわなきゃならねえってことだ」と。実際に四人の死体は無残なものだった。特に娘のナンシーと父親のクラッター氏の亡骸は悲惨そのものだった。

いや、まったくひどいもんでした。あのすてきな娘さんが――とてもそうとはわからないくらいでしたから。ナンシーはたぶん二インチほどの距離から散弾銃で後頭部を撃たれてました。横向きに倒れて、壁のほうを向いてたんですが、その壁はもう血まみれで。

主人のクラッター氏の方は、犯人に散弾銃で頭を撃たれただけではなかった。

そこでクラッターさんを見たんですが、もう二目と見られないほどの様子でした。ただ撃ったというだけじゃ、あれほど大量の出血の説明はつきません。実際、ぼくは間違っていませんでした。クラッターさんはたしかに撃たれていましたよ。ケニヨンと同じように――顔の真ん前でかまえた銃で。でも、たぶん、撃たれる前に、死んでたんじゃないですか。どっちにしても、死にかけてたと思います。というのは、喉（のど）を掻っ切られていたからです。

事件は途中までは犯人らしき者の足跡くらいで、他に全く手掛かりがない状態だった。だが、カンザス州立刑務所に服役中のフロイド・ウェルズが独房で聞いたラジオのニュースで、犯人はディックとペリーだとすぐにわかった。クラッター氏の家には金庫があると獄中でディックに教えたのがウェルズだったからである。ウェルズの証言で犯人の身元が判明する。二人の犯人はメキシコなどを放浪していたが、やがてラスヴェガスで逮捕された。そして取り調べの中で、ペリーの証言からナンシーが命乞いをしていたことがわかった。「あの子はいった。『やめて！　お願い！　いや！　いや！　いや！　いや！　やめて！　お願いだからやめて！　お願いだから！』おれは銃をディックに渡しました。おれにできることはもうやった、といって。あいつは狙いをつけました。あの子は顔を背けて壁のほうを向きました」と。裁判が始まって、陪審員によって彼らに下された判決は予想通り絞首刑だった。カポーティは絞首刑の行われる「倉庫」について、『冷血』の中でこう書いている。

> 刑務所内の南の区画に、一風変わった小さな建物がある。柩(ひつぎ)に似た形の黒い二階建ての建物だ。公式には〝隔離棟〟と呼ばれているこの建物は、刑務所の中の刑務所になっている。受刑者の間では、一階は〝穴〟という名で知られている。扱いにくい囚人、〝手ごわい〟トラブルメーカーが、ときおり、そこへ送り込まれる。二階へは鉄製の螺旋(らせん)階段を上っていく。上は〝死人長屋(デス・ロウ)〟だ。
>
> この「死人長屋(デス・ロウ)」の窓からは塀が見える。粗い石の塀には鉄の扉がついている。扉を開いた先が「倉庫」だ。

扉は洞窟を思わせる倉庫に通じている。どんな暖かな日でさえ、その中の空気は湿って、ひんやりとしている。そこには、さまざまなものが置いてある。受刑者が車のナンバープレートを制作するときに使う金属の備蓄品、材木、古い機械類、野球の道具。そして、かすかに松のにおいのする白木の絞首台。つまり、ここは州の死刑執行室なのだ。吊るされる人間がここへ連れていかれるのを、囚人たちは彼が〝コーナー〟へいったとか、あるいは〝倉庫をのぞきにいった〟という。

ディックとペリーが〝コーナー〟へ本当に行ったのは一九六五年四月一四日の真夜中のことである。「突然に降りだした雨が、倉庫の高い屋根を叩いた。どこかパレードのドラムのラッタッタという響きにも似たその音が、ヒコックの到着の先触れだった。［…］慈悲の黒いマスクが死刑囚の目を覆った。［…］落とし戸が開いて、ヒコックは人々の目の前で優に二十分は吊るされていた」。その一時間後にペリーも同じようにして吊るされた。(27)

もともとカポーティはこの犯行を、一九五九年一一月一六日の『ニューヨーク・タイムズ』の報道で知って、『ニューヨーカー』にこれを原稿にする話を持ち込んだ。そして雑誌社の受諾を受けてから現地へと向かう。ルポルタージュのような原稿にしようと彼ははじめから考えていた。つまり報道カメラマンの写真のような事実として正確な原稿である。彼はそれを「ノンフィクション・ノベル」と呼んだ。ジェラルド・クラークの著者『カポーティ』によると、犯行のあった村の「場所ですら、彼にとってはロシアのステップ地帯同様なじみのない地域であり、それがかえって興味をそそった」のだという。(28)カポーティはハーパー・リー（通称ネル）という幼い頃からの友人をアシスタントにした。知らない土地で、たった一人きりではさすがに不安だったからだ。彼らは取材の時もメモは一切取らず、テープレコーダーも回さずに、村人ら取材の相手から本音を引き出し、それからホテルでその記憶をまとめた。二人がそれぞれでまとめてから互いの文章を照合して、事件の記録の正確性を期した。『冷血』にはこれを書いている「作者自身」がほとんど顔を出さない。そのため全篇に渡って記述は極めて客観的な仕上りになっている。だが、だからと言って作者の感情が何もかも抑圧されているわけではない。それとなく随所にその心情が滲み出る格好になっている。感情が入らないとただの新聞記事になる。ノンフィクション・ノベルは、客観性の中にも作者の感情が入り込む種類のものなのだ。

初めは殺人事件が小さな村に与えたルポルタージュだけだったはずが、カポーティは次第にこの犯人たちに関心を抱いていく。カポーティが村に到着した時には、二人の犯人は逃走している最中で、本当に逮捕できるのか、その先行きが全く見えていなかった。カポーティは村人だけでなく、ガーデン・シティ駐在のアルヴィン・アダムズ・デューイ捜査官や犯人の家族など、多くの人々に話を聞くうちに、捜査官のデューイとは彼の自宅に招待されるほどの仲になり、犯人逮捕の一報も彼の家で知ることになる。一週間後に、ラスヴェガスからガーデン・シティに二人の犯人は連れて来られた。

カポーティは不幸な生い立ちのペリーに自分の人生を重ね合わせた。「欲しいものが何ひとつ手に入らなかったら人は生きていけない。絶対に」とカポーティは言っている。確かにペリーは何一つとして持っていなかった。ペリーについてカポーティは、自分たちは同じ家に生まれたが、一人は表口から、もう一人は裏口から出たとも言っている。つまり二人のどちらが犯人になってもおかしくなかった、それほどにペリーと自分の境遇は似ているという意味である。カポーティは犯人たちに積極的に面会し、最後にはまるで親しい友人のような関係になった。彼は『冷血』のためにノートで六千ページに及ぶ膨大な資料をファイルして原稿をまとめた。死刑になることは決まったが、ディックとペリーが再審請求をして、実際の執行は先へ先へと延びていく。その後も何回も上告が繰り返されて、死刑はその都度に延期される。死刑が犯罪の抑止のはずが、その死刑執行そのものが「抑止」されている。

カポーティはこの死刑のあまりの延長にすっかりとのみ込まれてしまい、そこから出られなくなる。実際、死刑が執行されないと、彼の『冷血』はいつまでも完成することができない。結末の場面だけが空白のままなのだ。それはまるで誰もが冷戦構造の外部には出られないのと同じである。『冷血』が完成しない状況は、どこかで『冷戦』が終りの見えない力の均衡であるのをそのままに暗示する。いつ死刑が言い渡されるのかわからない現実を、それでもなお死刑執行日まで生き続けるのが冷戦の抑止の論理である。すると小説のラストはもはや事態の成り行きに任せるしかない。つまり作品のラストはすでに作者であるカポーティの制御の「外部」にある。彼はその先の見えない「現実」の中で、最後の場面だけは空白のままにして、彼ではない「誰か」が決める物語のラストをただじっと待っている。ラストシーンはその誰かが決めた通りに書けばいい。だが、それがやって来ない。ジェラルド・クラークは、カポーティが友人に告白した心情を次のように報告している。

> 本の最後のページを書き上げています——どういう結果になるにせよ、これを片づけておかずにはいいいられません。もはやどういう結果になろうと、どうでもよくなりました。頭がどうにかなってしまいそうなのです——これは決してだてや酔狂で申し上げているのではありません。

6　ウォーホルの銃弾

ジーン・スタインとジョージ・プリンプトンの『イーディ』には、カポーティ自身の次のような発言が記録されている。(29)

四〇年代の末だったか、それとも一九五〇年だったか、ともかくわたしの母親がまだ生きていたときだ。アンディ・ウォーホルと名乗る人物から手紙が届くようになった。いわゆるファン・レターってやつさ。わたしはファン・レターには絶対に返事を書かない主義だ。〔…〕ところが、このウォーホルの手紙は、こっちがぜんぜん返事を書かなくても、まるでめげる気配がなかった。〔…〕そのうち、毎日届くようになった、毎日だぞ！〔…〕それだけじゃない。間違いなく、アンディ・ウォーホルはわたしの住んでいる建物の外でぶらぶらしていて、わたしが出たり入ったりするのを見ようと待ちかまえてもいた。

ウォーホルはカポーティのストーカーだった。だがウォーホル自身が有名になると、今度は彼が誰かに追いかけられる羽目になる。ただしウォーホルのストーカーは銃を持っていた。ジーン・スタインとジョージ・プリンプトンの本には、マリオ・アメイアの次のような発言が記録されている。

当時、ニューヨークでは、ずいぶん、狙撃事件が多かったんです。ロンドンでそんな記事を読んでいましたからね、あの銃声を聞いたときには、誰かが窓の向こうからこっちを狙ってきたのかと思ったたんです。わたしは床に伏せました。アンディが、「オー、ノォー！　オー、ノォー！　ヴァレリー、オー、ノォー！」と叫んでいるのが聞こえてきました。わたしは、「なんてことだ、一緒に話していたあの女が撃ったんだな！」と思ったんです。［…］とにかく救急車に乗りました。そのときにはもう、アンディは意識を失くしていました。大変な量の出血でした。

フレッド・ローレンス・ガイルズの『伝記 ウォーホル』には、この「事件」は次のように書いてある。

銃声がとどろいた。ヴァレリーのピストルが至近距離からアンディを撃ったのだ。アンディはショックで床にくずれおれ、受話器を落とした。さらにアンディに向けて二回引き金がひかれた。アンディは「ノー！　ノー！」と叫んでいた。これは殺人だった。まさしく疑いのない殺人。［…］エレベーターの扉が閉まると、全員がアンディを見つめた。アンディは血の海の中に横たわり、傷口からはまだどくどくと血があふれていた。[30]

一九六八年六月三日、アンディ・ウォーホルはヴァレリー・ソラナスによって腹部に弾丸を繰り返し撃ち込まれた。ベンヤミンの言っていたダダの銃声が、ついにウォーホルの腹部を貫通したのである。この瞬間に何もかもがドキュメントになった。あるいは全てがアートになったと言えるのかもしれない。当時のファクトリーはさまざまな人が出入りしていたので、ヴァレリー・ソラナスが現れても、特段に注意を傾ける人は誰一人としていなかった。だがそれはあまりにも甘かった。ヴァレリーはウォーホルに向けて確かに発砲した。ファクトリーはこの時、工房でも撮影所でもなく、まさにベンヤミンが言うような「犯行現場」になったのである。

事件の前に、このファクトリーからはアジェの写真のようにアウラが完全に消えていた。ウォーホルが全てのアウラを完璧に掃除してしまったからである。何しろ美術館がスーパーマーケットなのか、それとも逆にスーパーマーケットが美術館なのか、すでにその判断が誰にもつかないのだ。トニー・ゴドフリーの『コンセプチュアル・アート』によれば、アーサー・C・ダントーは、「私にとっても1964年のステイブル画廊のアンディ・ウォーホルの展覧会で、これがやっと先鋭な問題となってきた。ブリロの箱が問いかけてきた。まったく同じようなものが美術でないのに、なぜそれだけが美術なのか。実際、美術としてだけなら、すでに行ける所まで行った。哲学になるということは美術の終焉を意味する」[…]と言っている(31)。

仮にあらゆるものがいまや「美術」だというのなら、この「発砲事件」も「美術」なのか? それともこれはただの「犯罪事件」なのか? もしこれが「犯罪」なら、「美術」と「犯罪」の線引きとは何か? ベンヤミンはいまやあらゆる都市が「犯行現場」だと言っていた。だとすれば、いまやどこもかしこも「犯行現場」であり、何もかもが「美術館」のはずである。それらの線引きなどはもはやどこにも存在しない。道義的な問題を別にすれば、そのようにでも考えないことには、原理的には話の辻褄がまるで合わないのである。この「事件」については、ウォーホル自身が『ポッピズム』の中で次のように書いている。

そして受話器を置くと大きな爆発音が聞こえたのでふりかえった。ヴァレリーがぼくに銃を向けているのを見て、彼女がたったいま撃ったばかりだとわかった。[…]ぼくはいった。「ノー、ノー、ヴァレリー、やめろよ!」。そして彼女はふたたびぼくを撃った。ぼくはまるで撃たれたかのように床に倒れた——じっさいに撃たれたかどうかわからなかった。ぼくは机の下を這おうとした。彼女はもっと近づいてきてもう一発撃った。それからぼくは、ひどい、ひどい痛みを感じた。からだのなかで爆竹が破裂したようだった。[…] そこに横たわっているとき、シャツから血がしみだしているのが見えた。そしてぼくはさらに銃声と叫び声を聞いた（のちに、ずいぶんと時間を経てから——ぼくは32口径の銃による二発の銃弾が胃、肝臓、脾臓、食道、両肺を貫通していると知らされた）。[…] 救急車が来るまで三〇分くらいかかった。ぼくはただ床のうえでじっとしていた。血が流れつづけていた。

実際に、この時のウォーホルの容態は、命にかかわるほどの、かなり危険なものだった。

ある時点では、ぼくは死んだといわれていた。その後何日たっても、ぼくは自分が生きているという確信がもてなかった。死んでいるような気がしていた。ぼくはこう考えつづけていた。「ほんとうに死んでしまったんだ。死ぬとこんな感じなんだ——生きていると思っても、死んでいるんだぞ。病院で寝ているだけなんだ」(32)。

ジーン・スタインとジョージ・プリンプトンの『イーディ』には、バーバラ・ローズの次のような発言が載っている。

撃たれてから、あの人、別人になったわね。あれ以来、もう危ない真似はしなくなったもの。あのときまでは、かれって、とっても危険な生活をしてきたのね。あの狙撃事件だって、自殺の試みだったってことには、何の疑問もないわ。自分であれを引き起こしたのよ。あの人、撃たれるのを待ってたのよ。ああ、なにもかもみんな、アンディが殺されるためにお膳立てされたことだったんだわ。あそこでやってたことって、なんか密室劇みたいなことの一部だったのね。あれは避けられないことだったんだわ、どうにも避けられないことだったのよ。

ジーン・スタインは、やはり同じ『イーディ』の中でこう言っている。

わたしたちはしばらくの間、六〇年代について話し合いました。アンディはこう言っていました。「ヴェトナム戦争をずいぶんと目にしたよ。実際、それは四十七丁目の通りを何度も行き来していたからね。つまり、デモ隊が、国連ビルに行く途中、ファクトリーの真横を通って行ったんだ」。

テイラー・ミードは『イーディ』の中で、事件後のウォーホルについて次のように発言した。

ヴァレリー・ソラナスに撃たれた時、アンディは死んじまったんだ。今は、ディナーの席に坐らせておくような人間に過ぎないのさ。イカしてるけど、かれは天才の亡霊だ。ただの亡霊、歩く亡霊だよ。

カポーティが死んだのは一九八四年のことだった。アルコールと薬に溺れての自殺同然の死だった。発砲事件から、なお「歩く亡霊」のようになっても生き延びたウォーホルが本当に死んだのが一九八七年のことである。それから二年後に、ベルリンの壁が崩れて冷戦が崩壊した。さらにその数年後、ソ連が消えてなくなった。

註

（1）ヴァルター・ベンヤミン「複製技術の時代における芸術作品」、高木久雄他訳、佐々木基一編・解説『複製技術時代の芸術』、晶文社、一九九九年に所収。以下、本稿においてベンヤミンの「複製技術の時代における芸術作品」の発言は全てこの論による。

（2）カミーユ・レヒト「ウジェーヌ・アジェ『写真集』への序」、ヴァルター・ベンヤミン『図説　写真小史』、久保哲司訳、ちくま学芸文庫、一九九八年に所収。一部［］を取った。

（3）久保哲司「訳者あとがき」、前掲書に所収。以下、本稿において久保哲司の発言は全てこの「訳者あとがき」による。

（4）ヴァルター・ベンヤミン「写真小史」、野村修他訳、佐々木基一編・解説『複製技術時代の芸術』、晶文社、一九九九年に所収。以下、本稿においてベンヤミンの「写真小史」の発言は全てこの論による。

（5）ニール・ボールドウィン『マン・レイ』、鈴木主悦訳、草思社、一九九三年。

（6）ハーバート・R・ロットマン『マン・レイ 写真と恋とカフェの日々』、木下哲夫訳、白水社、二〇〇三年。

（7）前掲書のニール・ボールドウィン『マン・レイ』による。

（8）アンドレアス・クラーゼ「視線の記録　事物の目録」、Ichiko Chiba 訳、『アジェのパリ』、TASCHEN、二〇〇二年に所収。以下、本稿においてクラーゼの発言は全てこの本による。

（9）前掲書のニール・ボールドウィン『マン・レイ』による。

（10）柏倉康夫『アンリ・カルティエ＝ブレッソン伝』、青土社、二〇〇七年。

（11）マルティン・ハイデッガー『形而上学入門』、川原栄峰訳、平凡社ライブラリー、一九九四年。以下、本稿においてハイデガーの発言は全てこの本による。

(12) スーザン・ソンタグ「土星の徴の下に」、『土星の徴の下に』、富山太佳夫訳、みすず書房、二〇〇七年に所収。

(13) ハンナ・アレント「ヴァルター・ベンヤミン」、『暗い時代の人々』、阿部齊訳、ちくま学芸文庫、二〇〇〇年に所収。

(14) ハンナ・アーレント「暴力について」、山田正行訳、『暴力について』、みすず書房、二〇〇〇年に所収。

(15) 横江文憲「ウジェーヌ・アジェ」、多木浩二・大島洋編『世界の写真101』、新書館、一九九七年に所収。

(16) ヴィクター・バーギン『現代美術の迷路』、室井尚訳、勁草書房、一九九四年。

(17) 飯沢耕太郎「アンリ・カルティエ＝ブレッソン」、多木浩二・大島洋編『世界の写真101』、新書館、一九九七年に所収。

(18) 今橋映子『フォト・リテラシー　報道写真と読む倫理』、中公新書、二〇〇八年。以下、本稿において今橋映子の発言は全てこの本による。

(19) クレマン・シェルー『アンリ・カルティエ＝ブレッソン』、遠藤ゆかり訳、創元社、二〇〇九年。以下、本稿においてのクレマン・シェルーの発言は全てこの本による。

(20) アンリ・カルティエ＝ブレッソン『こころの眼』、堀内花子訳、岩波書店、二〇〇七年。以下、特に断り書きのない場合には、本稿においてアンリ・カルティエ＝ブレッソンの発言は全てこの本による。

(21) イアン・ジェフリー『写真の読み方　初期から現代までの世界の大写真家67人』、内藤憲吾訳、創元社、二〇一二年。

(22) カルヴィン・トムキンズ『マルセル・デュシャン』、木下哲夫訳、みすず書房、二〇〇三年を参照した。

(23) マルク・ダシー『ダダ　前衛芸術の誕生』、遠藤ゆかり訳、創元社、二〇〇八年を参照した。

(24) フランシス・M・ナウマンとエクトール・オバルク編『マルセル・デュシャン書簡集』、北山研二訳、白水社、二〇〇九年。

(25) 高階秀爾『20世紀美術』、ちくま学芸文庫、一九九三年。以下、本稿において高階の発言は全てこの本による。

(26) ニコス・スタンゴス『20世紀美術　フォーヴィスムからコンセプチュアル・アートまで』、宝木範義訳、PARCO出版、一九八五年。

(27) トルーマン・カポーティ『冷血』、佐々田雅子訳、新潮文庫、二〇〇六年。本稿において『冷血』の引用は全てこの本による。
(28) ジェラルド・クラーク『カポーティ』、中野圭二訳、文藝春秋社、一九九九年。以下、本稿においてクラークの発言や引用は全てこの本による。またこのパラグラフを書くにあたって、次の文献を参照した。越智博美『カポーティ　人と文学』、勉誠出版、二〇〇五年。ジョージ・プリンプトン『トルーマン・カポーティ』上下、野中邦子訳、新潮文庫、二〇〇六年。
(29) ジーン・スタイン／ジョージ・プリンプトン『イーディ　'60年代のヒロイン』、青山南他訳、筑摩書房、一九八九年。以下、本稿において『イーディ』とした場合は全てこの本による。
(30) フレッド・ローレンス・ガイルズ『伝記 ウォーホル　パーティのあとの孤独』、野中邦子訳、文藝春秋社、一九九六年。
(31) トニー・ゴドフリー『コンセプチュアル・アート』、木幡和枝訳、岩波書店、二〇〇一年。
(32) アンディ・ウォーホル『ポッピズム　ウォーホルの60年代』、高島平吾訳、文遊社、二〇一一年。

12 死のルーレット

1　誤読の意味

ヴァルター・ベンヤミンは一九三一年の「写真小史」の中で、一八三九年に生まれた時から写真はかなりの貴重品であったことを語っている。(1)

ダゲールの写真は、ヨードで処理され、暗箱のなかで露光される、銀メッキした板だった。これをひねくりまわして適当な角度から見ると、板にうっすらと灰色の像が認められる。それは珍品であり、一八三九年には平均して一枚につき二十五フランの料金が支払われた。それはしばしば宝石なみに、ケースに入れて保存された。

一八三九年に写真が登場したことで、絵具で「描くこと」を第一義にしていた画家が大きな岐路に立たされた。たとえば画家が写真を利用するという新しい手法が現れた。モデルや屋外での制作の代わりに写真を使うのである。画家にとって、写真は絵画の創作の補助手段として機能しはじめた。ベンヤミンは次のように書いている。

しかし、かなり多くの画家の手中で、それは技術的な補助手段に用いられた。七十年後にユトリロが、パリ保護地区の家々の魅惑的な風景画を、自然ならぬ絵はがきにもとづいて制作したように、名のあるイギリスの肖像画家デイヴィッド・オクタヴィアス・ヒルは、一八四三年のスコットランド教会最初の総会をフレスコ画にえがくさい、大量の人物写真を下敷きにした。これらの人物写真を、かれはじぶんで撮った。

一九世紀の末に生まれたモーリス・ユトリロは、絵はがきを使ってパリを積極的に描いた。千足伸行は『ユトリロ』の中で、《ポルト・サン・マルタン》という一九〇九年から一〇年頃に制作された絵画を取り上げて「これも、おそらく絵はがきをもとにしたものといわれる」と書いている。また一九一七年の《ノートル・ダム》については「ユトリロは、しばしば、絵はがきを画用紙に定規で正確にひき写し、のちにこれを拡大して制作したといわれる」と記し、さらに「第一次大戦中、ランスの大聖堂がドイツ軍の空爆にあって炎上した時、ユトリロはほとんど半狂乱の体(てい)で、新聞にのった記事をもとにその光景を描いている」と書いている。これらは重要な指摘である。ユトリロは風景を戸外でなく室内で複製品を基に模写した。現実がそこにあるのに、すでに画家はそれを見ようとしない。(2)

ユトリロよりも半世紀も前に、イギリスの肖像画家デイヴィッド・オクタヴィアス・ヒルは、自分でカメラを使って撮影した写真を基にして、肖像画やフレスコ画を描いていた。ユトリロに較べて、一九世紀の初めに生まれたヒルが写真を使い始めた頃は、まだ写真の黎明期であり、その精度はむろん今のように鮮明ではなかったし、露光時間にかなり手間取った。それでもヒルは写真を巧みに撮り、自身の絵画に活用した。だがヒルの場合、そこから奇妙な転倒劇が生じる。専門の肖像画やフレスコ画よりも、彼の素人写真の方が高く評価されはじめたからである。最初は手段としての写真だったはずが、次第に専門の絵画を凌駕してしまったのである。

この目立たない、うちわの用に供せられた思いつきが、画家としては忘れられたかれの名前を、歴史のなかに位置づけている。とはいえ、このときの人物写真よりもずっと深く、新しい技術の内奥をうかがわせる習作が、いくつかある。それらはポートレートではなくて、無名のひとびとの映像である。同じ題材はとうから絵画にもあった。無名の人物像も、家族の手の中にあるかぎり、そこにえがかれている人物のことは、ときどき話題になった。けれども、二、三世代もたつと、そういう関心は消えてしまう。絵画がなおかつ残るとすれば、それは、それをえがいた者の技倆のあかしとしてにすぎない。しかし写真のばあいには、何か新しい特異なことが起こる。

ベンヤミンが言いたいのは写真が台頭して、そのせいで絵画が無意味になったということではない。ベンヤミンはヒルのケースを通して、絵画に較べた場合の写真の新しいあり方を積極的に評価したのである。画家によほどの「技倆のあかし」がない限り絵画は残らない。だが、それに較べると写真には「何か新しい特異なことが起こる」。ベンヤミンが写真に着目していたのはまさにこの点である。たとえばヒルの場合、それは漁村の名もない女をとらえた一枚の写真に顕著に見られた。

こわばりのない、誘惑的な恥じらいを見せて顔をうつむけている、あのニューヘヴンの漁村の女の写真には、写真家ヒルの技倆のあかしというだけでは割り切れない何かが、まだ残るのだ。黙示できないその何かは、かつて生活していた女、そしてこの写真の上でいまもなお現実的であり、けっして完全には〈芸術〉にとりこまれようとしない女の名前を、執拗にもとめてやまない。「そしてぼくは問う、この優美な髪やまなざしは／かつてどのようにひとやものと触れ合ったか、／いま欲望が焔のない煙のように無意味に絡んでゆく／このくちびるは、どのようにくちづけしたか。」。

平野嘉彦の『死のミメーシス』によれば、この引用部分の最後の「そしてぼくは問う」で始まる詩は、シュテファン・ゲオルゲの作品である(3)。ゲオルゲは「写真小史」の二年後、一九三三年に亡くなっている。一方、ヒルの写真は一八四六年の《ニューヘヴンの魚売りの女》というタイトルのものである。この文章で重要なのは「こわばりのない、誘惑的な恥じらいを見せて顔をうつむけている、あのニューヘヴンの漁村の女の写真には、写真家ヒルの技倆のあかしというだけでは割り切れない何かが、まだ残るのだ」という箇所である。ベンヤミンはこのモデルの女が「顔をうつむけている」のを受けて、それを「割り切れない何か」と言っている。ベンヤミンは女の表情に何か特別な意味を探っている。ただ久保哲司は『図説写真小史』の中で、彼女が「顔をうつむけている」(4)のは「当時はまだ露出時間が長く」、そのことに深く関係しているとベンヤミンの誤解を指摘している。

（露出時間は）三分から六分だったので、目線を固定することは不可能だった。そのためヒルはモデルの目が隠れるようにしたのである（括弧内は引用者）。

モデルが「顔をうつむけている」のは何か特別な意味を持つ被写体の心象などではなく、ただ露光に関わる技術的な問題だけによっていた。しかしそこからベンヤミンは、伏し目がちなこの女に「割り切れない何かが、まだ残る」と言っている。つまり久保哲司の観点からすれば、ベンヤミンはこの写真を「誤読」してしまっているのである。では、ベンヤミンのこの写真への批評はただ的外れなだけなのか？　ヒルの写真を分析する上では確かにそれは的外れである。だが、ベンヤミンがヒルの写真に、これほど過剰な思い入れをなぜ抱くのか、という視点をそこに考え合わせると、話はまただいぶ違ってくる。ベンヤミンの一九三〇年代の精神状況を考えると、ヒルの写真の誤読には興味が尽きないものがあるからだ。

もう少しこの問題に踏み込んでみよう。ベンヤミンは「写真小史」で続けて、写真家カール・ダウテンダイがその妻と一緒にサンクト・ペテルブルクで一八五七年に撮影した写真に言及している。それは《写真家カール・ダウテンダイと婚約者フリードリヒ嬢　1857年9月1日、はじめていっしょに教会へ行ったあとで》というタイトルの写真である。カール・ダウテンダイは一八一九年に生まれて九六年に亡くなった。彼は一八四〇年頃にはダゲレオタイプの写真機を手に入れており、この当時、ドイツの写真家の先頭に立っていた。彼の息子は詩人のマックス・ダウテンダイであり、この息子は一八六七年に生まれて一九一八年に亡くなっている。この写真については次のようにベンヤミンは書いているが、ヒルの写真の時にもまして、ダウテンダイの写真への批評に、彼はさらに過剰な思い入れを込めている。

あるいは、詩人ダウテンダイの父である写真家ダウテンダイの、婚約時代の妻と一緒の写真を開いてみよう。その妻は後年、六人めの子を産んだ直後のある日、かれのモスクワの家の寝室で、動脈を切って倒れているのをみつかったひとである。写真ではかの女は、かれと並んで写っており、かれがかの女を支えているように見える。だが吸いこむようなかの女の視線は、かれのかたわらを過ぎ、不吉な遠方に釘づけされている。こういう写真をじいっと見つめていると、ひとは、ここでも二つの対極が密接に触れ合うことを、精密きわまる技術がその産物に魔術的な価値を付与しうることを、認識する。そういう価値は、われわれにとってはもはや、絵画はけっしてもちえない。写真家の技倆も、モデルの身ごなしの計画性も疑えないが、こういう写真を見るひとは、その写真のなかに、現実がその映像の性格をいわば焼き付けるのに利用した一粒の偶然を、凝縮した時空を、探しもとめずにいられない気がしてくる。

ベンヤミンはここで絵画の価値よりも写真の新しさにより強い可能性があると説いている。それは写真には「その写真のなかに、現実がその映像の性格をいわば焼き付けるのに利用した一粒の偶然を、凝縮した時空を、探しもとめずにいられない気がしてくる」からである。画家が意図的に技巧を凝らしてみせる絵画よりも、偶然が紛れ込む分だけ写真の方により表現の可能性があると彼は考えていた。一九三一年ならばすでにピカソやダダやシュルレアリスムが台頭して、絵画でもかなりの前衛的な実験がなされていたはずだが、それでもベンヤミンは絵画にまして写真の可能性を高く評価して疑わない。ベンヤミンには写真の持つ特質について、自信を持って言い切れる根拠があった。たとえばここではフリードリヒ嬢に対して、「写真ではかの女は、かれと並んで写っており、かれがかの女を支えているように見える。だが吸いこむようなかの女の視線は、かれのかたわらを過ぎ、不吉な遠方に釘づけされている」という指摘がある。ベンヤミンが気に留めているのはこの女性の視線の持つ「不吉さ」である。それには理由がある。引用文にもあるように、「その妻は後年、六人めの子を産んだ直後のある日、かれのモスクワの家の寝室で、動話をどこからか入手し、それを踏まえてこの写真を丁寧に眺めている。その上で写真には絵画にはない死の予兆があるとしている。つまりこの女性が手首を切って自殺した点に、彼は何より強く着目しており、撮影時から見て未来に起きる死をすでにこの写真の中に偶然に見出すことができると言うわけである。これが彼の言う写真の「割り切れない何か」であり、「何か新しい特異なこと」なのであった。彼はこのような写真の持つ新しい可能性に自信を持って、「写真小史」をこう続けている。「その目立たない場、もはやとうに過ぎ去ったあの分秒のすがたのなかに、未来のものが、こんにちもなお雄弁に宿っていて、われわれは回顧することによってそれを発見することができるのだから」と。

しかし実はこれもまたベンヤミンの決定的な、あるいは致命的な「誤読」なのである。久保哲司はこの「写真に写っているのは二番目の妻シャルロッテ（旧姓フリードリヒ）だが、自殺したのは先妻のアンナで、場所はサンクトペテルブルグだった。ベンヤミンの解釈はこの取り違えに基づく」と書いている。つまりベンヤミンは、この写真の女性がダウテンダイの二番目の妻であり、彼女は自殺などしておらず、自殺したのはダウテンダイの一番目の妻の方で、彼女の写真などはない、というのを知らないのだ。「吸いこむようなかの女の視線は、かれのかたわらを過ぎ、不吉な遠方に釘づけされている」としているのだが、この不吉な視線の女性は写真家の二番目の妻であり、繰り返すが彼女は自殺などしていない。これがベンヤミンの重大な「誤読」である。死んでもいない二番目の妻の写真を見て、自殺したのはダウテンダイの一番目の妻であることをすっかりと忘れてしまい、写真の女性――二番目の妻――が自殺したとベンヤミンは思い込んだのである。ベンヤミンは勘違いしてしまった。自殺していない写真の女性と、自殺した女性とを間違えて、写真の女性は自殺したと言い切ってしまった。

これは批評としては致命的なミスである。ミスではあるが、それでは、ベンヤミンの「写真小史」でのこの考察は、全て水泡に帰したのか? 実はそうではない。一つには致命的な「誤読」があったとしても、写真と死との密接な関係性は拭い切れないからである。写真はただそれが写真であるだけで、死と不可分な関係にある。たとえばジェフリー・バッチェンは『写真のアルケオロジー』の中で、エドゥアード・キャダヴァが次のように書いているのを引いている。

言葉としても出来事としても、死とは一枚の写真、自らを撮影する写真のことである――現実とその指示物の宙吊りとしての一枚の写真。ベンヤミンが示唆するように、[…]写真は思い出と同様に、経験の死体である。したがって一枚の写真は、死として、歴史へと移行したものの痕跡として語りかける。私、つまり写真は生と死との朦朧とした境界であり、私、つまり写真は死である。とはいえ死として語りかけるので、写真は死ぬことも写真自身であることもできない。同時に死して生けるものである写真は、時間のなかでの私たちの存在の可能性を切り開くのである。(5)

キャダヴァはここで、写真における死という本質を、ベンヤミンの考察を参照しながら書いている。つまり「言葉としても出来事としても、死とは一枚の写真」であること、また「写真は思い出と同様に、経験の死体である」こと、「したがって一枚の写真は、死として、歴史へと移行したものの痕跡として語りかける」こと、「私、つまり写真は生と死との朦朧とした境界であり、私、つまり写真は死である」ことを彼は記している。するとベンヤミンの考察が誤読であったとしても、キャダヴァの言い分では写真にはやはり死が内包されていることになる。その意味では、確かに写真は絵画よりも死を表象する媒体なのかもしれない。単純に考えてみて欲しい。私たちは普通、写真とは死であるとしばしば言っても、絵画とは死であるとはほとんど言わない。この何気ない習慣は決して偶然のものではない。私たちもそれとなく、写真には死に近いものがあると考えているのである。

　だが急いで言うと、ここで肝心なのは、実は写真が死であるという問題でもないのである。それよりも私の興味を引いて止まないのは、ベンヤミンのこの「誤読そのもの」についてである。どうしてベンヤミンは誤読などしたのか。自殺などしていない二番目の妻の視線に、なぜ彼は死の予兆などを感じ取ったのか。私が知りたいのは、まさにそのことなのである。端的に言うならば、私は、この写真に本当に死が透けていようがいまいが、そのようなことはどうでもいいのである。そこに写っているのが、自殺した妻だろうが、そうでなかろうが、私にはまるで興味がない。私の関心を引くのは、なぜベンヤミンが一九三一年のこの時点で、この写真に「死を感じ取ったのか」という点にある。つまり私は、写真ではなく、**それを見るベンヤミンの心理の方に関心があるのだ**。私は、ベンヤミンが、この写真に自殺をなぜ感じたのか、そのことに強い関心がある。彼はこの写真の中に確かに「自殺」を感じ取っている。もっと言えばダウテンダイの写真の中に感じたベンヤミンの洞察——つまり自殺の予兆——は、実は**ベンヤミン自身の自殺の予兆**である。当時の彼にとって、この写真は嫌でも自殺に関連付けて見えた。その理由は一九三一年にこの「写真小史」を書いている時に、ベンヤミン自身が自殺を真剣に考えていたからである。自らの死を強く夢想しながら、あるいはそれを強く欲望しながら、彼はダウテンダイの写真をじっと眺めていた。ベンヤミンはダウテンダイの写真に自らの未来の死を「発見」している。彼はダウテンダイの妻ではなく自分の姿をその画面に読み取っている。自分の未来の死をそこに見ている。自分の自殺をそこに見ている。この写真の真の被写体はベンヤミン自身である。死ぬのはベンヤミンである。ベンヤミンは自らの手でこれから死のうとしている。ベンヤミンは自分自身の未来の死に酔っている。

2　自殺願望

実際に、ベンヤミンは一九三〇年代に自殺しようとしていた。ゲルショム・ショーレムは『わが友ベンヤミン』の中で次のように書いている。(6)

わたしに見えていなかったのは、もっと危機的なことだった。かれの唯物論的立場を根底から攻撃したわたしの手紙に、返事［一九三一年四月十七日付］をしたためた二週間後に、かれは、しかしそのことと関連してというよりはむしろ「経済戦線でたたかい疲れた」ために、またかれの人生を基本的に生きおえたとする、しかもかれの最高の願望をもみたして生きおえたとする感覚から、かれの自殺の用意がととのってきているのを自覚していたのだ（一九三一年五月上旬に、かれがニース近郊ジャン＝レ＝パンで記した日記による）。

ショーレムによると「かれはそのうえ、「一九三一年八月七日からの死の日にいたる日記」をも書いていて、これはつぎのように始まっている」としてベンヤミンの日記の重要な箇所を注意深く引いている。

この日記はあまり長くなることはあるまい。今日キッペンベルクから拒否の回答が届いたので、ぼくの計画は、万策尽きた状態だけがあたえうるアクチュアリティーを、完全にもつことになった。［…］

しかし、ぼくがぼくの企てを考えているときの決意のかたさを、ばかりか落ち着きを、何ものかがもっと高めうるとするなら、その何ものかとは、最後の数日なり数週なりを賢明に、人間にふさわしく用いることを措いてほかにない。過ぎたばかりの日々は、この点ではいろいろと欠けたところがあった。何を企てる力もなく、ぼくはソファに寝そべって本を読んでいた。しばしば、ページが終わるころ、ぼくは深い放心におちこんでしまい、ページを繰ることを忘れた。たいていはあの計画のことを考えていたからだ、それは不可避だろうか、このアトリエで実行するほうがいいかそれともホテルでか、などと。

野村修の『ベンヤミンの生涯』によると、この文面での「キッペンベルク」というのは「出版社インゼルの社主」のことであり、そこから受けた「拒否の回答」とは「ゲーテ論の本を出す可能性についてのベンヤミンの問い合わせにたいするものだったらしい」[7]。ショーレムはこうも書いている。

　このあとなお一年かれのなかに生き続け、爆発の機をうかがっていたこの計画に、かれがわたしへの手紙では一言たりとも触れなかったことは、了解できる。[…] この時期のかれの手紙は、かれが外的に困難のなかにありながら内的には紛れもなく平静さを保っていたことを、認識させる。この平静さの真の根拠は、わたしには見抜けなかったが、いま引用した日記の文章に明らかなように、かれがじぶんに決着をつけ、死を待っていたことだった。

また一九三二年六月二五日付のショーレムへの手紙に、ベンヤミンはかなり不吉なことを書いていた。

かれは、かれの誕生日をニースで「かなりおかしなある男」と一緒に過そうかと思う、と仄めかした。かれがあちこち旅行した折にすでに幾度かでくわしたことのある「その男を、ぼくは、ひとりでいるほうがましと思わないとしたら、お祝いのワインを一杯やらないかと誘うかもしれない」。当時わたしは、ここで仄めかされている男は誰だろうと、さんざん首をひねったが、わからなかった。いまになっても断言はできないけれども、そのおかしな男とは死神だったろうか。そして一杯のワインというのは毒杯のことだったろうか――かれがそのころからあの自殺の計画を、ふたたびもてあそびだしていたとするならば。しかしかれの手紙には、そのことにかかわることばは、いま引用した以外には一言もない。

死にとり憑かれたベンヤミンは、一九四〇年に亡命の途上で本当に自殺する。けれどもこのベンヤミンの自死は、ショーレムには決して唐突な出来事ではなかった。彼はこう書いている。

パリ脱出の前後のこの数ヵ月のかれの安否については、わたしはやっと一九四一年、ないし四二年になって、アドルノおよびハナ・アーレントの手紙で知った。わたしがこの本で語ったすべてからいって、ヴァルターがしばしば自殺の可能性を考え、その用意をしていたことは明白である。今度の世界大戦が毒ガス戦争となること、これとともにあらゆる文明の終末が来ることを、かれは確信していた。だから、スペインの越境の直後についに起こったことは、思いがけぬ短絡的な行為などではない。それはかれの内面で準備されていた。一九三三年以降の歳月にかれがしめした驚嘆すべき忍耐と、二枚腰の強靭さにもかかわらず、一九四〇年の事態に面して、かれはもちこたえることができなかった。九月にまだマルセーユにいたとき、彼はハナ・アーレントにむかって幾度か、自殺の意図を洩らしたという。

ベンヤミンは危機の時も、死との関係において、ある一定の距離を保っていた。だが、その距離は時間とともに、あるいは彼が精神的に疲弊するとともに次第に短くなっていき、遂に彼は死の領域の方へ吸い取られてしまった。スーザン・ソンタグは「土星の徴の下に」の中でこう書いている。(8)

ベンヤミンは、クラウスの裡に具現されている災厄＝破壊者としての作家の姿を、一九三一年のアレゴリカルな文章「破壊的性格」の中ではるかに大胆に、しかも簡潔に描いている。ショーレムによれば、彼が最初に自殺を考えたのが同年の夏であるという。二度目が翌年の夏で、このとき「Agesilaus Santander」が書かれた。彼は災厄をもたらすアポローン的人物を破壊的性格と呼ぶ。

そのように書いてから、ソンタグは次のようなベンヤミンの「破壊的性格」というエッセイの中の言葉を引いている。

それはつねに快活に仕事をする……欲望はほとんどもたない……理解されることに関心をもたない……若々しく晴れやかである……人生が生きるに値するとは思わず、自殺は行なうに値しないと考えている。

「これは一種の呪文だ」とソンタグは言う。つまり「ベンヤミンはみずからの土星的気質の中にある破壊的な要素を外に引きだそうとしているのである——それが自分自身を破壊しないように」と。しかし本当にソンタグの言う通りだろうか？　ソンタグの言い方だとベンヤミンには土星的気質が強くあって、しかし彼は何とかそれを回避しようとしていたと読める。だがベンヤミンは人生についてそれほど楽観視していなかった。むしろ彼にとって死とは、生の苦しさに較べればそんなに不愉快なものではなかったのではないか？　たとえば彼は「破壊的性格」の中で、「人生が生きるに値するとは思わず、自殺は行なうに値しないと考えている」と確かに書いている。だがこの言葉の前半部分は本音であるが、後半部分は嘘をついている。この文章はこう書き換えられる。「人生は生きるに値せず、自殺は行うに値する」と。「人生はまるで無意味なものだ」と。人生に絶望していたベンヤミンが、そのような厭世的な考えをもっていても全く不自然ではない。ありていに言えば、彼には何もかもがもうどうでもよくなっていたのである。ソンタグは、ベンヤミンが「近代以降にはとくに自殺への誘惑が強くあると、彼は考えていた」と書いている。そして「ボードレエルにおける第二帝政期のパリ」の、次のような箇所を引く。

近代が人間に本来そなわっている生産的な力をおしつけた轭は、人間の力ではいかんともしがたいものだ。人が疲労して死に逃れるのももっともである。近代は、英雄的な意志を確固たるものにする自殺の影のもとにある。それこそが、情念の領域で近代が達成したものなのだ。

こう書いてからソンタグは、次のようにベンヤミンの自殺の心理を思い描く。

自殺とは、敗北した意志に対して英雄的な意志自身がとる反応とされている。自殺を避ける唯一の方法は、英雄主義を、意志の努力を英雄視する姿勢を越えてしまうことであると、ベンヤミンは示唆する。

破壊的性格は「あらゆるところに道を見いだす」ので、罠にはまったとは感じない。彼は存在するものを陽気にくだきながら、「岐路に立つ」。

ベンヤミンは一九三三年に『フランクフルト新聞』に寄稿したこの「破壊的性格」で、次のように書いている。

破壊的性格は伝統主義者たちの最前線にいる。伝統主義者たちのある者らは、事物を、不可侵のものとなし保存することによって、伝承してゆく。伝統主義者たちの別の者らは、状況を、使い勝手のよいものとなし流動化することによって、伝承してゆく。この後者の者らが、〈破壊的〉と呼ばれる人びとなのである。(9)

一九三六年にベンヤミンは「複製技術の時代における芸術作品」を書いた。そこで彼はこう明記している。(10)

一般的にいいあらわせば、複製技術は、複製の対象を伝統からひきはなしてしまうのである。

ベンヤミンはこの「複製技術の時代における芸術作品」で、「破壊的性格」の「伝統主義者たちの別の者らは、状況を、使い勝手のよいものとなし流動化することによって、伝承してゆく。この後者の者らが、〈破壊的〉と呼ばれる人びとである」という部分と全く同じことを言っている。つまり「複製技術は、複製の対象を伝統からひきはなしてしまう」という指摘である。肝心なのは「対象を伝統からひきはなしてしまう」という部分である。これはそもそも「破壊的性格」の典型的なスタンスである。伝統から対象を引き剝がす。オリジナルを粉々にする。伝統を破壊する。ベンヤミンは、「これはあきらかに伝統の震撼であり、現代の危機と人間性の革新と表裏一体をなすものである」と書いている。すでにソンタグが言っていたように、「破壊的性格」の意味するものは自殺と不可分の関係にあった。同時にそれは複製技術による「伝統の破壊」とも深く関係していた。この全てに共通するのは、「伝統の破壊」という言葉である。一七八九年のフランス革命は、伝統を粉々に破壊した。オリジナリティを殺し、写真と複製を強く欲望した。そこから近代特有の憂鬱と自殺衝動という「破壊的性格」がはじめて生まれてくる。ハンナ・アレントはこの問題を『暗い時代の人々』に収めた「ヴァルター・ベンヤミン」の中でこう書いている。(11)

過去が伝統として伝えられるかぎり、それは権威を持つ。権威が歴史的に現われるかぎり、それは伝統となる。ヴァルター・ベンヤミンは、その生涯に生じた伝統の破産と権威の喪失との回復不可能性を知り、過去を論ずる新しい手法を発見せねばならぬという結論に達した。過去の伝達可能性は引用可能性によって置き換えられること、そして過去の権威の代わりに、徐々に現在に定着し、現在から「心の平和」、すなわち現状に満足する精神なき平和を奪い去る不思議な力が生じていることを発見したとき、かれは過去を論ずる新しい手法についての巨匠となったのである。

アレントもここで「伝統の破産」について論じている。伝統の回復はもう不可能である。ではどうするのか？　彼女は、「過去の伝達可能性は引用可能性によって置き換えられる」と書いている。そして次のようなベンヤミンの言葉を引用している。

私の作品の中の引用文は、武力で攻撃してなまけ者の確信を奪う路傍の盗賊のようなものだ。

ベンヤミンは引用を剽窃のように見立てている。そこから比喩的にではあるが、自分を「盗賊」、つまり「犯罪者」にも見立てている。伝統を破産させる者は「犯罪者」である。彼は「破壊者」であり「絶望者」である。アレントによれば「こうした引用文の持つ現代的機能の発見を、ベンヤミンはカール・クラウスによって例証しているが、ベンヤミンによると、それは絶望から生まれたものであった」。それは「過去に対する絶望ではなく、現在に対する絶望と現在を破壊しようとする願望から生まれたものである」。そして「それゆえ、その力は「保存しようとする力ではなく浄化し、文脈からひき離し、破壊しようとする力である」」。つまり「文脈からひき離し、破壊しようとする」。これが「伝統の破壊だ」。彼女はそう書いてから、さらに次のように記している。

ゲーテ論以降、引用はあらゆるベンヤミンの著作の中心をなしている。まさにこのことがかれの著述をあらゆる種類の学術的著述から区別している。学術的著述においては、引用文の機能は意見を証明し、証拠の文献を提示することであって、それゆえ引用文は注へと安全に追放されうる。こうしたことはベンヤミンにとっては問題外であった。かれがドイツ悲劇に関する研究をすすめていたとき、かれは「きわめて体系的かつ明瞭に配列された六〇〇以上の引用文」の収集を自慢している。

総じて言えば、ハンナ・アレントの言いたい事柄は、こういうことである。

のちのノート同様に、この収集も研究を書き表わしやすくする意図を持った抜き書きの寄せ集めではなく、作品の主要部分をなすものであり、そこでは書くことそのものは二次的な意味しか持っていない。主要な仕事となったのは、それらの文脈から断片を引き裂き、それらが相互に例証しあうように、またいわば自由に浮遊している状態においてそれらの存在理由を証明できるように新たな仕方で配列することであった。明らかにそれは一種のシュルレアリスム的モンタージュである。完全に引用文だけから成る著作、すなわちきわめて巧妙に組み立てられているためにいかなる本文をもつける必要のないような著作を作り出したいというベンヤミンの考えは、その極端さとさらに加えてその自己破壊性とにおいて、それに似た衝動から生じた同時代のシュルレアリスム的実験のどれよりも気まぐれなものとみえるかもしれないが、しかしそうではなかった。

ベンヤミンの意図した「完全に引用文だけから成る著作」とは、フランス革命で伝統が破産した後に、写真が台頭して全てが複製化され、その平板なものだけで果たして世界の構造が組み立て直せるのか、ということを問いかける試みである。当然のこと、その場合にどの本のどの箇所をどれだけ引用するのかは、すでに引用者各自の恣意的な判断に全てを委ねざるを得ない。判断基準は彼ら個々人における一種のインスピレイションに頼るしかなくなる。かつてのような「規範」がすでに無くなっているからである。つまりただの「偶然だけがあらゆることを決めるようになる」わけだ。アレントは正しくもそれがどこか「シュルレアリスム的モンタージュである」と言うのである。しかし不気味なのは、こういう手法を用いなければならなくなったことが、結局、アレントも書いているようにベンヤミンの「自己破壊性」と必然的に繋がっていかざるを得ないことである。つまり「規範」がもう私たちを拘束して確定しないのなら、その確定の代行は、いま言ったように各自の偶然の手に委ねられてしまうのである。だが、それが実のところかなりのリスクを伴うことを、人はほとんど知らない。なぜなら、それでは人の判断が全て、あたかもルーレット賭博のようなものになってしまうからである。盤上の小球が一体どの番号のポケットに転がり落ちるのか、その結論は最初から誰にも予想がつかない。ルーレットでは全てが自動記述である。引用の選定は失敗する可能性がかなり大きいと考えておいた方が良い。こうしてフランス革命や写真によって、かつての懐かしい生のバランスが完全に崩壊した。以後は何もかもが賭博的価値観で決まっていく。しかしベンヤミンはあえて自らの死を賭け金にしてでも、この死のルーレットに挑戦した。そしてそれが彼をとことん疲れさせた。アレントは金銭が慢性的にないのに、ベンヤミンにはなぜか「賭博」への強い関心があったことをこう指摘している。

永続的な財政の逼迫にもかかわらず、この間たえず蔵書をふやし続けていたこともまた印象的である。こうした高価な熱望を断とうとする努力——かれは、他の人々が賭博場に頻繁に出入りするのと同じように、大きな競売場を訪れた——と「緊急の場合に」蔵書の一部を手放す決意とは、新しく蔵書を買い入れることで「こうした決意に伴う苦痛を和らげ」ざるをえないという感情に圧倒されてしまったし、家族への財政的依存を断ち切ろうとする努力も、結局は父親に「古本屋の権利を買えるだけの資金」をすぐにも出してほしいと頼むにすぎなかった。

繰り返すが、「賭博」と「自殺」はベンヤミンの中で不可分なものとして繋がっている。その証拠に、自殺を夢想していた時期の一九三三年二月二五日付『ケルン新聞』で、ベンヤミンは「賭事」について次のような興味深い文章を寄稿している。(12)

他のあらゆる熱中時と同じく、賭博がその相貌を認識させるのは、肉体の領域内を火花が、どのように、ひとつの中心から他の中心へと飛び移り、あるときはこの器官を、またあるときはあの器官を動員して、その都度動員した器官のうちに、全現存を集中しつつ局限するか、という点においてである。そこでは、［賭け札を握る］右手に容認されている猶予期限は、小さな球が仕切りに落ち込むまで、である。右手は、兵士の隊列の上を掠め飛ぶ飛行機さながら、賭け札という種をそれ用の畝間にまき散らしながら、滑空するのだ。猶予の時間がまもなく切れることを予告しながら、唯一耳のためにのみ留保されている瞬間がやってくる——小球がいましも渦を巻き始め、賭事師が、フォールトゥーナ［ローマ神話の豊穣多産の女神で、のちに、ギリシア神話の運命の女神テュケーと同一視されるに至った］がそのコントラバスをどう調律したかに聴き耳を立てる、その瞬間が。透視能力という先祖返りの感覚も含めて、あらゆる知覚能力を頼みとする賭事では、目にも出番が回ってくる。その目に、すべての数字が目くばせを送ってくるのだ。しかしながら、目は、目くばせの言語をすっかりと忘れてしまっているから、目を当てにする者を、たいていは欺くことになる。もっとも、これは、彼らが賭事に最も深い恭順を示すことを許されている、その見返りなのである。

このルーレット賭博についてのベンヤミンの記述には、異様な臨場感がある。実際にきわどい賭博を幾度も経験し、一度は財産の全てを失った者にしか書けないような文章である。ベンヤミンはこうも書いている。

失われた賭金は、なおしばらく、彼らの前に置かれたままだ。気息が彼らを抑えつけているのだ。だが、これは、恋心を抱いている男を、彼が思いを寄せる女の不機嫌が抑えつけるのと、違いはしない。相手の女の手を、彼は、自分の手の届く範囲内に見ている。それにもかかわらず、彼は彼女の手を握るようなことは、何ひとつやってみようとはしないだろう。

さらにベンヤミンの記述は、賭博にのめり込む人間の心理的核心を鋭く突く。賭博は何かの目的があってするのではない。賭博のためにするのである。

賭事は、情熱的に賭事に忠誠を誓った者たちを掌中にしており、この者たちは賭事を、賭事そのもののために愛するのであって、賭事が与えてくれる儲けのために愛するのでは、決してない。それどころか、もしも賭事が彼らから一切を奪ってしまうとしても、彼らは自分自身にその責任の所在を捜し求めるのだ。

3　ロシアン・ルーレット

ベンヤミンは一九二一年に『アルゴナウテン』に発表した「ドストエフスキーの『白痴』」の末尾にお

いて、次のように書いている。

子供の不完全な言葉のために、ドストエフスキー的人間たちの発話はいわばバラバラになり、そして幼年時代への過敏な憧れのなかで——現代の用語でいえばヒステリーのなかで——小説のとりわけ女性たち、リザヴェータ・プロコフィエヴナ、アグラーヤ、ナスターシャ・フィリポヴナはその身を灼き尽くしていく。この書物の全体の動きは火口の巨大な陥没に似ている。自然と幼年時代とが欠けているので、人間性はただ破局的な自己破壊においてのみ達成されるのだ。

よく知られるように、ドストエフスキーにも病的な「賭博熱」があった。ドストエフスキーは一八六六年に『賭博者』を執筆する。原卓也によるとドストエフスキーはストラーホフに出した手紙で、この小説について次のように説明している。[13]

いちばんの眼目は、この人物の生活力、力、狂暴さ、勇気などがことごとく、ルーレットに注がれたという点です。彼は賭博者ですが、プーシキンの吝嗇（りんしょく）な騎士が単なる吝嗇漢ではないのと同様、単なる賭博者ではありません（これは、わたしとプーシキンの比較では決してなく、問題をはっきりとさせるために言っているにすぎません）。彼はそれなりに詩人なのですが、問題は彼自身その詩情神（ポエジ）を恥じていることです。なぜなら、リスクを求める気持ちが彼自身の目から見ても自分を高潔な人間としているにもかかわらず、彼はその詩精神の卑しさを深く感じているからです。作品全体が——この人物が足かけ三年、各地の賭博場でルーレットをやっているという物語です。

ドストエフスキーを語る時、ヨーロッパを席巻した一八四八年の革命の問題はとても重要である。一八四九年に彼はロシア当局に逮捕され、同じ年に銃殺刑に処せられる羽目になった。和田春樹らによる『ロシア史〈2〉』には、このペトラシェフスキー事件のことが書かれている。[14] ペトラシェフスキーは「金曜会」を隠密裏に開いていた。だが「警察のスパイの密告によって一八四九年四月二十二日の深夜、三十数名のメンバーが逮捕された」。運悪くこのメンバーのリストの中にドストエフスキーの名が見つかった。「刑の執行は十二月二十二日とされ、全員が首都のセミョーノフスキー練兵場に連行された」。だが「ペトラシェフスキーなど、最初に処刑されることになっていた三人に銃口がむけられた瞬間に、死刑を流刑に変えるという皇帝の勅令が読み上げられた」。コンスタンチン・モチューリスキーの『評伝ドストエフスキー』には、この場面がドストエフスキー自身の記述で次のように書いてある。

> 今日、十二月二十二日、僕たちは、セミョーノフスキー連隊の練兵場へ馬車で運ばれて行きました。その場で一同に死刑の宣告が読みあげられ、十字架にくちづけさせられ、頭上で剣が折られ、死装束（白いシャツ）が着せられました。それから、三人が刑執行のために柱のそばに立たされました。三人ずつ呼ばれたので、したがって、僕は二番目にあたっていて、もうあと一分以上は生きられないわけです。[15]

しかし死刑の執行は直前に停止となる。この死刑停止は譬えれば不発に終わったロシアン・ルーレットのようなものである。だが一度味わうと、死の恍惚感は二度と忘れることができない。ドストエフスキーが賭博で全てを失っても絶望しないのは、この死刑停止と似た恍惚感が賭博の負けで味わえるからである。

彼にとってルーレットは死の恍惚を味わうための代理物である。またドストエフスキーはプーシキンやレールモントフが、ピストルによる決闘で死んでいることにも影響を受けていたが、彼らは一八二五年のロシア貴族のデカブリストの武装蜂起の失敗を引きずっていた。それは専制の廃止と農奴解放を訴えたものだったが、彼らはその後遺症に無意味な死で決着をつけた。プーシキンやレールモントフの決闘による死は、いわば賭博のような自殺であった。つまり彼らも死の恍惚をそこに求めたのである。「賭博」と「自殺」とが恍惚感を介在して繋がっている。そしてこの賭博と自殺を組み合わせたものが「ロシアン・ルーレット」である。レールモントフの一八四〇年の『現代の英雄』の「運命論者」の章は、「ロシアン・ルーレット」の原点だとされている。[16]「運命論者」の中心に位置するのが破滅的なヴーリッチ中尉である。物語はペチョーリンの日誌という形式をとっているが、ヴーリッチの容貌は次のように描写されている。

ヴーリッチ中尉の容貌はその性格に実にぴったりあっていた。高い背たけや浅黒い顔色、黒い髪、射抜くような黒目、この民族特有の大きな、しかも端正な鼻、つねにくちびるのあたりにただよっている悲しげな、冷たい微笑——すべてこれらは、運命が彼に同僚としてさずけた人々と、見解や情熱をともにわかち合えない、特殊な存在としての外形を彼に与えることに、協力しているかのようだった。

これは間違いなくレールモントフその人の肖像である。「彼は精悍(せいかん)で、口かずは少なかったが、辛辣(しんらつ)だった。内心の、あるいは家庭上の秘密はだれにも明かしたことはなく、酒もほとんどたしなまず、また、見た者でなければその魅力はとてもわからないうら若いコザック娘をもかつて追いまわしたということがなかった」。しかし「ただ一つだけ、彼が隠そうとしない情熱があった——賭博熱(とばくねつ)である」。いったん「緑のテーブル（カルタ用のもの）に向かうと彼はいっさいを忘れた。そして、たいていは負けてばかりいた。しかし、不断の敗北はただ彼の意地を張らせるだけだった」。

そのヴーリッチがある日、みんなの前で「口径のいろいろちがったピストルの中の一挺を当てずっぽうに釘からとりはずした」。彼は「撃鉄をあげて、薬池に火薬をつめ」て、「では、どなたでも、ぼくに賭けて金貨を二十枚を払ってくれますか?」と言った。ペチョーリンが「君はきょう、死ぬぜ」と言うと「彼は急いでおれのほうにふりかえった」。だが「その答えは、ゆっくりと、落ち着いていた」。ヴーリッチはこう言った。「そうかもしれない――だが、そうではないかもしれませんよ」。それから「諸君、席を立たないようにお願いします」と言ってから、ヴーリッチは「ピストルの銃口を額にあてた」。彼はさらに「カルタを取って、ほうりあげてください」と言った。ペチョーリンが言われた通りに「テーブルからたしかハートの一をとって、それを上にほうりあげた」。すると「札は、宙にひらひら舞いながら、ゆっくり落ちてきた」。そして「それがテーブルにふれた瞬間、ヴーリッチは引き金をひいた……不発だ!」。

和田春樹らによると、「作者は自分や自分の知人たちの肖像を描いただけなのさ」といった論評に答えて、レールモントフは「たしかに肖像であるが、ある個人の肖像ではない。わが世代全体の多様な欠陥から作り出された肖像画なのだ」と言っていたという。

4　『賭博者』

レールモントフの自殺願望はドストエフスキーの破滅的な精神へそのまま流れ込んでいる。たとえばイヴァーノフ゠ラズームニクは『ロシア社会思想史 上』で、次のように書いている。

レールモントフはロシア・インテレゲンツィヤの発展史の新しい時代を切り開いた。彼を捉えた「呪われた問題」は、いろいろな形をとりながら四〇年代の人々を越えて、七〇年代人やさらに後の人たちへと投げかけられた。このことはゲルツェン、ミハイローフスキー、あるいはドストエフスキーがその思想をレールモントフから借用したことを意味するのではなく、レールモントフに、ドストエフスキーやミハイローフスキーやゲルツェンの思想の芽がすでにあったことを意味するのである。[17]

ただしドストエフスキーの場合は倒錯的な愛情を一緒に伴うものであった。ドストエフスキーの一八六六年の『賭博者』では、主人公のアレクセイ・イヴァーノヴィチが、恋人のポリーナ・アレクサンドロヴナに異様な感情を抱いている。

そこでわたしは今あらためてまた、彼女を愛しているのだろうかと、自分に問うてみた。そしてまたしても、それに答えることができなかった、つまり、もっと正しく言うなら、わたしはこれで百回目にもなるだろうが、またしても、俺は彼女を憎んでいると、自分に答えたのである。そう、彼女は憎かった。彼女を絞め殺せるのなら、半生を投げだしてもいい、というような瞬間もしばしばあった(それが、いつもきまって、二人の会話の終わりごろになのだ)! 誓ってもいいが、もし彼女の胸に鋭いナイフをゆっくりと沈めることができたとしたら、わたしは快感をおぼえながらナイフをつかんだことだろう、という気がする。が、それでいながら、この世に存するすべての神聖なものにかけて誓ってもいい、もし流行の展望台シランゲンベルグで彼女が本当に「崖(がけ)からとびこむのよ」と言ったなら、わたしはすぐさま、それも快感をおぼえながら、身を投じたことだろう。わたしにはそれがわかっていた。[18]
彼女をナイフで刺殺したいというサディズム的快感と、命令されるままに飛び降り自殺をしたいというマゾヒズム的快感の、相反する二つの死の恍惚的な感情が、この主人公の心の中で渾然一体となっている。犯罪者と自殺者という二つの心理が、主人公の人格にこうして深く入り混じる。ペレヴェルゼフは『ドストエフスキーの創造』の中で、この場面について次のように書いている。

これは、私たちがすでに久しく熟知している加害と自己呵責の渇望のあらたな表現である。彼は彼女への恋のために苦しんでおり、彼女を愛さなかったら、苦しまずにすんだろうと思っている。このために相互性への渇望は彼においては暴虐への渇望に移り変わってしまう。彼女をして苦しましめよ。彼女が愛しているなら、苦しんだらいいんだ。私は愛しており自分を奴隷とも、玩具とも感じている。だからあなたはしたいことを何をしてもかまわない、弄ぼうが、壊そうが、粉々にしようが、あなたの自由だ。私は、また、あなたが私を愛してくれること、すなわち、奴隷、玩具となってくれることを望む。弄ぼうが、壊そうが、粉々にしようが、私の思いのままになってくれ。これが二重人の愛の公式である。アレクセイ・イヴァーノヴィチのポリーナへの態度はまったくこの公式にあてはまっている。[19]

この「加害と自己呵責の渇望」が彼を破滅的な賭博へと駆り立てる。ジークムント・フロイトは一九二八年の「ドストエフスキーと父殺し」の中で、ペレヴェルゼフの言う「二重人の愛の公式」と同じようなことを言っている。

ドストエフスキーが書き残した文章と、妻の日記が公表されたために、彼の生涯の一つのエピソード、すなわちドイツに滞在している頃にとり憑かれていた賭博熱に、きわめて強いスポットライトがあてられることになった（『ルーレットをするドストエフスキー』参照）。これが病的な情熱の発作であることは疑いのないところであり、いかなる側面からも、別に解釈する余地はない。文学者にふさわしくないこの注目すべき振る舞いについて、合理的な解釈をする試みもないわけではない。神経症の患者にはしばしばみられることだが、借金の重荷（シュルデンラスト）が罪悪感（シュルトゲフュール）の明白な代理となったのであり、ドストエフスキーは、賭博で勝てば、［自分の雑誌の経営で負った借金の］債権者たちによって投獄されずにロシアに帰国できるという口実を利用することができたのである。［…］しかしこれは口実にすぎず、ドストエフスキーは、それが口実であることを認識するだけの聡明さをそなえていたし、そのことを認めるだけの誠実さもそなえていた。彼は、自分にとって賭博の醍醐味は、賭博そのものにあること、賭博のための賭博であることを知っていた。彼の衝動的で無意味な言動のいちいちがそのことを証明しており、さらにそれ以上のことも明らかにしている。［…］ドストエフスキーはすべてを失うまでは、気分が落ち着かないのである。賭博は彼にとっては自己処罰のひとつの形式だった。

フロイトは、「ドストエフスキーはある手紙で「大切なのは賭博そのものです。誓って言いますが、賭博するときに働いているのは、貪欲などではありません。もちろんわたしが何よりもお金を必要としていたのはたしかですが」」という箇所も引いているが、[20] ペレヴェルゼフの言う「加害と自己呵責の渇望」が、要するにフロイトの言う「自己処罰のひとつの形式」と実はほとんど同じであり、それが「借金の重荷が罪悪感の明白な代理」、つまり「賭博」という「代理表象」となって現れるのである。しかしこれはすでに精神的な病理であるから、この代理表象は「すべてを失うまでは、気分が落ち着かない」。つまり出口がどこにも見当たらないのである。だからベンヤミンが「賭事を、賭事そのもののために愛するのであって、賭事が与えてくれる儲けのために愛するのでは、決してない」としたように、フロイトは「彼は、自分にとって賭博の醍醐味は、賭博そのものにあること、賭博のための賭博であることを知っていた」と書く。ルーレットと同じように、これは堂々巡りの悪循環である。フロイトに言わせれば、「彼の衝動的で無意味な言動のいちいちがそのことを証明しており、さらにそれ以上のことも明らかにしている」。目的はすでに消えている。全てはルーレットの小球が偶然に転がった行方に委ねられている。

物語の二人の男女の関係は、賭博熱も含めて現実のドストエフスキーとその恋人のスースロワとの関係に由来している。ドストエフスキーの実人生がそのまま小説となったのが『賭博者』だからである。原卓也によれば一八六〇年代のはじめ頃、ドストエフスキーはアポリナーリヤ・プロコーフィエヴナ・スースロワと知り合いになった。一八六三年に彼らは外国旅行をしたが、「ドストエフスキーはそんな彼女と、バーデン・バーデン、ジュネーヴ、ローマ、ナポリ、トリノと旅行してまわり、十月にベルリンで別れるのだが、この旅行中、彼は狂ったようにルーレットの勝負をしつづけた」。ドリーニン編の『スースロワの日記』の一八六三年九月六日には、次のように記された箇所がある。[21]

F・Mは賭博で負けて、旅行の金が足りなくなってきたのでいささか心配している。わたしは彼がかわいそうだ。彼のその心労に何も報いてあげられないのが、少々、かわいそうだ。しかしどうしたらいいというのか。できないのだから仕方がない。わたしに責任があるとでもいうのか。否だ。そんなのは馬鹿げている。

スースロワは、同年の一〇月二七日にはこう書いている。

きのうF・Mから手紙が来た。賭博ですっかり負けてしまったので、金を送ってくれと頼んできた。持ち合わせはなかった。あり金すべてミール夫人に渡してしまったばかりだった。わたしは時計と鎖を質に入れることにして、トゥームに相談してみた。

スースロワとの関係が破綻した後、ドストエフスキーは『賭博者』の速記をしたアンナ・グリゴーリエヴナと結婚した。[22]アンナは『回想のドストエフスキー1』の「賭博者ドストエフスキー」の中で、こう書いている。

自分のやり方でルーレットの賭をやればかならず勝てるという夫の言い分は、完全に正しくもあり成功疑いなしだったかもしれない。ただし、この方法で冷静なイギリス人かドイツ人かが賭けた場合のことで、夫のように神経質で、熱中しやすく、極端まで行かねばやまぬ人間ではだめにちがいなかった。

ドストエフスキーはこの妻の予言通りに賭博に負けて無一文になる。彼にはもはや何もなくなった。

もうルーレットに持って行けるものは何ひとつなくなり、金のくる当てもなくなってしまうと、彼はしょげかえって、むせび泣きながら、自分のせいでおまえをこんなに苦しめてすまないとひざまずいて許しを乞うては絶望におちいるのだった。

ここに見られるのは人生など無に等しいという絶望感である。この感情はベンヤミンにも確かに通じている。彼らに共通するのは結局は死への強い想念である。彼らの頭の中ではいつもルーレット盤が回転している。同時に三台ものルーレットが回っている時もある。それらがどこで終わるのか彼ら自身にも全くわからない。ただ一つだけわかっているのは、ルーレットに完敗するまで彼らがゲームをやめないという事実である。つまりそれは自殺的な覚悟である。彼らはとことん負けるまで死のゲームをやり続ける。盤上を走る小球が「死のポケット」の中へすとんと落ちるまで、彼らはルーレットの小球の行方をただじっと見守っている。

5　フランシス・ベイコン

賭博、自殺、窃盗、写真、引用、暴力……。これまでベンヤミンやドストエフスキーを通して取り上げてきた破壊的性格を、二〇世紀の画家で体現したのがフランシス・ベイコンである。ベイコンの絵画は写真誕生以降の、あるいはフランス革命以降の〈複製〉と〈伝統の震撼〉をあらためて考えさせる。アンドリュー・シンクレアの『フランシス・ベイコン』[23]によると、ベイコンは一九〇九年にアイルランドのダブリンで生まれている。父親は調教師だった。彼は「でも、人生ってやつは暴力的なものさ」と言い、「生まれるというその事実だけをとってみても、大変残酷なことさ」と言っていた。また「人生は苦痛と絶望とは切り離せないものなのさ」と語っていた。彼は生涯、喘息で苦しんだ。アイルランドの独立戦争から二つの世界大戦を生き延びた。母親の下着をつけているのを見られ、同性愛であるのを咎められて父親に家を追い出された。「自分は何もする気はない」と言い、「生まれてこなければよかった」と書いた。

一九二〇年代に彼はベルリンとパリを放浪して、パリのギャルリー・ポール・ローザンベールでピカソの展覧会と出合い、画家の道を志す。「そのとき初めて自分も絵をやってみようと思ったんだ」と言っている。一九三〇年代にはロンドンに出てインテリアの仕事でしばらく食いつないだ後、画家として身を立てようとした。彼はドストエフスキーのように父を憎み、そして父を愛した。彼はペレヴェルゼフが『ドストエフスキーの創造』の中で言うように「二重人の愛の公式」をそのままに生きたのである。この父への愛憎は、やがて彼の恋人たちにもそのまま応用されることになる。

ロンドンでは年長の画家ロイ・ド・メストルがパトロン兼愛人になる。ベイコンは独学の人で、「ベイコンは写真版の複製を見るだけで、芸術のテクニックについては何一つ知らず、デッサンもほとんどまったくしたことがなかった」。美術館に足を運んだが、彼が本当に身に着けたのは画集や写真集のような複製品からであった。オリジナルを見るチャンスがあっても、あえて見ないようにする。ダニエル・ファーソンは『フランシス・ベイコン』の中でこう書いている。(24)

フランシスは作品のオリジナルそのものを見ることにこだわって、たとえばアングルの展覧会があるとルシアン・フロイドとともに海を渡って見に行ったりしている。だが、彼が複製からも同じようにインスピレイションをうけていることは意味深い。ローマ滞在中にも、面倒くさがってヴェラスケスの「法王イノセント十世」を見に行こうとはしなかった。

「私の作品の中の引用文は、武力で攻撃してなまけ者の確信を奪う路傍の盗賊のようなものである」。このベンヤミンの発言は、ベイコンの芸術そのものである。ベイコンも数多くの画家たちからそのエッセンスを借用し、さまざまな写真からイメージを巧みに盗み取った。ベンヤミンの発言を援用するなら、ベイコンも「完全に引用文からなる芸術」を創ろうとしていた。「自分のためになるなら、誰からだって、何だって盗まなければならないのさ」。

現実の生活が困窮するとハロッズで万引きした。売れなかった時代には「隙を見てはいつでも父親から金をくすねたし、部屋やアトリエを引き払うときは家賃を踏み倒した」。そして「けちな盗みをしたり、他人を食い物にして食いつないでいた」。やがて地方議会の参事会員エリック・ホールがパトロン兼愛人になるが、ホールが亡くなると、電話番やコックをやった。そして「自宅で違法な賭博を開帳した」。

アイルランドから年老いた乳母を連れてきていて、フランシスが奥の部屋でルーレットを回すか、〝21〟をやっている間、彼女はドア係やクローク係を務めるのが常であった。テラ銭をとり、胴元をやらない限りは、ベイコンは博打で儲けを出したが、彼のやり方はいつも一か八かで、大儲けをするか、すっからかんにスルかのどちらかであった。

一九四五年四月にルフェーブル・ギャラリーで、彼は《磔刑の足元の人物の三つの習作》を発表する。「この胸くその悪くなるような三匹の生物」とシンクレアは書いている。それはオレンジ色をバックにエイリアンが三匹で叫んでいる絵だ。さらに《ペインティング、一九四六年》が彼の出世作となる。黒い傘と死肉のモンタージュである。最初の画廊主はエリカ・ブラウゼンだったが、ベイコンは後年に画壇で売れはじめると彼女をあっさりと捨て、大手のマールボロ・ファインアートと契約する。賭博癖も絵の成功によってさらに倍速した。「そして、エリカ・ブラウゼンから【ペインティング、一九四六年】の代金百ポンドを受け取ったフランシス・ベイコンは愛するフランスに戻り、モンテ・カルロのカジノの傍のオテる。ル・ド・レに腰を落ち着け、そのカジノでギャンブルに病みつきになった」。シンクレアはこう書いている。

朝の十時にはもうカジノに入り、十六時間をそこで過ごし、そこを出るのは夜明けであった。[…]十日間賭け続けで、彼の言う誉むべき浪費に耽った。流れるものはたちまちにして飛び去っていった。絵もギャンブルも同じだと彼は思った。負け続けても勝ちたいのだ。[…]彼が耽ったギャンブルはルーレットであった。その非人間的なところが性に合うのだった。

アンドリュー・シンクレアによれば、ベイコンはこの時、人生で最大の幸運の渦中にいた。

モンテ・カルロではツキまくった。ボールが回転する輪の受け穴に落ちる前に、クルピエが発する勝ちナンバーが聞こえると思ったほどで、いちどきに三つのテーブルで賭け、そのすべての数字に少しずつ金を賭けた。

マイケル・ペピアットの『フランシス・ベイコン』では、この箇所は次のように記されている。(25)

ある時、すごいツキが回ってきた。三つのテーブルで同時に賭けていたんだが、ルーレットが止まる前に番号が聞こえるような気がしていた。まるでクルピエが実際に番号を叫んでいるかのように。

ジル・ドゥルーズは『感覚の論理』の中で、次のように書いている。[26]

ベーコンにとっての問題はルーレットである。そして一度にいくつもの卓で、例えば、ちょうど三枚組絵の三枚のパネルを前にしているように、三つの卓で同時に勝負をするということが彼には生じる。賭博も絵も彼には全く同じことなのである。トリプティクという形式と三つのルーレット盤は繋がっているとドゥルーズは言う。その通りだ。シンクレアはこう書いている。

しかし彼は、自分は勝つよりも負けるスリルのためにギャンブルをやるドストエフスキーの『賭博者』とは違うと言い張った。「僕は勝ちたいんだよ」と彼はデイヴィッド・シルヴェスターに言った。「でも絵でもまったく同じでね、負け続けても勝ちたいと思うんだよ」。

ベンヤミンにも似て、ベイコンの創作のためのイメージ・ソースは実に数多くある。彼は何でも見て、どこからでも引用して盗み取る。彼のロンドンのアトリエの床には画集や写真集から引きちぎられたページが油絵具の飛沫を浴びて散乱している。シンクレアは「アトリエにうず高く積もったゴミの山は、彼が創造行為の最中にフォルムを選択する際の偶然的な捉え方の役割を反映するものであった」と言う。引用物のゴミの山を前にして、ベイコンは「これが僕のモデルでありテーマなんだ」と言っていた。そこにはドストエフスキーの本も混ざっている。エイゼンシュテインのカット、マイブリッジの写真、医学書、ヴェラスケス、レンブラント、ゴルフの教本、料理本、ミケランジェロ、ロシア革命、ナチスの集会、ジャンヌ・モロー、ボクシングのダウン・シーン、アボットによるアジェの肖像、ジョージ・ダイアーの写真などがある。その他に画家ルシアン・フロイドの写真もある。彼はジークムント・フロイトの孫である。ベイコンがルシアンを描きながら、その向こうにモルヒネで自殺したフロイトを思わないわけがない。

彼は自身の過去の絵の複製も壁にたくさん貼り付け、自分の絵画からさえ何かしらを盗み取った。生身のモデルが眼の前にいても、彼はモデルの写真の方を見ながら描いた。「ベイコンは記録された映像を自分なりに意識的に歪めた。目の前に座る人物からではなく、写真を下敷きにして肖像画を描きさえした」。ジョン・バージャーは「フランシス・ベーコンとウォルト・ディズニー」の中で、「ベーコンはしばしば写真から制作を始めている。写真は瞬間を記録する。制作過程において、ベーコンはその瞬間が全瞬間になるような偶然を模索するのである」と書いている。(27)

ベイコンにとって、マルセル・デュシャンが最大のライバルであった。デュシャンは「描くこと」を終わらせたからである。だがベイコンは「描くこと」をデュシャン以後に再開した。複製から借用したとしても、彼にはあくまで「描くこと」でなければならなかった。この「描くこと」のために、彼は自らの作品も含めた〈イメージのゴミくず〉の中から無作為に幾多のピースを拾い出し、その引用物を油絵具のキャンバスへと転換する。これら全てのイメージ・ソースはどれが偉大でどれが劣悪かというランキングがなく、彼の絵画と同様に全てが等価値の切れ端や破片ばかりである。「事実、ミケランジェロとマイブリッジは僕の心のなかでは一つに溶けあってしまっているんだ」と言っていた。磔刑を描いても宗教とはまるで無縁である。ナチスの腕章が描かれてもそこに何らかの政治的な意味があるわけではない。何か特別なメッセージなど、どこにもない。「フランシス・ベイコンはアドルフ・ヒトラーとナチの幹部たちが写っている新聞や雑誌の写真を収集し」ていたが、それをもとに絵を描いたとしても、「こんな絵になるのは偶然だと言ったりした」。彼は嘘をついていない。本当にそれらを偶然に見つけただけなのだ。

6　無に帰る

ダニエル・ファーソンは『フランシス・ベイコン』の中で、「写真のせいで美術がまったくちがった方向に来てしまったと思いますか?」と質問にしたのに対して、ベイコンは「まったくちがった方向に来てしまったということはない。しかし、美術の再現的な側面は、かなり写真にとって代わられたね」と答えたと書いている。その複製写真の切れ端から次のイメージの切れ端へと、ベイコンの想念は次々に飛び散っていく。絵具の破片から次の破片へとイメージをルーレットの小球のように転がして、キャンバスの盤上に当たりの番号を描き込む。次のポケットへと小球がするりと盤上を滑走する。そこから零れ落ちて、たまたま別のポケットに収まることもある。キャンバスに絵具の塊を叩きつける。あるいは放り投げる。また破片を見つけてはそこに何かを描き込む。

あるイメージから出発して、秩序だっている「と同時に」生き生きとしているかのようにしたいんだが、しかし生き生きとしたものにするためには、偶然の力によらなければならないんだ。もし僕がひとかたまりの絵の具を床に投げつければ、それはそれで生命力を持つが、でも制御されてはいない。ポロックは僕に言わせれば秩序だっているとは言えないね。

ジョン・バージャーも先の論で、これに関連して次のように書いている。

神経系に直接訴えかける生々しさを得るために、ベーコンは彼自身が呼ぶところの〈偶然〉に多く依拠している。「私の場合、私が好むものすべては、私が創り出す偶然の結果だと感じている」〔…〕この偶然は彼がキャンヴァスに不随意の印（マーク）を刻むときに起こる。彼の本能は、こうした印によって、イメージを展開する方法を見出そうとする。

またベイコンは気に入らない絵を自ら破棄処分にする。事実、実に数多くのベイコンの絵が彼自身の手によって破棄された。ダニエル・ファーソンが『フランシス・ベイコン』の中で言うには、気に入らないと「カミソリの刃をとりだして、その絵に切りこみをいれてしまう」。ベイコンは自分の絵を破棄して、破棄して、破棄し続けた。過去の絵が市場に出回ると買い取ってそれを破壊した。彼は創作物の何十倍もの作品を破壊したと言える。実はこの破棄と破壊こそベイコンの芸術の核心だと私は考えている。フランス革命が旧体制を破壊したように、ベイコンも自らの絵を破壊する。こうして西欧の〈伝統は震撼〉とする。伝統がカミソリで切り裂かれる。いや、彼が本当に壊したかったのは絵でなくて、実は自分自身だったのかもしれない。シンクレアはこう書いている。

彼はデイヴィッド・シルヴェスターに向かって、もしマールボロから誰かが来るとか、友人が彼のアトリエにやって来るとかして、彼の描きかけの絵をむしりとってゆかなければ、そのまま描き続けて、絵は台無しになって、結局は全部破棄する羽目になると請け合いさえした。もし絵がゲームだとすれば、運と技術とによって勝ったその瞬間に、その結果をひったくって持ち去られなければならない。なぜなら、彼は延長戦をやれば負けるのに決まっているのだから。一九六三年に彼が言ったように、彼が常に望んでいるのは、「ほかの絵をすべてゼロにしてしまって、その絵だけにすべてを引きつけてしまうような絵を一枚描くこと」であった。

この破壊衝動には死の匂いが十全に立ち込めている。彼は「われわれは肉だ、われわれは潜在的な死肉だ」と言っている。破壊魔のピーター・レイシーと恋仲になり、レイシーが死ぬと今度は泥棒のジョージ・ダイアーと愛人関係になった。シンクレアによると、ダイアーには「押し込みや不法侵入をした科で服役した前歴があった」。一九六四年頃からベイコンはこのダイアーの写真を基にした絵を繰り返し描き出す。たとえばトリプティックの《ジョージ・ダイアーの3つの習作》の歪んだ肖像などである。そのダイアーの自殺未遂事件は一九六八年一一月に起きた。シンクレアはこう書いている。

いきなりアルゴンクイン・ホテルにとって返すと、ベイコンが常用している強い睡眠薬の錠剤を捜し出した。[…] スコッチのビンを見つけると、それで睡眠薬を一気に飲み下し、シャレードにとって返した。彼は、自殺を試みる若者の例に漏れず、本心は助かりたいと思いながら、優しい言葉を待っていたのである。彼はホテルの自室の扉の前までたどり着くと、そのままばったりと崩れ落ちた。ベイコンが彼を発見したのは二時間後のことであった。彼には意識がなかったが、息はあった。

ベイコンは友人に電話してこう言った。「どうしたと思う？「あの娘」がお自殺をやらかしちまったってわけさ」。だがシンクレアはこう書いている。「ことはそれだけではすまなかった。スキャンダルは何とかして避けなければならなかった。ダイアーはやがて意識を取り戻すと、ホテルの窓に足を掛けて、飛び降りると脅した」。するとベイコンは、窓からダイビング寸前のダイアーに向って、次のような信じられない言葉を言い放つ。

やれよ。［…］「そんな話は二十五回目だぜ、お前のは嘘ばっかりだ」。

「やれよ」と言い放った瞬間に、ベイコンの頭の中ではカジノのルーレット盤がくるくると回っていたはずである。これは確かに賭博だった。人の命を賭けたルーレットだ。彼は飛び降りようとするダイアーに視線を向けながら、心の中でこう叫んでいたと思うのだ。〈さあ、ジョージ、本当に飛び降りるつもりなのか。それとも、やめるのか。どうするんだ、早く決めろよ。俺はお前が飛び降りない方にいま大金を賭けている。有り金の全部だ。ルーレットはもう回りはじめている。お前は絶対に飛び降りない。この勝負は俺の勝ちだ。絶対に俺の勝ちだ。さあ、どうする、どうするんだ。俺にはルーレットが止まった時の景色がすでに見えている。ゲームは俺の勝ちだ。お前の負けだ。それが結末だ。いずれにしても、お前が死のうが生きようが、俺はどっちだって構わないんだ〉。ベイコンの中では、絵画だけでなく恋人の命までが賭けの対象になっていた。彼の負けはダイアーの死を意味している。しかしベイコンは勝負がつくまではこの死のゲームから絶対に降りないだろう。ダイアーがダイビングするか、それとも怖気づいてやめるのか、そのどちらかでなければこのゲームは永久に終わらない。シンクレアによれば、ベイコンはこう言っている。

　僕は自分の人生に愛なんか求めたことは一度もないし、欲しいものなんか何もないよ。僕がやっているのは、絶望という下水溝に釣り糸を垂れて、今度はどうなるかなと、見ているだけさ。

　ベイコンのこの発言には嘘偽りはない。彼は本気でそう考えていた。だからこそ、彼は怖ろしい人間なのである。「やれよ」と彼は確かにダイアーに向けて言った。〈こんなのただのゲームさ。仮にお前がどうなったって、そんなこと俺の知ったことか〉。ドストエフスキーの『賭博者』に倣えば、ベイコンはこう思っていたはずである。「もし彼女の胸に鋭いナイフをゆっくりと沈めることができたとしたら、わたしは快感をおぼえながらナイフをつかんだことだろう」と。またベイコンはこうも考えていたと思われる。「彼女が本当に「崖からとびこむのよ」と言ったなら、わたしはすぐさま、それも快感をおぼえながら、身を投じたことだろう」と。ペレヴェルゼフの言い方なら、これがベイコンの「二重人の愛の公式」となる。「私は愛しており自分を奴隷とも、玩具とも感じている。だからあなたはしたいことを何をしてもかまわない、弄ぼうが、壊そうが、粉々にしようが、あなたの自由だ。私は、また、あなたが私を愛してくれること、すなわち、奴隷、玩具となってくれることを望む。弄ぼうが、壊そうが、粉々にしようが、私の思いのままになってくれ」。

　そもそもベイコンとダイアーは別々の人格ではなかった。ダイアーは〈鏡〉に映し出されたベイコンの分身だったからである。その意味で言えば、この二人はむしろオスカー・ワイルドの『ドリアン・グレイの肖像』におけるドリアンと肖像画との関係に似ている。ドリアンはナイフで肖像画を突き刺す。そしてドリアンはこう言う。「過去を殺してしまえ」と。つまり「伝統を破壊してしまえ」と。

ベイコンは飛び降りようとするダイアーに「やれよ」と言ったのではない。彼は自分自身に向けて「やれよ」と言ったのである。〈俺は自分の胸にナイフをゆっくりと刺すこともできるし、俺はいつだって飛び降りることもできる。そんなことは、俺にはどうってことはないんだ。弄ぼうが、壊そうが、粉々にしようが、俺の思いのままにやらせてくれ〉。ベイコンがダイアーの写真を見ていた時の気分は、ちょうどベンヤミンが写真家ダウテンダイの妻の写真を見ていた時と全く同じであった。ベンヤミンはこう言っていた。「その妻は後年、六人めの子を産んだ直後のある日、かれのモスクワの家の寝室で、動脈を切って倒れているのをみつかったひとである」と。しかし自殺するのは写真の中の妻ではなく、その写真を見ているベンヤミンだ。ベンヤミンは写真の中に自分の未来の死を夢想していた。それと同じようにベイコンは、ダイアーの写真に自身の未来の死をじっと眺めていたのである。ダイアーが本当に自殺して果てたのは一九七一年のことである。マイケル・ペピアットの『フランシス・ベイコン』によれば、生前のベイコンは「人生は無意味だ」とし、何度もこう言っていたという。[28]

無から生まれて無に帰る、そしてこの短い合間に衝動によって人生を方向づけようとするんだ。だが何もない。無。わかるかい？　無だ。

註

（1）ヴァルター・ベンヤミン「写真小史」、野村修他訳、編集解説　佐々木基一『複製技術時代の芸術』、晶文社、一九九九年に所収。以下、本稿において特に断り書きのない場合は、ベンヤミンの「写真小史」の発言は全てこの論による。

（2）『ユトリロ』、新潮美術文庫、一九七五年。同書の千足伸行による「作品解説」と「祈りのモンマルトル」による。

（3）平野嘉彦『死のミメーシス　ベンヤミンとゲオルゲ・クライス』、岩波書店、二〇一〇年。

（4）ヴァルター・ベンヤミン『図説 写真小史』、久保哲司編訳、ちくま学芸文庫、一九九八年。同書の久保哲司の「訳者註」による。以下、本稿において久保哲司の発言は全てこの「訳者註」及び「訳者あとがき」による。

（5）ジェフリー・バッチェン『写真のアルケオロジー』、前川修他訳、青弓社、二〇一〇年。

（6）ゲルショム・ショーレム『わが友ベンヤミン』、野村修訳、晶文社、一九七八年。［　］内を一部割愛した。以下、本稿においてショーレムによるベンヤミンの記述は全てこの本による。

（7）野村修『ベンヤミンの生涯』、平凡社ライブラリー、一九九三年。

（8）スーザン・ソンタグ「土星の徴の下に」、『土星の徴の下に』、富山太佳夫訳、みすず書房、二〇〇七年に所収。以下、本稿においてソンタグの発言は全てこの論による。

（9）ヴァルター・ベンヤミン「破壊的性格」、『ベンヤミン・コレクション5　思考のスペクトル』、浅井健二郎編訳、ちくま学芸文庫、二〇一〇年に所収。

（10）ヴァルター・ベンヤミン「複製技術の時代における芸術作品」、高木久雄他訳、佐々木基一『複製技術時代の芸術』、晶文社、一九九九年に所収。以下、本稿においてベンヤミンの「複製技術の時代における芸術作品」の発言は全てこの論による。

（11）ハンナ・アレント「ヴァルター・ベンヤミン」、『暗い時代の人々』、阿部齊訳、ちくま学芸文庫、二〇〇五年に所収。以下、本稿においてアレントの発言は全てこの論による。（　）内を割愛した箇所がある。

(12) ヴァルター・ベンヤミン「短い影〔Ⅱ〕」の中の「賭事」。『ベンヤミン・コレクション6 断片の力』、浅井健二郎編訳、ちくま学芸文庫、二〇一二年に所収。
(13) 原卓也「解説」、ドストエフスキー『賭博者』、原卓也訳、新潮文庫、一九七九年に所収。以下、本稿において原卓也の発言は全てこの「解説」による。
(14) 和田春樹他『世界歴史大系 ロシア史〈2〉 18～19世紀』、山川出版社、一九九四年。以下、本稿において和田春樹らの発言と記述は全てこの本による。
(15) コンスタンチン・モチューリスキー『評伝ドストエフスキー』、松下裕他訳、筑摩書房、二〇〇〇年。
(16) レールモントフ『現代の英雄』、中村融訳、岩波文庫、一九八一年。以下、本稿において『現代の英雄』の記述は全てこの本による。
(17) イヴァーノフ＝ラズームニク『ロシア社会思想史 上』、佐藤努訳、成文社、二〇一三年。
(18) 前掲書の『賭博者』による。
(19) ペレヴェルゼフ『ドストエフスキーの創造』、長瀬隆訳、みすず書房、一九八九年。
(20) フロイト「ドストエフスキーと父殺し」、『ドストエフスキーと父殺し／不気味なもの』、中山元訳、光文社古典新訳文庫、二〇一一年に所収。
(21) ドーリニン編『スースロワの日記』、中村健之介訳、みすず書房、一九八九年。
(22) アンナ・グリゴーエヴナ・ドストエフスカヤ『回想のドストエフスキー1』、松下裕訳、みすず書房、一九九九年。
(23) アンドリュー・シンクレア『フランシス・ベイコン 暴力の時代のただなかで、絵画の根源的革新へ』、五十嵐賢一訳、書肆半日閑、二〇〇五年。以下、本稿において特に断り書きのない場合は、アンドリュー・シンクレアの発言や、彼が引用するフランシス・ベイコンの発言は「 」で表記して引用してあり、それらは全てこの本による。フランシス・ベイコンの事実関係の記載について、本稿ではシンクレアの本に負うところは多かった。
(24) ダニエル・ファーソン『フランシス・ベーコン 肉塊の孤独』、高島平吾訳、リブロポート、一九九五年。以下、本稿においてダニエル・ファーソンの発言や、彼が引用するフランシス・ベイコンの発言は全てこの本による。

(25) マイケル・ペピアット『フランシス・ベイコン』、夏目幸子訳、新潮社、二〇〇五年。以下、本稿においてマイケル・ペピアットの発言や、彼が引用するフランシス・ベイコンの発言は全てこの本による。

(26) ジル・ドゥルーズ『感覚の論理　画家フランシス・ベーコン論』、山縣熙訳、法政大学出版局、二〇〇四年。アンドリュー・シンクレアは前掲書で、このドゥルーズの視点について言及している。

(27) ジョン・バージャー「フランシス・ベーコンとウォルト・ディズニー」、『見るということ』、笠原美智子訳、ちくま学芸文庫、二〇〇五年に所収。以下、本稿においてバージャーの発言は全てこの論による。

(28) オスカー・ワイルド『ドリアン・グレイの肖像』、仁木めぐみ訳、光文社古典新訳文庫、二〇〇六年。

あとがき

本書はカフカやカポーティの文学、ウォーホルやベイコンの芸術、ベンヤミンやハイデガーの思想、トクヴィルやウェーバーの社会学、フロイトやラカンの精神分析などを梃子に、ヨーロッパを中心とする近代の二〇〇年間の流れを私なりの視点から再考察したものである。

近代という場合、ここでは便宜的にフランス革命以後を指して言っている。簡単に言えばこの革命がスタートの段階から近代社会の失敗を内包するものであり、それ以降のヨーロッパとアメリカを含む世界全体の破綻の基礎要因となっているという論を書いたのである。

フランス革命で伝統が破壊され、王や貴族階級が解体し、とりあえずの市民の平等が唱えられたが、この中途半端なブルジョワ革命が、フランスだけでなく、ヨーロッパ全体の徹底的な破滅を惹き起こした。第一次世界大戦やロシア革命による王家の滅亡、ドイツや旧ソ連などでの全体主義がこれに続き、二回目の大戦とアウシュヴィッツの悲劇が起きてしまい、大戦後の米ソの冷戦構造も広く捉えればフランス革命の失敗が遠因としてある。本書のタイトルが「破局論」となったのは、一つにはフランス革命以降の旧大陸の「自殺」とも言える出来事を「破局」という言葉で言い換えてみたかったからである。

本書は二〇一二年五月号から二〇一三年四月号までの「ユリイカ」の連載に大幅な加筆と修正を加えている。「ユリイカ」連載の機会を与えてくれたのは青土社の清水一人社長と「ユリイカ」編集長の山本充さんである。特に清水社長の変わらない励ましにはお礼の言葉もない。

連載の担当をしてくれたのは編集部の明石陽介さんである。連載中の原稿は間際になることがしばしばであり、明石さんには大変なご苦労をおかけしてしまった。本当に申し訳ないと思っている。

最後になったが素晴らしい装丁をして頂いた戸田ツトムさんに感謝の言葉を述べたい。

飯島洋一

二〇一三年六月

破局論

2013年7月10日　第1刷印刷
2013年7月15日　第1刷発行

著者――飯島洋一

発行人――清水一人
発行所――青土社
東京都千代田区神田神保町1-29　市瀬ビル　〒101-0051
電話　03-3291-9831（編集）、03-3294-7829（営業）
振替　00190-7-192955

印刷――ディグ
表紙印刷――方英社
製本――小泉製本

装幀――戸田ツトム

ISBN978-4-7917-6711-3　　Printed in Japan

飯島洋一の本

王の身体都市
昭和天皇の時代と建築

帝冠様式の昭和初期から
ポストモダニズムの今日まで、
現代日本建築を覆う天皇の影。
〈霊魂〉〈眼差し〉〈声〉〈心拍〉など、
天皇の身体が象徴される建築とは何か。
母子密着の心的構造を
天皇受容の心性とし、
その幻想によって構築された成果を
大胆に分析する。

アメリカ建築のアルケオロジー

天を衝く摩天楼・地を這う砂漠の建築、
アメリカ建築の意味するものは何か。
ライトからヴェンチューリ、ジョンソンにいたる、
先進的アメリカ建築の多彩な展開を
アメリカン・ドリームの崩壊と、
父性原理崩壊の表象として捉え、
精神分析学を援用しつつ検証する。